中国县域经济研究丛书

县域现代农业规划的理论与实践

贾大猛　张正河　著

中国农业大学出版社
·北京·

内 容 简 介

本书是作者在多年的规划研究和实践基础上，总结出的关于县域农业规划的部分理论思考，以及不同类型的相关农业规划案例成果。本书总结了县域农业规划的不同类型及其主要内容，提出了基于适应复杂系统的规划思路逻辑，即要从规划所涉及的各个主体诉求出发，通过规划实现主体聚集，推进区域农业的可持续发展。本书还从品牌、布局、投资、涉农要素等角度提出了相关理论思考。全书共9章，分为理论篇和案例篇，第1～4章是理论篇，第5～9章是案例篇，选取了5个相关类型的案例供读者参考。5个案例都尽可能地保留了规划原文，部分规划涉密内容和笔者认为不影响读者阅读的部分略去，但整体规划框架仍保留，比传统的规划书籍中的案例内容更加翔实，也能够让读者更全面地了解我们规划的研究成果。

图书在版编目(CIP)数据

县域现代农业规划的理论与实践/贾大猛，张正河著. —北京：中国农业大学出版社，2018.1

ISBN 978-7-5655-1952-9

Ⅰ.①县…　Ⅱ.①贾…②张…　Ⅲ.①县-农业发展规划-研究-中国　Ⅳ.①F327

中国版本图书馆CIP数据核字(2017)第298278号

书　　名　县域现代农业规划的理论与实践
作　　者　贾大猛　张正河　著

策划编辑　潘晓丽　　**责任编辑**　潘晓丽
封面设计　郑　川
出版发行　中国农业大学出版社
社　　址　北京市海淀区圆明园西路2号　　**邮政编码**　100193
电　　话　发行部 010-62818525,8625　　读者服务部 010-62732336
编辑部 010-62732617,2618　　出　版　部 010-62733440
网　　址　http://www.caupress.cn　　**e-mail** cbsszs@cau.edu.cn
经　　销　新华书店
印　　刷　涿州市星河印刷有限公司
版　　次　2018年4月第1版　　2018年4月第1次印刷
规　　格　787×1 092　　16开本　　25.5印张　　400千字
定　　价　98.00元

图书如有质量问题本社发行部负责调换

丛书编委会

总　序

郡县治,天下安。自春秋时代初置,县就成为中国最重要的管理节点和治国安邦的根本所在,历千年而不变。当文明的车轮驶入21世纪第二个10年的轨道,古老的县域在中国国家治理体系中的重要地位愈发凸显。特别是随着“省直管县”体制试点的不断深入和逐步推开,县域正在孕育的新增长点会加速成长,推动县域经济进入大发展时期。

党的十六大、十七大、十八大都提出要壮大县域经济,建设社会主义新农村。县域因政府权力较完整、国土面积较适中、自然条件较一致、城乡发展较密切而成为国家治理体系和治理能力现代化的关键节点和全面深化改革的主要阵地。加之“三农”问题发端于县域,并很大程度上要在县域内解决,县域经济发展质量高低又直接关乎全面建成小康社会目标的顺利实现。因此,在“十三五”开局之年,探究县域经济在宏观经济进入新常态、“一带一路”和“互联网+”战略加速实施背景下的发展路径,具有重要意义。

这套县域经济研究丛书,是中国农业大学中国县域经济研究中心主要研究人员集体智慧的结晶。丛书分两年出版,每年5本,主要聚焦县域经济发展中的10个重要方面,分别为:

1. 县域经济主导产业的甄选、培育与评价

2. 以县为单元的产业经济管理

3. 以县为单元的城乡统筹战略与实施策略

4. 以县为单元的城镇化道路

5. 京津冀一体化战略中的县域经济发展

6. 新常态下县域转型升级

7.“一带一路”沿线县域经济发展战略调整

8.“互联网+”战略与县域经济发展升级

9. 大众创业、万众创新背景下县域创业创新型经济发展

10. 新型农业经营主体普惠金融支持体系建设

近几年来，我在中央党校、国家行政学院、延安、井冈山等干部学院里，培训了全国地市级以上干部 3 000 多人，县市书记（长）正职 4 000 多人，副职 6 000 多人，和他们进行了充分交流。以上所列就是市县领导非常关心的问题，也是中国农业大学中国县域经济研究中心研究的重点和未来探索的方向。由于县一级直面百姓，我们写作的目的就是要为国家战略决策落地提供有益借鉴。

本套丛书注重理论研究与实践操作的有机结合，既注重学术性、理论性，以作为县域经济、农业经济研究者的参考用书，又注重操作性、实践性，因此也可作为各级党校、行政学院、社会主义学院系统县级干部学习培训用书。

本套县域经济研究丛书，总结以往县域经济发展实践，探索规律，并与新常态和国家大政方针相结合，以全面深化改革为抓手，提出县域经济、社会、生态和谐发展的战略方向和基本策略，希望能为探索具有中国特色的县域经济发展道路贡献一点智慧。由于能力和角度所限，错讹之处难以避免，欢迎各位读者批评指正。

张正河

2015 年 8 月

序言：走有中国特色的农业现代化道路

建设小康社会，必须更加重视农业、稳定农业。农业农村是保障经济持续健康发展的“压舱石”，是调节劳动力就业波动的“蓄水池”，是扩大消费新的增长点。只有持续不断地夯实农业基础、巩固发展稳粮增收好形势，稳定农产品供给和价格，才能为适应新常态、稳定市场信心、扩大回旋空间、增强应对底气打好基础。

农业现代化的特征

农业现代化的目标是高效化，核心是科学化，特征是商品化，形式是规模化，方向是集约化，路径是产业化。

第一，土地流转及适度规模是农业现代化的基础。城镇化背景下，进城农民的耕地如何有效、公平、规范地流转，为农业生产规模化和现代工具运用提供了条件，在产前、产中、产后各环节中大面积采用机械化作业，从而降低劳动的体力强度，提高劳动效率。不过，机械化是有条件的，平原地区很有效，但在山区、丘陵地区，由于土地面积较小，限制了机械化的应用，甚至无法利用机械。

第二，生产技术科学化是农业现代化的动力源泉。农业现代化的过程，其实就是不断将先进的农业生产技术应用于农业生产的过程，从而提高产品产量、提升产品质量、降低生产成本、保证食品安全，不断提高科技对增产贡献率的过程，特别是信息技术为农业进步插上翅膀。

第三，农业产业化是农业现代化的重要内容。农业产业化是指农业生产单位或生产地区，根据自然条件和社会经济条件的特点，以市场为导向，以农户为基础，以龙头企业或合作经济组织为依托，以经济效益为中心，以系列化服务为手段，通过实现种养加、产供销、农工商一条龙综合经营，将农业再生产过程的产前、产中、产后诸环节联结为一个完整的产业系统的过程。无论是小农户、家庭农场合作社还是龙头企业，都是在市场经济引导下的对各种生产要素进行优化组合的主体。

第四，经营者主体及劳动者素质的提高是实现农业现代化的关键因素。农业现代化必须有高素质的农民这一主体来推进，没有农民自身素质的现代化，要实现农业的现代化是不可能的，先进的生产工具靠人去创造，先进的科学技术靠人去摸索，先进的管理经验靠人去总结，先进的经营体制和运行机制靠人去应用。无论是增长方式的转变，还是生产绩效的提高，都是在人的主观能动作用下得以实现的。离开了人，现代化是不复存在的。

最后，农业现代化必须走可持续发展道路。一定要避免破坏环境的行为，实现生产过程、加工过程包括消费过程的循环经济。

我国农业现代化面临的问题及挑战

我国农业生产面临着4个亟待解决的重大现实问题：一是由于大量的青壮年劳力进城务工，务农人口老龄化而带来的谁去种地问题；二是由于生产规模小，现有的农业生产方式落后而带来的如何种地问题；三是由于农业生物化学应用不当、工业污染加剧而带来的吃的安全问题；四是由于退耕退牧、环境治理、粮食主产区产业限制而带来的农牧民的收入不体面问题。

在工业化和城市化发展的同时，我国的农业基础非常薄弱，农业现代化面临着一系列严峻挑战。

1. 农业基础设施薄弱。自然灾害多发、重发、抗灾、减灾能力低的问题更加凸显。

2. 农业资源环境约束加剧。我国目前的人均可耕地面积和人均淡水资源仅为世界平均值的40%和33%，土地、水等农业资源环境约束将继续加剧,供求平衡保障的难度继续加大。

3. 农户生产经营规模小,户均耕地不足 8 亩。生产经营专业化、标准化、规模化、集约化水平不高,农产品市场体系,农业社会化服务体系不健全,组织化程度较低,国家农业支持保护体系还不健全,小生产与大市场的矛盾日趋加剧,农业劳动生产率非常低,目前中国农业劳动生产率约为世界平均值的 47%,约为高收入国家平均值的 2%,约为美国和日本的 1%,难以融入国际竞争。

4. 农业科技水平与国际平均水平比较,相差 10～20 年。一是生物育种落后于国际水平 10 年,我国良种产业化进程比发达国家落后 10～20 年。二是信息化技术在农业上的应用,我国属起步阶段,多数领域尚属空白,而欧美等一些发达国家已将卫星通信、全球定位系统、遥感、信息压缩及高速传输、宽频高速网络、人工技术、多媒体技术、虚拟现实技术等广泛运用于农业。三是农业资源利用,以色列水资源的利用率高达 90%以上,我国仅为 35%～40%,农田灌溉技术、设备、基础理论研究等落后世界先进水平 20～25 年。四是农产品贮藏、加工,以色列、日本等国家每年粮食总产因贮藏不当损失率为 1%,果品、蔬菜损失率为 8%,我国损失率分别为 5%和 20%,落后国际先进水平 10～12 年。五是新型药品、饲料,落后国际先进水平 10～20 年。农作物病虫综合防治技术应用基础研究,我国落后于国际先进水平 10～15 年。

5. 农业生产成本不断上升,对国际市场农产品依存度不断加大。大宗农产品的生产成本高于进口农产品的到岸价格,2014 年中国粮豆进口超过了 7 700 万吨,粮食净进口超过粮食总产量的 13%,远远超过《国家粮食安全中长期规划纲要》规定的 5%目标。

6. 务农收入低,不体面,弃农撂荒、农业兼业化现象日趋严峻。农村与城市居民实际收入差距在 3 倍以上,“抽水机式”的农村人才输出机制使得农村人才流失严重,“村庄空心化、农业副业化、农民老龄化”,“386199 部队”构成我国农业生产的主力军,这是最大的障碍。

习近平总书记关于现代农业发展的指示

第一,粮食主产区。我国是世界人口第一大国,保障粮食安全是永恒的课题,任何时候都不能放松。历史经验告诉我们,一旦发生大饥荒,有钱也没用。所以,到湖北、山东省农业主产区调研时,习近平总书记强调:"即使将来城镇化达到70%,还有四五亿人在农村。农村绝不能成为荒芜的农村、留守的农村、记忆中的故园。"

第二,生态脆弱区。在视察四川、甘肃、内蒙古、湖南等中西部地区时,习近平总书记多次提出,贫穷落后是欠发达地区的主要矛盾,加快发展是欠发达地区的根本任务。生态脆弱区重点发展特色优质农牧产品,如以优质水果、干果、杂粮为主的特色农业;以优质牛羊及小动物为主的畜牧业;以藏药、蒙药、苗药、热带药等代表的民族医药;发展少破坏或零污染的风景民俗旅游等。以特色农牧产品加工及生物资源利用型产业作为发展重点,着重突出东产西进转移产业。重视特色产业集聚区的发展,加速产业向园区集中,人口向城镇集中,提高组织化程度,加速推广节水等保护性农业技术等。

第三,大城市及工矿业发达区。在浙江工作时,时任省委书记的习近平撰文提出,浙江已全面进入了以工促农、以城带乡的新阶段,更有条件也更有必要实行工业反哺农业、城市支持农村的方针;在天津考察时,习近平总书记提出,大城市要发挥独特优势,加快发展现代都市型农业;现代都市型农业将三次产业有机融合,是统筹城乡一体化发展、提高城镇化质量、扩大内需、改善民生的重要抓手。在江苏考察时,习近平强调,现代高效农业是农民致富的好路子,要沿着这个路子走下去,让农业经营有效益,让农业成为有奔头的产业。

这些重要思想和观点,既新颖又朴实,既宏观又具体,具有很强的指导性,这是习近平总书记在全国一盘棋总体把握的前提下,客观分析我国农业和农村经济发展新形势而做出的科学判断,为不同地区推进农业现代化和农村发展指明了方向,提出了新的更高的要求。

多方用力,走出中国特色农业现代化道路

1. 完善农村基本经营制度。耕地是粮食生产的命根子,耕地红线要严防死守,红线包括数量,也包括质量。实行最严格的耕地保护制度,尤其是保护好高产良田。要着眼于提高土地产出率,加快中低产田的改造。坚持家庭经营基础地位,稳定和完善农村土地承包关系。

2. 强化科技支撑现代农业力度。在农业资源约束日益趋紧、农业生产成本持续攀升、农产品数量和质量需求刚性增长的新形势下,要实现农业高产优质高效跨越,必须突出科技的特殊功能,要舍得下气力、增投入,注重创新机制、激发活力。

3. 构建新型农业经营体系。以解决"地怎么种"为导向,构建以农户家庭经营为基础、合作与联合为纽带、社会化服务为支撑的立体式复合型现代农业经营体系;加快培育专业大户、家庭农场、农民合作社、农业产业化龙头企业等新型经营主体,培养造就新型农民队伍,鼓励支持大中专院校特别是农业院校毕业生及农村能人返乡到农村经营农业。

不同区域现代农业发展策略

一是大城市郊区、东部沿海发达地区:重点解决城市化过程中农民的进城、就业、融入问题;推进土地适度规模与集约经营(精准农业)及农业生产的工业化经营;保障菜篮子、米袋子供应等农产品数量和质量安全;推动加工业发展及布局;促进国际化的商品型农业体系及品牌建设;发展都市休闲农业。

二是矿业富裕地区:重点解决土地破坏,环境污染等问题,发展工厂化农业、设施农业、高科技农业,运用和提升农业多功能性。

三是大宗农产品产区(包括东北地区):重点实施东北地区商品粮基地建设;实施规模型农户(国有农场)商品粮生产经营工程;实施仓储、物流运输、米豆品牌树立工程;实施产品和生产过程标准化工程;推进合作经济组织与社会化服务体系建设;实施保土保粮及大宗农产品生产工程;实施食品加工(肉、粮、油、菜)工程;推进清洁生产、健康养殖工程建设;开展空心村土地整理工程等。

四是西部地区：重点发展特色优质农牧产品，如果、杂粮、牛羊及小动物、民族特色药材等；发展少破坏或零污染的风情旅游；改善交通和信息化条件，推进优质特色农牧产品的品牌建设和产业化发展。

张正河

2017 年 9 月

前　言

党中央与国务院历来高度重视现代农业发展。党的十八大以来，2013—2017年连续5个中央一号文件都把重点放在了推进现代农业和农业现代化发展方面，至党的十八届五中全会和国家“十三五”规划纲要出台，从国家层面已经勾勒出了加快推进农业现代化的发展理念和总体框架。2016年中央一号文件指出，要加快转变农业发展方式，保持农业稳定发展和农民持续增收，走产出高效、产品安全、资源节约、环境友好的农业现代化道路，推动新型城镇化与新农村建设双轮驱动、互促共进，让广大农民平等参与现代化进程，共同分享现代化成果，让农业成为充满希望的朝阳产业。2017年中央一号文件又提出了“三区三园一体”的现代农业发展模式，为深化农业供给侧结构性改革搭建了发展载体。

但目前市场上关于县域现代农业规划的书籍较少，只有部分农业规划单位出版了相关著作，与国家农业发展的重要性和发展趋势不相匹配。而城市规划的书籍很多，传统的农业规划经常会参考城市规划的一些理论框架和技术标准。但农业规划不是城市规划，照搬照抄城市规划的一些理论和框架往往会造成农业规划的不伦不类，或无法实施。城市规划是控制型的规划，不是发展型的规划，而区域农业规划是发展型的规划，重点解决产业发展问题。因此，严格意义上来说，县域农业规划不像城市规划属于法定规划，农业规划是非法定规划，规划内容框架和相关技术要求往往根据各地实际情况而定，因此，这又给县域农业规划的多样化发展奠定了基础，每个规划单位都可以根据自己的理解和经验，形成一套属于自己的规划理论框架和技术体系。

本书是笔者经过多年的规划研究和实践，总结出的部分县域农业规划的理论思考和部分规划成果。本书共 9 章，分为理论篇和案例篇，第 1～4 章是理论篇，第 5～9 章是案例篇，选取了相关类型的案例供读者参考。

本书以应用实战为特点，理论部分简单直接，直奔主题，摒弃了传统规划书籍当中过多繁杂的理论描述，而是直接说明我们认为在实践中能够用到的和管用的基础理论；案例部分，选择的 5 个案例都尽可能地保留规划原文，部分规划涉密内容和笔者认为不影响读者阅读的部分略去，但整体规划框架仍保留，比传统的规划书籍中的案例内容更加翔实，也能够让读者更加全面地了解我们规划的研究成果。

感谢北京灵思创智城市发展咨询中心、中国城市发展研究院等相关单位在案例成果编制过程中的支持，感谢袁崇法研究员、朱启臻教授、李玉恒副研究员、王健副教授、宋思雨规划师、徐娜规划师等相关人员和参与案例写作人员的支持和帮助。

贾大猛

2017 年 9 月

目 录

理 论 篇

案 例 篇

理　论　篇

第1章　县域经济与现代农业

1.1　县域经济的作用及县域产业发展的特点

中国的县起源于春秋，定制于秦朝。自秦始皇普遍推行郡县制以来，迄今为止已有2 000多年的历史。不管其他行政区划的名称、地位如何变化，县制始终保持不变，而且县在发展过程中，大部分行政区划和边界基本保存下来，形成了一种相对稳定的区域性管理体制。

1.1.1　县域经济的概念

“县域经济”是指以行政县（包括县级市、旗、自治县等）为区域范围，以市场为资源配置基础，以县级政权为调控主体，以县城为中心，集镇为纽带，农村为腹地，不同层次经济要素间联系为基本结构，通过县域内外双向反馈的人力流、物资流、资金流、信息流和信用流发挥整体功能的、具有地域特色鲜明和功能完备的区域经济系统。

县域经济作为国民经济的基本单元，在长期的历史演变与发展中形成了乡村性、地域性、差异性、开放性、综合性等基本特征。县城和中心建制镇可以说是“城之尾”、“乡之首”，所以，县域是城乡统筹的主战场。县域经济是城乡工农产业的连接点，它一头连着工业，一头连着农业；一头连着城市，一头连着农村。按照统筹城乡发展的要求，把城市和农村作为一个有机整体，规划县域经济的发展和模式，建立工农业协调发展（工业现代化和农业现代化同步推进）、城乡共同繁荣（以城带乡、以乡促城）的良性循环系统，实现富县裕民，这是由县域经济的性质和特征所决定的。

1.1.2 县域经济的地位及作用

县域经济是统筹城乡经济社会发展的基本单元，是国民经济的重要基础。它处在城镇经济与农村经济的结合部，工业经济与农业经济的交汇点，宏观经济与微观经济的衔接点。其地位和作用主要体现在以下几个方面：

(1)富民强国的基石。把 287 个地级及以上城市的 856 个市辖区剔除在外，其他 2 003 个县级单位（包括 368 个县级市，1 635 个县、自治县、旗、自治旗、特区、林区）就是县域。县域国土面积约占全国的 90%以上，人口 70%以上，GDP 和地方财政收入为 40%左右，地方财政支出 60%左右，固定资产投资为 50%左右，规模以上工业企业为 60%以上。

(2)工业资源的基地。县域资源是国家资源的基本构成部分。土地、矿藏、森林、水源等自然资源大都集中在县域。以农副产品为原料的食品业和轻工业，以矿物质为原料的重工业和新兴产业等，大都依赖于县域资源的支撑。同时，广大农村为国家建设还提供了充足的劳动力资源。可以说，社会生产力发展的生产要素主要来源于县域。

(3)县域经济差别非常大。由于自然资源禀赋、地理条件、历史人文、技术进步等差异，县域间的经济发展水平有很大的差别，中国百强县的一个县（市）的财政收入 200 多亿元，相当于中部省份 7 个地市的财政，相当于西部 3 个经济最弱省区财政收入之和，有些县（旗）的财政收入不足千万元。

(4)国内潜在的消费市场。目前县以下社会商品零售总额只占全国的 1/3 左右。随着县域经济的发展及扩大内需政策的推进，农民的收入和购买力进一步提高，对经济增长的拉动力会更强。县域将成为国内最大的潜在市场。

(5)经济发展的动力。随着产业在城乡间、地区间的梯度转移，国有、集体、个体私营、外资、股份制和各种混合经济在县镇产业集群的发展空间很大，特别是在农产品加工业、城镇化建设、物流运输、商业服务等第二、三产业的发展潜力很大，无论哪个层次、哪种成分实现大的跨越，都会对县域经济乃至整个国民经济发展起到重要的促进作用。

1.1.3 县域经济发展的产业特点与规律

县域经济的发展离不开产业，没有产业的支撑就无县域经济可言。全国各地根据条件进行了探索，形成了一些有代表性的发展模式：第一，广东模式。依托区位优势，大力发展两头在外的科技密集型、资本密集型和劳动密集型产业。县域经济发展到一定程度向城市经济转化。第二，浙江模式。发展专业化市场，开拓国内外市场，大力发展民营经济，走产业集聚、块状经济、振兴县域的道路。第三，江苏模式。在集体经济改制激发企业发展活力的基础上，抓住对外开放的机遇，走外向型经济带动县域经济发展的道路。第四，山东模式。大力推进农业产业化，发展特色农业，依托毗邻日韩的区域优势实施对外开放，走特色农业和对外开放相结合的县域经济发展道路。

1.县域产业是有特色的产业集群

由于环境差异、资源和市场分布不均衡，县域经济在资源和市场方面存在着有限性和不完整性，发展县域经济不能“小而全”，必须根据市场的需要，在国家宏观经济政策的指导下，突出本地特色和优势，培育、壮大主导产业和龙头企业，主动参与县域外的经济分工与协作，提高县域产业发展的开放程度，在更大的区域范围内进行资源配置。任何一个县域均有自己的地域特色和资源优势。因此，要充分认识自身的地域特色，并在合理的区域和市场内确定自身的比较优势，将地域特色与市场需求有效匹配，培育、壮大主导产业和龙头企业，将地域特色和比较优势转化为产业和企业的竞争优势。

有特色的产业集群的发展会促进县域城镇化的快速发展。小城镇产业集群的形成导致了企业规模的扩大，企业规模的扩大导致了企业集中基础上用地规模的增加和所需劳动力的增加。由于小城镇的人口主要集中在农村，产业集聚无疑吸引了农村劳动力向小城镇集聚。由于县域产业集群内的企业多为劳动密集型产业，可使周边地区的大批富余劳动力进入小城镇就业。随着这些人的涌入，必然为小城镇增加流动人口，而且相当一部分人逐步脱离土地进镇落户，成为新的城镇居民。这样，就必然伴随着生产、生活的消费需求。正是这种消费需求的动力，推动着小城镇其他各产业的快速发展，进而又促使小城镇吸纳更多的农村富余劳动力进入二、三产业。如此循环利用，使小城镇的人口数量伴随着产业集群的不断发展壮大，形成了小城镇人口的规模集聚效应。这些无疑加快了城市化进程。

2.县域产业发展有明显的阶段性

纵观县域产业发展历程，大致可分为3个阶段。各个阶段的县域产业在空间结构、城乡关系、产业结构等方面表现出明显的差异特征。

第一阶段是产业自由（培育）发展的阶段。县域产业经济的空间结构为县城独大、城镇化水平低的单核型，表现为城乡分离、自组织发展，第一产业在经济中的所占比重很大，以本地资源开发为主。县域产业的发展往往是在某种产品短缺带来的市场机会拉动下，要么由能人自发，要么由政府培育而实现的新产业从无到有的过程，因此称之为自由（培育）阶段。这一时期表现为产业价值总量增长先慢后快，企业数量由少到多，但企业的平均规模小、竞争力弱，新产业对县域经济的带动能力还不够强，各个产业领域都有不同层次的发展，但能够充分发挥本地特色和比较优势的产业发展相对较快。在相对发达的县域，企业主要依靠区域内自生；在相对落后的县域，企业更主要的是依赖从县域外部引资落户或外出回县人员投资建立。

第二阶段是特色优势产业逐渐凸现的整合发展阶段。县域产业经济的空间结构逐渐形成双核、多核型，二、三产业的比重不断上升，资源开发与加工并重。企业数量不断增加，导致产业内部和产业之间在基础设施、要素、原料、市场方面的竞争日益加剧，成本上升、利润水平下降。在降低成本、获取超额利润的压力下，产业的横向和纵向的并购现象增多，资源、要素和市场份额向盈利能力较强的特色优势产业及其内部优势企业集中整合，产业链条不断延伸，特色优势产业内的优势企业开始跨区域发展。总体看企业数量增速下降，单个企业平均规模增大，优势企业的影响范围超出县域，特色优势产业逐渐凸现，市场目标逐渐从低端市场转向中高档市场。对具体县域产业发展而言，动力既可来自于内部生成的企业，也可来自于外部引进的强势企业，如成都郫县的花木及农家乐产业的发展。

第三阶段是创新发展阶段。县域产业经济的空间结构为中心镇和大部分建制镇，都已成为专业镇、产业发展分工协作的群核型，表现为城乡融合、和谐发展。依靠全面创新提高效益水平和竞争力是该阶段县域产业发展的主要特征。县域产业发展从追求规模扩张向追求质量提升、能力增强转变，已有的特色优势产业获得新一轮的快速增长，新的特色优势产业也在培育和形成之中。优势产业和企业规模更大，且产业效应影响范围达到省域、全国甚至全球，产品质量水平达到国内领先，与世界发达国家接近，这既是一个企业的发展过程，也是一个行业的成熟过程和区域产业结构调整的过程。如山东梁山专用车集群、河南双汇肉制品产业集群、广西荔浦木衣架产业集群等。

3.县域产业发展有梯度性

目前，位于东南沿海、大城市郊区和矿产资源丰富的县域产业由于发展条件较好、起步较早、市场拉动作用大，已经进入创新发展阶段。位于中西部、相对落后的县域产业还主要处于自由发展的阶段或特色优势产业凸现的整合发展阶段。从总体上看，除东部一些发达县域外，我国大部分县域处于从自由（培育）发展的传统阶段向特色优势产业凸现的整合发展阶段过渡之中。如中国丝绸的成品及品牌在东部，印染及纺织在中部，养蚕及螺丝在西部。

1.2 现代农业的特征及主要内容

现代农业是县域产业的基础性产业。目前，尽管现代农业的概念被提及多年，不少专家学者、政府官员都给出了很好的解释。但时代变化太快，尤其是近几年新技术、新业态层出不穷，政策也紧随其后密集出台，导致很多地方领导开始重新审视什么是现代农业，到底应该怎么发展现代农业。结合笔者对国家政策的把握和近些年的实际观察，特对现代农业的内涵、特征和主要内容提出以下思考。

1.2.1 政策文件中的“现代农业”

我们主要从政策角度来率先审视一下什么是现代农业。

1.中央一号文件中的“现代农业”

自然而然先从近14年的中央一号文件查阅。纵观连续14年的一号文件，有两年文件名直接使用了“现代农业”一词（2007年和2013年），有3年虽然没直接使用“现代农业”一词，但使用了“农业现代化”（2014、2015、2016年连续3年）。

（1）2007年的一号文件指出，要：①用现代物质条件装备农业；②用现代科学技术改造农业；③用现代产业体系提升农业；④用现代经营形式推进农业；⑤用现代发展理念引领农业;⑥用培养新型农民发展农业,从而提高农业水利化、机械化和信息化水平,提高土地产出率、资源利用率和农业劳动生产率,提高农业素质、效益和竞争力。

(2)2013年的一号文件没有像2007年那样给出比较系统的阐述现代农业,但从内容上仍旧给出了现代农业包含的主要内容,并重点提出了以下几点:①确保国家粮食安全,保障重要农产品有效供给,始终是发展现代农业的首要任务;②农业生产经营组织创新是推进现代农业建设的核心和基础;③建设中国特色现代农业,必须建立完善的农业社会化服务体系。同时提出了其他诸如:构建现代农业产业体系,强化农业物质技术支撑,提升食品安全水平,健全农业支持保护制度,改革农村集体产权制度,改进农村公共服务机制等内容。

(3)2014年的一号文件提出要"要以解决好地怎么种为导向加快构建新型农业经营体系,以解决好地少水缺的资源环境约束为导向深入推进农业发展方式转变,以满足吃得好吃得安全为导向大力发展优质安全农产品,努力走出一条生产技术先进、经营规模适度、市场竞争力强、生态环境可持续的中国特色新型农业现代化道路。"重点提出了以下几点:①强化农产品质量和食品安全监管;②强化农业支持保护制度;③建立农业可持续发展长效机制;④构建新型农业经营体系;⑤加快农村金融制度创新。

(4)2015年的一号文件提出要"围绕建设现代农业,加快转变农业发展方式",并首次提出现代农业的16字方针:"走产出高效、产品安全、资源节约、环境友好的现代农业发展道路"。并被写入国家"十三五"规划纲要中。并具体从增强粮食生产能力、深入推进农业结构调整、提升农产品质量和食品安全水平、强化农业科技创新驱动作用、创新农产品流通方式、加强农业生态治理、提高统筹利用国际国内两个市场两种资源的能力等方面阐述了现代农业建设的主要内容。同时,还提出了要强化农业社会化服务、推进农村一二三产业融合发展(是从促进农民增收的角度提出的)、构建新型农业经营体系、推进农村集体产权制度改革等内容。

(5)2016年的一号文件阐述了如何用"创新、协调、绿色、开放、共享"的发展理念来推进农业现代化,继续提出要走"产出高效、产品安全、资源节约、环境友好"的农业现代化道路,并首次提出要"让农业成为充满希望的朝阳产业"。2016年的一号文件比较全面地阐述了现代农业及农业现代化的内涵和内容:①大力推进农业现代化,必须着力强化物质装备和技术支撑,着力构建现代农业产业体系、生产体系、经营体系，实施藏粮于地、藏粮于技战略，推动粮经饲统筹、农林牧渔结合、种养加一体、一二三产业融合发展。②要加强资源保护和生态修复，推动农业绿色发展，加快形成资源利用高效、生态系统稳定、产地环境良好、产品质量安全的农业发展新格局。③深度挖掘农业的多种功能，培育壮大农村新产业新业态，推动产业融合发展成为农民增收的重要支撑。④加快补齐农业农村短板，必须坚持工业反哺农业、城市支持农村，促进城乡公共资源均衡配置、城乡要素平等交换，稳步提高城乡基本公共服务均等化水平。⑤深入推进农村改革，增强农村发展内生动力。

我们可以看到，十八大以来，“现代农业”和“农业现代化”在中央文件中频繁出现，从文件的表述中可以发现，中央关于现代农业的发展思路是一脉相承的，国家正在更加系统化地解决农业现代化发展问题，也可以说现代农业发展的顶层设计已在国家层面逐步形成。

专栏：连续14年中央一号文件名单

2017年：关于深入推进农业供给侧结构性改革加快培育农业农村发展新动能的若干意见

2016年：关于落实发展新理念加快农业现代化实现全面小康目标的若干意见

2015年：关于加大改革创新力度加快农业现代化建设的若干意见

2014年：关于全面深化农村改革加快推进农业现代化的若干意见

2013年：关于加快发展现代农业，进一步增强农村发展活力的若干意见

2012年：关于加快推进农业科技创新持续增强农产品供给保障能力的若干意见

2011年：关于加快水利改革发展的决定

2010年：关于加大统筹城乡发展力度进一步夯实农业农村发展基础的若干意见

2009年：关于促进农业稳定发展农民持续增收的若干意见

2008年：关于切实加强农业基础设施建设进一步促进农业发展农民增收的若干意见

2007 年:关于积极发展现代农业扎实推进社会主义新农村建设的若干意见

2006 年:关于推进社会主义新农村建设的若干意见

2005 年:关于进一步加强农村工作提高农业综合生产能力若干政策的意见

2004 年:关于促进农民增加收入若干政策的意见

2.相关文件中的“现代农业”

(1)国家“十三五”规划纲要提出:“农业是全面建成小康社会和实现现代化的基础,必须加快转变农业发展方式,着力构建现代农业产业体系、生产体系、经营体系,提高农业质量效益和竞争力,走产出高效、产品安全、资源节约、环境友好的农业现代化道路。”从增强农产品安全保障能力、构建现代农业经营体系、提高农业技术装备和信息化水平、完善农业支持保护制度等角度进行了规划。

(2)《关于加快转变农业发展方式的意见》(国办发〔2015〕59 号)提出要:“以发展多种形式农业适度规模经营为核心,以构建现代农业经营体系、生产体系和产业体系为重点,着力转变农业经营方式、生产方式、资源利用方式和管理方式,推动农业发展由数量增长为主转到数量质量效益并重上来,由主要依靠物质要素投入转到依靠科技创新和提高劳动者素质上来,由依赖资源消耗的粗放经营转到可持续发展上来,走产出高效、产品安全、资源节约、环境友好的现代农业发展道路。”并提出 4 个“坚持”:①坚持把增强粮食生产能力作为首要前提。坚守耕地红线,做到面积不减少、质量不下降、用途不改变,稳定提升粮食产能,确保饭碗任何时候都牢牢端在自己手中,夯实转变农业发展方式的基础。②坚持把提高质量效益作为主攻方向。以市场需求为导向,适应居民消费结构变化,调整优化农业结构,向规模经营要效率,向一二三产业融合要效益,向品牌经营要利润,全面推进节本降耗、提质增效。③坚持把促进可持续发展作为重要内容。以资源环境承载能力为依据,优化农业生产力布局,加强农业环境突出问题治理,促进资源永续利用。④坚持把推进改革创新作为根本动力。打破传统农业发展路径依赖,全面深化农村改革,加快农业科技创新和制度创新,激活各类农业生产要素。着重从增强粮食生产能力,提高粮食安全保障水平;创新农业经营方式,延伸农业产业链;深入推进农业结构调整,促进种养业协调发展;提高资源利用效率,打好农业面源污染治理攻坚战；强化农业科技创新，提升科技装备水平和劳动者素质；提升农产品质量安全水平，确保“舌尖上的安全”；加强农业国际合作，统筹国际国内两个市场两种资源等角度进行了阐述。

1.2.2　现代农业的特征

通过系统整理中央文件、政策和国家、部委相关领导及学者的表述，现代农业总体上呈现以下特征：

1.适度规模化

传统农业的最大弊端在于规模小而分散，市场化程度低，无法适应现代经济运作模式。汪洋副总理指出，适度规模经营是现代农业发展的基本方向和重要标志。2016 年中央一号文件提出要“坚持以农户家庭经营为基础，支持新型农业经营主体和新型农业服务主体成为建设现代农业的骨干力量，充分发挥多种形式适度规模经营在农业机械和科技成果应用、绿色发展、市场开拓等方面的引领功能。”国家“十三五”规划纲要也提出要以发展多种形式适度规模经营为引领，创新农业经营组织方式，构建以农户家庭经营为基础、合作与联合为纽带、社会化服务为支撑的现代农业经营体系，提高农业综合效益。因此，推进农业适度规模化经营，大力发展新型农业经营主体，是现代农业建设的核心和基础。

2.农业多功能化

“十三五”时期我国农业现代化目标更突出多元化，即在重视农业生产农产品功能的同时，更重视其各种社会生活功能、文化功能、心理功能、生态环境功能，建立多功能农业将成为县域现代农业提升竞争力的奋斗目标。

随着社会经济的快速发展，农业越来越体现出生产、生活、生态功能的复合化和一二三产业的融合化发展态势。首先，农产品加工业是现代农业发展的关键环节和重要标志，是经济社会发展的战略性支柱产业，是保证国民营养安全健康的重要民生产业。其次，农业与休闲观光旅游的融合，是现代农业发展的新路径。目前，国家已经把推动农村一二三产业融合发展作为加快推进农业现代化的重要内容，多功能农业正成为现代农业发展的重要方向。

3.农业标准化与品牌化

推行农业标准化生产是新时期我国推进传统农业向现代农业转变的重要亮点和突破口，是实现生产源头可控、切实做到安全优质农产品产出来的关键措施，是品牌农业之基。农业标准化是现代农业的重要标志，也是确保农产品质量安全的关键举措。农业标准化实现的重要途径就是标准化基地建设。

品牌化是农业现代化的核心竞争力和重要标志，品牌强则农业强。农产品品牌建设是品牌农业发展的重要组成部分，农产品品牌的发展有利于带动我国农业规模化、专业化、标准化、产业化；有利于提升农业效益；有利于保障农产品质量安全；有利于提升市场竞争力；有利于推动农业生产向优势区域集中和产业结构优化。农业的标准化和品牌化共同构建起了现代农业通向市场的“出口”。

4.农业信息化与市场化

农业信息化是现代农业的重要标志，也是现代农业的制高点，对加快转变农业发展方式、建设现代农业具有重要的牵引和驱动作用。当前，农业互联网、大数据、云计算等信息技术正在加快推进现代农业转型升级。现代农业正在向以互联网为媒介，将网络科技深度融于农业生产经营决策、农业生产精细管理、农产品运输销售等各个环节，实现农业的智能化、精准化、定制化的时代迈进。特别是互联网、大数据、云计算、物联网、电子农情监测等现代信息技术在农业领域的应用越来越广泛，促使世界农业加快转型升级。世界各国纷纷启动和加快农业信息化进程，形成了一批良好的产业化应用模式。利用卫星、电子农情监测等技术对土地、气候、苗情等信息进行实时监测，其结果进入信息融合与决策系统；物联网技术已成为生产管理、辅助决策、精准控制、智能实施的关键技术；互联网技术广泛用于农产品电商、运输环境调控、农产品质量安全溯源等多个方面。

农业信息化，尤其是“互联网＋现代农业”，为农业市场化提供了新的途径和载体，为现代农业实现“弯道超车”、“跨越发展”提供了新动力。现代农业是市场导向型农业，单纯的规模化和专业化不是现代农业的必要条件，缺少市场反应机制和产品渠道的农业仍然无法避免“谷贱伤农”的现象发生。

5.发展可持续化

现代农业必须是资源节约型、环境友好型、经济高效型的可持续农业。坚持产量与质量并重，生产与环境并重的原则。既要充分发掘传统农业精华，更要积极利用现代生物技术、信息技术、新材料和先进装备；既要充分依靠和利用自然力，尽可能地利用当地生态系统中的可再生资源与生物能源，又要采取适当的人为措施，合理使用化肥、农药等化学品，真正实现经济效益、生态效益和社会效益的综合协调发展。

因此综上，所谓现代农业，实质上是指在国民经济中具有较高水平的农业生产能力和较强竞争能力的现代产业，它是不断地引进新的生产要素和先进经营管理方式，用现代科技、现代工业产品和现代组织制度和管理方法来经营的科学化、集约化、市场化、生态化的农业，是满足人们多元消费需求，保护生态平衡和可持续发展的农业。

1.2.3 现代农业的内涵

从以上相关层面的梳理分析可以看出，现代农业内涵比较丰富，国家的政策也在逐步完善现代农业所包含的内容。我们可以用分条的方法进行总结：

(1)现代农业是一个系统，包括现代产业体系、现代生产体系、现代经营体系、现代支持保护体系和现代发展理念体系5大体系。现代发展理念在2007的一号文件中提到过，在今年的一号文件中虽没直接说，但直接用了"落实发展新理念加快农业现代化"的表述，本人也认为现代发展理念是现代农业的重要内涵之一。

(2)现代农业内涵包括核心层和支撑层。由于消费者需求的多样性，人民对农业的需求已经不仅仅是温饱吃饭那么简单，还在不断挖掘农业的多功能性，推动农业与农村、农业与二、三产业融合发展。因此，要区分现代农业的核心层(解决发展问题)、支撑层(解决发展中支撑保障问题)和联动层(解决与农村发展的融合等)，否则就不能因地制宜理解区域农业特征，在具体制定本地现代农业发展计划时就导致容易进入误区，本末倒置。具体来说，现代农业的核心层主要指现代农业的产业体系，包括主导产业、接二连三产业等；支撑层主要包括生产体系、经营体系、支持保护体系；联动层主要指现代农业发展要与农村改革发展和区域文化、旅游、生态等方面融合发展，体系"大农业"和"农业复合系统"的概念。

1.2.4 现代农业的主要内容

1.现代农业的5大组成体系

具体包括现代发展理念体系、现代产业体系、现代生产体系、现代经营体系、现代支持保护体系5大体系。

(1)发展理念体系。要坚持创新、协调、绿色、开放、共享的发展理念，坚持以市场为导向，预留农业通向市场的"出口"，用现代经营理念，做好农业与市场的对接。

(2)现代产业体系。主要包括稳定粮食基本生产、调整农业产业结构(选择农业主导产业)、发展农产品初加工和精深加工、发展休闲农业、发展农产品流通业等。

(3)现代生产体系。主要包括用现代科技和装备武装农业、保障农产品质量和食品安全(含标准化基地建设和农产品品牌建设等)、提供资源利用效率(发展生态循环农业)等。

(4)现代经营体系。主要包括发展多模式的适度规模经营,发展专业大户、家庭农场、农业合作社、龙头企业等新型农业经营主体,健全农业社会化服务体系。

(5)现代支持保护体系。主要包括农村金融服务、农业政策支持、保障农业投入等。

2.现代农业发展的主要抓手

现代农业的抓手包括生产、经营和市场等3大方面的组织载体和模式。

(1)生产组织载体和组织模式。传统农业以小农经济为主,主要依托农户自主经营,因此,农业的生产组织模式属于分散型的发展。现代农业追求适度规模经营,可以实现农业的集约化经营。主要的组织模式包括现代农业园区(科技型、加工型、综合型等)、农业公园、农业庄园、农业工厂、产业化基地等。从空间上看,山区农业特有的空间组织模式——沟域经济,也是农业生产的组织模式。农业项目基本都可以在上述农业生产组织载体中布局和发展。

(2)经营组织载体和组织模式。目前现代农业呈现出农业经营主体多元化的趋势,专业大户、家庭农场、农民合作社、龙头企业、工商资本等都可以是农业的经营组织载体。经营组织模式的核心是构建完善的利益联结机制,促进各主体之间利益均衡发展,同时更重要的是能够让农民在其中获得稳定的增收渠道,否则,现代农业发展就失去了本质。

(3)市场组织载体和组织模式。农产品流通和市场建设是现代农业发展的重要环节。当前随着互联网+农业的快速发展,农业电商正在成为改变农业发展格局的重大事件,在此基础上,加快布局农产品交易市场,完善冷链布局也将影响区域现代农业发展的未来。

第2章　县域现代农业规划的类型及主要内容

2.1　现代农业规划是发展县域经济的重要措施

规划能够科学指导县域产业发展、城镇化和社会工作。好的发展规划能够突出县域的比较优势，明确长期坚持的发展重点（如起支撑作用的重大特色产业项目）和目标，有利于积聚要素，积极争取国家的政策和资金支持，并形成标识效应对外招商引资，形成特色产业和特色经济优势。要避免一个领导一个令的做法，要有不计名利、埋头苦干的大局意识。

除了五年规划（国民经济和社会发展规划）外，推进县域经济发展的规划主要包括以下方面：①县域范围内产业选择、培育、产业集群、空间布局和资源平衡方面的规划。②县域范围内城镇化（从最低级居民点村庄到中心镇、县城、小城市）规划。③自然资源（土地、森林、水、矿产、循环经济等）可持续发展的规划。④县域范围内社会文化生活（教育、卫生、人口迁移、就业、社会保障、科技进步等）的战略设计。

现代农业规划属于县域产业规划范畴，但由于农业发展涉及多个方面，包括农民、农村、小城镇、土地、生态环境、旅游、加工等，所以农业规划又是一个多方面融合的规划，需要产业融合、产城融合、产镇融合、产村融合等。因此，现代农业规划将从多方面推进县域经济的发展。在现代经济发展技术和社会需求条件下，农业已经从产业、生活、生态、空间等多方面融入农村和城市人们的生活中。做好县域内的各类农业规划越来越成为提升县域经济发展层次、转变县域经济产业结构、改善县域经济发展环境、丰富人们消费需求的重要抓手和内容。

2.2 县域现代农业规划的类型

县域现代农业规划，顾名思义就是在县域内做的各类农业规划。主要包括以下类型：

2.2.1 区域农业发展规划

发展规划是很多县域在发展过程中都会涉及农业规划，主要解决全县农业发展的总体思路、空间布局、产业选择和发展、主要任务、重点推进项目（抓手）和主要保障措施等发展类问题。发展规划大多属于顶层设计和指导性规划，一般规划周期在5年左右。以前发展规划多是思路性的规划，但最近几年，随着各地对操作性规划的要求日益提高，发展规划也必须能够对县域农业的发展提出实实在在的具体的针对性措施。

发展规划从空间上主要包括全县的现代农业发展规划和乡镇层面的现代农业发展规划，一般村很少有做现代农业发展规划。

此外，从侧重点上看，区域农业发展规划还包括以县域行政边界为空间范围的相关专业性规划，包括国家现代农业示范区规划、县域农业可持续发展规划等。此类规划一般有国家或省市层面下发专门的指导意见和发展要求，规划内容相关固定。

2.2.2 农业园区规划

农业园区规划属于对特定边界范围的农业规划。农业园区是参照工业园区运营机制，结合农业发展特点而发展的农业发展空间组织模式。农业园区有大有小，大的可以有上百平方千米，小的可以是几十亩、数百亩。目前，农业园区已经成为发展现代农业的重要载体和主要突破口。农业园区通过引入现代产业组织方式，在一定区域内将土地、资金、技术、信息、劳动力等生产要素进行集约配置，把农业生产、农产品加工以及物流、金融、休闲体验等相关服务业有机整合，可以实现产业联动、产业集聚、技术渗透、经营管理创新，从而显著提高土地产出率、资源利用率、劳动生产率，改善农业生态环境，加快农业现代化进程，对于有效整合和优化配置农业资源，创新农业发展模式，破解农业发展瓶颈具有重要作用。

2017年中央一号文件提出了要建设“三区三园一体”：“三区”就是粮食生产的功能区、重要农产品的保护区和特色农产品的优势区。“三园”指的是现代农业产业园、科技园、创业园，现代农业产业园主要是聚集现代的生产要素，发挥技术集成、产业融合、创业平台、核心辐射等功能作用，促进农业生产加工物流研发示范服务等功能相互融合。主要目的是形成现代农业产业的集群；建设农业科技园，主要是突出科技创新，科技应用，实验示范，科技服务与培训等功能，目的是要打造现代农业的创新高地；农民创业园，主要是针对回乡下乡返乡创业的人才，他们要创业创新，要给他们提供必要的平台，现在很多地方都打造了这样的创业园，效果非常好。“一体”是指田园综合体，文件提出要支持有条件的乡村建设以农业合作社为主要载体，让农民充分参与和收益(这个是前提)，建设集循环农业、创意农业、农事体验于一体的田园综合体。

(1)从内涵上看，现代农业产业园和农业科技园都属于农业园区规划的范畴。农民创业园的产业可以不仅是农业，还包括二、三产业，所以不一定在农业园区内，也可以是工业园区，因此，如果主要是农业产业的话，农民创业园可以纳入农业园区的规划范畴。田园综合体更多的是强调集生产、生活、生态于一体的多功能乡村综合体，是广义上的农业园区，可以涵盖在农业园区规划的范畴之内。

(2)从主体上看，农业园区可以是政府主导，也可以是市场主体(企业)主导。政府主导的一般都建有园区管委会，部分地区会作为一个部门独立行使相关的行政职能。企业主导的一般以其流转土地的规模为空间范围；也有的由数个企业自发形成一个农业企业集聚区，但如果没有政府规范的话，多数一般不符合区域产业政策或土地利用政策，需要政府引导和指导。

(3)从专业化程度上看，农业园区可以是种植业、林果业、设施园艺产业、畜牧养殖业、农业旅游业等专业性的园区，也可以是几个产业融合的综合性园区。

(4)从规划深度看，园区规划又可分为总体规划和详细规划，园区总体规划类似于园区层面的发展规划;农业园区的详细规划不同于城乡规划层面的详细规划,城乡规划里的详细规划包括控制性详细规划和修建性详细规划,都属于法定规划范畴,而农业园区层面的详细规划更多的是从规划深度来说的,即要对农业园区的开发建设给出更加明确细致的规划,推进园区各项规划项目落地,也可以叫建设规划或建设发展规划。

截至目前,农业部、财政部已经发布 2 批共 41 个国家现代农业产业园创建名单(表 2-1),产业园在国家层面进入快速推进阶段。科技部共发布 7 批共 177 个国家农业科技园区。目前,国家和各地正在以现代农业产业园、农业科技园为载体,不断激发农业产业链、价值链的重构和功能升级,促进产品创新、业态创新和价值创新,不断推动农业发展由中低端向中高端迈进,示范引领农业供给侧结构性改革。

表 2-1　国家级现代农业产业园名单

省(市、区)	名单
四川省	眉山市东坡区现代农业产业园(第一批) 峨眉山市现代农业产业园 蒲江县现代农业产业园
浙江省	慈溪市现代农业产业园(第一批)
黑龙江省	五常市现代农业产业园(第一批) 庆安县现代农业产业园(第一批) 宁安市现代农业产业园
江苏省	泗阳县现代农业产业园(第一批) 无锡市锡山区现代农业产业园
浙江省	诸暨市现代农业产业园(第一批)
山东省	金乡县现代农业产业园(第一批) 栖霞市现代农业产业园 潍坊市寒亭区现代农业产业园
江西省	信丰县现代农业产业园(第一批)
湖北省	潜江市现代农业产业园(第一批)
贵州省	水城县现代农业产业园(第一批) 湄潭县现代农业产业园

续表 2-1

省(市、区)	名单
广西壮族自治区	横县现代农业产业园(第一批) 来宾市现代农业产业园
安徽省	宿州市埇桥区现代农业产业园 和县现代农业产业园
重庆市	潼南区现代农业产业园
宁夏回族自治区	贺兰县现代农业产业园
湖南省	靖州县现代农业产业园 宁乡县现代农业产业园
陕西省	洛川县现代农业产业园
吉林省	集安市现代农业产业园
内蒙古自治区	扎赉特旗现代农业产业园
广东农垦	湛江垦区现代农业产业园
广东省	江门市新会区现代农业产业园 徐闻县现代农业产业园
河南省	正阳县现代农业产业园
河北省	邯郸市滏东现代农业产业园
福建省	安溪县现代农业产业园
海南省	陵水县现代农业产业园
青海省	都兰县现代农业产业园
陕西省	杨凌示范区现代农业产业园
北京市	房山区现代农业产业园
甘肃省	临洮县现代农业产业园
山西省	太谷县现代农业产业园
云南省	普洱市思茅区现代农业产业园

2.2.3　专项农业产业规划

专项农业产业规划主要是针对县域内某一特定农业产业而进行的规划。比如小麦、水稻、玉米、大豆、肉牛、奶牛、生猪、林果、林下经济等。或者是种植业规划、畜牧养殖业规划、农产品物流规划、休闲农业规划等。

区域农业发展规划中也会包括对专项农业产业的规划，但较之专门的单个农业产业规划来说，内容相对宏观。专门的农业产业规划必须对农业的全产业链及县域内本产业的发展策略和路径给出详细说明。

2.2.4 其他农业相关规划

主要包括与农业相关的其他类型规划，比如区域产业扶贫规划、休闲农业与乡村旅游规划、新农村建设规划、城乡总体规划中的农业产业专题（一般放在产业规划专题中）等。此类规划一般与农业产业密切相关，可以把其归类为县域农业规划范畴。

2.3 县域农业规划的主要内容

2.3.1 区域农业发展规划的主要内容

(1)县域现代农业发展的现状基础和问题研究。对县域内发展的资源特征、基础优势进行研究总结，着重指出县域现代农业发展需要破解的核心问题。

(2)县域现代农业发展的环境分析。结合县域的区位特征和农业发展特点，研究县域现代农业发展面临的形势环境，提出未来县域农业发展面临的战略机遇和严峻挑战。

(3)县域现代农业发展的总体思路。提出未来县域农业发展的基本思路、总体定位、产业定位、主要目标和总体发展战略。

(4)县域现代农业发展的空间布局规划。提出县域现代农业发展的总体空间布局、功能组团和现代农业空间组织模式。

(5)县域现代农业主导产业发展规划。结合农业产业定位，分析各主导产业发展市场趋势，规划各主导产业发展方向、产业布局，提出各主导产业发展的主要任务。

(6)县域现代农业重点项目发展规划。结合空间布局和主导产业发展规划，对各功能组团内的发展项目进行规划，提出空间布局中各功能组团的总体建设思路和项目发展建议。

(7)产业功能融合提升规划建议。提出现代农业与旅游发展、生态建设、特色村镇建设和相关衍生产业之间的融合发展规划建议，提高县域现代农业发展的综合价值。

(8)县域现代农业发展的支撑体系规划。从资源节约集约利用、农业基础设施建设、农业综合服务体系完善、农业人才培养、农业生态环境保护、农产品质量安全等角度提出农业发展的支撑体系。

(9)规划实施的保障措施。提出县域现代农业发展的保障措施。

(10)图件：主要包括现状分析图、空间布局图、功能分区图、重点项目布局图等。

2.3.2　农业园区规划的主要内容

(1)园区发展现状(区位、自然条件、土地利用现状、基础设施现状、产业发展现状等)，明确园区发展优势、问题、机遇和挑战。

(2)园区发展总体思路，包括发展理念、发展原则、规划目标、功能定位、功能分区和总平面布局等。

(3)园区产业发展规划。

(4)各功能分区建设发展规划：重点对园区的核心区进行规划设计。

(5)园区道路系统规划。

(6)园区公共服务设施发展规划。

(7)园区生态环境保护和绿化景观系统规划。

(8)园区基础设施工程系统规划。

(9)园区重点项目谋划。

(10)园区项目投资效益分析。

(11)园区运营策略及实施保障。

(12)图件：主要包括园区发展现状分析图、园区总平面布局图、功能分区图、鸟瞰图、重点项目布局图、道路交通组织规划图、生态景观规划示意图、公共服务设施布局图、基础设施系统规划图等。

专栏:农业园区功能定位的主要内容

农业园区是区域性农业现代化、标准化和产业化的示范区,应成为多功能农业和新型产业开发基地以及先进农业科技的集成平台与辐射源,具有多种功能。

1.农业园区的主要功能

(1)农业园区的农业功能。农业功能是指农业由于自身的特殊性所决定,具有经济生产和非经济生产两大功能,即农业除了具有生产食物和植物纤维等农产品这一主要和传统认知的功能外,同时还具有其他经济社会和环境方面的非经济生产功能,包括保护和改善环境、形成农业景观、维护生物多样性,保持农村活力和地区平衡发展,确保粮食安全、农村失业保障、替代社会保障、经济缓冲、消除贫困和确保农民生计、保留农村文化遗产等[12][13]。

(2)农业园区的文化功能。农业园区文化是园区极具吸引力和感染力的一种资源,是园区在历史发展中的一种特殊文化积淀,是园区发展的灵魂。园区农业文化功能塑造即通过农业文化的主题定位和整合创新,保持园区所在区域的本土文脉,促进区域经济和文化的协调发展。不仅是园区可持续发展的保证,而且对园区所在区域的文化传承也有重要意义。

(3)农业园区的旅游功能。农业园区旅游是利用园区田园景观,自然生态及环境资源,结合农林牧渔生产,农业经营活动开展的供人们休闲娱乐,体验"三农"生活的新型经营活动。园区旅游具有乡土风情、自然生物、社会服务和文化多样性的特点。发展园区旅游将经营、种植、养殖和农产品加工及销售等形成了一条产业链,不仅对第三产业中的商业、饮食服务业的发展具有极大的促进作用,而且能带动第一、二产业的发展,有助于形成产供销、农工旅、科工贸的产业化生产体系,从而带动整个地区产业结构的调整和优化,对于提高农业附加值,推动农村经济结构调整,增加农民收入,分流农村富余劳动力,提高农村文明程度都具有重要意义。

(4)农业园区的生态功能。农业园区的生态功能是指在农业多功能框架下的农业具有保护和改善生态环境、保持生态平衡、形成农业景观,维护生物多样性、促进资源的永续利用等功能的总称，园区农业生态功能源于农业的自然属性，农业作为生态系统的一个组成部分，种植业、林业、牧业、渔业的发展必然对周围的生态环境造成影响，能够对生态系统都能起到保护环境和改善环境的积极作用。

(5)农业园区的品牌形象功能。形象是普遍的特殊显现，具有丰富的内涵和外延，可通过园区各个要素之间的相互联系给受众想象留下广阔的空间。农业园区的品牌形象塑造具有功能性利益、情感性利益和自我表现型利益这3种价值主题，它不只是园区产品的功能性表达，更使园区产品与消费者的情感记忆结合。

2.新时期农业园区功能的发展趋势

(1)园区由单一功能趋向综合功能的拓展。农业园区大体经历了一个由单一功能向综合功能、由低层次向高层次方向迈进的发展过程，即从单一的示范功能向农业多功能，再向具有多种产业功能(综合型园区)不断发展完善的过程。

(2)由功能混杂的产业园向"一区多园"转变。园区的最初定位是发展农业，只要是农业，都可以进园，没有严格区分产业的性质，没有按照形成产业链的发展方向来规划，园区功能混杂，布局凌乱。而现在的园区要依据功能、创业主体、产业和服务对象等，采用归类方法，实行园区的归类建设和归类发展，逐步形成"一区多园"的发展模式。

(3)从农业科技示范园向科学发展示范区转变。新时期园区发展的最终目标是落实科学发展观，构建和谐园区，形成科学发展的示范区，在园区发展方式上从以投资型为主转向以创新型为主，摆脱对投资增长的依赖，完成从粗放式增长到集约式增长的转型。做到以信息化带动园区发展，以园区发展带动区域发展。

(4)由单一的农业园区建设向特色形象建设的转变。改变过去"重建设、轻形象"的传统发展理念，注重形象建设，打造园区名片。增添园区的个性色彩，将园区的优势与文化特色通过一定的宣传方式和途径，使社会公众对园区形成总体可识别的印象，让园区在国内外众多相同的科技园区中展示其独特的形象魅力。

(5)由单纯的科技园区向创新型园区转变。“创新型园区”是指能够激活创新意识,集聚创新资源,发挥创新作用,创造创新成果,以创新为核心驱动力的园区发展模式,包括技术创新、组织创新、制度创新、融资创新、营销创新、模式创新等诸多方面,是一种全社会参与、全过程联动的园区整体创新体系。创新型科技园区是农业园区的发展目标,是国家和地方政府进行区域宏观管理和分类指导的重要抓手,是建设创新型国家和城市在农业园区的探索和尝试,对推动农业园区又好又快发展,以及区域创新体系建设有重要意义。

(6)由农业园区向总部经济基地的转变。农业园区作为一个吸引农业企业的发展平台,具备连接城市辐射郊区的功能,具备向总部经济基地转变的条件[20]。农业园区发展应将吸引企业作为突破口,必须具备明确的产业定位,以形成自身的产业特色,发挥区域内特有的优势资源,吸引企业总部集群布局,以形成农业经济总部集聚效应,并通过农业产业链条辐射带动区域发展,实现不同的分工协作、资源优化配置,创新园区发展的经济形态。

(7)由农业园区向“再创业”基地转变。农业园区发展要以产业链打造、重点农业龙头企业发展为突破口,以产业结构优化为重点,加强园区综合环境建设,以吸引规模更大、效益更好的企业入驻,提升园区对区域发展的带动辐射作用,加快“再创业”基地建设的进程。

3.农业园区的重点功能选择

农业园区要加强农业科技成果产业化发展,推动农业科技体制的改革与创新,发挥农业示范功能,促进农业现代化、标准化和产业化建设,并搭建多功能农业、旅游业、文化产业一体化发展的平台,具体而言,其功能可定位为6个方面。

(1)农业科技研发与转化平台。园区发展需要在提升区域农业科技水平的基础上,建成农业新技术研发、应用、示范与转化的平台;要通过自主创新与吸收引进,解决农业重大科技问题;要进行农业新品种、新技术的示范,展示现代农业高新技术成果;要加强国内外多层次的广泛合作,使园区成为农业科技研发与转化的平台。

(2)特色优势农产品标准化试验与示范区。要围绕当地主导产业和农产品生产,立足本地农业特色,充分发挥园区的科技优势,建设标准化的农业示范生产和农产品精深加工基地；要按照先进的农业技术标准和严格的产品质量标准进行特色优势农产品生产和产业化经营，建成有地方特色的现代农业示范基地，推进区域种植业、养殖业、林果业以及农产品加工工业的产业升级。

(3)园区龙头企业孵化与总部经济基地。要充分利用园区的技术支撑条件和优越经济环境，开发农业新型产业，大力培育和积极引进园区龙头企业，探索新型农业产业开发途径，探索建立园区企业孵化器的模式，在园区孵化一批具有区域竞争力的龙头企业，形成总部集聚效应，通过“总部功能”链条辐射带动园区所在区域的经济发展，并实现不同区域的分工协作、实现资源优化配置，打造总部经济，为区域发展带来税收、产业乘数、消费、就业、社会资本等多种经济效应。

(4)农业科技创新与服务平台。要使园区成为农业新技术的“孵化器”，促进农业科技创新，并进行农业科技的辐射与示范；要通过技术培训、农业论坛等不同途径，进行农业科技的再创造；要突出农业科技的服务功能，为农业生产提供指导，为青少年农业科普教育提供基地。

(5)多功能农业、旅游与文化产业一体化示范基地。要立足本土特色，示范现代农业高效生产、传统农业文化继承、农业生态服务、农业观光旅游等方面的综合功能；要将园区观光农业、设施农业建设与地域文化进行互补，服务于园区周边及外地居民的旅游观光、农业体验、休闲度假、文化教育等多方面的综合需要，实现农业、旅游与文化产业的一体化示范。

(6)园区管理运行体制改革与创新发展示范平台。要在园区内建立起适应“科学发展示范区”要求的管理体制和运行机制，并积极探索适应多功能农业、旅游与文化产业一体化的管理体制创新和运行机制创新建设，完善社会服务支撑体系建设，以适应市场经济发展的需要，为其他园区的管理运行体制改革与创新发展提供示范。

2.3.3　专项农业产业发展规划的主要内容

(1)产业发展的国内外趋势。

(2)产业价值链与要素链分析。

(3)产业发展的基础条件分析。

(4)战略定位与发展目标。

(5)产业发展基本策略与招商路线。

(6)保障措施及战略性支撑平台。

(7)重大项目储备库。

(8)图件:主要包括产业链分析图、价值链分析图、产业项目布局图等。

专栏:怎么编制县域产业精准扶贫规划?

“十三五”时期是全面建成小康社会的决胜阶段,农村贫困人口脱贫是全面建成小康社会最艰巨的任务。当前,扶贫开发已进入啃硬骨头、攻坚拔寨的冲刺期,必须坚决打赢脱贫攻坚战。

特色产业是农村贫困人口生活和收入的主要来源,发展特色产业是提高贫困户自我发展能力的根本举措。习近平总书记曾指出:“贫困地区发展要靠内生动力,如果凭空救济出一个新村,简单改变村容村貌,内在活力不行,劳动力不能回流,没有经济上的持续来源,这个地方下一步发展还是有问题。一个地方必须有产业,有劳动力,内外结合才能发展。”因此,必须将产业发展与脱贫攻坚有机结合,只有产业真正发展起来,同时又能够与贫困人口产生联动效应,才能彻底拔掉“穷根”。

估计很多贫困县都编制过产业扶贫规划,但产业精准扶贫规划可能编过的不多。它的特点是3个精准:受益对象精准、产业选择精准、项目设计精准。并且要求以产业扶贫项目为核心,精准确定每个产业项目具体带动多少贫困户脱贫,这些贫困户分布在哪(即要明确产业项目布局在哪,需要多大规模),同时要明确每个项目的带动主体是谁,以此避免传统产业扶贫所带来的“扶农不扶贫、产业不带贫”的现象,以求达到“精准扶贫、精准脱贫”,确保到2020年能够准时或提前解决贫困问题。

这样的话就给贫困县编制规划带来了“许多问题”:

(1)由于日常生活中贫困线与农民收入直接无法精确确定边界,导致日常掌握的贫困户和贫困人口数量不清准,或者是对自己目前掌握的数据没有信心。

(2)无法精准确定到底有多少贫困户靠产业带动来脱贫，脱贫攻坚国家提出了通过五个一批来解决，那么具体到贫困县，如何才能精准确定每一批的户数呢？

(3)产业精准扶贫规划需要做到“贫困户—产业项目—带动主体”三位一体，这里面涉及多个主体：政府(扶贫项目规划和牵头实施组织者)、贫困户(他们有自己的产业发展偏好)、带动主体(企业、合作社、家庭农场、大户或其他组织，他们也有自己的产业计划)，三者都有自己的产业发展倾向，必须三者合一才能推进规划项目正常落地。

以上3方面的问题估计会成为大部分贫困县编制“产业精准扶贫规划”的拦路虎。因此，怎么编这个规划，既让它不流于形式，又能够确实实现精准扶贫，使县域内的扶贫资金或各项涉农整合资金有效支持，提供脱贫效率，是当前贫困县编制规划或实施方案的重要问题。

1.规划编制思路

扶贫、脱贫工作具有艰巨性、复杂性、系统性，按照要求规划要做到3个精准：对象精准到户(投资量化到户)，项目精准到户(贫困户靠什么脱贫)，带动主体精准到户(贫困户有谁来带动)。因此，决定了规划要有很强的可操作性、细致性、科学性和系统性，规划一旦确定，同时也具有了很小的可变性，因此必须精心谋划，自下而上、自上而下地反复进行，方能符合实际，不至于流于形式。

产业精准扶贫规划编制的思路是：

(1)首先要确定规划的体系结构。这个规划总体来说应基本符合本县“十三五”经济发展规划，解决3个精准的问题不可能在县级层面一个规划就能到位，为此我们确立了规划体系结构是：①县政府编制《县“十三五”产业精准扶贫总体规划》，这是一个统领性规划，解决发展什么，发展规模，通过什么项目解决，项目带动贫困人数，解决全县脱贫人口所需资金总量等问题。各镇、各有关部门在这个规划的统领下制定实施方案。②按照县总体规划，在相关工作部门层面编制《×××精准扶贫项目实施方案》，该方案解决项目在哪个镇、哪个村实施，具体操作办法和工作流程，补贴标准原则等问题。③在镇级层面编制《×××镇产业精准扶贫方案》，这个方案解决对象精准(某个项目受益覆盖哪些户)和带动主体精准(具体贫困户有谁来带动发展)的问题等。

因此，贫困县产业精准扶贫规划是一个规划体系，需要县级层面、部门层面、各乡镇层面统筹联动，在县级总体规划的基础上，编制部门、乡镇落实方案，而不仅是一本规划。

(2)具体来说，需要编制的规划文件是：

《县“十三五”产业精准扶贫总体规划》(县政府负责)；

《×××镇产业精准扶贫实施方案》(各乡镇负责)；

《县种植业精准扶贫项目实施方案》(县农委负责)；

《县养殖业精准扶贫项目实施方案》(县农委负责)；

《县光伏发电精准扶贫项目实施方案》(县扶贫办、县发改委负责)；

《县林下经济精准扶贫项目实施方案》(县林业局负责)；

《县电商精准扶贫项目实施方案》(县商务局负责)；

《县农机精准扶贫项目实施方案》(县农机局负责)；

《县休闲观光旅游精准扶贫项目实施方案》(县旅游局负责)；

《县政府购买技术服务精准扶贫项目实施方案》(县农委、县商务局负责)；

《县贫困户种养保险精准扶贫项目实施方案》(县农委、政策性保险等相关部门负责)；

《财政资金的整合、统筹与使用方案》(县财政局负责)。

等等，具体根据各贫困县实际情况而定。

2.规划编制程序

由县统一设计调查摸底表，主要调查表格有：《镇村基本情况统计表》《新型农业经营主体基本情况统计表》《农产品加工企业(大户)基本情况统计表》《贫困户意愿从事产业项目统计表》。

摸底表发放到镇村，镇村和县直包村联户干部全部下到户摸底，了解基本情况，征求贫困户意见，将调查摸底情况和镇村初步谋划扶贫工作思路情况上报县农委，汇总分析，研究确立发展重点和项目谋划。

3.规划编制原则

(1)聚力到户，受益精准。瞄准建档立卡贫困户，加大财政支持和资金整合，加强社会动员，调动带动主体和贫困人口积极性，凝聚合力，加快推动特色产业发展。精准帮扶，明确建档立卡贫困户稳定、长期受益作为产业帮扶边界，避免"扶农不扶贫、产业不带贫"，防止在实施中脱轨走样，避免产业扶持和脱贫"两张皮"现象。

(2)依托优势，产业精准。依托全县资源优势和产业基础，充分考虑市场需求和技术支撑等因素，立足全县资源环境承载力，选准特色产业，优化产业布局，合理确定产业发展方向、重点和规模，提高产业发展的持续性和有效性。树立可持续发展理念，坚决不选破坏资源和环境的产业，坚决不走先污染后治理的老路。

(3)科学设计，项目精准。实施项目引领战略，结合贫困户脱贫产业发展意愿和带动主体带贫产业发展意愿，合理设计产业精准扶贫项目，着力关键环节，注重贫困户的参与度，兼顾长期效益和短期效益。产业项目设计要适应贫困户的发展能力，找准项目实施与贫困户受益的结合点，构建有效的利益联结机制。

(4)整合资金，投向精准。全面整合扶贫专项资金和各部门涉农资金，结合各类产业扶贫项目，因地因人制宜，因村因户帮扶，因贫因类施策，实现扶贫资金精准投放，切实实现"扶农扶贫、产业带贫"，真正使贫困户及脱贫产业发展精准受益。

4.项目设计策略

(1)小项目，大产业。由于贫困户自身发展能力较弱，即使有经营主体带动，但从政府扶持的角度，单个产业精准扶贫项目不宜过大，一是要与贫困户发展能力相适应，要能够让贫困户有效参与；二是要确保每一个产业项目能够精准覆盖到每一个参与项目的贫困户，确保政府产业扶贫资金精准投放。小项目通过产业链整合和经营主体带动，可实现与县域产业体系的融合，从而变成大产业，促进全县相关产业的发展。

(2)小分散、大聚集。充分依托各乡镇发展特点，因人因地、因贫困类型，尊重群众意愿，采取贫困户独立经营和新型经营主体带动发展等产业项目组织形式。原则上通过多种形式实现产业扶贫项目集聚发展，对适合分散发展的产业类型(农家乐等)和强烈要求单独发展的贫困户可以允许分散经营，但应遵循政府统一要求，不能损害发展环境或违规违法经营。

实际操作过程中，规划的内容要以规划委托主体(或规划将来的实施主体)的实际诉求为主。一般规划的委托主体即规划的实施主体，主要包括政府和企业(或投资主体)两大类。明确规划的实施主体主要是要避免规划时陷入规划师自我设定的规划框架中而造成规划脱离实际，同时也是明确规划重点的重要前提。一般规划委托者都是有明确的规划诉求的，因此，在规划前了解规划实施主体诉求将直接决定规划的可操作性。不少规划由于不注意这一点，在政府部门委托的规划中涉及过多的需要市场手段才能实现的内容，或者是企业才关系的内容，造成政府对规划实施缺乏抓手和切入点，此类规划看似规划内容比较丰富，规划框架也比较规范，但由于没有抓手政府主体真正的诉求，所以一般做完之后被束之高阁。也有的规划在没有投资主体的前提下，设计过多的项目，并且对项目细节规划很深，此类规划一般也很难实施。因此，笔者认为，脱离规划实施主体或未来投资建设主体诉求的规划，是无法实施的，或者是规划师的自娱自乐。

第3章 县域现代农业规划的技术方法

县域现代农业规划既是一个产业问题，也是一个空间问题；既是一个宏观问题，也是一个微观问题；既是一个战略问题，也是一个技术问题。单独的县域农业规划是非法定类规划，没有固定的标准和强制性的成果形式，其涉及的一些技术要求大都参考相关领域技术标准规范，各个省份、地市直接有的也有差异。有的地方对于县域层面的农业发展规划或比较重要的农业园区规划（比如国家级或省级园区）会经过人民政府审批，此类规划一般具有一定的实施约束效应。

一般的县域农业规划会参考城乡规划中的总体规划、控制性详细规划、修建性详细规划的内容和技术要求，本章结合笔者多年的规划实践和研究，认为这种方法并不能推进县域农业规划更好地贴近规划委托方的诉求，一般规划的内容无主体性，实施起来比较困难。

我们认为做好县域农业规划主要涉及以下3个方面的问题：给谁规划、如何规划、实现规划的技术工作手段是什么。

3.1 基于复杂适应系统理论的规划隐逻辑

经过长期的规划研究实践，在深刻认识当前县域农业规划过程和实施过程中的种种问题后，笔者认为要用系统论的思维解构和建构我们的农业规划框架，我们不仅要有系统化的目标，更要有系统化的解决方案。

3.1.1 规划的基本逻辑

我们把复杂适应系统中的基本单元称为“主体”。主体具有主动性，是有活力的，具有自己的目标(需求)、内部结构和生命力。实施某一规划编制前，必须先把涉及的主体搞清楚，即要了解都谁与此事件会发生联系，通常是利益联系(即经济学上的利益相关者)。然后要逐个分析他们的各自需求，他们在事件中的诉求是什么。这是研究或解决问题的基本前提。了解了相关主体的不同诉求之后，要找到他们之间共同的需求目标，进而深入研究这些共同需求的特点是什么，我们把这些特点称之为“特点标识”，它引导着不同的但相互关联的“要素流”通过“非线性”的汇集，最终满足主体的共同诉求，即实现规划设定的发展目标，这一过程我们称之为“主体聚集”。县域各个类型的现代农业规划最终的目的都是要不断实现主体聚集，实现产业和区域的可持续发展。

3.1.2 县域现代农业规划中的主体

从系统论的角度看，县域农业规划涉及的主体可从以下几个方面认知：

1.投资主体

产业的发展最终都要靠产业项目投资进行落实。对于产业投资主体来说，选择一个好的产业方向进行投资是其资本增值的重要保障，但同时也具有一定的风险性。一般来说，产业投资主体可分为以下几种类型：

(1)政府。政府在产业投资主体中的比重一般不大，政府一般是通过设立产业培育(扶持)资金的方式对引进企业进行激励性的扶持，并对相关基础设施和公共服务配套设施进行投入。最大的目的是通过改善县域发展环境，能够吸引行业内的企业到本地进行更大的投资，起到杠杆的作用。政府主体包括县级政府、部门和乡镇等。

(2)企业、合作社。企业和合作社是农业发展的基本载体，也是产业投资主体的主要组成部分。企业的投资一般分两种情况，一是新企业的初始投资，即新进入一个地区，新成立的企业需要进行一些基本的投资，包括固定资产的配置等；二是企业经营扩大后的扩张投资，包括分公司的设立，分厂的建设，企业兼并收购等。对于一些非营利性机构来说，比如科研院所，有时为了维持和扩大单位福利，或是使科研成果更好地产业化，也会设立一些挂靠企业进行一些基本的投资。对于政府来说，除了设立产业扶持资金外，也会设立一些城投公司或管委会进行产业投资，比如不少地方园区管委会下面都有一个相应的投资开发管理公司进行公司化运作，这也是企业投资的一部分。因此，企业投资在产业投资的比例较大，他们也是和产业经营联系最直接的主体，其作为投资主体的地位必须加强。

(3)产业投资基金。产业投资基金在国外通常称为风险投资基金和私募股权投资基金，一般是指向具有高增长潜力的未上市企业进行股权或准股权投资，并参与被投资企业的经营管理，以期所投资企业发育成熟后通过股权转让实现资本增值。这有两种投资形式，一是公司型产业投资基金，是以股份公司形式存在，基金的每个投资者都是基金公司的股东，有权对公司的经营运作提出建议和质疑。公司型产业投资基金是法人，所聘请的管理公司权力有限，所有权和经营权没有彻底分离，投资者将不同程度地影响公司的决策取向，一定程度上制约了管理公司对基金的管理运作。二是契约型产业投资基金，不是以股份公司形式存在，投资者不是股东，而仅仅是信托契约的当事人和基金的受益者，无权参与管理决策。契约型产业投资基金不是法人，必须委托管理公司管理运作基金资产，所有权和经营权得到彻底分离，有利于产业投资基金进行长期稳定的运作。由于管理公司拥有充分的管理和运作基金的权力，契约型产业投资基金资产的支配，不会被众多小投资者追求短期利益的意图所影响，符合现代企业制度运作模式。产业基金在所投资企业发展到一定程度后，最终都要退出所投资企业。目前在县域农业发展过程中，单纯靠产业投资基金投资的相对较少。

2.经营主体

产业的经营主体一般具备两个基本特征，满足这两个基本特征的产业组织都是产业的经营主体。

(1)经营主体须以营利为目的。经营主体可以是个体经营者，也可以是合伙、企业法人和公司；经营者可以是财产所有者、使用者、收益者，也可以是投资者、生产制造商、销售商、中介组织等。它可以有许多身份，但只有它进入相关法律或法规允许的领域，进行经济法律活动，以追求利润为目的地参与社会生产和再生产，它才是经营主体。也就是说，营利性是经营主体的根本特性。

(2)经营主体应当有一定的独立性。所谓“一定的独立性”，首先指的是其在经济上拥有自主经营和发展所必需的各种权利，其次还包含着该主体与其他主体之间的平等地位。“一定的独立性”并不是绝对的独立性，并不是要求经营主体完全不受任何其他主体的制约，而是同时要在适应性上所做的努力去适应别的适应性主体。只要一个主体能够享有充分的自主经营权和财产权，可以进入市场开展生产经营与公平竞争活动，它就具备了经营主体所必需的独立性。

因此，经营主体一般是企业或合作社。县域现代农业的经营主体可以是多个企业、合作社。对于农业园区来说可以是一个企业或大的合作社，也可以是多个企业和合作社共同经营。

3. 监管主体

对于农业发展来说，监管主体的存在更多的是为了使农业能够更好地发展，使本地的农业能够与县域相关城乡建设相适应、相匹配。一般来说，产业的监管主体主要是政府，或是具有行业约束能力的各种协会组织等。对于那些因企业主体自发集聚的县域农业园区来说，加强对其发展的指导和规范化引导将有利于本地区农业的整体提升和快速发展。

4. 直接利益相关者

直接利益相关者主要指农民、农户和村集体等。

农民是农村生产和生活的主人，是受县域农业规划影响最大的主体。县域农业规划能否实施好，关键在于能否调动村民的积极性。长期的实践观察发现他们的诉求很单纯，也很简单，就是要能够增收，生活能过得更好一些，自己能够被尊重。因此，在编制县域农业规划时，一方面必须尽可能惠及最大多数村民，不搞超前消费和过度规划，不增加乡村债务，不增加村民负担；必须充分尊重村民意愿，一切关于统筹发展模式的政策措施都要得到村民的认可。另一方面，村民有权选择自己的生活方式、生产方式、管理方式，尽可能地延续乡村的生活记忆。

村集体是村民实现自我组织、自我管理、自我服务的机构，承担着对村财产、农民的管理职能和对农村产业发展的规划和引导职能。村委会管理本村的经济事务并不是直接参与经营活动，而是站在全体村民利益的高度，对全村经济发展进行整体规划，管好村民集体所有的财产，通过支持和组织村民依法发展各种形式的合作经济和其他经济，承担本村生产的服务和协调工作等方式，促进农村生产建设和市场经济的发展，因此在县域农业规划实施中是扮演着引导者和协调者的角色。他们的诉求不是代表村主任或村支书个人的，而是村民主体共同需求的代表，因此理论上应与村民的需求一致，或者更高，不能损害农民的利益。

3.1.3　规划编制必须首先明确规划委托主体的诉求

如前面所述，规划的委托主体一般是规划的实施主体，必须率先明确委托主体的具体诉求，即本次规划到底要解决什么问题？过往的规划中，不少规划师不能及时跟委托主体充分沟通，而是按照传统规划套路进行规划，有的甚至先拿出规划方案才去跟委托主体沟通，往往造成不好的效果，轻则调规划框架结构，重则返工。尤其是在做企业主体委托的农业规划时，经常跟企业负责人的诉求直接相关，达不到要求的规划，有的甚至当面把规划成果撕掉，造成甲乙双方无法继续合作。有的规划单位不研究主体需求，政府委托的规划按照企业经营者的规划深度做，造成大量无用功，政府既不能自己按规划实施，也不能招商（由于是市场行为，每个招进来的主体都有自己新的规划思路，不会按照规划的建设内容执行）。

明确规划委托主体的诉求是一个看似简单、实际对于很多规划单位来说都很难真正实现的重要问题。传统的规划单位受路径依赖影响，或过重地参照城乡规划系统，一味地追求规划的所谓完整性和规范性，规划成果的很多内容并不是委托单位真正需要的，这种规划成果大都是规划单位的自娱自乐。

由于分析和研判规划委托单位的诉求和分析其他相关主体的诉求是不用写到规划框架中的，所以我们称之为县域农业规划的隐逻辑。

3.2　如何编制县域农业规划

3.2.1　可能涉及的基础理论

本书不是教科书，所以本节提到的理论不一定对每一位读者都适用，不同的规划师经过长期积累，都会建立起自己的理论基础，因此，本节仅把我们认为对编制县域农业规划可能有用的基础理论提出来，仅供参考。

一般情况，用得比较多的理论是：区位分工理论、比较优势理论、增长极理论、点一轴理论、产业链理论、产业生命周期理论、承载力（环境、综合）理论、可持续发展理论等。由于很多参考书都有关于这些理论的阐述，本书不再展开论述，感兴趣的读者可以自己查阅。

3.2.2 编制县域现代农业规划的技术路线

由于县域现代农业规划包括多个类型,规划层次和深度都不一样,每种规划都有不同的技术路线,可参考第 2 章中各规划类型的主要内容。总体而言,编制县域现代农业规划的技术路线可参考图 3-1 的技术框架。

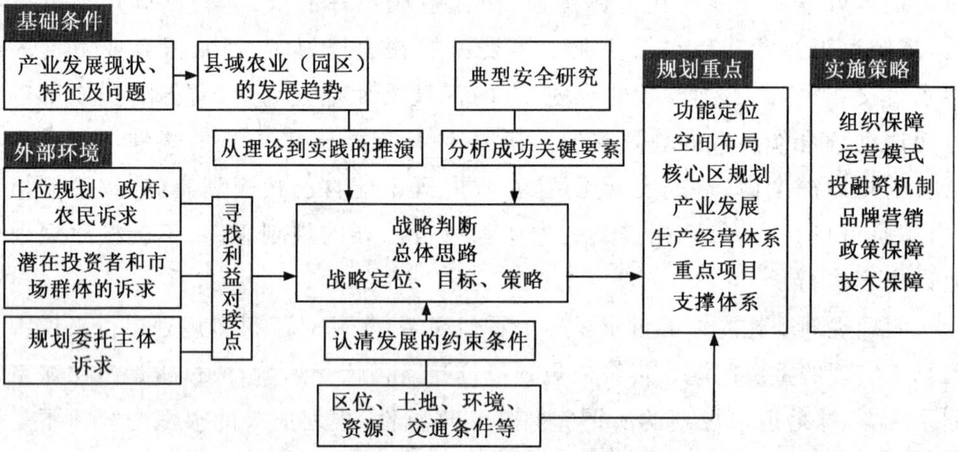

图 3-1 县域现代农业规划编制的技术路线示意图

3.3 相关技术手段和工具

(1)规划分析用到的技术手段。主要包括 SWOT 分析、环境承载体(适宜性评价)分析、空间分析(高程、坡度等)、产业链(价值链)分析、产业生命周期分析(市场分析)、目标案例(成功案例)分析、比较分析等。

(2)主要规划技术工具。包括 GIS、CAD、PS、3D 建模软件等。对于统计数据比较全的区域,可以通过计量模型对发展趋势进行预测,但由于农业的特性,一般这种预测参考意义不大,而基于对产业市场分析的判断和对产业生命周期的认识,则可对区域农业主导产业发展的趋势和重点进行相对准确的把握。

第4章　推进县域现代农业发展的理论思考

本章内容主要是笔者在多年的理论研究和规划实践过程中总结出的相关推进县域现代农业发展的若干思考。

4.1　讲好品牌故事，铸造县域特色农业品牌

我国农产品市场已由卖方市场转变为买方市场。在当前国际经济一体化和市场国际化的大环境下，农产品的市场竞争日趋激烈，特别是国外知名农业企业和品牌农产品纷纷进入国内市场，国内农产品即使不出国门也得面临国际竞争。面对市场需求升级，我国农产品必须注重品牌建立与传播，实施品牌经营战略。

在我国的农产品市场上，已形成了一批具有良好形象的品牌，像"平谷大桃"、"露露"、"椰风"、"恒泰芒果"、"希望"、"龙丰"、"鲁花"、"三全"、"好想你"、"双汇"等。这些品牌在同类产品中的市场占有率都比较高。接下来，我准备跟大家聊聊县域特色农业品牌铸造这个问题。

第一，县域特色农业品牌铸造的基本路线是内在品质。品牌的形成有很多原因，也有很多因素。但是，最关键的是品牌的内在品质。要想把产品做长久，形成长达5年、10年甚至100年以上的品牌，怎么办？一定要生产地道的产品。在独特的地域，用合适的方式、非常规范的管理方式，才能生产出地道的产品。3个口

是一个“品”字，对我们农业产品来讲，主要通过 3 个“口”：一是生产者的“口”，二是销售者的“口”，三是消费者的“口”。通过吃、穿、用，满足消费者的“口”才是最终的，这是产品的内在品质。

第二，品牌营销。随着市场的不断成熟和完善，那种“酒香不怕巷子深”的经营思想已经落伍，一流的产品要靠科学的促销手段来扩大知名度，塑造企业形象，树立名牌地位。一个产品品牌的创造，首先要让消费者知道你的产品，了解你的产品，使用以后要让他说你的产品好，这样消费者才能通过口碑宣传你的产品。消费者这个“口”，怎么做？“王婆卖瓜”没有卖家说我的瓜不好吃。所以我们要把产品尽可能地说透说清。再就是一而再再而三，多次重复。为什么中央电视台重复一个月的产品广告，让你有印象，那些没有重复的产品广告你很快就忘记了？这里面经过多次重复的宣传，消费者在意识里就会认为你的产品好。这在品牌营销里面是非常重要的。

第三，形成牌子，即符号。如“褚橙”“柳桃”，大家一看这个牌子就会知道谁是谁。大家一看到“财神爷”都知道是来钱了，看到一个大大的“M”标志就知道是麦当劳，做成这样的符号，你的品牌就可以了。

第四，维护品牌。重视商标注册，大部分农产品的初级产品，在注册和使用商标方面虽然不像工业加工品那样方便，但创名牌农产品一定要注重商标注册问题。商标是产品的标志，包括了产品的全部内容，代表了一种形象。依法注册商标，是在市场经济条件下创造名牌农产品的基本做法。当然，注册了商标并不等于就有了市场，更重要的还是提高产品质量，真正赢得广大消费者的青睐，不断给自己的品牌增值。注意危机管理，地方政府和农业企业，谁也不愿意出现质量问题，可质量问题总是难以根除。因为农产品属于动植物产品，自然属性有一定差异，不如机器产品整齐划一，且易腐烂变质，一定要处理好各种危机事件，不然好不容易培育几年、几十年的品牌，一夜之间便会遇冷。

最后，品牌就是给大家讲故事，这个故事建立在品质非常好的基础之上，不地道就没有成为真正名牌的基础，然后讲消费者乐意听的一个故事，跟生产者、消费者有交流、有沟通，形成认知，产生忠诚，这样品牌才能有长久的发展。

4.2 现代农业发展要预留通向市场的“出口”

传统农业属于经验型产业，往往依据农户的生产经验进行生产，而面向市场的事则交给了农产品经纪人，经常导致“谷贱伤农”的事情。互联网快速发展以来，农业与市场的距离一下子拉近了很多，二者的联结变得更加智能和多元，其中农副产品电商就成为农业面向市场的新型“中介人”，为传统农业向现代农业转型提供了通向市场的载体平台，而现代农业也必须要预留通向市场的“出口”（品牌化、标准化），才能与农产品电商平台精准对接。

现代农业发展与农副产品电子商务密切相关，虽然处于产业链的不同环节，通常情况下也分属不同部门管理，但在互联网和信息化发展的大背景下，推动二者紧密结合，将有助于现代农业的良好发展。

4.2.1　农产品电商是一种趋势

（1）电商让农业更现代：直接面向市场，解决信息不对称（有大额交易数据的话可以研判趋势，指导生产）——由传统经验农业转向现代精准农业。

（2）电商的本质在狭义上是在农产品流通环节上的创新（营销新平台），广义上是打通了农产品产业链的各个环节，第一次真正实现了农产品产业链各环节“可视化”的相互支撑。

（3）电商在内容上是一种平台经济、商务经济，它本身不是农业产业，但它降低了农副产品通向市场的交易成本，是现代农业和互联网发展背景下的一种发展趋势。“好酒也怕巷子深”，现代农业必须对市场需求能够做出及时响应，而电商刚好扮演了中间人的角色。

4.2.2　电商倒逼农业发展转型

（1）电商让更多、更好的农副产品快速被市场发现，必将带来严峻的市场竞争，优胜劣汰在所难免，倒逼各地必须想办法做出好产品，做出有品牌的产品。

（2）电商快速提高农副产品的市场关注度，必将带来产品需求规模的快速增加，对农副产品的产量有一定要求，产量太少的产品不宜通过电商销售（基于拉动地方经济的角度）。

（3）电商让本地区的农副产品快速送达各个类型的消费者手中，消费者口味差异导致对农副产品的评价不一在所难免，倒逼农产品生产必须尽量实现标准化。

因此，品牌化、标准化、规模化是现代农业对接电商的必然要求，也是农副产品电子商务的基础。其中,标准化重点做好农产品产前、产中、产后的标准体系建设,要以农产品质量等级标准、重量标准和包装规格等标准体系倒逼农产品生产技术标准和经营主体操作规范标准,以减少不必要的资源浪费,为实现农副产品的电子交易奠定基础。

4.2.3 农产品电商面临的困难与制约

尽管农产品电商发展如火如荼,也代表了现代农业发展的一种趋势,但真正要做大规模仍然面临许多困难。一个直观的印象就是农产品电商的发展并没有取代菜市场,也没有取代超市里的蔬菜、农产品柜台。这与农产品电商面对的消费者群体、大众消费农产品品类特征(如何保鲜)、农产品标准化、物流成本等有直接相关关系。

(1)消费者群体。购买农产品的大多数是中老年人,他们对互联网电商既陌生,也不太信任。一方面,中老年人对电脑上网的熟悉度并不很高。另一方面,中老年人喜欢新鲜的农产品,他们相信眼见为实才更重要,而网上的几张图片,并不能保证其在电商那里购买的农产品就肯定新鲜。所以对中老年人来说,买菜跑农产品市场才是他们的首选。另外,即使是年轻人群体,也较少在网上购买叶菜类或生鲜类农产品,他们更喜欢下班途中在菜市场或超市顺手买一些,即买即吃。

(2)叶菜类、生鲜类农产品(蔬果、鲜肉、海鲜)目前一般很难通过电商销售。一是这类农产品比较难保存,容易变质,很难适应目前的农产品物流系统。二是目前这类农产品主要以非标准化的状态存在,难以在电商平台上形成规模流通。

(3)物流成本与盈利模式。农产品电商中比较成熟的类目,如坚果、干货等,由于门槛低,竞争激烈,而被认为是"蓝海"的生鲜电商,在遭遇前端高品质、标准化货源问题的同时,还要面对高昂的物流成本。干线物流和末端配送是生鲜农产品流通中绕不开的重要环节。由于生鲜农产品的独特性,在配送过程中,冷库必不可少,同时还必须要有冷藏冷冻的混合配送车辆,以及冷藏周转箱及恒温设备。否则,再优质的农产品送到消费者手中也会变质。这些导致巨大的物流成本。而农产品的客单价格一般较低,尤其是像大众水果、蔬菜、肉食等产品,本身的价格就比较低,产品附加值并不高。而高端生鲜市场,能够相应地提高客单价格,但是受众面却较小。

以上这些都是导致农产品电商做大规模的瓶颈制约，只要这些问题得到有效解决，农产品电商发展潜力将会得到巨大释放，大规模的农产品电商企业将会不断诞生。

4.3　区域农村一二三产业融合发展的主攻方向与战略布局

农产品加工业是现代农业的重要标志，是建设现代农业的关键环节。党的十八届五中全会强调，要大力发展农产品加工流通，积极拓展农业多种功能，促进粮经饲统筹、种养加结合、一二三产业融合发展。深刻分析农产品加工业面临的机遇挑战，进一步明确发展方向和目标任务。

目前，我国农产品加工业面临一系列问题，阻滞着产业向纵深发展。从农产品加工业的内在问题看，产地初加工落后、精深加工率低、自主创新力弱、中小型企业比重大且集中度不高，是农产品加工业面临较为突出的内生问题。从体制机制方面看，科技成果的转化能力不强、农技推广薄弱、经营主体的能动性发挥不足、利益联结机制不够紧密、与上游种养殖一体化程度不高是重要的体制原因。

总体上来讲，未来农产品加工业发展战略上要“市场导向、融合科技、激发主体、接二连三、提质增效”。以国内外市场需求为导向，形成本地化的加工产业集群；以科技融合为引领，多层次深度开发农产品附加价值；以培育加工型农民合作社、龙头企业等新型经营主体，使农户享受融合成果；以完善与种养殖和消费主体的上下游连接机制为突破口，促进一二三产业深度融合；以农产品加工业产业群提质增效为落脚点，提高我国农产品加工业的整体竞争力水平。

4.3.1　主攻方向

农产品加工业产能结构性过剩、农业调结构转方式的背景为农产品加工业从总量扩张向升级转变提供了消化吸收期。农产品加工业转型升级发展依赖优质原料、产业链衔接协调、技术装备提升和政策配套，需要与产前产后环节相结合，构建一套完善的农产品加工支持体系。

一是产业融合式发展，结合农业结构调整战略，推动农业综合体建设。农产品加工业协同一二三产业融合发展。

二是从技术渗透融合的角度促进产后技术创新。提升农产品加工产品副产物综合利用水平，推动主食加工业和农产品精深加工发展，协调发展农产品初加工、精深加工和综合利用加工“三个领域”。推进产地的产后加工能力，扶持优势产品和特色产品的产地加工，重点扶持传统产品的主产区加工、园区加工的能力提升。

三是提高产业集聚水平，建立原料基地。与新型城镇化战略的区域布局对接，引导农产品加工业向主产区、优势产区、特色产区、重点销区及关键物流节点的加工园区梯度转移。以市场需求为导向，形成加工引导生产、加工促进消费的格局。东、中、西部地区制定差异化的发展战略，东部地区发展外向型农产品加工产业，形成技术集成创新高地；中部地区发展专业化原料基地，提高技术装备水平，扩展加工产品种类，提高农产品加工转化率和产品附加值，带动一、二产业融合；西部地区发展资源型农产品加工业，发挥区域优势，提升产品品牌化效应，以农产品加工业带动一产和三产融合。

四是大力扶持和培育新型农业经营主体。扶持专业生产合作组织，建立社会化服务体系，提高组织化、产业化、企业化经营水平，完善利益联结机制，促进专用原料基地与龙头企业、农产品加工园区、物流配送营销体系紧密衔接。

五是配合农业“走出去”战略机遇，推进优势产品的外向型发展。鼓励有实力的大型农产品加工龙头企业境外建立原料基地、境外布点建厂，利用技术和信息优势，扩大原料市场和消费市场，同时消化国内的成本上涨压力。

六是将新技术、新业态、新型经营主体、新型经营方式引入农业，推进市场流通体系与储运加工布局的有机衔接，大力发展电子商务等新型流通业态与实体流通相结合的物流体系，加快农业一二三产业融合。靠近都市的农产品产区，发展以休闲农业为代表的第三产业，挖掘农业多功能性，促进农业产业链延伸。

4.3.2 战略布局

1. 基于生态－资源－经济的布局战略

根据区域生态资源禀赋（光、温、水、土、气以及生物资源等）和社会经济发展水平，农产品加工业及三产融合发展战略的重点应该与之相协调，结合我国区域生态资源禀赋和社会经济发展，通过前瞻性的三产融合发展模式创新，在区域上划分农产品加工业及三产融合产业的主导模式。

当前，根据我国不同的生态资源特征和经济发达程度，可将我国分为 4 种不同生态类型区：即生态脆弱区、生态资源丰富区、农业优势主产区和沿海与都市区。

1)生态脆弱区(一、三带二)

该区域通常经济发展水平较低，生态资源有制约性短板，如高寒地区的主要限制性生态资源是作物生长所需的积温，而西北地区属于干旱半干旱区域，水资源短缺是发展农业的主要障碍因子。因此在生态脆弱区，特色农产品加工及一、三引导二产的策略为重点。在环境资源保护性挖掘和开发为重点，发展具有区域特色农产品加工业，结合休闲、旅游和观光农业，一、三产带二产，既有利于区域环境保护和生态安全，又能充分利用当地的生态资源提高农业生产效益。

2)生态资源丰富区(三带一、二)

该区域通常光、温、水、土、气以及生物资源等生态资源较为丰富，生态环境优良，自然景观优美，但往往因为交通、区位等因素制约了当地的经济发展，经济欠发达。在此类区域要因地制宜，以第三产业带动一、二产业的发展模式，进行农产品加工业及三产融合产业的布局。这一区域尤其要注意开发优势景观资源，发展生态休闲农业。把农业生产和农产品加工业、休闲观光有机结合，相互拉动，形成第三产业联动一、二产业的模式，实现生态资源保护和当地经济的协调发展，推动传统农业向生态农业的转型。

3)农业优势主产区(二带一、三)

该区域通常农业生产基础条件好，经济相对发达，该区域在适度规模的基础上，重点发展农产品加工业带动一、三产业。通过第二产业的拉动，对第一产业(大种植、大养殖)进行产品的提升。农产品加工业以企业为主导，衔接家庭农场为主体的新型经营主体，推动产地加工的发展模式，通过第二产业带动一、三产业的融合发展。

4)沿海与都市区(三带二、一)

该区域通常农业生产基础设施良好，交通便利，经济发达。该区域农业发展具有功能多样化特征，由过去单一的生产功能向生态、旅游、休闲、教育、科普等多种服务功能转变，要结合农业多功能性的实际需求，大力发展观光采摘、生态餐厅、旅游休闲、保健养生、优特农产品加工等以服务为主要功能的现代都市农业，融城镇化和现代服务农业为一体，拓展现代生态农业发展空间，提升都市型现代生态农业的核心竞争力。通过第三产业带动二、一产业的发展。

2.基于东、中、西部3大区域的布局战略

东部片区北起辽东湾，经渤海、黄海、东海、南海至北海的沿海平原，涉及辽宁、河北、山东、北京、天津、江苏、上海、浙江、福建、广东、广西、海南、台湾等13个省市，国土面积60.9万平方千米，占全国土地面积的6.3%。东部片区二、三产业发达，以园艺作物和经济作物为主，畜牧和渔业专业化和产业化程度高，土地产出率高，生态条件好，水土流失问题较少，灌溉、化肥和农业机械化水平最高，农业功能出现多样化。主要问题是人多地少，农业面源污染集中区，农业功能需求缺口大。

中部片区包括东北平原、黄淮海平原、长江中下游平原，涉及黑龙江、吉林、辽宁部分、河北部分及山东部分地区，河南、湖北、湖南、江西、安徽、四川、重庆及陕西、山西、福建、广东、广西的一小部分地区，国土总面积265.9万平方千米，占全国土地面积的27.7%。中部片区二、三产业不发达，农业以粮食生产为主，经济作物以棉花、油料、蔬菜、水果为主，所占比重较低，土地生产潜力大，是我国粮、棉、油的输出地区。该地区的主要问题是高效经济作物比重低，农业基础设施条件还有待改善，机械化程度和产业化经营水平低于东部地区，该区域农产品加工业及三产融合发展的重点方向是为特色农产品及多样性农产品加工产业体系构建与技术集成，以基地依托型为主，发展聚集性农产品加工基地，带动第一产业发展，以特色农产品加工助推第三产业发展。

西部片区包括西北、西南地区，我国二、三级阶梯的高原山区，国土面积为633.4万平方千米，占全国土地面积的66.0%。西北地区水热条件差，是我国的生态脆弱区，土地荒漠化、水土流失、草原退化等问题为全国最严重的地区，农业集约化程度低，基础设施薄弱，土地产出率低。西南地区植被保护较好，工业化程度低，环境污染少，有利于发展环境友好的生态农业，从产业选择以综合发展与整体协调型和基地依托型为主，发展特色休闲与旅游业，农产品加工业及三产融合发展重点方向是以第三产业拉动第一产业发展，带动以食品加工为主的特色农产品加工业发展。

4.4　建立开放型农业投资新机制

4.4.1　投资农业不能希望“一夜暴富”

在农业领域的投资回报周期较长，但回报相对稳定，如果能够形成适度规模经营，农业收益还是很不错的。随着农民转为市民，消费、住房、医疗、教育等领域将会释放巨大需求，城镇化会成为拉动内需的重要引擎。

城镇化将为农业领域带来极大机遇。从投资角度说，东部地区可以推高投入高产出的现代农业；中部地区可以发展粮食主产区，建设农产品、畜产品养殖、加工等；西部地区，可以建设以生态保护、生态涵养为目标的农业、林业和草地畜牧业。

对于投资农业的回报率，农业是一个生物产业，其资产周转率相对较长，因此，希望投资农业而“一夜暴富”不现实。但是农业是一个投资回报很稳定的产业，因为总体上讲，中国农产品数量不足，因此农产品价格下跌的空间几乎没有，而且农业的成本利润率很高，有时候能达到 100%。

4.4.2　避免陷入“农业＋旅游”类园区的投资陷阱

受国家政策利好的影响，目前各类休闲农业旅游园区发展迅速，不少非农企业或社会资本也都转向投向休闲农业。但由于对农业和农业旅游行业的特点认识不清，很多休闲农业园区不仅久久不能正式开园，而且还会使经营者陷入无尽的投资黑洞中，进退两难。

(1)初始投资快，但后劲不足。很多休闲农业园区一般都在数百亩，有的甚至上万亩，乃至数十平方千米，数十平方千米的一般都是噱头，或是政府主导的集聚区，没有哪家企业可以投资经营这么大的休闲农业园区。但即便是数百、上千亩的园区，企业投资一般也很大，不少经营者在园区建设初期很快就会投进去数千万元，但有的连基础设施都没有建完，有的还没有打造出成型的旅游产品或农业产业。往往此时他们才会意识到此类园区并没有想象的那么简单，也不是盖几个房子，搞点人造旅游项目就能弥补的。由于缺乏文化内涵和真正的旅游体验项目或农业产品，园区不能正常运营，产生不了持续收入，一般此类园区在经营者投入3～5年后，就会显得后劲不足，有的甚至撂荒。

(2)单点思维严重，园区缺乏活力。由于农业旅游园区有“旅游”两字，所以不少园区规划建设时，会更多地从旅游发展要素角度来思考，即按照“吃住行游购娱”6要素推进园区建设。按6要素推进园区开发建设，可以提高园区建设效率，让经营者查漏补缺，检视园区标准功能是否完备，有一定的合理性。但从园区运营的角度看，这种模式是从建设者角度出发的，方便了建设者，而跟消费者需求没有关系，最后园区建设往往会演变成为单点思维，即闭着眼睛开发，不考虑产品的经营性，最后堆积了一大堆景点，而消费者并不会为此买账。

(3)本末倒置，农业旅游园区没有“农”。农业是农业旅游园区的根本，旅游是从农业的休闲功能中延伸出来的。但很多园区只会按照纯旅游景区的模式打造，而对农业的休闲功能开发不足，致使园区定位不清晰，直接影响园区的开发运营思路。农业旅游园区必须以“农为本”，要从心理上让消费者来到园区后感觉这是一个农业旅游园区，而不是个旅游景区，不然很难形成主题形象，也不利于园区长期的投资开发运营。

(4)重建设、轻运营。休闲农业旅游园区的发展要避免单点思维、景点堆积，要把运营策划前置，并且要贯彻园区整个开发建设阶段。农业旅游类园区投资大、回报期长，尽管是风口上的行业，但如果盲目进入的话，只会越陷越深，必须提前做好策划和规划，悉心经营，才能稳步推进，持续获取收入。

4.4.3　探索农业投资PPP模式

当前，我国农业市场容量巨大，可以提供稳定收益，符合企业本性要求。农产品消费具有不可替代性，且潜在需求巨大，如对绿色健康食品的需求日益增长，这一特点可以为投资提供稳定的收益保障，与PPP要求长期收益稳定的特点不谋而合。此外，土地问题逐步解决，根本障碍(核心)解除。而且农业与非农企业规模有很大的发展，有一定的资金量，在产业周期和经济形势不确定的背景下，企业有进入较为稳定的农业领域的动机。

农业引入PPP可能的领域包括需要投资且对农业有重要贡献(影响)、应该由政府投资但没有钱实施的领域、环节，主要包括但不限于以下内容：

(1)农业科技推广和生产性服务体系建设;

(2)农业节水工程;

(3)治理农业环境、土壤修复、高标准农田及农业循环经济;

(4)一二三产业融合及乡村休闲旅游产业;

(5)空心村治理及特色农业、特色村镇建设;

(6)农业信息化;

(7)农业园(示范区)建设;

(8)仓库、冷库、农产品加工、物流和交易市场建设。

4.5　加强现代农业组织创新

市场经济条件下主导农业经济结构变化的主体是农业组织,农业经济结构战略调整要求农业组织必须成为合格的市场主体。

传统农业向现代农业转型要求农业组织成为现代农业的经营主体,农业产业化的进程要求农业组织成为企业组织。随着中国农业的不断发展,以家庭农场、农民专业合作社和农业企业为代表的新型农业经营主体日益显示出发展生机与潜力,逐渐成为中国现代农业发展的核心主体。

4.5.1　现代农户是新型农业主体的基础

改革开放 30 多年来,我国的农业经营主体经历了长期的变化,农户作为农业生产最基本的单元,在不同的发展阶段表现出不同的生产经营特征。根据出现时间的不同,改革开放之后我国的农户大致可以分为传统农户、转型农户和现代农户 3 类。

20 世纪七八十年代农村改革初期的传统农户,是支撑中国传统农业增长的组织载体。这类农户实行了家庭联产承包制,在有效的制度保障下,传统农户实现了我国农业产量的快速增长,解决了我国的吃饭问题。这类农户具有传统小农经济的基本特征。

20 世纪 90 年代,特别是 2000 年后发展起来的转型农户在经营规模、辐射带动、盈利能力、资金来源、市场导向、产品认证、品牌建设、销售渠道等方面与传统农户相比具有明显优势。这类农户大多具有初中以上学历，积极参与技术培训，拥有一定的非农工作经历。与此同时，他们在融资、土地获得、服务体系、政策效率、后继人才等方面仍面临困难和挑战。

20世纪90年代之后快速发展起来的兼业农户，是转型农户中的一类特殊群体，他们既从事农业生产，也从事非农活动，这类农户的产生是我国农业生产力提高和比较效益下降双重作用的结果。总体上看，农户兼业经营对农业生产既有正面效应，也有负面效应，它既促进了全社会资源配置的优化和效率的提升，也导致了农村劳动力流失、土地利用率下降等诸多问题。具体而言，由于兼业农户大多是农村中能力较强的青壮年农民，因此他们离开土地，在外从事非农业活动就使得农村的有效劳动力大幅减少，农业产量也随之降低；同时，兼业农户又没有完全脱离土地，他们占有的耕地无法流转给其他专业农户或组织进行耕种，导致土地利用率下降。然而，兼业农户应当只是发展过程中的一种过渡形态，随着我国城市化进程的不断深化，在农业产业化发展和农业保护政策力度加大的情况下，农业经营的吸引力会再次提升，一部分兼业农户又会转变为专业农户，而另一部分有可能成为完全的非农就业者。

当前萌芽并逐步发展起来的现代种养大户，是中国现代农业的发展主体。现代种养户是企业化的农民家庭，是与现代农业技术水平较相适应的个体企业组织，是现代制度环境下的农业企业组织的基本单位。近年来，中国种养大户生产规模、经营规模逐步扩大，据农业部统计，经营面积在100亩以上的大户有270万户，占全国2.62亿农户的1%左右。经营的耕地面积约占全国耕地面积的15%。

4.5.2 兼业农户将大量并长期存在

农业的季节性造成劳动力的季节性剩余，零值劳动在农业生产中大量存在，一旦有机会，农民到非农业部门就业就顺理成章。在中国，农户兼业，即农户中部分劳力常年或季节性地从事非农业劳动，自20世纪80年代中期以来，在经济发达地区随着乡镇企业的发展，日益增加，特别到了20世纪90年代，自带口粮进城务工放开以后，农民进城打工成为潮流，兼业这一现象更为明显。大部分农民并不放弃土地承包权益。2012—2014年对农民工3大问题的调查，充分显示农民对外出的渴望及对家乡土地的不舍的双重心态，中国的兼业大致有以下几种：本乡村乡镇企业就业的，工余回家管理农业；离乡出去打工的，农忙时回来管理农业；青年工出去的，老年人在家管理农业；全家人出去打工的，委托亲戚管理或流转土地以保持与农业的关系。

兼业农户的大量存在，给农村和整个社会带来深刻的影响：①农民可得工、农两业发展之利，使农民收入增加，稳定性增强；②为了有更多的时间到非农业部门工作，农民会积极提高农业机械化水平，加快农业的技术改造；③农民流动于农村和城镇之间，可以使他们提高技艺、扩大眼界、增长才干；④有利于缩小城乡差别，促进农村城市化和农业工业化；⑤农户兼业是调节工农业劳力供需矛盾的“蓄水池”，有利于减轻农民大量流入城市可能带来的不良后果，有利于社会安定。

当然，兼业农户的大量存在也会产生一些消极的后果，如引起农业资源利用率和土地生产率一定程度的下降，兼业农户规模过小，要素配置过少，不能经济地进行生产经营，各类产品的供给量往往较小而且品种较为分散(例如某些粮食品种)，这给交易和加工带来问题，规模效益不能体现；因为不是主要收入，农户不会将主要精力放在农业上，土地生产率会明显下降，这不符合工业化和城镇化背景下提高单产的要求；出现农业劳动力进一步老龄化和妇女化现象，老人和妇女的工作负担过重，超出正常工作能力；兼业农户生产的标准化工作很低，产品质量往往不能满足消费者的高要求。

实际上，只有存在完善的农业社会化服务体系(如前所述的包括国家农业推广体系、科技特派员、农业110、专家大院、合作社在内的服务组织)时，目前的小规模的兼业农户才能取得较好的成果。这是中国相当长一段时间内的存在状态。

4.5.3 家庭农场成为新型农业经营主体

党的十八届三中全会《决定》提出：“坚持家庭经营在农业中的基础性地位，推进家庭经营、集体经营、合作经营、企业经营等共同发展的农业经营方式创新。”这就要求，在培育新型农业经营主体的过程中，必须坚持以家庭经营为基础、多种经营形式共同发展的原则。如前所述，由于农业生产不利于监督和计量，因此即便是当今世界上农业最发达的国家，家庭经营仍是其农业生产中最基本的形式。截至 2012 年底，我国农村承包集体耕地的农民家庭约有 2.3 亿户，其中有近 4 440 万户出现了流转出承包耕地的行为，目前仍在耕地上从事农业生产经营的农民家庭约 1.9 亿户，其经营的耕地面积占农村家庭承包耕地面积的 92.5%。这表明农民家庭仍是我国农业中最主要的生产经营主体。

粮棉油糖等大宗农产品，由于其生产效率主要取决于耕地经营规模，因此更是适合通过流转承包耕地经营权而实现扩大土地经营规模的家庭农场、专业大户和土地股份合作社等。2013 年初数据显示，家庭农场 87.7 万户（表 4-1），经营土地总面积 1.76 亿亩，户均经营耕地 200.2 亩，年收益 18.47 万元，明显高于普通承包农户。随着城镇化的持续推进，规模经营土地面积将持续增加，家庭农场将成为农业现代化的最重要的经营主体。

表 4-1　2013 年中国家庭农场统计表　　万户

家庭农场注册量	种植业	养殖业	种养殖结合	其他行业
87.7	41	40	5.3	1.6

注：来自农业部。

4.5.4　农民专业合作社将迎来快速发展阶段

如前所述，不同农产品会对经营模式提出不同的要求，从而催生新的、不同的农业经营主体。在农产品生产中，蔬菜瓜果花卉等鲜活农产品的生产效率主要取决于品种选择、栽培技术和市场营销等方面，通过组织农民专业合作社，能够最大限度发挥这些方面少数“能人”的带动作用。

伴随城镇化的快速推进，城镇人口对蔬菜瓜果的质量会提出更高要求，对花卉盆栽的需求会持续增加，特别是在订单农业得到广泛认可的情况下，农民专业合作社更加具有发展优势。此外，围绕农产品销售、加工等环节展开的农民专业合作社，可以着力解决农民一家一户办不了、办不好、办起来不经济的事情。截至 2014 年 7 月，全国总共有 119.29 万个不同类型的合作社。主要集中在种植业、林业、服务业、畜牧业，合作社的经济技术服务能力，不仅能够满足自身社员的需要，还能向非社员提供社会化的服务，从而发挥带动更多农户发展现代农业的作用。

4.5.5　涉农企业是农业现代化的主力军

与农户的小规模、盈利与安全并重等特征相比，涉农企业是具有一定规模、以盈利为目的、具有一定组织机构的法人经济单位，集成利用资本、技术、人才等生产要素，带动农户发展专业化、标准化、规模化、集约化生产，是构建现代农业产业体系的重要主体，对经济利益的冲动，推进了整个行业的发展和进步，对上下游产业的繁荣和农民增收起到了促进作用。

通常有 4 类涉农企业：一是为农业生产提供生产资料和服务的农资企业；二是农产品生产企业；三是农产品加工企业（主要指农产品初级加工企业）；四是农产品流通企业（即农产品的运输与销售企业）。从来源上讲，涉农企业大致有 3 种类型，第一类是由县乡两级政府所属的商业、销售、粮食、食品加工等行业的企业转轨而来，也包括地市以上进入农业的国有大中型企业；第二类是改革开放以后产生的乡镇企业、个体私营企业等民营经济，近年来出现了多种新型合作组织、专业协会以及股份合作组织；第三类是大型工商资本包括外资进入农领域。虽然第三类涉农企业数量不多，但却是农业产业链的延长，与相应的农业产业息息相关，具有很多农业部门的特点。

涉农企业下联广大农户，上联国内外市场，具有开拓市场、带动生产、深化加工、延伸农产品销售空间和时间、增加农产品附加值等综合功能，它的形成和发展，在农业产业化经营中起着举足轻重的作用。基于农产品生产与加工流程，农业产业链可大致细分为产前、农资流通、产中、农产品流通和产后 5 个环节。产业的范围包括产前生产资料企业、农业生产企业和产后加工贮藏企业。发展的重点应放在农产品加工技术创新上，这类产业对农民收入的带动面大，效果好。

按国民经济行业分类标准统计，截止到 2013 年，我国约有涉农企业（单位）200 万家，其中国家级农业产业化龙头企业 1 352 家，省级企业 8 000 多家，市级企业 90 000 多家。以农业生产为主营业务的上市公司 61 家，以食品生产为主营业务的上市公司 53 家，以农化机械为主营业务的上市公司 36 家。目前全国具有一定规模的农产品加工企业 7.6 万家。

龙头企业（大型农业企业）是农业现代化建设的“火车头”。在促进农业发展、带动农民增收、保障农产品供给、维护市场稳定方面作用越来越突出，效果越来越明显。龙头企业在与农户的关系上探索了多种模式，如“公司＋基地＋职工”，基地由企业自主投资建设，基地内从事种、养的工作人员主要是企业职工，这种基地标准化水平较高，投资较大；如“公司＋基地＋农户”，农户主要是在基地中从事种、养，与基地有一定契约关系的农民；如“公司＋公司＋农户”，这里的第一个“公司”，为大型的农产品加工企业，与农民不直接发生关系，第二个“公司”为一个独立的载体存在，它可以是一个加工企业、中介组织、收购大户等，与第一个“公司”是一种合同的契约关系，为第一个“公司”提供原料或初加工品，与农民利益关系比较紧密，第一个“公司”通过第二个“公司”间接地带动农户；如“公司＋农户”等。不管是哪种模式，都能将现代农业的理念、要求、标准和利益传输给农民，为农业现代化做出贡献。

在工业化、城镇化快速发展的背景下，重点强化以下几个方面：①依照区域优势产业，培育壮大龙头企业，助推农业现代化，财政资金只支持区域内优势产业的加工业，避免因政府领导人更替产生的“翻烧饼”现象。②引导龙头企业向优势产区集中，推动企业集群集聚。③加快龙头企业技术创新，增强持续发展能力，鼓励龙头企业加大科技投入，建立研发机构，支持引进先进设备，支持龙头企业技术创新。支持龙头企业与高校共建科研机构，鼓励智力要素和技术要素以科技成果入股、股权奖励、科技成果收益分成等激励方式，参与创新收益分配，大学与企业共发展。④强化人才培养，培养一大批具有世界眼光、经营管理水平高、熟悉农业产业政策、热心服务“三农”的新型企业家，鼓励和引导高校毕业生到龙头企业就业。⑤健全风险防范机制，增强龙头企业抗风险能力，根据风险产生的原因、受损程度，探索新的农业险种，增强抗风险能力。⑥鼓励龙头企业采取股份分红、利润返还等形式，将加工、销售环节的部分收益让利给农户，共享农业产业化发展成果。支持龙头企业围绕产前、产中、产后各环节，为基地农户积极开展农资供应、农机作业、技术指导、疫病防治、市场信息、产品营销等各类服务。强化生产全过程管理，确保产品质量安全。⑦实施品牌战略，生产安全食品，要引导支持龙头企业创建知名品牌，申报和推介驰名商标、名牌产品、原产地标记，让中粮、北大荒、三元、光明、双汇、汇源、柳江、思念、好想你等品牌，成为消费者安全、优质食品的理性选择。

图 4-1 为涉农企业分类。

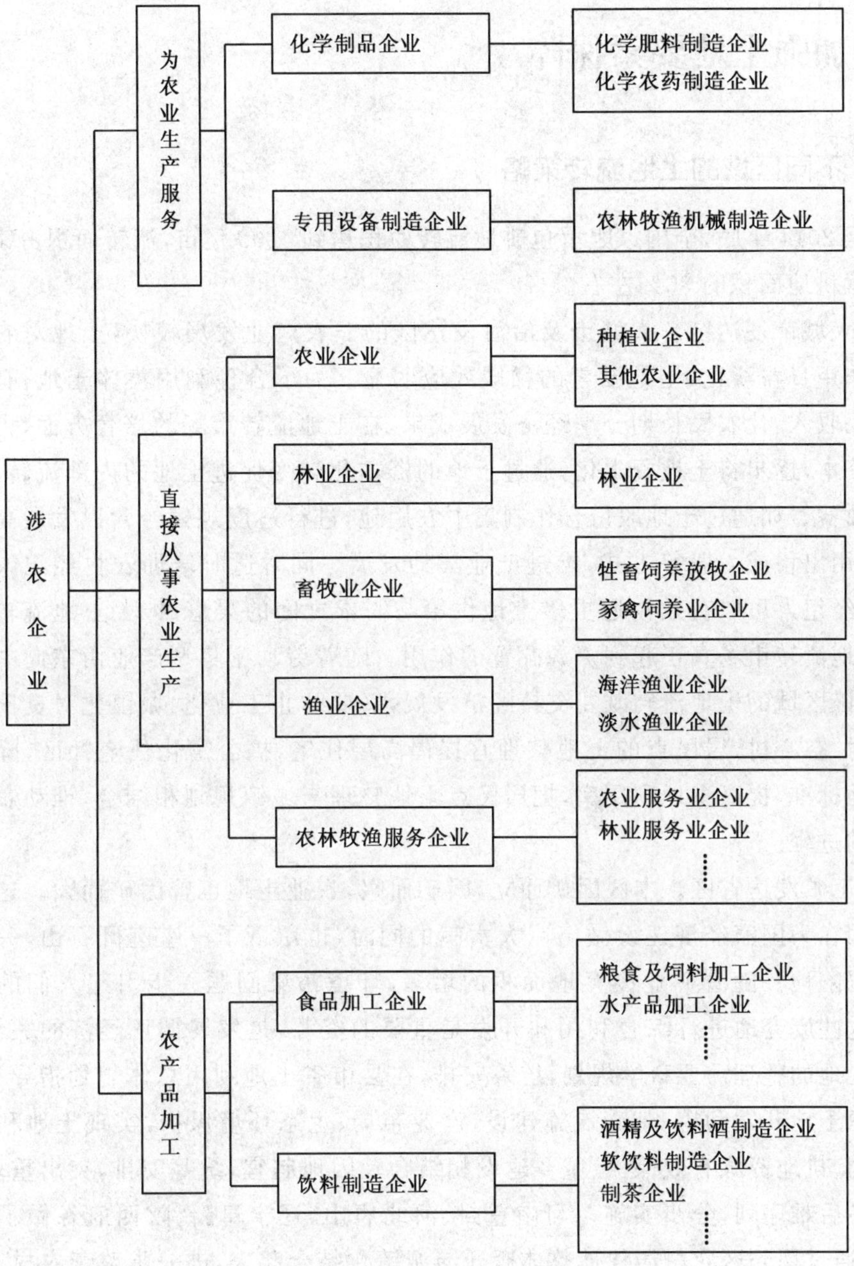
涉农企业
为农业生产服务
化学制品企业
化学肥料制造企业
化学农药制造企业
专用设备制造企业
农林牧渔机械制造企业
直接从事农业生产
农业企业
种植业企业
其他农业企业
林业企业
林业企业
畜牧业企业
牲畜饲养放牧企业
家禽饲养业企业
渔业企业
海洋渔业企业
淡水渔业企业
农林牧渔服务企业
农业服务业企业
林业服务业企业
……
农产品加工
食品加工企业
粮食及饲料加工企业
水产品加工企业
……
饮料制造企业
酒精及饮料酒制造企业
软饮料制造企业
制茶企业
……

图 4-1　涉农企业分类

4.6 加强土地要素保障

4.6.1 不同区域的土地流转策略

截至2014年底，全国家庭承包耕地流转面积达到4.03亿亩，流转面积占家庭承包经营耕地面积的30%左右。

(1)大城市发达区。大城市及沿海发达区的非农产业发展较快，土地对农民的保障作用日益淡化，土地要素的稀缺效应明显。为了合理利用集体土地，有效增加农民收入，让农民长期分享经济发展成果，在土地流转市场的培育方面，可引进社会资本，逐步将土地资本化，通过土地的资本化转变促进土地的内部流转，提高经济效益。如通过土地股份合作制集中农用地，进行适度规模经营以发展高效农业，采用出租或入股等方式，推进产业集约发展。同时适时培训农村经纪人队伍，农村经纪人可以有效沟通更多土地供给与需求之间的渠道，扩大土地流转数量，让土地流转市场真正起到资源配置的作用。随着劳动密集型产业由东向中西部转移，该区域的土地流转既要支持经济发展，又要防止工业化、城镇化对良田的浪费。对"空心村"居民点的土地整理宜提倡高层住宅，搞公寓化住宅社区，降低人均用地标准，提高土地利用率，把居民点土地整理与城镇规划相结合，推动农民城镇化的进程。

(2)工矿发达省区。本区因矿而立，因矿而兴，农业土地也曾因矿而毁。这些矿业集团在为国家经济建设做出巨大贡献的同时，也留下了一座座矸石山，一处处采空塌陷地。随着矿业废弃地面积的增多，环境污染问题逐步引起人们的重视。将这些废弃地进行综合利用和开发是重要的资源，是发展循环经济的关键。对矿区土地的整理需要科学规划，统筹安排，在县市省土地利用总体规划指导下，整体考虑土地开发利用、基础设施建设、产业布局、生态环境保护，实现土地利用节约集约、耕地资源有效保护、城乡建设相结合。因地制宜，统筹安排，突出重点，按照先易后难序列，分步实施。河南登封、河北唐山、辽宁阜新、陕西府谷做了一些尝试，通过塌陷区农村居住地整体搬迁与城镇化结合起来，进一步改善农村、农民生产生活条件，促进农业适度规模经营和农村集体经济发展。本区土地整理的一个难点就是维护农民权益，农村居民房下的矿产，很多农民认为是自己的，如何补偿是目前土地整理的焦点。很多政策很难执行，本课题做了很多调研，很难给出一个较为有效的通行的做法。

(3)农业(粮食)主产区。粮食主产区应侧重于通过农民承包地的流转和集中，引导种植大户走农业产业化和种养品牌化的道路，通过土地集中、规模经营的方式，切实提高农户的种植效益，降低农业产出与其他产业的比较收益差距；加大对保护耕地的财政支持力度，加快高水平农田建设；发展农产品加工业，延伸农业产业链，带动农户进入粮食生产、加工、销售和社会化大生产体系，并将“乡镇企业”向县城及中心镇工业园区集中，实现产城融合；土地流转释放出来的农村剩余劳动力有助于为该地区承接农产品深加工等劳动密集型产业提供劳动力要素，通过城乡协作整合农村土地和人力资源。同时，加强农村居民点整理，对村中的旧住宅、闲散地进行整治改造，对于规模小、布局分散、有地质风险的村庄逐步实施迁村并点，引导农民向小城镇集中。

(4)生态脆弱区。生态脆弱区在区位上位于我国西部地区，是全国水土流失最严重、最集中的地区，所以生态环境保护的压力尤为严峻。土地流转既要为西部开发服务，又必须注意保护生态环境。发展优势高质量特色农牧业，促使产业向优势区域集中。同时，应当避免土地粗放利用和工业化、城市化对生态环境的冲击。对“空心村”的宅基地整理宜采取搬迁、移民的方式，以经济补偿措施和优惠政策推动不适合生活和生产的村庄农牧民搬迁，推动土地(草地)流转，实现适度规模经营。

4.6.2　优质耕地保护与粮食生产能力贮备

保证优质耕地数量是保障粮食安全的重要手段。国务院印发第三版《全国土地利用总体规划纲要(2006—2020 年)》，核心是确保 18 亿亩耕地红线。中国建设用地缺口巨大，大量优质耕地将被占用，通过整理、复垦等手段补充的耕地往往较为贫瘠、地势凹凸，耕地的质量与产能难以保证，长此以往将导致粮食生产能力受损。保护优质耕地，维护粮食生产能力，应从以下几方面入手：

(1)建立完善的耕地保护补偿机制，协调好耕地保护的参与者与受益者的利益关系。深入挖掘耕地资源的生态、社会价值，让保障优质耕地的参与者享受到耕地保护带来的利益。避免耕地保护带来的粮食安全、社会稳定和生态安全被其他地区乃至全社会所分享，不付出成本就分享到耕地保护的效益，而保护耕地就要承受经济损失的现象。

(2)对农田质量进行划分,把优质耕地划作国家基本农田保护范围。根据耕地的质量和等级,综合考虑地块大小、交通和水利等因素,确定出最值得保护的土地,划入基本农田保护范畴,明确该类农田的耕地性用途。

(3)对优质农田集中地区进行补贴。优质农田聚集区发展容易受土地问题限制,导致当地政府丧失土地保护积极性。未来的补贴政策可以向粮食生产潜能方向调整,凡是优质农田,不论其耕作农作物类型,均可按亩获得补贴。补贴对象不再是农民,而是当地政府,让政府层面亦享受到优质耕地保护的好处。

日本、美国等国家,耕地可以不种,甚至国家命令农民休耕,国家给予补贴,但是土地必须养着,不能转为别的用途,非常重视保护耕地,这就是粮食生产能力贮备,也是我国藏粮于地的含义。中国,肥沃的耕地不是哪个地区都有的,适合耕种的好地不多;主产区有农业现代化的优势,也有社会责任;一旦变成工业用地和城镇用地,其可逆性很小,至少成本很高,需要充分关注,还农区一个优美的食物生产环境,保证大宗农产品生产的数量和质量安全。

4.6.3 “空心村”土地整治

空心村整理是城市化背景下解决农业用地不减少的重要措施。目前,我国城市人均占用土地约100平方米,农村人约180平方米,如果不加强对低级居民点(村级)土地的整理,土地的总量平衡很难实现。如果能够顺利将农村的建设用地置换出来,那么城镇化非但不会增加建设用地规模,相反还会节约用地。这一研究对城市化过程中的户口、劳动力流动、农村社会保障制度、宅基地和承包田的流转、小城镇发展等公共政策的制定,都有很好的参考应用价值,也为推进工业化和城市化的同时促进农业的发展提供政策依据。

我国的优质耕地资源与都市圈在空间上具有高度重合性:城市化和工业化快速发展的区域,恰恰是耕地资源质量最为优良的区域。当前,我国土地整理广泛开展,涉及范围广、规模大、投资高。土地整理日趋成为新农村建设的重要内容和手段。未来30年,我国仍将处于城市化较快发展的阶段,在对耕地的严格保护制度下,保护耕地压力和用地需求矛盾加大,针对目前中国农村居民点多处于自然聚集状态、农村居民点“空心村”多、布局分散的现象,村庄土地整理具有相当大的潜力。当前开展宅基地整理工作最多的地区有上海、江苏、河北、山东和甘肃等,中西部地区农村宅基地整理的潜力很大。

不同地区农村的经济发展水平不同，即使在同一经济发展水平上的地区，其农村居民点的布局也不尽相同。经济发达地区非农就业机会多，农民对土地的依赖性较弱，土地归集体所有便于统一开发经营，从而获得更高的土地增值收益，因此对土地“集体所有”的认可度高；而中、西部地区非农就业机会少，土地非农开发的机会和收益较少，农民对土地的依赖性较强，更希望通过明晰产权获得长期稳定的生活来源和保障，必然对土地“个人所有”表现出更强烈的愿望。中部地区“空心村”宅基地的整治，更多体现的是一种社会收益，只能由地方政府推动，是一种自上而下的过程。政府可以通过采取行政手段和经济手段实现对农村宅基地的整治，但要以切实保障农民的权益为前提，过程要民主，尊重农民的意愿。从务工距离远近来看，“常年在外”和“一日往返”的返乡模式差异很大；在相对较小范围的一个地区内，务工模式还是比较一致的。这就要求宅基地整理必须适应这种地区差异。因此，对空心村宅基地的土地整理应该根据实际情况来开展，主要有以下几种模式：

(1)村庄整体进入城镇土地整理模式。在经济发展水平较高、区位优势明显的建制镇及县城周围，由于乡村工业发达、农民收入非农化比重较高，农民对土地的依赖性降低，所以有较强的农村城镇化趋势。在这样的情况下，对空心村居民点的土地整理宜提倡楼房建设，搞公寓化住宅社区，降低人均用地标准，提高土地利用率，把居民点土地整理与城镇规划相结合，推动农民城镇化的进程。

(2)中心村内部改造土地整理模式。中心村一般人口较多、用地规模较大，不适宜搬迁、合并。因此，采取框死村界的方法，阻止村庄规模的外延式发展，向村庄内涵式发展转变。根据合理布局、节约用地的原则，对村中的旧住宅、闲散地进行整治改造，提高土地利用的集约化水平。

(3)村庄兼并土地整理模式。对于规模小、布局分散的村庄，为了最大限度地节约耕地，采取将小的村庄搬迁至附近的中心村，实行村庄兼并的方式；或者将几个小村庄实行统一规划，合并为一个村落，原有村址改造为耕地。

(4)生态移民的土地整理模式。对于地处偏远的山区，农村的贫困总是与所处生态环境分不开，由于较少受城市文化影响而较为完整地保留了原有农村风貌和生态环境，无论从农村经济还是社会发展的角度都是值得利用的资源。为了减轻环境压力，实现社会的可持续发展，对该类“空心村”的宅基地整理宜采取搬迁、移民的方式，国家通过一定的经济补偿措施和优惠政策推动本地村民的搬迁，搬迁后的集体土地收归国有，退耕还林。

4.6.4 放活农村用地，助力农村一二三产业融合发展

依据国土资源部联合住建部、国家旅游局印发的《关于支持旅游业发展用地政策的意见》，在符合土地利用总体规划、城乡总体规划、乡和村庄规划等相关规划的前提下，积极鼓励农村集体经济组织依法使用建设用地自办或以土地使用权入股、联营等方式与其他单位和个人共同举办住宿、餐饮、停车场等旅游接待服务企业。允许农村集体经济组织以外的单位和个人，可依法通过承包经营流转的方式，使用农民集体所有的农用地、未利用地，从事与旅游相关的种植业、林业、畜牧业和渔业生产。通过开展城乡建设用地增减挂钩试点，优化农村建设用地布局，建设旅游设施。休闲农业用地政策汇总见表 4-2。

表 4-2 休闲农业用地政策汇总

出处	内容
2016 年中央一号文件	支持有条件的地方通过盘活农村闲置房屋、集体建设用地、“四荒地”、可用林场和水面等资产资源发展休闲农业和乡村旅游。将休闲农业和乡村旅游项目建设用地纳入土地利用总体规划和年度计划合理安排。
《国务院办公厅关于推进农村一二三产业融合发展的指导意见》（国办发〔2015〕93 号）	对社会资本投资建设连片面积达到一定规模的高标准农田、生态公益林等，允许在符合土地管理法律法规和土地利用总体规划、依法办理建设用地审批手续、坚持节约集约用地的前提下，利用一定比例的土地开展观光和休闲度假旅游、加工流通等经营活动。
《农业部等 11 部门关于积极开发农业多种功能大力促进休闲农业发展的通知》（农加发〔2015〕5 号）	在实行最严格的耕地保护制度的前提下，对农民就业增收带动作用大、发展前景好的休闲农业项目用地，各地要将其列入土地利用总体规划和年度计划优先安排。 支持农民发展农家乐，闲置宅基地整理结余的建设用地可用于休闲农业。鼓励利用村内的集体建设用地发展休闲农业，支持有条件的农村开展城乡建设用地增减挂钩试点，发展休闲农业。 鼓励利用“四荒地”（荒山、荒沟、荒丘、荒滩）发展休闲农业，对中西部少数民族地区和集中连片特困地区利用“四荒地”发展休闲农业，其建设用地指标给予倾斜。

续表 4-2

出　处	内　容
《国土资源部住房和城乡建设部国家旅游局关于支持旅游业发展用地政策的意见》（国土资规〔2015〕10 号）	**一要积极保障旅游业发展用地供应：** 对符合相关规划的旅游项目，各地应按照项目建设时序，及时安排新增建设用地计划指标，依法办理土地转用、征收或收回手续，积极组织实施土地供应，加大旅游扶贫用地保障。 支持使用未利用地、废弃地、边远海岛等土地建设旅游项目。在符合生态环境保护要求和相关规划的前提下，对使用荒山、荒地、荒滩及石漠化、边远海岛土地建设的旅游项目，优先安排新增建设用地计划指标，出让底价可按不低于土地取得成本、土地前期开发成本和按规定应收取相关费用之和的原则确定。 景区内建设亭、台、栈道、厕所、步道、索道缆车等设施用地，可按《城市用地分类与规划建设用地标准》"其他建设用地"办理规划手续，参照公园用途办理土地供应手续。新建、改建旅游厕所及相关粪便无害化处理设施需使用新增建设用地的，可在 2018 年前由旅游厕所建设单位集中申请。 **二是明确旅游新业态用地政策：** 在符合相关规划的前提下，农村集体经济组织可以依法使用建设用地自办或以土地使用权入股、联营等方式与其他单位和个人共同举办住宿、餐饮、停车场等旅游接待服务企业。 自驾车房车营地项目土地用途按旅馆用地管理，按旅游用地确定供应底价、供应方式和使用年限。 利用现有文化遗产、大型公共设施、知名院校、科研机构、工矿企业、大型农场开展文化、研学旅游活动，在符合规划、不改变土地用途的前提下，上述机构土地权利人利用现有房产兴办住宿、餐饮等旅游接待设施的，可保持原土地用途、权利类型不变；土地权利人申请办理用地手续的，经批准可以协议方式办理。 **三要加强旅游业用地服务监管：** 风景名胜区、自然保护区、国家公园等旅游资源开发，建设项目用地供应和使用管理应同时符合土地利用总体规划、城乡规划、风景名胜区规划及其他相关区域保护发展建设等规划，不符合的，不得批准用地和供地。 严格旅游项目配套商品住宅管理，因旅游项目配套安排商品住宅要求修改土地利用总体规划、城乡规划的，不得批准。严格相关旅游设施用地改变用途管理，土地供应合同中应明确约定，整宗或部分改变用途，用于商品住宅等其他经营项目的，应由政府收回，重新依法供应。

续表 4-2

出　处	内　　容
《国土资源部农业部关于进一步支持设施农业健康发展的通知》(国土资发〔2014〕127)	具体划分为生产设施用地、附属设施用地以及配套设施用地。 **生产设施用地是指在设施农业项目区域内,直接用于农产品生产的设施用地。包括:** (1)工厂化作物栽培中有钢架结构的玻璃或PC板连栋温室用地等; (2)规模化养殖中畜禽舍(含场区内通道)、畜禽有机物处置等生产设施及绿化隔离带用地; (3)水产养殖池塘、工厂化养殖池和进排水渠道等水产养殖的用地; (4)育种育苗场所、简易的生产看护房(单层,小于15平方米)用地等。 **附属设施用地是指直接用于设施农业项目的辅助生产的设施用地。包括:** (1)设施农业生产中必需配套的检验检疫监测、动植物疫病虫害防控等技术设施以及必要管理用房用地; (2)设施农业生产中必需配套的畜禽养殖粪便、污水等废弃物收集、存储、处理等环保设施用地,生物质(有机)肥料生产设施用地; (3)设施农业生产中所必需的设备、原料、农产品临时存储、分拣包装场所用地,符合"农村道路"规定的场内道路等用地。 **配套设施用地是指由农业专业大户、家庭农场、农民合作社、农业企业等,从事规模化粮食生产所必需的配套设施用地。包括:** 晾晒场、粮食烘干设施、粮食和农资临时存放场所、大型农机具临时存放场所等用地。 设施农业用地按农用地管理。 生产设施、附属设施和配套设施用地直接用于或者服务于农业生产,其性质属于农用地,按农用地管理,不需办理农用地转用审批手续。生产结束后,经营者应按相关规定进行土地复垦,占用耕地的应复垦为耕地。 进行工厂化作物栽培的,附属设施用地规模原则上控制在项目用地规模5%以内,但最多不超过10亩;规模化畜禽养殖的附属设施用地规模原则上控制在项目用地规模7%以内(其中,规模化养牛、养羊的附属设施用地规模比例控制在10%以内),但最多不超过15亩;水产养殖的附属设施用地规模原则上控制在项目用地规模7%以内,但最多不超过10亩。 根据规模化粮食生产需要合理确定配套设施用地规模。南方从事规模化粮食生产种植面积500亩、北方1 000亩以内的,配套设施用地控制在3亩以内;超过上述种植面积规模的,配套设施用地可适当扩大,但最多不得超过10亩。

4.7　加强农业技术创新及应用

21 世纪以来，现代农业已进入了一个科技创新最为活跃的新时期。现代生物技术、信息技术、先进制造技术等高技术迅猛发展，与农业融合催生出一批新兴产业，农业生产方式和组织结构正在发生深刻变革。市场经济下的集约化、规模化、产业化发展趋势，迈入了更加依靠科技创新驱动的新阶段，对农业科技的需求越来越强，挑战越来越大，任务越来越重。

4.7.1　农业科技创新供给充足但有效供给不足

1. 我国农业科技创新主体

在我国农业科技创新活动中，最重要的组织有农业科研机构、农业大专院校、涉农企业等。其中，大型涉农企业的身份是双重的，既是农业科技创新成果的供给者，又是农业科技创新成果的转化应用者。

2014 年底，全国共有农林本科高校 37 所，农林专科学校 54 所，高职高专 47 所。由于中国高校的数量和名称近几年发生了很大的变化，农业高校被收入综合大学的数量较多，如浙江农业大学、西南农业大学等。2014 年全国地区以上（含地区）全民所有制独立研究与开发机构（不含科技情报机构，以下简称“科研机构”）农业科研院所约有 1 200 个。其中部属科研机构 59 个，省属科研机构 430 个，地区属科研机构 700 个左右。大学和科研院所为主的农业科研活动是有效的，有章法的，在经费有限的条件下，农业科技成果供给比较充足，近年通过省部级以上鉴定和获奖的农业成果约 1 万项，且呈逐年上升态势。但由于科研选题的市场定位存有问题，导致有效供给不足，大量获奖的成果束之高阁，从而产生大量的科研垃圾。

2. 中国农业科技创新有效供给不足

资料显示，我国农业高校科研院所取得的科技成果，仅有少部分商品化程度高、转化快，甚至呈“不推自广”的态势。但大部分成果的商品化、市场化程度不高，难以与生产对接，不易或不能转化，“推而不广”。

从产出量来看，我国农业科研活动是有效率的，在经费有限的条件下产生了丰硕的成果，可以说农业科技创新成果供给比较充足；但选题的市场定位存有问题，导致有效供给不足，好看不中用，推广不了，成果的评价存在一定的拔高现象，没有产生应有价值的科研成果。有的是阶段性成果，没有及时进行下一步再研究，没有开发成应用技术，就实现不了产业化。也有的成果虽然有用，但转化不及时，错失良机而成为“科研垃圾”，大量获奖的成果束之高阁。

科研人员对研究成果的处理方式及心态：重课题申请，重研究过程，重视成果鉴定评奖，这是科研教学单位的三部曲，不注重应用示范和推广，在目前的评价体系下，科研人员做科研的动机是复杂的，但最重要的价值标准是晋级评职称，这是农业科研成果转化率低的重要原因之一。

科研成果是智力的高度结晶，要转化为生产力，需要与农民、涉农企业结合，而目前中国农民的文化和技术素质还比较低，需要对科研成果进行标准化、产品化甚至是“傻瓜化”。

4.7.2 农业科技有效需求不足

对于农业科技的有效需求是指，有购买意愿、有购买能力和使用能力的科技需求，两大类主体的需求分析如下。

1.应用主体：农户、兼业户和合作社

这类农业生产主体是农业生产的主力军，种植全国绝大部分耕地，养殖一半以上的家畜，农村科技的最主要应用主体之一是农户，其对农业科技利用状态总体不理想。农业技术服务能否有效，不但取决于服务提供者的态度和能力，还取决于农民接受农技服务的态度和能力，在某种程度上讲，农民的技术行为是决定农业新技术能否转化为农业技术进步和提高农业生产效率的决定性因素。

在工业化、城镇化快速发展的今天，农业生产的比较利益低下，农户对农业生产特别是粮食生产的积极性明显下降，农业生产副业化和兼业化日益明显。总体上看，农民对农业科技需求热情很高，但有效需求很低，原因是农户应用科技的能力和资源条件有限。

(1)缺乏采用新技术的资金。2014 年中国统计年鉴数据显示，2014 年农村居民人均纯收入 9 892 元人民币，除去各种消费后，平均每人年结余只有 1 000 元左右，能用于扩大再生产的资金很少，绝大多数农户没有能力购买新技术。

(2)兼业化因素。兼业化水平是影响农户技术选择的重要因素。从 2008 年对中部地区近 1 000 户(其中河南、安徽省 550 户)入户调查资料可以看出，农户劳动力兼业现象很明显，并且不会在很短的时间内消失。一般来说，兼业化程度越高意味着农业以外的收入（如外出打工收入）占家庭总收入的比例就越大，农户家庭经济实力相对越强。家庭经济实力对农户的技术选择行为可能会产生两方面的影响。一方面农户家庭收入也是诱导农户采用技术服务的因素，因为家庭经济实力强的农户有能力尝试新技术，而经济实力差的农户由于担心新技术所带来的风险和不确定性，往往会对新技术采取观望态度；另一方面，家庭经济状况好的农户对农业收入的依赖性低，从而导致对农业科技的需求意愿减弱。如果农业科技“傻瓜化”了，对劳动力要求不高，这样的农业科技就很受农户的欢迎，如果很费时费工，农民会进行机会成本的比较，按 2008 年农民工每天平均收入约 40 元计，在农业生产上时间投入的预期收入低于打工收入的话，农民可能会放弃这样的农业操作。当然，农民的心态正如黄宗智所述，是一个多种心态综合体。因此，在其他条件不变的情况下，兼业化因素对农业科技服务选择的影响是可正可负的，依技术类型而定，但总体上是负相关。

(3)农民科技文化水平相对较低。农业部中国农业信息网数据显示，2006 年，农业部农村经济研究中心在对 20 421 户农户的调查过程中，发现在农村劳动力中，文盲半文盲占 11.22%，小学文化程度占 33.23%，初中文化程度占 45.08%，高中文化程度仅占 7.7%。这几年的状况没有较明显的改观，这样低的文化水平必然会影响农民科技需求状况。具体表现在综合素质、信息意识、风险意识 3 个方面。

(4)生产规模小。尽管采用新技术对于农业增产来讲效果很明显，但是对于农民来讲，增产和增收是两个概念，技术效果和经济效果不具有完全的正效应。小规模农户经济相对加大了农户高新技术投入成本，使得农村科技推广的增收效果不明显，从而降低了农户采用农业新技术的积极性。

农户平均种植规模小、效益低。在 2008—2009 年，由张正河、句芳等人对中部地区调查的近 1 000 农户，户均耕地面积 7 亩，人均耕地面积不足 1.8 亩，而每户农户一般种植 4～5 种作物，多的可达 7～8 种。

农户经营地块过于细碎，不利于土地集中管理，不利于农产品质量提高。由于家庭农场规模过小和土地的细碎化限制了农业生产的专业化经营，难以获得专业化的好处，也不能进行节约劳动型的机械化生产。正如前面所述，从理论、政策和实践 3 方面可以看到土地确权后土地流转及经营规模的可喜变化。

2.应用主体:企业和家庭农场

农村科技的应用主体(部分企业也是研发主体)之一是涉农企业和家庭农场。与农户的小规模、盈利与安全并重等特征相比,这两个主体是具有一定规模的、以盈利为目的的、具有一定组织机构的经济单位,是现代农业建设的主力军和主战场,其科技创新能力和应用能力,对延长产业链、优化农业产业结构、带动农民增收至关重要。在涉农企业科技创新上投资,回报率高。优秀农业企业科技创新潜力很大,农场有很强的示范和带动性,但财政能否支持、如何支持有很大争论。

4.7.3 媒人中介与科技服务体系建设

如何在家庭联产承包形式不变的条件下,把科技网络向村、组、户延伸,这是生产力发展对生产关系提出的要求。以科技服务为桥梁,把以"户为基础"的生产单位同社会化生产联系起来,大面积推广科研试验总结出来的成功经验,实行产前、产中、产后一条龙服务,既可以改革传统的农业生产方式,又可以为发展农业适度规模经营创造条件。

现实表明,农业科技成果的推广和运用,离不开健全完善的科技服务体系,否则科技成果和适用技术就不能被广大群众所掌握,就不能得到很好的转化。现阶段农业先进县并不是缺少技术和科技成果,而是有技术,缺乏推广途径和手段,技术干部大都停留在上面,作用没有得到很好的发挥。只有建立健全科技服务体系,才能把农业科技成果送到经营主体和各个生产环节,使科技成果的研制者、传播者、接受者能够融为一体。

我们通过分析全国农业科技推广体系、专业合作组织、协会、农业科技110、大学推广教授、专家大院、农业科技园区、科技特派员等。中国农业高校、农业科研院所有好的科研成果,中国农民、涉农企业见不到,中国农业科技创新缺"媒人",或者说虽有媒人,但媒人没做到位。对中国农业科技发展而言,怎样强调媒人的作用都不过分。

农业科技报务体系及标准化是解决种地人的科技能力不足、提高科技应用水平的较好办法。永业集团分布在约800个县的科技服务站产生了很好的效果。

总体上判断,强化媒人中介功能,健全农业科技服务体系,是在青壮劳动力进城背景下、"户为基础"前提下,发展现代农业的现实选择。

4.7.4　工业化农业生产经营的技术创新驱动

在工业化和城镇化快速发展的背景下，农业现代化建设面临着一系列严峻的挑战和新机会，这就要求我们以创新的思维来推进农业现代化，依靠技术创新实现从拼资源或拼投资的外延型发展转到科技的内涵式发展。

现代高优农业必须与农业产业化、农村工业化相协调，与农村生产制度改革、农业社会化服务体系建设以及市场经济体系建设相配套。对农业科技创新的需求主要体现在 8 个环节，优良品种、绿色农艺、健康养殖、精细加工、农业机械、智能设施、疫病防控、基础保障等，实际上是农业“八字宪法”的新版本。

农业科技创新，以保障国家农产品供给和农民增收为首要任务，把满足现代农业发展重大需求、解决关键问题作为农业科技工作的立足点和出发点，准确把握农业科技的公共性、基础性和社会性特征，强化政府主导作用，充分运用市场机制，以转变农业发展方式推进农业现代化为主线，以提高土地产出率、资源利用率、劳动生产率为主要目标，以增产增效安全并重、良种良法配套、农机工程农艺结合、生产生活生态协调为基本要求，构建适应多种经营主体、大中小规模并存、多重经营目标的产出高效、产品安全、资源节约、环境友好的现代农业发展要求的技术体系，为中国特色农业现代化建设提供强有力的科技支撑。

针对多主体、多目标，实行多机制、多功能的农业科技服务，把重点放在无偿或低偿服务上。对常规、普及技术实行无偿服务，农机、浇水、开方配药施肥、适用技术实行低偿服务，高难技术实行有偿服务。

4.7.5　信息化促进农业现代化

(1)生产上，强化信息技术的集成应用，以信息化促进农业产业升级。加快推进物联网、云计算、大数据、移动互联等新兴信息技术在农业生产领域的应用，利用信息化推动农业产业升级，进一步提高农产品产量和质量，确保农产品有效供给。积极推进耕地质量管理、肥水药精准实施、农机导航与调度等信息技术与装备的应用，实现大田种植的数字化、精准化。加快推进温室环境监控、植物生长管理、设施自动化控制等信息技术产品的应用，实现设施园艺生产的自动化、智能化。信息化建设对农业科技创新和推广有重要促进作用。重点推进远程视频监测处理技术的集成应用。通过远程视频监控、先进感知与遥感、信息采集与传输、计算机智能处理决策技术的集成应用，对大田作物全生育期动态进行监测预警和生产调度。在种植业生产过程中，测土配方施肥已经比较普遍，采用地理信息技术、决策系统技术和网络技术等，结合地形地貌、土壤类型、化肥农药使用以及产量等数据绘制电子地图，把相关信息提供给施肥、灌溉等专家支持系统，实现田间施肥、灌溉、喷药的自动化、智能化。

(2)经营上，推动信息技术与农牧产品生产、加工、运输、贮藏、销售决策现代化融合，突出体现在农产品价格发布和供求对接上，实现较大程度上的订单农业。

"互联网＋农业"作为一种新兴的农业经营模式，是利用大数据、云平台、物联网等互联网技术，整合金融、物流等各类社会资源，实现农业产业链去中间化，提升生产流通效率的新型农业平台。总体而言，"互联网＋农业"对我国农业现代化有 4 方面的积极影响，一是解决了涉农信息传递的不对称，二是创新了农业商业化模式，三是提升了农业生产和智能化率，四是促进了农业资源的优化配置。

通过建立农产品批发市场信息采集系统、电子化交易平台、智能化产品质量监控系统等，实现电脑、手机等终端设备进行价格信息的发布、汇集、展示、查询。利用互联网、物联网等现代信息技术，建立农产品电子商务平台，开展线上线下结合的鲜活农产品网上批发和网上零售。但要防止供大于求造成科技资源的浪费，从 2014—2015 年建立的电子农商看，竞争激烈，盈利的比例很低。

(3)管理上，加快信息技术在农业行政管理上的应用。建立专业大户、家庭农场、农民合作社等经营主体的信息管理平台，为他们提供土地流转管理信息、农产品批发市场价格信息、农资市场价格和质量信息。支持大型农产品批发市场信息化建设，加强农产品物流配送、市场、管理、交易等方面的信息化建设，减少交易中间环节，提高交易效率。积极开展农业电子商务试点，探索农产品电子商务运行模式和相关支持政策，培育一批农业电子商务平台，提供生产、流通、交易、竞价、网上超市等服务。

(4)服务上，促进科技等综合服务供方和求方的交流，强化农产品监测预警、农产品和生产资料市场监管、虫害监测预报、气象防灾减灾警报能力，降低传统农业靠天吃饭的依存度。

案 例 篇

第5章　行唐县现代农业发展规划（2016—2020 年）

5.1　规划总则

5.1.1　规划性质

本规划是“十三五”时期行唐县现代农业发展的总体规划，是指导全县农业发展、现代农业园区布局、重点项目建设的纲领性文件。

规划范围：包含全县 15 个乡镇行政范围，其中平原区乡镇包括龙州镇、市同乡、安香乡、只里乡、独羊岗乡等 5 个乡镇；丘陵区乡镇包括南桥镇、玉亭乡、北河乡、上方乡、上碑镇、翟营乡、城寨乡等 7 个乡镇；山区乡镇包括口头镇、九口子乡、上闫庄乡等 3 个乡镇。总面积共约 966 平方千米。

规划时限：2016—2020 年。划分为两个阶段，其中：近期强力提升阶段，2016—2018 年；全面建设阶段，2019—2020 年。

5.1.2　规划重点

（1）强化整体性设计，统筹全县和乡镇农业协调发展。充分依托行唐特色优势农业发展现状和全县多样地形地貌特点，结合市场发展趋势和消费需求特点，统筹全县农业发展布局、农业园区布局和农业生产、经营、市场组织模式，推动全县各乡镇现代农业协调发展，打造立体复合现代农业发展格局。

(2)加强载体平台建设，大力推进现代农业园区发展。发展现代农业园区是推动行唐现代农业转型升级的重要抓手。坚持“大农业”发展思路，创新农业生产经营组织模式，以“全域园区化，产业特色化”为总体思路，重点突出行唐农业发展的区域特色、产业特色，以新理念构建行唐现代农业“全域园区化”发展格局，打造类型多样的现代农业园区发展平台。

(3)推进纵横产业链发展，构建现代农业产业体系。行唐特色优势产业发展基础良好，特色产品资源丰富，产业发展空间较大。规划将充分抓住农业供给侧改革机遇，结合产业市场发展趋势和前景，从产业链和价值链的角度，构筑行唐现代农业产业体系，提高产业发展的指导性。

(4)打造高效安全农产品，夯实现代农业生产体系。“产出高效、产品安全、资源节约、环境友好”是农业现代化发展的重要目标，着重加强农业设施装备建设，完善农业基础设施，加强科技支撑，加快推进农业标准化建设，提升农产品质量安全保障和品牌化发展水平，加强农业生态保护和环境修复，全力打造现代农业发展的支撑保障体系。

(5)吸引多元化主体参与，打造现代农业经营体系。推进多种形式的农业适度规模经营，创新政策、资金、金融等农业支持保护制度，吸引更多主体积极参与行唐现代农业发展，着力打造以专业大户、家庭农场、农民合作社、龙头企业为主体的新型经营主体，完善农业社会化服务体系，不断吸引工商资本进入，大力培养新型职业农民，打造多元化现代农业经营体系。

5.1.3 主要规划依据

1.国家(含部委)、省市层面文件

2013—2016年中央一号文件；

全国主体功能区规划；

国家“十三五”规划纲要；

全国农业现代化规划(2016—2020年)；

农村一二三产业融合发展推进工作方案；

京津冀现代农业协同发展规划(2016—2020年)；

河北省“十三五”规划纲要；

河北省现代农业发展“十三五”规划；

河北省关于加快转变农业发展方式的实施意见；

河北省关于加快现代农业园区发展的意见；

石家庄市“十三五”规划纲要；

国家(含相关部委)、省市、其他政策文件。

2. 行唐县层面文件

行唐县城乡总体规划(2013—2030 年)；

行唐县“十三五”规划纲要；

行唐县土地利用总体规划；

行唐县大力推进现代农业发展工作方案；

行唐县“十三五”相关规划及相关政策文件。

5.2　现状基础与发展条件

现代农业是指在国民经济中具有较高水平的农业生产能力和较强竞争能力的现代产业，它是不断地引进新的生产要素和先进组织模式，依托现代产业园区平台，用现代科技和现代发展理念来管理经营的科学化、集约化、特色化、品牌化的农业，是满足人们多元消费需求，坚持绿色可持续发展的农业。

行唐县是农业大县，环境资源条件较好。近几年，在县委县政府的大力支持下，全县加快推进种植业、林果业、畜牧业结构优化调整，大力发展农产品加工业、流通业和休闲农业，现代农业发展特色鲜明，初步形成了“区域化布局、专业化生产、产业化经营”的现代农业产业格局，为“十三五”期间全县现代农业的快速发展奠定了基础。

5.2.1　行唐农业经济发展的总体特征

“十二五”以来，行唐农业发展取得显著成绩，农业经济在全县、全市经济发展中的地位日趋巩固，农业基础作用凸显。

1. 农业经济稳步发展，基础作用更加突出

“十二五”期间，全县第一产业增加值平均增速达 10%左右，略低于全县 GDP

增速，但远高于石家庄市一产增加值 6%左右的增速(图 5-1)，说明行唐农业在全市农业经济中的地位日益突出。2014 年，全县农林牧渔业总产值突破 50 亿元，达到 50.4 亿元，占全县总产值的 14.6%，第一产业增加值达到 25.7 亿元，占全县 GDP 的 21.1%，农业在全县经济中的基础作用更加突出。

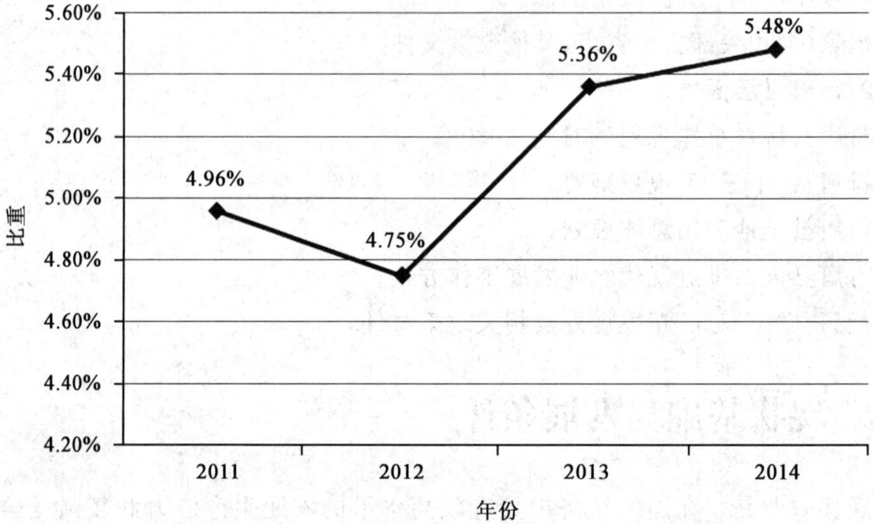

图 5-1　行唐一产增加值占石家庄市一产增加值比重变化

2. 主导产业突出，产业结构逐步优化

从变化趋势上看，农业、畜牧业发展平稳，其中，畜牧业产值占农业总产值的比重一直在 50%以上，2014 年达到 54.1%，主导产业地位突出。林业和农林牧渔服务业总产值发展迅速，"十二五"期间，平均增速分别达到 72%和 89%，2014 年分别达到 1.07 亿元和 2.09 亿元(图 5-2)。

3. 农业产品结构逐步优化，新产品优势逐步凸显

从农业产品生产的角度看，"十二五"以来，全县主要农产品产量发展平稳，其中，奶类主导地位突出，占全市产量的比重从 2011 年的 22.9%提升到了 2014 年的 26.2%。此外，行唐县蔬菜产业发展较快，成为全县农业发展的新亮点，2015 年全县蔬菜种植面积达到 8.2 万亩，比 2011 年增加 30%，产量从 2011 年的 30 万吨，增加到 2015 年的 35 万吨，行唐蔬菜产业正成为全县现代农业发展的支柱产业(图 5-3)。

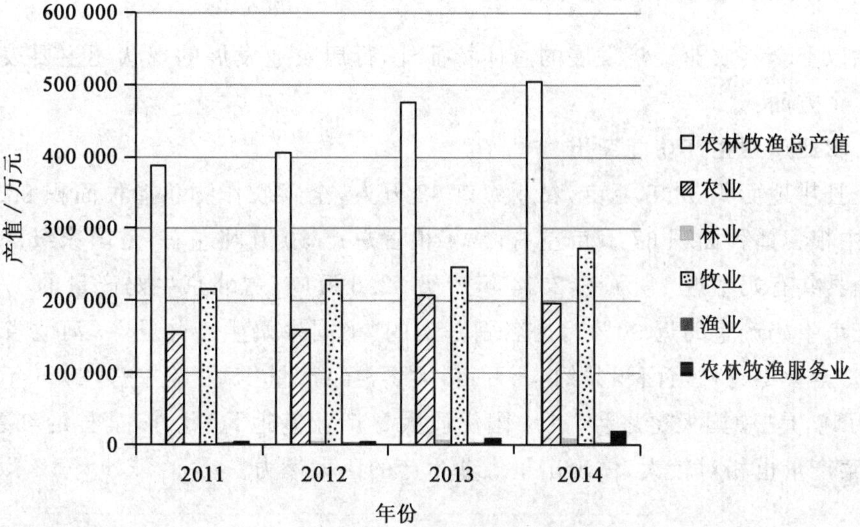

图 5-2　行唐县“十二五”时期农林牧渔业总产值变化

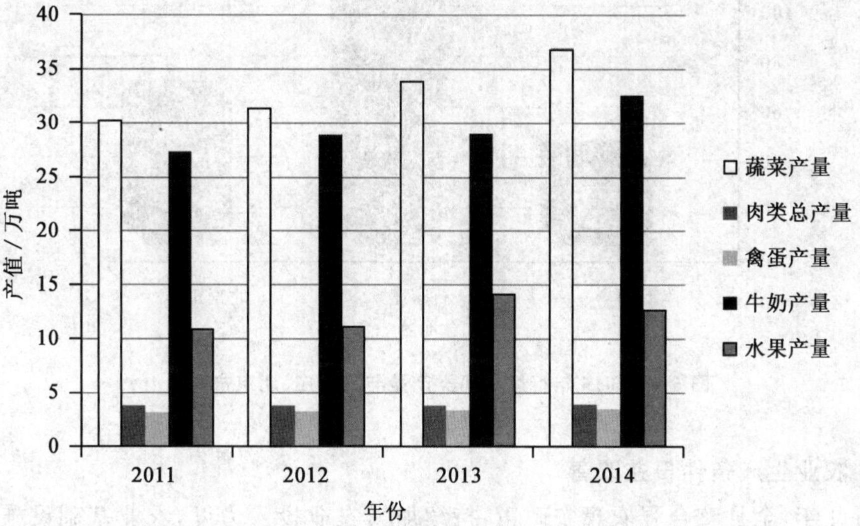

图 5-3　行唐县主要农产品产量变化

5.2.2 行唐农业发展的现状基础

除以上全县农业经济发展的总体特征外，行唐农业发展的现状还主要表现在以下几个方面：

1.农业产业生产功能突出

全县耕地面积53.8万亩，农业人口38万人，全年农作物总播种面积88.6万亩，其中粮食播种面积67万亩左右，常年粮食总产30万吨左右，是国家级产粮大县。全县共有奶牛近10万头，2014年产奶32.6万吨（占北京牛奶产量的1/2，占石家庄市牛奶产量的近30%），是名副其实的"中国牛奶生产强县"、"河北省乳业名县"。全县枣树种植面积共约65万亩，大枣常年产量15万吨左右，2015年达到12.3万吨，是"中国大枣之乡"、"中国优质大枣产业基地"。此外，全县的红薯、苹果、蔬菜产量也相对较大，体现出了农业生产的巨大潜力。

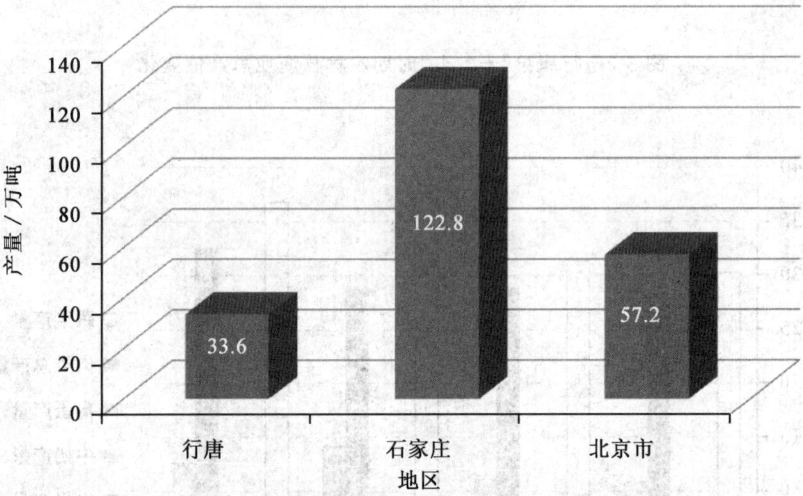

图5-4　2015年行唐县奶类产量与石家庄、北京市对比

2.农业生产条件日益改善

近几年，全县整合强农惠农政策，持续加大农业投入力度，农业基础设施条件明显改善，物质技术装备水平不断提升，生产力建设取得长足进展。农业发展已从过去主要依靠增加资源要素投入转向主要依靠科技进步，先进栽培管理技术在生产中得到应用，推广应用率达85%以上。不少农业经营主体实现了标准化生产和农业的信息化改造,全县“三品一标”认证产品不断增加,部分农产品实现了全程可追溯,高标准农田覆盖率不断提高,良种良法配套不断完善。基本形成了以龙兴贡米、羊柴大白菜、无公害蔬菜、叉取甜瓜、设施菜、岗底草莓、岳霍口中药材、北河红薯秧、城寨乡、翟营乡龙门一带鲜食红薯产业、小麦、花生等高产创建示范等为主导产业的农业产业化发展格局。打造出了安太苹果、龙兴贡米、甲壳素红枣、“鱼塘米”、“万果红”、“大山兄弟”等诸多农产品品牌。

3.农业经营主体日趋多元

近年来,行唐县农村土地流转有序开展,多种适度规模经营加快发展,各类新型农业经营主体大量涌现,对应用新技术、推广新品种、开拓新市场发挥了重要作用,正在成为引领全县现代农业发展的主力军,目前全县家庭农场、种养大户、合作社及龙头企业已达到数百家,其中,市级以上农业产业化龙头企业达到 20 多家,农业产业化经营率达到 57.5%。奶牛养殖小区正在向规模化的现代牧场转变,传统种养正在向以专业合作社和龙头企业为主导的现代农业园区转变,初步形成了奶牛养殖产业带、设施蔬菜产业带、红枣产业带、核桃产业带、生态果品产业带和其他集中连片特色农业产业带。

4.现代农业发展势头较好

在全县的大力推动下,目前行唐引进一批农产品、食品加工企业和战略投资者,对带动全县现代农业发展将发挥重要推动作用。同时,在太行山绿化工程的大力推动下和全县大力发展蔬菜产业的带动下,未来 2～3 年,全县的核桃产业和蔬菜产业将可能成为重要的农业主导产业,对优化全县农业产业结构具有重要作用,规模化、专业化、组织化的现代农业发展态势正在形成。

全县农业发展的一大特色就是通过绿化工程带动农业产业发展,通过绿化促进农业产业结构调整。通过实施太行山生态绿化工程,将使全县核桃面积达到近 20 万亩。通过实施苗木基地建设工程,全县苗木基地面积突破 1.5 万亩,位居石家庄市苗木面积排行第二名,实现了建设万亩苗木基地县的目标。截至 2015 年,全县森林覆盖率达到 38.9%。伴随着全县林业经济的快速发展,依托林业将带动林果产业、休闲旅游产业、林下经济产业等诸多产业业态发展(图 5-5)。

此外,结合美丽乡村建设和山区综合开发,行唐县农业的内涵更加丰富,休闲农业、乡村旅游和农业衍生产业(健康、养生、文化创意、民宿)将快速发展,有利于行唐打造完整的现代农业产业体系,推动农村一二三产业融合发展,提升县域农

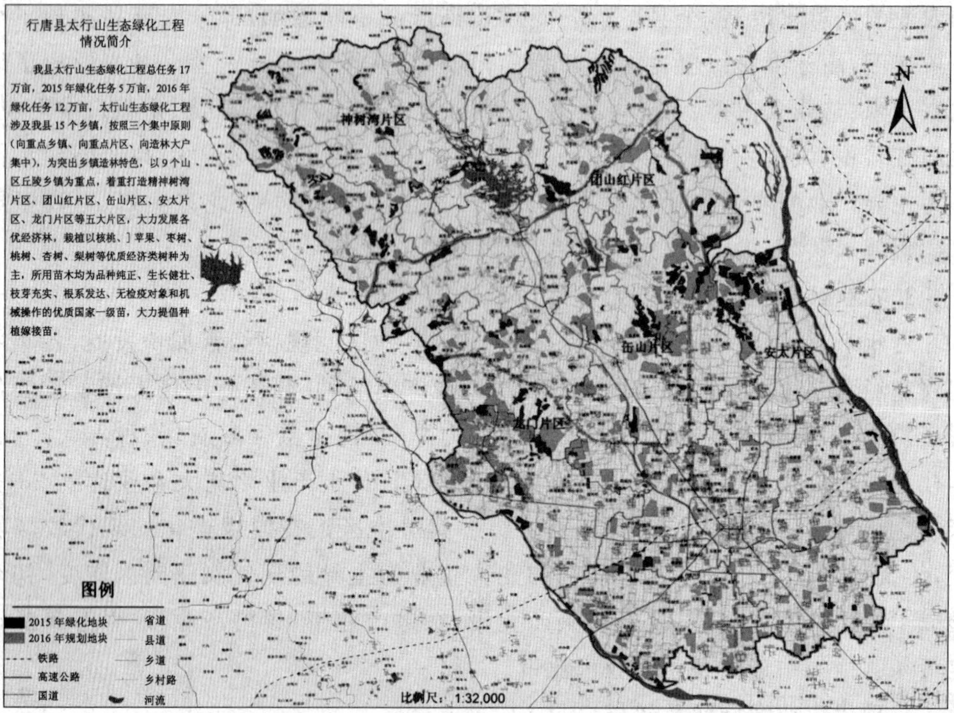

图 5-5　行唐县太行山生态绿化（经济林为主）布局图

业产业综合竞争力。

5.2.3　行唐农业发展的优势条件

1. 特色农业产业资源丰富

作为“千年古县”，行唐依托平原、丘陵、山区立体地貌，形成了以“两红一白”（红枣、红薯、奶牛）为主的传统特色优势农业产业，正在打造以“两种一养”（核桃、中药材、肉驴）为特色的新的主导优势产业。此外，苹果、小米、食用菌、绿色蔬菜等特色农产品资源丰富，已经初步形成了具有行唐特色的农产品品牌体系。其中，央视公益广告“行唐大枣”品牌享誉全国，“行唐大枣”获批国家地理标志证明商标，特色农业地位更加巩固。

2. 双圈层区位优势

行唐县交通便利，南距石家庄45千米，北距北京260千米左右，东北距天津港

320 千米，东距正定国际机场 25 千米，距京港澳高速 15 千米，京昆高速、朔黄铁路贯穿全境，县域内有京赞线、无繁线、宝平线 3 条省道，2 小时交通圈涵盖北京、天津、太原、邯郸、德州等地。交通区位优势明显。

处于环京津优质农产品供应圈层。便于对接京津市场需求，打造优质高效农产品生产供应基地和特色休闲农业旅游基地。

处于石家庄大都市郊区农业发展圈层。大都市郊区现代农业的重要内涵是大农业、大旅游、大生态，依托城市、服务城市，有助于打造多功能农业发展格局，有助于区域整体生活、休闲环境氛围的营造，进而对相关产业的发展要素产生极大吸引力。

图 5-6 为行唐县双圈层区位示意图。

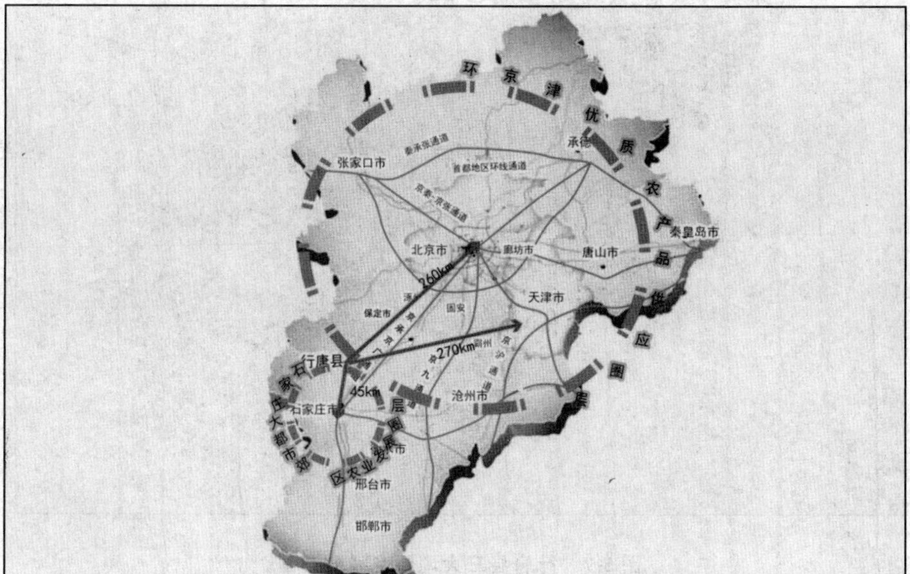

图 5-6　行唐县双圈层区位示意图

3.立体化自然空间布局

行唐县位于河北省西南部，太行山东麓的浅山丘陵区，是一个半山区县。地势西北高，东南低，山区、丘陵、平原依次错落分布，立体化的地形地貌塑造了行唐独特的自然环境条件，有助于行唐打造特色化、多元化的现代农业产业业态，也有利于因地制宜，打造“一镇一业、一村一品、一沟一品”，发展专业化的农业园区。其中，平原区有利于发展高效现代种养业，便于发展成方连片的高效现代农业园区；丘陵区有助于发展特色林果业、小杂粮、现代畜牧业和休闲农业；山区有利于发展休闲农业、生态农业、乡村旅游、特色林果业以及沟域经济，可推广山地园艺型主题公园农业模式。行唐县三大地貌空间分布图见图 5-7。

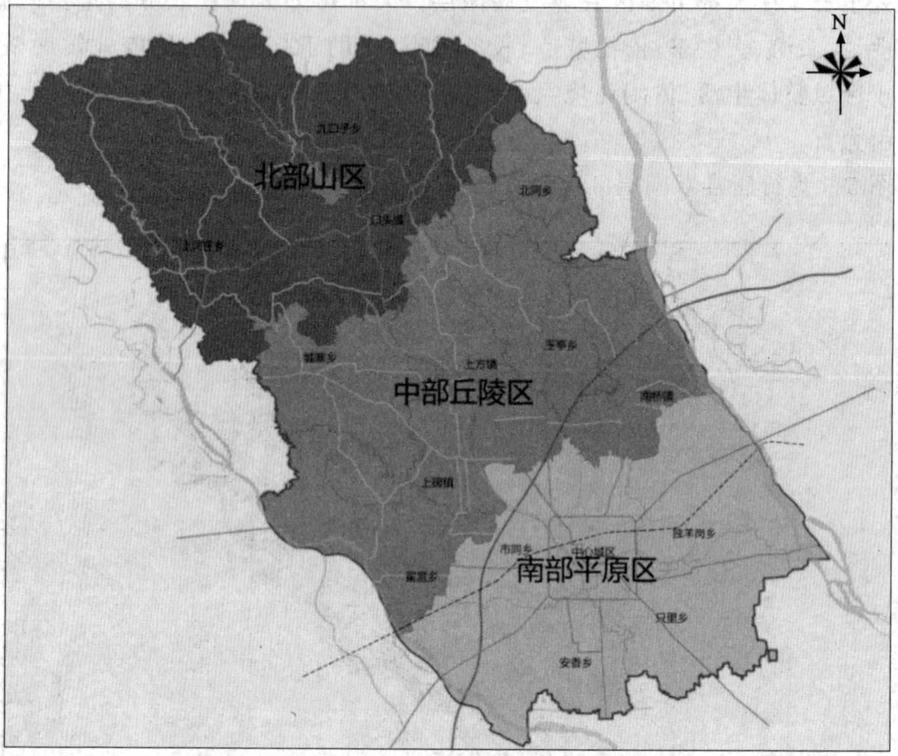

图 5-7　行唐县三大地貌空间分布图

4. 水土资源条件较好

行唐县属太行山东麓浅山丘陵与华北平原交接地带，水利资源优势比较明显，境内有大中小型水库 16 座总库容 1.56 亿立方米，享有水权境外大型水库 2 座总库容 16.32 亿立方米，较大河流 4 条总长 145.5 千米，中型灌区 5 条干渠长达 139 千米。图 5-8 为行唐县水系分布示意图。图 5-9 为 2014 年行唐县土地利用现状图。

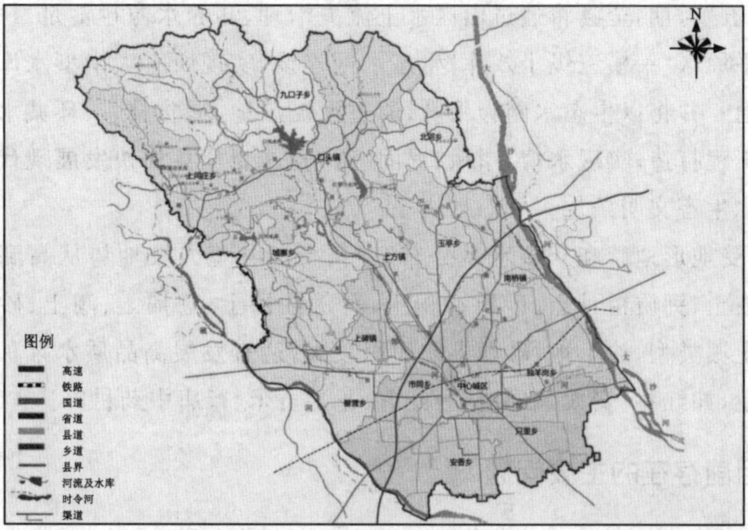

图 5-8　行唐县水系分布示意图

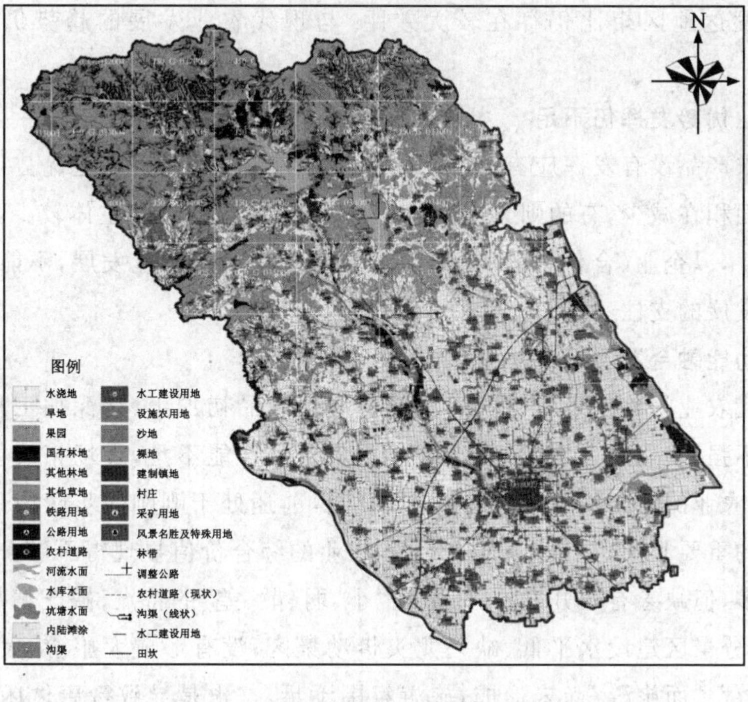

图 5-9　行唐县土地利用现状图(2014 年)

“十三五”时期，全县将通过山区水土流失治理，涵养水源拦蓄足量的地表水；通过丘陵平原区“一横三纵十八库”生态水网建设，实现所有大中型水库与4大河流水系连通。并将以生态水网为根脉，通过河流湿地、堤防林带、环城水系及县城颍水河等工程打造，实现水清、岸绿、堤固、路畅，这为全县加快发展现代农业提供了较好的水生态文明条件。

此外，受地形地貌和众多水系分布影响，行唐县境内按地势从高到低依次分布砂质粗故土、钙质粗骨土、砂质冲积土、石灰性褐土、潮褐土、潮土、砂层潜育水稻等多个土壤类型，沙土地、碱性土质面积较大，适宜发展高品质水果种植和其他特色种植业，如红枣、安太苹果、行唐红薯、龙兴贡米、行唐中药材等。

5.2.4 目前存在的主要问题

总体上看，行唐农业发展尽管取得了显著的成绩，但仍面临“主导产业单一、基础设施薄弱、要素聚集能力不足、大企业大平台缺少”等突出问题，致使全县农业发展与发达地区相比仍存在较大差距，与现代农业发展的趋势仍存在一定脱节。

1.产业优势发挥仍不足

特色农产品没有发挥应有价值，资源优势没有打造成为产业优势，多个优势产业种植面积在减少，有的则无法做大规模，不少产业的经营主体较少，有的则是在单打独斗，以企业(合作社)个体能量在支撑一个特色产业发展，不能形成带动全县农业发展的支柱产业。

2.多功能融合发展缓慢

从现代农业的角度来看，首先，目前行唐农产品初加工、精深加工程度较低，农业大而不强，农业产业链较短，高端优质农产品产能不足，市场拓展能力较弱。其次，行唐农业的休闲功能和旅游观光功能目前还处于刚刚起步阶段，农业作为第三产业的重要服务功能尚未充分发挥，农业的综合价值显现得不够。行唐县旅游资源众多，但缺乏有效开发，总体呈现“小、弱、散、差”的特点，缺乏精品景区、龙头景区，部分景区建设水平低，缺乏龙头带动景区，没有形成大旅游、大产业的格局，“线旅游”、“面旅游”尚未形成，旅游氛围不足，这也是导致行唐休闲农业与乡村旅游发展不足的重要原因。

3.综合生产能力仍较低

总体上看,全县农业基础设施装备条件仍有待提高。一是高端设施农业面积较少,仍主要以冷棚和一般的暖棚为主,连栋可调温室大棚较少,中高端果蔬产量较少,蔬菜生产能力仍有较大提升空间;二是部分经营主体“三品一标”认证意识较弱,标准化生产能力不足,品牌保护意识较弱;三是农业生产基础配套设施不健全,尤其是特色产业道路欠缺,严重制约现代农业的快速发展;四是“互联网+”农业发展不足,农产品销售模式仍较传统,农业信息化亟待提升。

4.分散化小规模较突出

当前全县农业生产仍多以小规模、分散化经营为主,成方连片的现代农业园区仍较少,从而也导致现代生产要素引入难、比较效益低等突出问题。此外,也导致全县农业社会化服务支撑不足,农业的适度规模经营进展较慢。

目前,全县农业发展缺少大项目、大企业带动,现有经营主体对全县农业发展的带动作用还没有充分发挥,迫切需要加快构建集约化、专业化、组织化、社会化相结合的现代农业经营体系。

5.市场化意识亟待提升

主要表现在:一是农产品交易市场建设不足,没有发挥现有市场的纽带作用;二是全县农产品冷链系统建设薄弱,不利于生鲜农产品的发展;三是对接京津消费需求效应上不足,没有充分抓住京津冀现代农业协同发展的大机遇;四是产业链提前布局不足,核桃、蔬菜、特色果品初加工、精深加工龙头企业发展不足,农民合作社产业链发展意识较弱;五是休闲农业与乡村旅游要素配套不足,农村一二三产业融合发展缓慢,不利于区域公用农业品牌的建立。

综上所述,行唐已经到了加快发展现代农业的历史阶段,正处于加快转变农业发展方式的阵痛期,提升农业竞争力的爬坡期和实现产业“高点强攻”的关键期。要加快补短板、转方式、调结构步伐,强力推进行唐农业现代化进程。

5.3　发展思路与目标定位

“十三五”期间,行唐农业必须进行一次脱胎换骨式的转变,着力“发展新业态、试验新模式、吸引新组织、导入新要素、创新新机制”,从根本上扭转现代农业“不现代”的现象。

5.3.1 总体思路:全域园区化、产业特色化、农业品牌化

1.以现代农业园区引领农业高端发展

现代农业园区是发展现代农业的重要载体和主要突破口。现代农业园区通过引入现代产业组织方式,在一定区域内将土地、资金、技术、信息、劳动力等生产要素进行集约配置,把农业生产、农产品加工以及物流、金融、休闲体验等相关服务业有机整合,可以实现产业联动、产业集聚、技术渗透、经营管理创新,从而显著提高土地产出率、资源利用率、劳动生产率,改善农业生态环境,加快农业现代化进程,对于有效整合和优化配置农业资源,创新农业发展模式,破解农业发展瓶颈具有重要作用。

当前,全县现代农业园区发展相对缓慢,主要以企业独立型园区为主,缺少综合型、科技型、多功能型园区。全县园区总体布局还不明晰,新品种新技术展示基地、农民教育培训基地、检验检测中心等公共服务平台缺失,集生产、加工、流通、科研、示范、休闲等为一体的综合体系尚未形成。部分潜在园区地区的路、水、电等基础设施配套不能完全到位,远不能满足建设现代农业园区的条件。

现代农业园区建设的不足严重制约着行唐农业的标准化、特色化、功能化和高端化发展,无法有效促进优质要素聚集,无法形成产业发展合力,造成农业现代化进程相对缓慢。因此,"十三五"期间,要树立整体发展理念,以园区化的模式推进现代农业发展,加快推进园区全域化建设,坚持产业项目向园区集中。以园区为载体,吸引大企业、凝聚大项目、推动大合作、完善大服务,打造行唐现代农业"升级版"。

2.体现都市型和现代特色农业发展模式

随着互联网技术进步和人民消费需求的提高,我国农业正在经历一场深刻的产业革命。新农业主体的进入、新农业科技的应用、新农业理念的实践,衍生和孕育出了科技农业、智慧农业、功能农业、养生农业、创意农业、休闲农业、绿色农业等多元化的现代农业模式,一个以"科技、健康、创意、休闲"为特色的新农业时代正在到来。

当前,行唐农业功能单一,多功能农业发展相对缓慢,产业价值链拓展不足,行唐的区位优势和特色资源优势没有充分发挥。作为省会1小时经济圈和首都

2 小时经济圈范围内的行唐，是典型的大都市城郊型农业区，都市型现代农业发展特征明显，所以，必须依托城市、服务城市，着力构建科学合理的一二三产融合型的发展格局，承载为城市服务的经济功能和观光休闲功能，通过对农业多功能的立体复合开发，在满足城市对绿色优质鲜活农产品需求的同时，满足各消费阶层对农业观光体验、生态餐饮、休闲娱乐等精神文化生活的需求。

推进全县农业发展实现 3 个转变。现代农业是设计型农业和价值复合型农业。对于行唐来说，要着力实现 3 个转变：一是由生产型农业向服务型农业转变，着力发展休闲农业、创意农业、观光农业等都市休闲农业业态，拓宽发展空间适应市民“回归自然”需求；二是由经验型农业向科技型农业转变，着力发展设施农业、智慧农业、功能农业等现代农业生产组织模式；三是由独立型农业向合作型农业转变，现代农业是合作农业，要坚持市场化运作，推行新型经营主体和现代经营形式，形成“政府＋企业（含社会资本）＋合作社＋金融＋农户”的多方合作联合体，共同搭建起现代农业的发展平台。

打造泛农化农业综合体。随着国家大力推进农村一二三产业融合发展，“第六产业”的时代已经来临，要从单纯关注具体的“特色产品”经济时代，以现代农业园区为依托，走向集示范、生产、加工、交易、体验、休闲、教育等多种功能复合的“泛农化园区经济”时代，通过以农业为主导，融合工业、旅游、创意、地产、会展、博览、文化、商贸、娱乐、物流等 3 个以上相关产业与支持产业，形成多功能、复合型、创新性的产业综合体，着力打造农业公园、农业科技园区、农业观光休闲园区、休闲农庄（牧场）、农产品加工物流园区、沟域经济等多类型的农业综合体。

3. 以农业品牌化打造现代农业核心竞争力

农业品牌是指农业生产者或经营者在其农产品或农业服务项目上使用的用以区别其他同类和类似农产品或农业服务的名称及其标志。品牌化是农业现代化水平的核心标志，品牌强则农业强。经验表明，发展农业品牌不仅能够优化农业产业结构，提升农产品的质量水平和市场竞争力，满足不断升级的消费需求，也是发展高效农业，实现农业增效、农民增收的重要举措。

当前，尽管行唐拥有众多的特色农产品资源，但真正形成区域品牌市场效应的还较少，农产品品牌体系还没有完全建立，农业经营主体品牌意识还较弱，对品牌的影响价值认识还不足，商标注册积极性有待提高。因此，“十三五”期间，一是要树立农业品牌化发展理念，大力推进农产品品牌认证和品牌农产品加快发展；二是要创新品牌营销方式，提升品牌市场知名度，拓展本地农产品品牌价值；三是要加快打造“行唐农业”区域公用农产品品牌形象，引导农业主体积极开展农产品商标注册，打造农产品自用品牌。

5.3.2 发展原则

(1)坚持因地制宜、发挥优势原则。充分结合全县平原、丘陵、山区不同地形地貌特点，结合目前特色产业和农业园区发展基础，合理划分全县现代农业园区布局，加速聚集现代农业生产要素，带动特色农业产业培育。

(2)坚持政府引导、市场化运作原则。综合性园区建设要以政府为主导，以农业专业合作组织或龙头企业为主体，积极开展招商引资工作，通过政策和资金引导，支持符合条件的农业产业化龙头企业、农民合作社等新型经营主体参与项目建设并负责项目运营。企业独立型园区要加强政府引导，加强对实施企业主体的监督，创新园区建设的运行机制，按照市场化运作、企业化管理，形成政府推动、部门配合、社会力量积极参与的园区建设机制。

(3)坚持创新发展、示范引领原则。要发挥后发优势，通过技术创新、制度创新、业态创新、模式创新，构建现代特色农业产业体系，增强现代农业园区发展活力。一是要打造现代农业园区技术创新平台，寻求技术依托单位和科技支撑单位，强化科技创新和产业化开发。二是加强优势农产品标准化生产关键技术研究与集成示范，加强“三品一标”农产品标准化生产关键技术研究，实现产地、生产、加工、贮藏运输、销售等技术标准的集成，形成农产品生产标准化技术体系。三是创新园区运行机制，通过机制创新，集聚现代生产要素，提高发展活力，在园区建设上，积极引进现代企业制度，实行公司化、企业化运作，通过资金、设备、技术、土地入股等方式，建立灵活高效的园区建设机制。在土地流转方面，积极探索承包、租赁、入股、托管等土地流转方式，发展农业适度规模经营。

(4)坚持协调发展、统筹推进原则。坚持把现代农业园区建设与特色小镇、新农社区、乡村旅游发展相结合，统筹推进全县现代农业、美丽乡村、脱贫攻坚、山区综合开发和乡村旅游发展。通过沟域经济、农业园区、乡村旅游综合体(休闲农业综合体)等空间组织模式创新，努力实现“五位一体”协调发展，提高行唐农业农村发展效率和水平。

(5)坚持安全生态、绿色发展原则。大力发展生态循环农业,强化生产基础,为城市提供安全、放心、优质的农产品。把生态理念贯穿于现代农业园区建设的各个环节,建设现代循环农业产业园区,建立农产品追溯体系,努力形成物质能量循环利用产业链,以降低农产品能耗,保护土地、水等稀缺资源,实现资源可持续利用和园区可持续发展。

5.3.3　目标定位

1.战略定位:两区一基地

京津冀重要的绿色农产品供应基地。发挥行唐"中国牛奶生产强县"、"中国行唐大枣之乡"和"河北省乳业名县"等绿色农产品资源和品牌优势,强化绿色发展理念,大力发展现代生态农业和绿色农产品精深加工业,强力推进设施蔬菜种植、标准化奶牛养殖、特色林果加工、高端乳品加工业,全力培育和发展石家庄北部现代化农产品仓储和商贸物流,打造京津冀地区重要的绿色农产品和工程化食品供应基地。

河北省全域化现代农业园区发展样板区。抓住河北省现代农业园区发展机遇,把行唐放在全省、全市的角度推进现代农业园区建设,坚持全县一体化、全域化推进现代农业园区建设,努力打造河北省全域现代农业园区发展样板区。

石家庄都市型现代精品农业示范区。面向石家庄、北京、天津客源市场,大力发展休闲农业和乡村旅游,努力将行唐打造成为石家庄城郊休闲农业观光的首选地、省会后花园和京津休闲农业与乡村旅游的目的地。

2.总体目标

力争经过"十三五"的建设,全面建成空间布局合理、功能多元表达、产业优化发展、资源节约利用、经济效益显著的现代农业发展体系,走出一条"产出高效、产品安全、资源节约、环境友好"的农业现代化道路。到2020年,农林牧渔及相关服务业总产值力争突破百亿元大关,比2015年翻一番,做强做优现代农业,基本形成全域化现代农业园区发展格局。

构建现代特色农业产业体系("两特三高"产业体系)。一是优化提升特色养殖业。重点实施奶牛小区转型升级,引导小区向牧场转变。加快发展其他特色养殖业,加快肉类、禽蛋发展速度,到2020年,畜牧产值突破50亿元,畜牧业产值占农业总产值的比重稳定在50%左右。二是加快发展特色种植业。加快发展特色林果业，稳定红枣面积，提高大枣精深加工比重。逐步扩大核桃、苹果等特色林果面积，努力分别突破20万亩和5万亩。大力发展樱桃、草莓、油用牡丹、玫瑰、花卉苗木等特色果品和林业产业，支撑观光休闲农业发展。大力发展林下经济，示范推广林禽、林药、林菌等林下经济发展模式10万亩。积极发展中药材产业。保护发展优质小米产业和行唐红薯产业。三是突破性发展高端设施农业。蔬菜种植面积力争突破10万亩，其中设施蔬菜面积力争突破5万亩，建成1～2个绿色蔬菜产业集聚区，大力发展食用菌产业和设施水果产业，建设植物工厂，高端设施农业建设取得明显成效。四是加快发展高品质观光休闲农业。打造5～8条观光休闲农业走廊，培育百家以上各具特色的休闲农庄和观光休闲园区，争创全国休闲农业与乡村旅游示范县(点)。五是大力发展高效农产品加工业和流通业。推进优势大宗农产品全产业链延伸，拓宽产业价值链，大力发展“互联网＋现代农业”，形成多层次农产品流通发展格局。

打造30个现代农业园区。按照突出特色、发挥优势、龙头带动的基本原则，加快推进土地适度规模经营，积极引进战略投资者和大企业、大龙头，加快各类现代农业园区建设步伐，分梯次努力打造30个现代农业园区，形成县域现代农业园区全覆盖发展格局。到2020年，努力建成2～3个省级现代农业园区，5～8个市级现代农业园区，园区核心区建成面积突破10万亩。

3.阶段目标

强力提升阶段：(2016—2018年)：全面启动规划建设内容，重点实施影响区域发展和产业发展的重大建设项目。一是着力优化农业产业结构，做强做大奶牛和红枣产业，提前布局核桃和蔬菜产业链，做大苹果等特色农业品牌，大力发展特色种养业。二是全力推进现代农业园区建设，以独羊岗现代农业园区为重点，全面打造行唐现代农业发展核心区；以建设农业公园为重点，全面推进国家红枣公园等园区建设，建成2个省级现代农业园区，3～5个市级农业园区，10个县级农业园区，建成1条特色沟域。三是突破性发展休闲农业和乡村旅游，建设3～5条精品农业旅游路线，打造8～10个观光采摘休闲农业示范基地，建设5～8个休闲农业与乡村旅游示范村。四是加强农业基础生产支撑体系建设，加快重点园区基础设施建设，加快功能区间特色产业道路连接线建设，加强农业标准化、品牌化建设，以无公害基地建设为抓手加快推进“三品一标”产品和基地认证，重点园区认证率达到80%以上。

全面建设阶段(2019—2020 年):到 2020 年,全面建成 3 个省级现代农业园区,5～8 个市级现代农业园区,全县 30 个现代农业园区核心区建设取得突破性进展,基本形成全域化现代农业园区发展格局。重点推动独羊岗农业园区建设成为现代化农业科技园区,加快推进上方食品工业园区(农产品加工)建设,基本建成国家红枣公园,建成一个现代化大型农产品综合物流园区,建成 3～5 条特色沟域示范区,打造 2～3 个全国休闲农业与乡村旅游示范点。全面推进行唐现代农业跨越转型升级。

5.4　总体空间布局

基于行唐平原、丘陵、山区层次分明的特点和目前业已形成的农业产业空间布局,本次规划将按照"轴带联动、点面统筹、高效集约、全域布局"的思路,对全县的农业产业布局和现代农业园区进行空间优化,着力构建"三区多园、三带五廊"的现代农业发展空间布局,通过 3～5 年的努力,建设"全省领先、全国一流"的现代农业发展高地。

5.4.1　总体布局原则

1. 通过园区农业全覆盖

全域园区化是本规划的核心理念之一,因此,本规划中的所有产业、项目原则上都归属于相关园区。除了城乡总体规划划定的中心城区和经济开发区外,其他区域都将根据地形地貌和产业基础划为边界相对清晰的现代农业园区,力图实现园区农业全覆盖。

图 5-10 为行唐城乡空间管制规划图。

2. 通过廊道经济大串联

廊道经济是现代农业发展的一种有效空间组织模式,主要基于农业产业基础,以现代农业园区(点、基地、景区)和特色乡村为基本单元,以田园景观和乡土文化为主线,以重要交通线路为轴线而组织起来的都市休闲农业聚集形态。比如,北京的沿京承高速都市农业走廊、北京门头沟沿国道 109 的沟域经济走廊、北京延庆的百里山水画廊、浙江嘉兴的百里休闲观光农业长廊、郑州的沿黄都市生态农业走廊等。本规划将在 30 个园区划分的基础上,主要沿交通线打造 3 条沿河

图 5-10　行唐城乡空间管制规划图

(沙河、颍水河、磁河)农业发展带和 5 条现代农业走廊,基本串联起全县大部分现代农业园区,努力把廊道建设成为“融合之廊、活力之廊、大美之廊”,带动现代农业园区发展。

3.通过先导带动核心区

根据发展经验,现代农业园区必须要有核心区(包含先导区),通过核心区的示范,辐射带动园区内其他区域协调发展(图 5-11)。

因此,本规划在划定现代农业园区时,根据发挥优势原则,基本上每个园区都会有一个发展带动龙头,然后以其为先导区,谋划园区核心区建设,以此提高现代农业园区发展效率,并突出各自发展特色和功能定位。

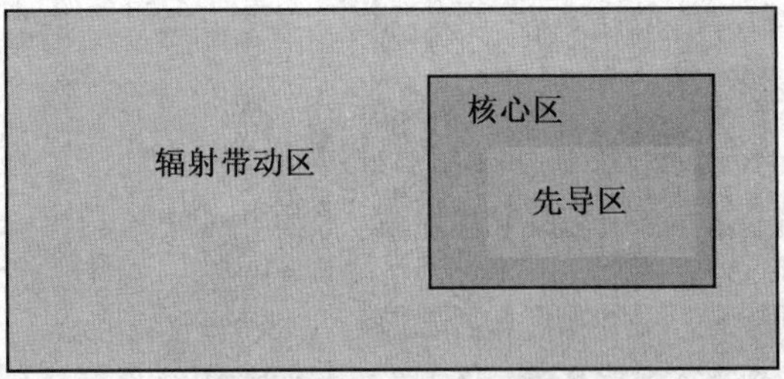

图 5-11　核心区(含先导区)与辐射带动区关系示意图

5.4.2　三区

三区划分示意图见图 5-12。

1. 平原高效生态农业区

本片区主要包括龙州、市同、安香和只里 4 个乡镇部分地区(除去中心城区和经济开发区),以及独羊岗乡全部和南桥镇部分地区(根据边界清晰原则,把南桥镇京昆高速以南区域划为平原区)。6 个乡镇主要承担了全县、省会及周边地区的"菜篮子"供应基地、花卉苗木生产基地、农业观光休闲和粮食安全生产等功能,土壤条件、农田基础设施配套条件较好。规划着重以现代农业科技园区和环城都市休闲农业产业带建设为主体,以"菜篮子"产品生产、农业高新技术成果转化、农业会展、高效设施农业、智慧农业、休闲农业为主要建设项目,大力发展生态型现代农业,打造行唐现代农业核心示范区和高效农业综合示范区。

2. 丘陵创意休闲农业区

本片区主要包括翟营、城寨、上碑、上方、玉亭、北河、南桥等乡镇全部或部分地区,是全县由平原向太行山区的过渡地区,地貌类型多样,层次感较强,有利于发展多功能复合型农业产业。规划以高效特色种养农业园区、观光休闲农业园区和休闲农庄牧场为主体,以设施园艺产业、特色果品、特色种养、林下经济、观光采摘、休闲度假农业、农产品加工物流为主要建设项目,突出现代农业的设计性特征,大力发展创意休闲农业、景观农业和功能农业,努力建设功能农业示范区和特色观光休闲农业示范区。

3. 山地主题公园农业区

本片区主要包括口头镇、上闫庄乡和九口子乡 3 个山区乡镇,是行唐红枣产

图 5-12　三区划分示意图

业集聚区，同时也是行唐沟域经济的主要集聚区，目前已拥有一个省级现代农业园区（神树湾）和一个市级现代农业园区（团山红），有利于打造高品质山地型现代农业综合示范园区和沟域经济发展综合体。规划以农业公园和沟域经济建设为主体，以山地特色农业、健康养殖、观光休闲农业、循环农业为主要建设项目，努力打造全省一流的特色农业主题公园示范区，全力打造公园农业文化品牌。

5.4.3　多园（30 个现代农业园区）

1. 园区划分思路

由于全县现代农业园区没有统一规划，在此基础进行全域化园区布局需要考虑多重因素影响。基于便于开发和招商引资原则，本规划所划定的 30 个现代农业园区主要按照“园区边界相对清晰和易于发展形成核心区”的思路，对全县农业园区布局进行谋划。

(1)园区边界相对清晰。本规划主要以区域内河流、高速、铁路、主要交通线、分水岭、村镇行政边界为界限,全县共划分出 30 个现代农业园区(图 5-13),原则上各园区不跨乡镇行政边界,但按照资源一致、功能相似、整体性开发的原则,有部分园区边界跨越了乡镇行政边界。

图 5-13　行唐 30 个现代农业园区规划布局示意图

(2)易于发展形成核心区。成功的现代农业园区发展经验表明,园区开发建设不能全面齐头并进开发,必须要有先导区或核心区。核心区的形成可以从无到有规划,也可以发挥已有基础优势,在其基础上打造。本规划在划定园区时,充分考虑各园区所在区位特点,努力凝聚若干已有发展基础的龙头项目带动,从而尽快推动园区形成核心区。对于没有龙头项目带动的农业园区,本规划也将给出核心区规划选址意见和建议。

2.园区分布

平原高效生态农业区共包括 9 个现代农业园区，丘陵创意休闲农业区共包括 12 个现代农业园区，山地主题公园农业区共包括 9 个现代农业园区。每个园区规模规划都在 1 万亩以上，平均 3 万～6 万亩。行唐 30 个现代农业园区基本情况见表 5-1。

表 5-1　行唐 30 个现代农业园区基本情况表

所属片区	序号	园区名称	园区范围	园区面积/亩
平原高效生态农业区	1	独羊岗沙河现代农业园区	独羊岗乡朔黄铁路以南区域，包括只里乡北高里和南高里村	57 000
	2	独羊岗特色农业园区	独羊岗乡朔黄铁路以北区域，至乡行政边界	51 000
	3	南桥特色农业园区	南桥镇京昆高速以南区域，至镇行政边界，包含玉亭乡部分区域	55 000
	4	行唐农产品物流园区	上方乡羊柴村、范家佐村、龙洞村及龙州镇京昆高速以北区域	25 000
	5	龙州花卉苗木产业集聚区	龙州镇京昆高速以南区域	35 000
	6	市同现代农业园区	市同乡全域	37 000
	7	只里现代农业园区	只里乡 S203 以东区域	46 000
	8	行唐城郊都市休闲农业园区	只里乡 S203 以西、经济开发区以东区域	60 000
	9	安香现代农业园区	安香沿磁河区域以及经济开发区以西以北至乡边界	50 000
丘陵创意休闲农业区	10	翟营磁河现代农业园区	南翟营村，以及康庄、冻庄、信庄、岸下村公路以南，及宋营、岗头村(朔黄铁路以北区域)	43 000
	11	翟营绿色蔬菜产业集聚区	除翟营磁河现代农业园区之外的本乡其他区域	60 000
	12	上碑望龙岗现代农业园区	上碑镇西岗片区	25 000
	13	城寨观光休闲农业园区	牛王寨以南、北城寨、张家庄村以西区域	30 000
	14	城寨高效特色农业园区	北城寨、张家庄村以东，上碑镇江河以北区域	61 000

续表 5-1

所属片区	序号	园区名称	园区范围	园区面积/亩
丘陵创意休闲农业区	15	行唐农产品加工园区	行唐北部食品工业园区	20 000
	16	上方创意休闲农业园区	上方乡政府以北至红领巾水库区域	36 000
	17	缶山现代农业园区	老牛沟以北,玉亭乡屹塔头村以西区域	41 000
	18	玉亭高效特色农业园区	玉亭乡屹塔头村以南至京昆高速区域	35 000
	19	安太苹果观光休闲农业园区	南桥镇京昆高速以北区域	37 000
	20	北河现代生态休闲牧场	北河乡井凹村、安家峪村、朱家庄村	21 000
	21	北河高效特色农业园区	北河乡龙兴庄村、南河村、北河村、东西科头村	40 000
山地主题公园农业区	22	团山红现代农业园区	团山村、水泉村、固山村、寺北沟村、西石邱村	31 000
	23	鲁家沟特色沟域经济	鲁家沟以南至黄龙岗村	73 000
	24	口头特色小镇	口头镇武庄以西、口头水库以南、黄掌头以东区域	63 000
	25	口头观光休闲农业园区	口头镇北岗底村以西、苏家庄以东区域	35 000
	26	牛王寨观光休闲农业园区	牛王寨以北,王下口村、杨下口村、寺庄村、牛下口村、下王庄村	30 000
	27	上闫庄特色沟域经济	上闫庄乡下王庄村以北,除神树村外其他区域	67 000
	28	神树湾观光休闲农业园区	神树村及周边区域	26 000
	29	九口子特色沟域经济	九口子乡烈坡沟以东至南台,包括口头镇丁家庄村	130 000
	30	国家红枣公园	国家农业公园划定范围	80 000
合计	30			1 400 000

注:1.园区名称仅为规划示意,具体名称可在具体建设时另行确定。2.园区面积为约数,包含了园区内的村镇所在地面积,去除中心城区面积(27.7 平方千米),全县剩余约 140 万亩,基本实现了园区全域化覆盖。3.关于园区的核心区范围和功能定位,将在园区发展规划引导章节中重点阐述。

5.4.4 三带

1.沙河现代农业发展带

以实施沙河生态湿地恢复项目为契机，贯穿南桥镇、独羊岗乡主要农业产业项目，把沙河沿线全力打造成为一条展现多彩田园、现代农业科技融合高效生态农业发展带。沙河现代农业发展带共贯穿 4 个现代农业园区：独羊岗现代农业园区、独羊岗特色农业园区、南桥特色农业园区和安太苹果观光休闲农业园区。南桥镇、独羊岗乡全部和只里乡部分区域包含在沙河现代农业发展带内。

2.颍水河休闲农业发展带

以颍水河综合治理和口头至县城的快速通道（颍水河左岸）建设为契机，着力把颍水河两岸打造成为一条水岸交融、水绿相接的综合型现代农业发展带。颍水河现代农业发展带主要贯穿市同现代农业园区、上碑望龙岗现代农业园区、城寨高效特色农业园区、口头特色小镇和口头观光休闲农业园区。

3.磁河特色农业发展带

加强磁河流域生态治理，积极推动翟营乡、安香乡特色林果业和特色种养业在沿河岸布局，打造行唐特色农业发展带。共包含 3 个现代农业园区，包括安香现代农业园区、翟营磁河现代农业园区、翟营绿色蔬菜产业集聚区。翟营乡整体纳入磁河特色农业发展带。

5.4.5 五廊

共包括 2 条农业环廊和 3 条生态长廊。农业环廊和生态长廊都是依托主要交通线路（含规划道路），串联相关农业园区，所打造的集生产、观光、休闲功能于一体，能够引导现代农业园区物流、人流、客流高效流通的综合性发展廊道和产业经济带。其中，环廊相对闭合，有利于形成高品质发展片区，打造区域特色品牌。

环城游憩休闲农业精品环廊。长约 20 千米，主要以环城路为主轴线，串联沿线龙州花卉苗木产业集聚区、市同现代农业园区、只里现代农业园区和行唐城郊都市休闲农业园区及独羊岗、安香现代农业园区部分区域。大力发展精品采摘、四季农家、创意农业、特色餐饮等休闲农业业态，着力打造立足行唐、面向省会的精品休闲农业环廊。

北部百里观光休闲农业环廊。该环廊属于行唐重要的特色产业空间组织模式,也是太行山沿线为数不多的能够形成百里闭环的观光休闲类型廊道,是提升行唐现代农业发展的重要突破口。该环廊共包含两段:①从口头镇西李庄村沿宝平线向西过上闫庄沟(贯穿上闫庄乡全境),北连九口子沟,向南经过南台村、丁家庄村到西李庄村,形成闭环,长30多千米。②从口头镇区出发,沿宝平线向西过上闫庄沟(贯穿上闫庄乡全境),北连九口子沟,向南至口头水库北侧,经南台村、东西黄庵村、满撒村,沿S203线至口头镇区,形成闭环,长50多千米。主要连接口头特色小镇、上闫庄特色沟域经济、神树湾观光休闲农业园区、九口子特色沟域经济、国家红枣公园和鲁家沟特色沟域经济。着力打造具有行唐特色的太行山浅山区百里观光休闲农业环廊,塑造行唐现代农业发展特色廊道,努力打造京津冀知名休闲农业精品品牌。

阜上生态长廊。长约16千米,主要以阜上线为依托,打造从上碑镇区至牛王寨景区的特色走廊,连接行唐农产品物流园区、上碑望龙岗现代农业园区、城寨观光休闲农业园区、城寨高效特色农业园区和牛王寨观光休闲农业园区。着力打造一条生态、观光、休闲农业廊道。

正繁生态长廊。长约20千米,主要以正繁线为主轴,从许由大道出发,向北至口头镇区,连接农产品物流园区、农产品加工园区、上方创意休闲农业园区、口头特色小镇和口头观光休闲农业园区。该条廊道是行唐重要的南北走廊,要依托颍河生态治理和颍河大道建设,加快与沿线现代农业园区道路连接线建设,努力打造一条综合性的生态之廊、活力之廊。

团贯生态长廊。长约20千米,从侯阳关村沿团贯线向北至团山村(接S241线),连接玉亭高效特色农业园区、缶山现代农业园区、北河现代生态休闲牧场、北河高效特色农业园区和团山红现代农业园区,着力打造一条生态、观光、休闲农业廊道。

"三带五廊"(图5-14)串联了全县30个现代农业园区,尤其是五廊,是直接连接各园区的重要通道,也是外来客商游客考察旅游的重要交通路线,要围绕现代农业园区建设,加强廊道绿色生态景观建设。

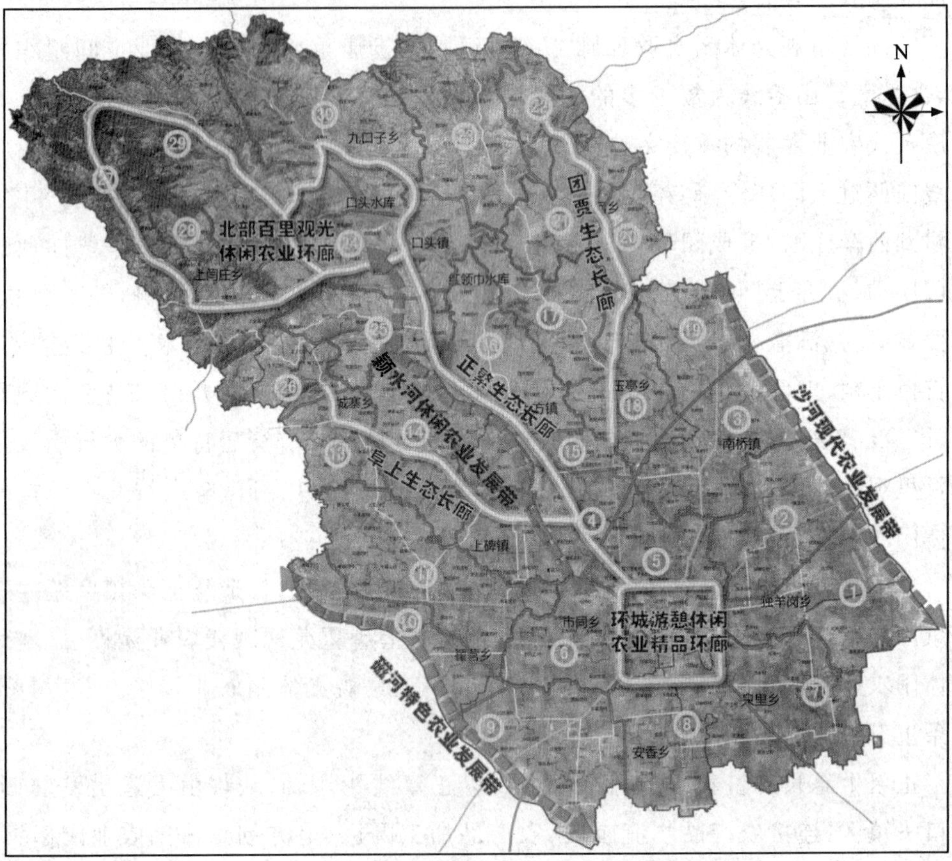

图 5-14 “三带五廊”空间布局示意图

5.5 园区功能发展规划

现代农业园区是行唐现代农业发展的重要抓手,也是实现现代农业“聚产业、聚主体、聚人才、聚资本、聚科技、聚服务”的重要载体平台。同时,现代农业园区也是全县现代农业重要的招商平台,“十三五”期间要着重以现代农业园区建设为突破口,强力推进全县现代农业实现质的提升。对于有发展带动主体的现代农业园区要通过多种合作方式推动园区进一步做优做强,缺少发展带动主体的园区要加快基础设施建设,通过招商引资积极推动园区建设。

本次规划按照全域园区化的发展思路，把全县共划分为 30 个园区(各园区名称、范围、面积见表 5-1)，本章主要结合各园区的特点和目前发展面临的问题，给出规划发展意见，主要包括园区类型建议、功能定位建议和功能分区(含发展重点)建议，以此作为政府指导园区建设和招商引资的一个参考依据。

5.5.1　园区发展总体策略

1. 坚持分类发展原则

根据功能不同，本次规划的行唐现代农业园区可以分为产品型(生产型)园区、观光型园区、科技型园区和综合型园区。

(1)产品型(生产型)园区。以农副产品市场为导向，生产加工安全、鲜活、优质的农副产品，并以此作为主要的经济来源。该类型的现代农业园区依托城市的农副产品消费需求、城市经济和农业技术。因此，为了提高经济效益，应积极发展农业产业链、运输和销售，努力建立龙头企业，创造品牌效应。该类园区包括现代农业产业园区、特色专业农业园区、农产品加工物流园区等。

(2)观光型园区。主要是在农业生产的基础上，与旅游业结合。利用田园风光、生态资源，吸引游客游览观光；同时，游客在农事体验过程中学习农业知识。观光型都市农业园区是集休闲观光、体验、科普教育和生产为一体的复合型农业园区。该类园区包括观光休闲农业园区、休闲农庄等。

(3)科技型园区。引进国内外最新先进农业科技、新品种、科研人员，进行试验和科研。实现农业自动化生产、自控化生产条件、定向化农业育种，成为现代农业的示范展示基地，带动周边地区由传统农业转变为现代农业。该类园区主要包括各类农业科技园区等。

(4)综合型园区。指包含以上两种以上功能的现代农业园区。目前多数现代农业园区属于综合型园区，包含生产、休闲、观光、示范、教育等多种细分功能。该类型园区包括现代农业综合示范园区、农业综合开发区、农业公园、沟域经济(沟域型现代农业园区)等。

行唐现代农业园区要着重发展综合型现代农业园区，并根据不同园区的区位特点和资源禀赋，突出功能特色，形成差异化发展。目前行唐农业园区主要是单一企业经营型的园区，功能定位单一，发展特色不鲜明，未来全县农业园区要向集群化综合型现代农业园区转变。

2.坚持功能分区原则

从空间上，本规划将把每个现代农业园区都划分为核心区和辐射带动区，强化园区“生产服务、示范推广、培训教育、企业孵化、休闲观光、会展旅游、农耕文化传承、品牌打造提升、市场交易平台、生态保护”等10大功能。其中，核心区具有明确的边界和范围，是园区投入和建设的主体部分，具有生产服务、技术创新、科技示范、企业孵化、咨询服务、培训教育和综合管理等功能。辐射带动区位于核心区的外围或周边，具有一定的边界和范围，承接、转化核心区的科技成果，具有农业生产、成果转化、示范推广、生态保护等功能。不同类型农业园区功能分区重点见表5-2。

表5-2　不同类型农业园区功能分区重点

园区类型	功能分区重点
特色农业产业园区	明确如何通过选择适宜的优势农业产业来实现园区产业化发展，涉及种植业、养殖业、初加工、销售业、研发、物流及观光旅游业等产业的布局
观光休闲农业园区	农业旅游项目的开发是以园区内农业生产为基础的，功能分区时尽量把握生产和旅游的平衡点。一个完善的农业旅游园区一般分为观光休闲区，是旅游开发的中心区，把生产与餐馆、采摘、野营等活动相结合；商贸服务区，分布在农业园生产区的外部区域，主要为游人提供各种旅游服务；严格保护的生产区，如科研试验基地、规模化畜牧养殖中心等
农业综合示范园区	主要以核心区为主体展开建设，核心区主要由高端设施农业区、展览展示区、科研孵化区、餐饮服务区、管委会组成。在核心以外，主要按不同特色产业进行功能划片，比如特色林果种植区、花卉苗木区、大地景观区等
沟域经济	沟域经济是山区现代农业园区的一种空间组织模式，一般以分水岭为园区边界，以河谷两侧川地为项目实施载体，以核心项目和沟域内村庄为节点进行开发建设。由于沟域经济属于带状园区，所以一般选择在沟口位置或沟域内发展基础较好的节点地区作为核心区
农产品物流园区	农产品物流园区的功能区包括销售厅、配送中心、质量检测室等。配送中心一般包括加工、个体包装、配装和配送等
休闲农庄（独立企业型园区）	休闲农庄内包含有农业生产、餐饮住宿、观光采摘、休闲娱乐、商品销售等的各项活动，功能分区必须要实现要素的空间优化配置和经济活动在空间商的合理组合

3.坚持“五化”发展原则

坚持搞起点、高标准推进全县现代农业园区建设，按照现代农业园区发展的特征和趋势,实现全县农业园区的"五化"建设目标。

(1)生产设施化。现代农业园区发展要采用先进的工程技术手段和工业化方式进行生产,建设高端农业设施。一是工厂化设施,着力设施的自动化、半自动化功能,发挥设施园艺和设施养殖的技术优势。二是精确农业设施。大力配置精确播种、精确灌溉、精确施肥等生产设施。

(2)技术高新化。现代农业园区是农业发展的新型模式,农业技术的选择必须适合园区的发展要求,以促进资源优势转化为产品优势和经济优势。从提高土地生产率转变为提高土地生产率和提高劳动生产率相结合;从单纯高产型技术转变为优质、高产、高效、低耗型技术;从劳动密集型技术为主转变为技术集约、资金集约型技术;从单一技术转变为各种组装集成技术。高新农业技术在现代农业园区的应用是现代农业发展的关键。

(3)功能多样化。坚持复合型发展,重点发展集展示示范、生产加工、辐射带动、培训教育、休闲观光、技术研发等多样化功能的现代农业园区。

(4)环境园林化。现代农业是设计型农业,要把园林美学的设计原则和技术在现代农业园区中普遍应用。要注重园区景观化改造,特别是旅游观光型现代农业园区,要更加注重环境园林化,才能更加迎合观光游览者的需求。

(5)管理高效化。坚持政府指导、企业运作、中介参与、农民受益的运行机制,允许企业作为园区的建设投资主体,在园区的生产和经营管理上有一定的自主权,可根据自身的发展需要,进行农业技术成果的引进、转化和产业化开发。综合型现代农业示范园区要成立园区管委会。

4.坚持三区融合原则

每个现代农业园区中都包含若干个村庄和生态园区,因此,现代农业园区的建设发展不能完全忽视村庄建设和全县生态环境打造,要坚持新农村社区(包括美丽乡村)、生态园区与现代农业园区建设相融合的发展原则,推进园区基础设施、景观设施、公共服务设施共建共享,实现区域协调发展。

5.5.2　园区总体建设目标:打造京津冀知名的特色农业主题公园示范区

农业公园是目前现代农业园区发展的高级阶段,行唐县要发挥后发优势,充分挖掘自身的产业优势和环境资源优势,通过规划和建设公园式主题现代农业园区,实现"园区变景区、田园变公园、劳动变运动、产品变商品、空气变人气",打造京津冀知名的农业主题公园集聚区，树立全县现代农业发展新名片。

1. 从传统的农业生产空间到开放性的多功能空间转变

农业公园，规划范围一般是涵盖村庄、农田、池塘、河流、湿地等多种空间类型的，面积相对较大的乡村区域，既适宜进行规模化农业生产，也适宜开展多元化的休闲旅游体验活动，具备开放性、公众性、景观性等“公园”特点，在保证农业生产与乡村居住基础功能之外，将传统的农业生产与生活空间，转化为承载农业生产示范、农产品加工贸易、乡村休闲游憩、乡土文化体验、田园度假等多种功能的开放式空间。农业公园不仅仅生产和销售农产品，同时也生产和销售文化、生态以及生活方式。

2. 从单一的技术示范到全面的现代农业发展模式示范

发挥农业示范效应，是众多现代农业园区建立的基本初衷。传统的现代农业园区，更侧重农业生产技术的单一示范，将农业科技引入、农业新品种培育作为园区建设的重要任务。农业公园，同样也强调其示范带动效应，但其示范性涵盖范围更广，更加注重在农业生产组织模式、农业金融与资本运作、乡村旅游与农业休闲化、乡土文化传承、乡村发展与人居环境改善等多方面，进行全方位示范，是全县农业技术、乡村旅游、美丽乡村建设的集中示范先导区。

3. 从简单的观光采摘活动到系统的田园生活方式构建

相比于规模较小的散点式休闲农庄，农业公园能够提供更加多元、更加综合的农业休闲与乡村旅游体验，并将乡村旅游与农业休闲上升为一种沟通过去、现在与未来，涵盖“食、住、行、游、购、娱、学、养”等多个环节的田园生活方式。

通过农业公园建设，修复乡村生态环境，设计花田、大地景观、湿地等景观空间，构建具有观赏价值的唯美田园；通过农耕文化聚落、乡村艺术博物馆、手艺工坊的打造，构建地域农耕文化博览、乡土艺术传承、传统手工艺研学的基地；通过科技农业博物馆、未来田园社区的建设，主打农业科技与未来生活体验；通过亲子牧场、湿地科普区、市民农园等项目的建设，开发乡土亲子教育产品；通过花卉疗养区、有机餐厅、养生农业项目的建设，开发田园养生旅游产品；通过乡村酒吧、乡村咖啡馆以及闲置民宅的度假化改造，开发具有乡村情怀的田园度假产品；通过搭乘牛车、骑马等传统交通方式以及空中观景台、自行车骑行等现代交通方式的导入，构建立体化的田园观光游览体系等。以此将多种体验集中在一个景观化的农业空间，全面承载和实现现代人的田园生活梦想。

5.5.3　平原高效生态农业园区功能发展规划

目前,该片区已初步形成乳品加工、农产品初加工、苗木花卉、中药材、设施蔬菜、休闲采摘、高产粮田等多元现代农业业态,现代农业产业集聚态势基本形成,尤其是独羊岗叉村以东沿沙河已经形成了多个农业主体聚集的态势,但尚未形成真正意义上的现代农业园区,区域内各项基础设施建设较落后,环境质量较差,公共服务设施缺乏,功能单一。但由于本片区农田基础条件相对较好,又邻近城区,有利于打造多类型多功能的现代农业园区。

1. 独羊岗沙河现代农业园区(重点园区)

该园区位于行唐县独羊岗乡叉取村(东南西北四个叉)东,距县城约 10 千米。目前,该园区已在沿沙河地区聚集了约 10 家的各类企业主体,初步形成了园区的雏形,产业主要集中在养殖、设施蔬菜、种苗、农产品加工等业态。该园区发展空间较大,立地条件较好,可集中力量打造成为行唐全县未来农业发展的核心区。

规划发展建议:

园区类型:现代农业科技园区、设施农业园区、农业综合示范园区。努力打造集农业生产、高科技示范、休闲游赏娱乐为一体的现代高效生态农业园区和旅游风景区。

功能定位:示范转化、农业生产、加工流通、观光休闲、教育培训、科技孵化等。

功能分区:集中打造 5 000 亩的核心区(先导区)。根据园区的土地、沙河河床资源、地形、外部交通条件,在总体结构上规划形成“一心、一带、三板块”的空间结构布局,共同构成现代农业示范园区的整体布局。“一心”指园区公共服务中心。公共服务中心位于园区东北侧,依托辰雨基业农产品加工公司,在其东侧及南侧集中布置教育科研用地和娱乐康体用地,形成集现代生态农业示范、科技展示、管理服务、国际交流、技术培训、专家公寓、会议接待、加工物流等功能于一体的园区公共服务中心,既满足现代农业示范园的功能需求,又能为游客提供优质的产品和服务。“一带”指沙河-颍水河生态景观带。景观带北起朔黄铁路,南与颍水河相交,整体呈倒“L”形,全长约 7 千米,是园区的主要景观带。“三板块”分别为“现代农业板块、农产品加工物流板块、农业科技展示板块”。①现代农业板块。以新品种试验示范功能区、新技术集成示范功能区为主,包括高效设施绿色蔬菜种植区、绿色果树种植区、生态畜禽养殖区,引进新品种试验示范,充分利用现代农业高新技术、管理新理念，展示现代农业的集约化生产方式。新品种试验示范功能区。围绕优质绿色瓜菜、特色水果、优质畜禽等主导产业，以新品种引进试验示范为主，形成农业科技试验示范功能区。新技术集成示范功能区以新品种、新技术和新装备的集成应用为主，建设蔬菜技术集成示范功能区，果树技术集成示范功能区以及优质畜禽技术集成示范功能区，通过示范，推广辐射到各产业标准化生产区。②农产品加工物流板块。围绕当地绿色农产品的种植、养殖产业，配套建设冷藏保鲜和流通加工设施，实现农产品集中上市后快速预冷、加工处理和入库冷藏保鲜，充分扩大农业发展的空间和农业的增值效应，努力建设行唐县农产品加工冷链物流的旗舰。③农业会展展示板块。建设特色农业展示厅、园艺展览厅、循环农业科技展示区，为农业科技培训以及观光休闲游提供综合服务。适时举办首届行唐农业嘉年华。

2.独羊岗特色农业园区

该园区位于独羊岗乡朔黄铁路以北至乡行政边界区域。目前该园区内产业主要以畜牧养殖，苹果、中药材等特色经济作物种植为主，在河合村以东大沙河沿岸有休闲农业业态。总体上看，本园区尚未形成产业聚集态势，园区建设处于最初级阶段。

规划发展建议：

园区类型：现代农业综合园区、高端设施农业园区。

功能定位：特色产业生产、观光休闲等。

功能分区：沿沙河规划核心区，重点设置创意休闲农业板块、观光采摘板块和循环科技园区板块。其中核心区（先导区）建设以河合村东至沙河为核心率先启动，逐步向南拓展，未来发展面积控制在5 000亩左右。

3.南桥特色农业园区

该园区位于南桥镇京昆高速以南区域，目前本园区产业主要以特色种植和生态农业为主，尤其是初步形成了以故郡万亩生态农业产业园建设项目为龙头的现代农业园区框架。

规划发展建议：

园区类型：现代生态农业园区。

功能定位：生态有机农产品生产、观光休闲、教育培训等。

功能分区：以故郡村为核心规划建设约1.2万亩的核心区，按照生态原理，采用节水技术,大力发展农业综合立体开发,建立“防风节水—水产养殖—水稻种植”的生态农业模式,建设标准生态种植养殖单元 2 400 个,其中水稻种植面积约 6 900 亩,水产养殖面积约 3 450 亩。努力打造集现代农业、休闲、观光于一体的综合性农业开发项目。扩大“鱼塘米”系列农产品品牌优势。另外,规划设置特色农业种植板块、高效设施农业生产板块。

4.行唐农产品综合物流园区

行唐目前没有大型综合现代农产品物流园区,严重制约着行唐现代农业的发展壮大。规划在上方农产品加工园区以南,京昆高速以北区域建设农产品综合物流园区,用于开展行唐县及周边县市农产品、农产品加工企业生产的产品(食品)和农用生产资料交易,展示石家庄市主要农产品、加工食品和农业生产资料,打造省会北部面向京津的主要农产品集散地和农村生产资料交易场地和仓储中心。

规划发展建议:

建设内容:①加工区:主要对货物进行整理、挑选、分级、清洗、预冷、制冷、包装、贴制标签、条码等处理。②仓储区:主要存放干品和冻品。③配送区:主要承担加工企业、大中型超市、区域性配送业务。包括接货、入库、理货、二次分拣、包装配送等程序。④交易区:主要承担农产品及农资集散、交易等业务。⑤运输服务区:主要业务为货物运输和货物配送,并针对市场需求承担独立运输服务。场地组成包括停车、检修、集结等各类通途站场。⑥综合服务区:主要功能是通过电子网络平台进行电子数据与信息管理、金融、保险、交易、商务、信息、餐饮住宿、商品展示等。⑦生活服务区:为整个物流中心员工生活提供服务,包括员工宿舍、员工餐厅、员工俱乐部及各种配套设施等。

主要工艺流程建设:①果蔬—检测—分拣—加工—包装—冷藏—配送。②畜禽—检测—分类加工—包装—冷藏—配送。③交易货物流程:农产品—检验合格—分拣—加工—选购商选货—交易—装车—配送。

5.龙州花卉苗木产业集聚区

该园区位于县城正北方向,位于县城与农产品加工园区和本规划中农产品综合物流园区的中间缓冲地带,是县城重要的生态屏障。目前本区域已初步聚集了以绿化苗木为核心的产业主体,有条件建设花卉苗木产业集聚区。

规划发展建议:

园区类型:特色专业农业产业园区。

功能定位：花卉苗木生产、交易、观光休闲等。

功能分区：以六十二庄村为核心划定核心区，布局绿化苗木基地、高档盆栽植物和季节性花坛植物基地、鲜切花基地、芳香植物基地、苗木花卉交易市场、苗木花卉繁育技术中心等功能板块。

6.市同现代农业园区

市同乡位于县城西部，区域内京昆高速和朔黄铁路纵穿全乡，区域分割严重，目前产业主要以传统种植和农业服务产业为主。

规划发展建议：

园区类型：特色服务型农业园区。

功能定位：花卉苗木生产、农家乐休闲娱乐、观光采摘等。

功能分区：本园区不划定核心区，重点在京昆高速两侧布局花卉苗木产业带，沿051县道布局草莓等特色果品观光采摘园和农家乐。

7.只里现代农业园区

只里位于县城东南，是从南进入行唐的主要门户，地理区位条件较好。目前该园区已形成了设施蔬菜(暖棚、小拱棚)、特色果品、特色农产品加工等特色产业，初步形成产业集聚态势。

规划发展建议：

园区类型：现代综合农业园区。

功能定位：设施农业生产、观光采摘、农产品加工、科技示范等。

功能分区：以秦村为核心划定核心区。着重布局高端设施农业产业板块、特色农产品加工板块、观光休闲农业园区板块。适时成立园区管委会。

8.行唐城郊都市休闲农业园区(重点园区)

该园区位于县城正南，经济开发区以东，省道203以西区域，该区域是未来石家庄至行唐快速通道的必经之地，未来石家庄游客到此仅需20分钟左右，区位优势明显。目前该区域产业主要以传统种植、特色种植(中药材)、果品种植为主。依托区位优势，规划在该区域打造行唐城郊型都市休闲农业园区。

规划发展建议：

园区类型：都市型休闲农业园区。

功能定位：休闲娱乐、观光采摘、会议会展、科普教育、孵化示范等。

功能分区：规划建议以东安乡村为核心建设大型都市休闲农业园区，重点设置创意农业板块、休闲农业板块和特色农业板块。①创意农业板块,运用创造性的思维,以“创意生产、创意生活、创意生态”为主线,创意融于农业,使农业与时尚结合,寓科教于旅游、观光体验之中,塑造新、奇、特互动农业。实现农业与创意紧密结合,将观光休闲、拓展娱乐、科普培训及游客管理等功能融入园区,使园区农业生产通过多种形式表现出来,农业从此变得充满趣味,充满创意。②休闲农业板块,重点发展企业农庄、生态餐厅、垂钓休闲、儿童乐园等休闲农业项目。③特色农业板块,重点发展中药材产业集聚区和特色果品观光采摘产业园区。

9. 安香现代农业园区

该园区主要位于经济开发区以西以南区域,紧邻磁河。目前该区域已形成特色种植、特色养殖、绿化苗木等产业。未来随着青岛保税区行唐功能区的建设,该园区将面临重大发展机遇。

规划发展建议:

园区类型:特色农业产业园区、农产品交易市场。

功能定位:生产示范、产品交易、观光休闲等。

功能分区:以伏流村为核心布局园区核心区,规划建设特菜产业园区、农产品进出口贸易园区、滨河生态休闲带等功能板块。

5.5.4　丘陵创意休闲农业区园区功能发展规划

1. 翟营磁河现代农业园区(重点园区)

该园区位于翟营沿磁河区域。目前,该片区现代农业发展相对缓慢,特色产业不鲜明,尚未出现产业集聚态势,但由于该片区邻近磁河,随着河道综合治理和滨河生态环境的改善,未来该片区将有可能打造出一条滨河高效生态农业发展带。

规划发展建议:

园区类型:观光休闲型农业园区,特色农业产业园区。

功能定位:观光休闲、生态治理示范、特色产业生产。

功能分区:本园区不划定核心区,重点规划沿磁河建设一条 10 千米长的樱花长廊或水岸花带(种植向日葵或油菜花、荷花),打造园区核心吸引物,营造园区发展氛围。在磁河沿岸布局农家乐、渔家乐和特色果品观光采摘园,打造都市休闲农业产业园区。

2.翟营绿色蔬菜产业集聚区

主要位于翟营沟北村为核心的周边区域。目前多以冷棚为主，面积较小，规划依托现有基础，积极鼓励并支持翟营全域打造绿色蔬菜产业园区，努力打造万亩蔬菜产业基地。引导龙头企业进驻聚集。

规划发展建议：

园区类型：现代设施农业产业园区、特色农业产业园区。

功能定位：生产示范、科技转化、观光休闲、科普教育等。

功能分区：以沟北村为核心划定园区核心区，建设高端设施蔬菜产业园区。①建设蔬菜标准化育苗中心，通过示范基质育苗技术、组培育苗技术、漂浮育苗技术、嫁接育苗技术及集约化育苗等技术，为周边农户提供优质蔬菜商品苗，加速行唐县蔬菜种苗集约化生产，提高良种覆盖率。②建设蔬菜设施标准示范园，采用先进的设施、设备等对蔬菜进行高效栽培，提高蔬菜产量和经济效益，省工、省力，建立田间生产档案，形成农产品溯源体系，为石家庄市及周边和京津等市场提供优质无公害蔬菜。③露地栽培标准示范园，采用科学、先进的栽培技术对蔬菜优良品种进行茬口的合理搭配，并针对不同的蔬菜种类进行轮作、间套作等模式种植。④建设蔬菜高科技示范园(植物工厂、蔬菜创意馆等)。⑤建设园区管委会及科教服务中心。

3.上碑望龙岗现代农业园区

以上碑镇西岗为载体，大力发展高标准农田、特色果品种植、设施蔬菜、苗木花卉和观光休闲采摘产业，积极打造现代生态农业科技示范园区。

规划发展建议：

园区类型：现代农业综合示范区园区、农业科技园区。

功能定位：科技示范、教育培训、观光采摘、生态保护。

功能分区：以上碑镇西岗为核心划定核心区，规划设置高效设施农业生产区、精品农业示范推广区、农产品加工储藏区、观光休闲农业区、园区管理服务区等功能板块。

4.城寨观光休闲农业园区

该园区位于牛王寨以南，目前是行唐县观光休闲农业产业最富集的区域之一，拥有中华寿桃采摘园、贵妃杏观光采摘园、樱桃采摘园、家庭休闲农场等多个产业主体，已经具备打造观光休闲农业园区的良好基础。但该区域目前发展仍较粗放,区域内交通设施较落后,各园区功能单一、公共设施较落后,不利于园区可持续发展。

规划发展建议:

园区类型:观光休闲农业园区。

功能定位:观光采摘、休闲娱乐。

功能分区:本园区不设置核心区,重点加强对各重点园区的规划引导。①城寨中华寿桃采摘园项目(城寨乡有机庄园)。园区位于城寨乡张家庄村南,占地 8 000 余亩,目前基地已有 3 500 亩,栽植中华寿桃和冬桃 2 万余棵,薄皮核桃 1 万余棵,优质密植苹果树 6 万余棵,杏树 1 万余棵,目前,仅寿桃一项每年吸引石家庄周边游客 5 万人次,集观光采摘为一体的有机农业产业园初具规模。未来可增加园区的休闲娱乐功能,建设游客服务中心、中华寿桃展示中心、寿桃主题民宿、寿桃主题餐饮等项目,在种植的基础上丰富园区的食、住、行、游、购、娱等相关设施,进一步扩大园区影响力。建立网络销售平台,提供认领种植机制,以物联网的方式提升游客的参与度,以及对于产品的网络购买力。一是加快陈家庄至沟北、张家庄至寿桃基地的寿桃采摘产业路建设;二是建设占地 400 亩的果品深加工基地和游客接待中心,生产水果罐头、果汁等食品;三是深入挖掘柏山马塔狗塔和关公庙遗址的文化底蕴,多方位助推寿桃基地开发,打造省级重点美丽乡村和独具特色的寿桃小镇。②城寨千亩樱桃采摘基地项目。项目位于城寨乡陈家庄村,着力打造樱桃精品采摘园区。③牛王寨千亩贵妃杏观光采摘园项目。主要位于城寨乡邢家庄、河西等村。④南城寨农垦公社建设项目。农垦公社位于南城寨村北,占地 500 余亩,拥有苹果、核桃、板栗、杏梅、柿子杨树等 10 000 余棵,养殖笨鸡 2 000 余只,鱼塘 1 个占地约 5 亩。公社通过会员制及推广旅游线路模式,让市民体验农村生活,设有坐牛车、捡鸡蛋、挖野菜、认领果树、认领菜园、农耕体验等娱乐活动,餐饮规模可容纳 500 余人,住宿 150 余人。未来农垦公社将从以下 3 个方向进行发展提升:一是居家养老方向,为城市的老年人打造一个清净的养老别院,按照私人订制的要求,在公社内按人口面积建造木屋或石屋;二是发展养殖方向,养殖牛、鸡、猪、鱼,开展篝火、烧烤等娱乐项目;三是种植方向,抓住游客的怀旧情结,发展各类蔬菜种植,收取种子、地皮费用,游客和公社共同管理。⑤博成家庭农场项目。项目位于西城寨村南,农场总面积 350 亩,以种植红薯、荞麦、玉米、小麦等多种农作物为主。自 2014 年 4 月开始营业以来,农场每年收获各类粮食 200

余吨,玉米青贮 400 余吨。并利用石磨工艺将收获的荞麦粗加工为荞面,将红薯加工为红薯面、淀粉、粉条等,通过精耕细作、土特产品粗加工,打造自己的品牌。目前农场机械化水平较低,农业现代化管理程度较低,产品结构单一,未来发展方向是:一是继续整理土地,改造荒山荒坡为良田,增加农场耕作面积。二是加强农田管理,引进播种收获等大型现代化农田管理设备,实现标准化生产、集约化管理、规模化种植。三是加强农田水利基础设施建设,计划在南城宅村北林场附近打机井 1 眼,铺设管道 1 000 米,增加灌溉面积。四是做好土特产品的包装和宣传,依托牛王寨旅游的交通资源优势,建设属于自己的土特产销售中心,打造城寨农特产品品牌,提高市场竞争力。

5. 城寨高效特色农业园区

该园区包括城寨乡北城寨、张家庄村以东区域,及上碑镇镇区以北区域。该区域被阜上生态长廊一分为二,北部目前主要以设施蔬菜为主,南部主要以经济林(核桃)为主,园区特色相对鲜明。

规划发展建议:

园区类型:高效特色农业产业园区。

功能定位:高效特色农业生产示范、观光休闲。

功能分区:以阜上生态长廊为轴线:①北部以寺头村为核心,其中重点以嘉沃生态农业庄园建设项目为龙头,辐射周边村庄,打造高效设施农业示范园区。加快完善园区道路、水利、电力基础设施建设;加快推进大型综合性交易市场建设,包含办公楼、蔬菜深加工车间、净菜车间、交易市场、游客接待中心、研究所等基础设施。②南部打造特色林果产业带,着力发展林下经济示范区。

6. 行唐农产品加工园区(食品工业园区)

全力推进上方农产品加工园区(绿色食品工业园区)建设,加快园区“九通一平”基础设施建设,加大招商引资力度,积极吸引龙头企业进驻,着力打造省级大型农产品加工园区。同时,与南面规划建设的行唐农产品综合物流园区合作,立足省会、服务京津、面向全国,共同打造省会北部大型农产品加工物流集散中心。

7. 上方创意休闲农业园区(重点园区)

该园区位于上方乡北部丘陵区,包括政府以北、红领巾水库以南区域。该区域自东井底村北上,田园景观优美,区域空间广阔,可以试验设计多种田园景观农业组织模式,打造创意休闲农业园区。

规划发展建议:

园区类型:旅游休闲农业园区、特色农业产业园区。

功能定位:旅游休闲、功能农业示范、高科技种养等。

功能分区:以南城子村以北至红领巾水库为核心区,重点建设正繁公路到红领巾水库的“田园天路”景观带和东井底村的文化旅游带,设置田路景观板块、功能农业示范区板块和文化旅游板块。集中在北部丘陵打造万亩油菜花(或其他大田花卉)景观区。

8.缶山现代农业园区

该园区涉及西王亭、老牛沟、高岭、素家佐、庙上、李家庄、八里庄,共计 7 个村。园区主要依托缶山丰厚的文化底蕴,打造成旅游观光和养生的好去处。

规划发展建议:

园区类型:休闲养生农业园区。

功能定位:休闲度假、科普教育、会议培训、特色种养等。从资源、文化、市场 3 个方面出发,以中医养生为主题,围绕药王庙,积极拓展文化内涵,开发宗教文化产品、中草药文化展示产品和中医养生体验产品,通过旅游产品的开发和配套设施的完善,把缶山地区开发建设成为集文化展示、宗教朝拜、生态观光、养生体验于一体的养生度假旅游项目。

功能分区:规划重点以老牛沟以北至药王庙为核心区,重点建设:①药王庙:改变现有药王庙建设档次较低现状。融合佛、道文化,通过建筑规制提升、修建药王石像、美化药王碑林、举办节庆活动等方式,构建一个升级版的高标准祈福游览区。通过功德捐赠、祈福朝拜等方式构建收益点。建设一座“中医药文化墙”,将常见病、多发病症状及其中医药治疗方法以漫画的形式画到墙上,宣传中医养生保健理念,引导游客学习相关的养生知识。②百草园:行唐县具有中药材种植的传统,被确定为全国中医药一体化试点县,可利用谷中平整土地种植各种中草药,供游客参观、采摘。草药品种可以选择丹参、防风、桔梗、黄芪、黄芩、白术等。选择景观效果较好的,如连翘等,大面积在山坡种植,形成大尺度的景观效果,营造青山乡野的休闲养生环境。③中医养生度假村:在山脚下地形平整开阔地段规划一处集度假、养生、会议、餐饮于一体的中医养生度假村。总体建筑风格为现代中式建筑,分设公共接待区、特色养生区和健康养生住宿区。公共接待区:主要设置公共服务、会议中心(设置大、中、小各种会议室)、培训中心、娱乐中心、健身会所、美食屋、咖啡屋、酒吧等。特色养生区:以中医养生项目为主,把传统中医药养生文化、方法和现代科学养生方法相结合,推出养生汤、养生菜、养生饮品等健康食品药膳养生项目以及传统中式搓澡保健、拔火罐保健、中医推拿等保健养生项目,同时开展国学养生、太极养生、琴道养生、禅茶养生等特色养生项目。健康养生住宿区:推出特色的养生套房系列,房间内可开展室内泡泉等养生项目。④中医养生研修中心:在养生度假村附近择址建设一个中医研修中心,开办中医养生课堂,促进中医养生人士沟通交流,建筑风格采用中国传统的设计风格,营造幽静典雅的氛围。包括养生大课堂、高端养生课程、中医研修培训中心等内容。⑤中药文化林:在中医养生研修中心附近择址建设一处中药文化林,利用缶山四周形态各异的石头,建设具备中医知识宣传的奇石林,雕刻历代医药先贤塑像,建有五禽艺术墙、养生石刻等,配备休憩服务设施,营造药王谷浓厚的中医药文化氛围。⑥缶山商街:在通往药王庙的半山路上,打造缶山商街,商街装饰以中医药文化为主题,设置服务设施和景观小品,营造中医文化浓郁的环境氛围;加强与安香中草药资源的联合,加大药食同源食品的开发。研发特色养生伴手礼,销售中医养生保健品和保健器材。

打造缶山民俗文化休闲沟域:依托缶山药王庙庙会和红领巾水库,以庙上村为起点,向西北延伸至东城仔村,打造民俗文化休闲沟域。沟域全长约6千米,包括庙上村、李家庄村、八里庄村和东城仔村。

9.玉亭高效特色农业园区

该园区位于玉亭乡缶山以东,京昆高速以北区域,目前已初步形成了屹塔头设施蔬菜精品产业园区、西玉亭桑葚种植园区和南部蔬菜产业集聚区。

规划发展建议:

园区类型:高效生态农业产业园区。

功能定位:生产示范、观光采摘、技术转化等。

功能分区:以屹塔头精品设施蔬菜产业园区为核心布局核心区。重点发展高端设施蔬菜产业功能板块和观光采摘园区功能板块,沿团贾线建设绿化苗木生态长廊。

10.安太苹果观光休闲农业园区(重点园区)

该园区主要以安太苹果采摘园为主体,辐射带动周边区域,范围包括南桥镇京昆高速以北区域。安太苹果是行唐的特色农产品品牌,尽管总体种植规模不大，但品质较好，产品附加值高，有利于带动区域打造特色观光休闲农业园区。

规划发展建议：

园区类型：观光休闲采摘园区。

功能定位：以生产优质果品、绿色无公害农产品为主，着力打造集种植、养殖、旅游、休闲、观光、采摘、餐饮、科技示范于一体的现代生态农业旅游观光基地。

功能分区：以南桥镇东安太庄村为中心，打造面积 5 000 亩的苹果精品果园种植核心区，辐射带动周边西安太庄、南安太庄、北龙岗、葛仙庄等村栽植桃、梨、苹果等特色果品，打造万亩“安太”珍果园。做大做强河北著名商标“安太苹果”品牌，全力创建“安太苹果”中国驰名商标，积极推进优质苹果基地通过绿色无公害认证，“安太”苹果通过绿色无公害有机认证，打造成全省乃至全国有名的优质苹果生产基地。同时加强园区“吃住行游购娱”旅游要素配置，打造观光休闲农业综合示范园区。

11. 北河现代生态休闲牧场

该园区位于北河乡南部，包括朱家庄、安家峪、井凹三村。团贯线从中穿过，两侧景观优美，地形起伏、层次感较强，有利于形成特色农业景观。但该区域目前有采石场作业，给区域生态环境带来较严重破坏，急需开展生态治理。

规划发展建议：

园区类型：生态牧场、现代循环农业产业园区。

功能定位：生态养殖、特色种植、循环农业、农业观光。

功能分区：以北河万头奶牛生态牧场建设项目为核心区，在朱家庄和安家峪村建设君乐宝万头奶牛牧场，同时利用此优势，带动村民肉牛养殖，并与农业种植结合，形成绿色循环，在原有畜牧养殖的基础上，将羊养殖逐步规范化和标准化，打造现代循环农业示范园区。在团贯线两侧建议规划种植多用途玫瑰(或油用牡丹)，打造千亩玫瑰谷(或牡丹花海)。

12. 北河高效特色农业园区

该园区位于北河乡中北部，包括龙兴庄、南河村、北河村、东西科头村，是行唐特色农产品——龙兴贡米的原产地。该区域土壤条件较好，丘陵梯田梯次分布，有利于发展丘陵高效特色农业种养产业。

规划发展建议：

园区类型：高效特色农业产业园区。

功能定位:特色农业生产、科技示范、观光采摘等。

功能分区:以南河村为核心布局园区发展核心区,重点布局特色林果产业板块、特色种植业(红薯)板块、食用菌现代农业产业园(黑皮鸡枞菌种植生产基地)。规划建设龙兴贡米种植功能示范区,加大对龙兴贡米特色农产品品牌保护,利用"龙兴贡米"的品牌效应,扩大种植面积,推行强劲品种,搞好优质谷子种植,建成万亩谷子种植基地。

5.5.5 山地主题公园农业区园区功能发展规划

山地片区包含了行唐县山区的全部3个乡镇,地形地貌多样,山、水、林、沟、村相得益彰,奠定了本组团的独特优势。目前,全县大部分红枣都种植在本区域,已初步形成了若干大枣种植示范基地。此外,目前全县的两个省级、市级现代农业园区也全部分布在本组团,拟打造的国家红枣公园也布局在本组团。可以说本组团承担着行唐县山区综合开发的主要任务。

重点以国家红枣公园和特色沟域经济为龙头,以市场为引导,打造集高端农业示范、科普宣教、文化体验、康体运动、休闲娱乐、养生度假于一体的多功能复合型农业主题公园示范区。力争把北部山区组团建成服务省会,乃至京津冀的"大花园、大乐园、大公园",京津冀休闲度假的旅游胜地,逐步树立园林化、公园化的行唐都市休闲农业品牌形象,打造"公园农业文化"品牌。

1.团山红现代农业园区(重点园区)

团山红园区目前占地30 650亩,主要以特色种养业为主要产业,间或举办一些旅游、比赛类活动。园区整体建设速度进展较慢,各项配套设施缺乏,核心区不突出,多个项目整体推进,没有集中形成一个园区核心吸引物,从其定位于一二三产融合型的园区发展目标来看,差距还很大。但由于该园区前期已进行大量投资,具备一定的发展基础和产业本底,所以具备一定的发展优势。

规划发展建议:

园区类型:山地园艺型现代农业综合示范园区。

功能定位:特色种养、观光采摘、休闲度假、科技示范等。

功能分区:由于团山红已有自身的发展规划,因此,本规划仅针对其问题提出相关建议。规划以目前团山红园区为核心,带动北部固山村、寺北沟村、西石邱村和北河的水泉村一体化发展,形成一个大型、特色以观光休闲农业为主体的现代农业园区。要着重加强核心区建设,集中力量打造先导区,完善农业生产配套和旅游设施配套,以旅游促农业,加快形成“吃住行游购娱”、多功能一体化的农业公园。

2. 鲁家沟特色沟域经济

鲁家沟特色沟域位于口头镇,从鲁家沟村、庞家庄村向南延伸至黄龙岗村,全长约 8 千米,包括约 10 个村庄,沟域本底条件较好,可打造特色产业一条沟。目前,该园区产业主要以特色果品种植、观光采摘、设施蔬菜为主,沟域整体发展缓慢。

规划发展建议:

园区类型:沟域型现代农业综合示范园区(沟域经济综合体)。

功能定位:精品设施蔬菜种植、特色养殖、观光休闲等。

功能分区:规划建议以沟域南端黄龙岗村、齐家峪村、北西庄村和苇园村为核心区。

其中近期重点打造黄龙岗和齐家峪两个先导区:

(1)建设黄龙港设施蔬菜产业精品园,将村内 5 000 亩的荒山荒坡整理成耕地,栽植优质核桃、板栗、苹果、葡萄、油牡丹等经济林木,把黄龙港建成有特色的现代农业园区和生态观光旅游区,打造常年有花、四季有果的美丽休闲乡村。加快申请“无公害蔬菜基地”,积极打造无公害绿色有机农产品品牌。积极申报县级现代农业园区,努力建成规模优质高产蔬菜生产基地、名特优新经济作物(或林果业)规模种植基地、规模化标准化养殖基地、农产品精深加工和冷链物流、生态观光休闲农业等各类功能区,建成有特色的现代农业园区。

(2)建设齐家峪观光休闲农业产业园,大力发展观光采摘、林下经济和农家乐等业态。

3. 口头特色小镇

该园区位于口头水库南侧,是行唐北部重要的交通物流枢纽,也是行唐的副中心。但目前该区域总体基础设施环境较差,发展特色不鲜明,没有充分发挥口头水库的综合功能价值,开发潜力巨大。

规划发展建议:

园区类型:太行山湖滨文化特色小镇、现代观光休闲农业示范园区。

功能定位:观光休闲、旅游集散、生态农业示范等。

功能分区:以口头镇区为核心,北至水库、南至秦台村北,打造特色小镇核心区。辐射带动区重点配套建设精品设施蔬菜、特色林果采摘、乡村酒店、特色民宿、旅游服务配套等。重点建设孔雀湖生态农业旅游文化观光园:以建设农业文化产业区、有机生态农业区、滨湖亲水游乐区、山野游览游乐区和滨湖休闲区为重点,积极推进孔雀湖文化教育产业及生态旅游项目建设,发展壮大休闲旅游农业,大力支持乡村农家游、农家乐等服务业发展,逐渐形成以乡、镇、村为中心的旅游观光生态农业园区,带动荒山治理、农业开发、造林绿化、餐饮旅游等产业迅速发展。

4.口头观光休闲农业园区

该园区东起南北岗底村,西至苏家庄村,与牛王寨园区相邻,是口头镇南部沟域经济重要组成部分。目前该区域秦台、南北岗底村已初步形成特色果品、蔬菜产业集聚区,但整条沟域发展相对缓慢。

规划发展建议:

园区类型:观光休闲农业园区。

功能定位:特色果品、特种蔬菜种植,观光采摘、民俗文化休闲等。

功能分区:规划建议以秦台、岗底村为核心区,辐射带动约6千米长的沟域经济纵深发展。规划设置精品设施果蔬种植区、特色林果观光采摘区、乡村酒店、特色民宿集聚区等功能板块。

5.牛王寨观光休闲农业园区(重点园区)

该园区是行唐县各项发展条件较好的现代农业发展区,也是可以率先形成一定发展规模的农业园区之一。该园区南至阜上生态长廊北端(牛王寨景区),北至分水岭,中间有江河水库,环境资源条件较好,可进行农业综合开发和高标准旅游服务设施配套。该园区的问题是目前牛王寨景区整体服务设施较差,吸引力不足,尚未形成具有龙头带动效应的高质量景区,对周边观光休闲农业和乡村旅游的辐射带动效应较弱。

规划发展建议:

园区类型:观光休闲农业园区,旅游休闲度假区。

功能定位:旅游度假、特色养生、休闲采摘、会议培训、科技示范等。

功能分区:以江河水库为核心,以水库周边土地为载体划定园区核心区。积极开展村庄集体建设用地整理置换,在水库周边建设高标准观光休闲农业示范园区，设置精品果蔬种植基地，建设高端设施农业示范园区，打造中医养生养老基地，配套建设中药材种植基地、生态餐厅、乡村酒店和旅游综合服务中心。该园区建议进行整体招商，避免因条块分割造成高品质资源本底被破坏、浪费。

6.上闫庄特色沟域经济(重点园区)

该园区是行唐自然景观条件最好的沟域之一，包括上闫庄乡大部分区域(由于神树湾园区本身已是省级园区，所以独立划出去。本乡南部由于分水岭的原因，下王庄村不在本园区内)。目前，该区域已有多家公司进入，具备一定园区建设基础，未来可打造成为行唐县沟域经济发展和山区综合开发的名片。

规划发展建议：

园区类型：沟域型观光休闲农业园区。

功能定位：特色农业种植、农副产品经营、生态旅游开发。

功能分区：以北部上王庄村为核心，依托多利庄园、庙岭沟生态园建设沟域核心区，同时把本园区作为一条大沟整体打造包装，统筹沟域内山水环境、文化民俗、村庄产业，努力建成太行山山水生态画廊，打造成为行唐北部百里观光休闲农业环廊的最核心组成部分。

核心区重点建设：①多利庄园。项目位于上闫庄乡上王庄村北及其周边，面积 21 200 亩，其中核心区 1 500 亩，由行唐县多利农业综合开发园进行整体开发。园区内规划核桃占地 4 500 亩，枣种植区 4 000 亩，苹果种植区占地 3 000 亩，樱桃种植区占地 3 000 亩，蓝莓种植区 1 000 亩，石榴 2 000 亩，其他区 2 500 亩。着力以荒山开发，果树种植培育，果蔬类的深加工及销售，水产养殖为主导，以农村自然环境、农业资源、田园景观、农业生产和乡土文化为基础，重点发展生态农业旅游，通过整体规划布局和工艺设计，打造集观光、旅游、休闲、科普为一体的休闲农业庄园。②庙岭沟生态园。项目位于上闫庄乡上王庄村、瓜家峪村、蒋家峪村、塔沟村及石佛店村。面积 18 300 亩。主要项目包括：核桃、果树和油用牡丹种植区、中药种植区、生态放养区、特色产业区等功能区建设。项目主要产品除规模化种植、养殖及农产品深加工外，主要以生态农业和万亩牡丹观赏旅游活动为依托，以城镇中高收入家庭为目标大力发展都市休闲农业，提供万亩牡丹观光、现代农业生产体验、采摘、培训、住宿、特色餐饮和农家一日游。着力将庙岭沟打造成为一个综合型农业科技园区。

7. 神树湾观光休闲农业园区(重点园区)

神树湾园区是行唐唯一一个省级现代农业园区，目前整体发展较好，功能分区相对清晰，各项基础设施建设和服务配套基本完善，是行唐相对成规模的独立型现代农业园区(或叫企业庄园)。但目前园区各项旅游服务设施相对缺少，旅游接待能力较弱；同时，园区经济林果较多，具有景观价值和经济价值的特色作物种植较少(如油用玫瑰、牡丹、薰衣草、特色果品等)，园区整体景观效应较弱。

规划发展建议：

园区类型：观光休闲农业园区。

功能定位：特色果品观光采摘、休闲度假、科研培训、技术示范、生态餐饮等。

功能分区(发展建议)：着重以生态、循环农业作为发展方向，以打造神树湾生态农业开发园国家 2A 级旅游景区为依托，大力发展休闲旅游农业，把农业生产、农民生活、农村面貌、民俗风情等作为全县推进多业态农业的“引爆点”，充分发挥山区农业的生态资源优势，积极开展农林种植、农副产品经营和度假旅游等为一体的多功能农业。

8. 九口子特色沟域经济

该区域位于九口子乡西部，从烈坡沟村向东南延伸至南台村，全长约 15 千米，基本串联起了全县西北部主要的村庄，是 30 个园区中面积最大的一个，约 130 000 亩。该区域是行唐大枣的主要集聚区，但目前整体开发较弱。

规划发展建议：

园区类型：沟域型现代农业综合示范园区。

功能定位：观光采摘、特色种植、民俗文化休闲、农产品初加工等。

功能分区：以南台村和东、西黄庵村为核心区，重点依托沟域内的自然景观、民俗文化和特色产业基础，集中打造行唐民俗文化休闲沟域，建设生态沟域经济。规划设置观光采摘园区、民俗文化村、现代循环农业科技园区、林下经济示范园区等功能板块。

9. 国家红枣公园(重点园区)

该园区位于九口子乡北部，是行唐大枣的核心生产区，也是大枣种植技术和优良品种的展示区，自然风光较好，乡村文化深厚，有利于打造高品质、观光休闲型现代农业综合示范园区。但该园区目前总体上基础设施较落后，观光休闲农业产品单一，园区氛围不足，亟须规划提升。

规划发展建议：

园区类型：农业公园、现代农业综合示范园区。

功能定位：乡村生态修复、农业生产示范、乡土文化传承、美丽乡村营建、旅游休闲度假、地域农业品牌塑造等。

功能分区：以满撒村为核心，辐射周边石槽沟、周家庄、东玉女、西玉女、鳌鱼、草泊头、两岭口等村，规划控制面积约 8 万亩，其中以满撒为主体的核心区面积控制在 1 万亩左右。努力将国家红枣公园打造成一处集观光、休闲、度假、购物于一体的农业型休闲旅游目的地，打造集创意农业、休闲农业、都市农业、体验农业为一体的国家农业公园。要加强园区基础设施与配套设施建设，提升园区的配套服务能力，以大环境、大项目、大融合，打造红枣农业主题公园。

10. 深入推进特色沟域经济发展

沟域多为流水地貌，有明确的地域边界范围，是河流支流的集水区域，包括分水岭以下，从上段、中段到下段的完整、独立、自成系统的地理单元。沟域经济则是以沟域为载体、纽带和中轴，以沟域内的自然资源、地理条件、人口分布和乡村产业为基础，通过沟域上中下段不同层次功能的划分，进而实现沟域资源合理开发和沟域生态环境有效保护的一种山区发展模式。目前沟域经济模式已经在北京、辽宁等省市进行了广泛实践，河北省也在太行山—燕山部分地区进行了生态经济沟实践，取得了较好的效果。

沟域经济是山区现代农业园区的一种空间组织模式，本次规划的 30 个现代农业园区中有 3 个直接命名为了沟域经济，全部分布在北部山地主题公园农业区。从全县整体空间来看，全县的沟域主要分布在北部山区和山地、丘陵交界区域，总体上可以划分为“一廊六沟”的发展布局，涵盖了全部山地主题公园农业区的 9 个园区和 1 个丘陵创意休闲农业区(缶山现代农业园区)的 10 个现代农业园区，是行唐北部山地丘陵区现代农业园区发展的一大特色。

从空间分布特征上看，这些沟域主要沿沟谷、河谷川地走向，基本串联了北部山区的大部分村庄和产业基地，有利于推进山区产业发展、环境治理、景观打造、村庄建设(含美丽乡村、贫困村)、文化挖掘、旅游开发等一体化开发。通过打造内容多样、产业融合、特色鲜明的“一沟一品”产业带，将能够有力地推进北部山区综合开发，有利于山区现代农业的快速发展。

一廊：即宝平线主沟域走廊，横向贯穿口头镇和上闫庄乡，连接起了北部山区的多条沟域，是整个区域的交通主动脉，也是集自然风光、高效农业、休闲观光与民俗文化于一体的沟域风景线。

六沟：①上闫庄山水生态画廊沟域。把上闫庄乡作为一条大沟整体打造包装，统筹沟域内山水环境、文化民俗、村庄产业，充分依托神树湾、多利庄园和庙岭沟生态种植园等已有基地，“十三五”期间支持重点打造，努力建成太行山山水生态画廊，打造行唐山区开发名片。②缶山民俗文化休闲沟域。依托缶山药王庙庙会和红领巾水库，以庙上村为起点，向西北延伸至东城仔村，打造民俗文化休闲沟域。沟域全长约 6 千米，包括庙上村、李家庄村、八里庄村和东城仔村。③秦台—牛王寨观光休闲沟域。以牛王寨景区和江口水库为依托，打造从秦台村至下王庄村，全长约 10 千米的观光休闲沟域。沟域共包含约 10 个村庄。④国家红枣公园文化休闲沟域。以国家红枣公园建设为契机，集中整合片区内的多条沟域，以鳌鱼山为依托，以枣林为背景，集中打造集民俗村落、休闲采摘、文化旅游、自然风光于一体的红枣文化休闲沟域。⑤九口子民俗文化休闲沟域。位于九口子乡西部，从烈坡沟村向东南延伸至南台村，全长约 15 千米，基本串联起了全县西北部主要的村庄。重点依托沟域内的自然景观、民俗文化和特色产业基础，集中打造民俗文化休闲沟域。⑥鲁家沟特色产业沟域。位于口头镇，从鲁家沟村、庞家庄村向南延伸至黄龙岗村，全长约 8 千米，包括约 10 个村庄，打造特色产业一条沟。除此之外，可在 6 条大沟的基础上，大力挖掘特色支沟，推动沟域治理与乡村建设融为一体。

沟域经济发展的原则：①坚持大生态、小开发的原则。沟域内的各项工程都必须服从、服务于生态环境的保护和改善，在科学确定生态承载力的前提下，培育发展山区特色种植业、绿色养殖业、休闲旅游业以及农副产品加工业和山区新型服务业等环境友好型产业，以良好的山区生态环境为支撑，促进山区水土资源的可持续发展、生态环境的可持续维护和经济社会的可持续发展。②坚持农业与旅游业一体化发展。强化特色农业的旅游和文化功能与自然风景资源和文化旅游资源的有机结合，提升农业旅游的休闲和体验价值，打造独具特色的生态保护、农业生产、休闲旅游一体化的发展模式。③坚持特色精品原则。要充分发挥各沟域自然景观、历史文化、产业空间等优势，以资源为基础，以市场需求为导向，突出区位优势和产品优势，实施品牌战略，打造一批具有领先性、独特性、唯一性、地域识别性的旅游精品和农业精品，提高整个区域产业发展的核心竞争力。④坚持政府主导、市场化运作原则。合理划分政府与企业、农民的职责关系,政府重点负责规划设计、标准制定、重要基础设施建设以及制定扶持政策进行引导;企业和农民是产业发展的主体,引导多种社会资本参与到产业发展中来。

沟域经济已经被北京、河北等山区发展实践证明是一条行之有效的山区发展模式,行唐要抓住省市大力推进山区综合开发之际,积极探索以沟域经济模式推进山区现代农业(园区)发展,积极编制沟域经济发展规划,着力打造"一沟一品"。

图 5-15 为行唐主要沟域分布示意图。

图 5-15　行唐主要沟域分布示意图

5.6 构建现代特色农业产业体系

特色农业产业是现代农业园区的核心支撑，要充分发挥区域农业资源优势，形成具有区域特色和园区特色的现代农业产业体系。平原区应大力发展规模化、标准化生产，大力发展设施农业和智慧农业，提高产品附加值，打造高效生态农业产业园区；丘陵区、山区应突出生态环保和休闲观光功能，推进农业与休闲、观光、健康、养老等产业融合，打造特色休闲农业产业园区。

经过多年的发展，行唐目前已经基本形成自身的特色农业产业体系，尤其是大枣和奶牛养殖（及乳业）在石家庄市占据重要地位。《石家庄市中东西区域总体规划》关于东部地区发展时提出的“6”大都市高效农业产业园中，行唐占3个（行唐红枣产业聚集区、行唐奶牛养殖聚集区、行唐乳业产业聚集区）。由此可以看出，首先，行唐红枣和奶牛养殖产业具有较强的竞争优势，必须进一步推进其做大做强。其次，近几年随着林业绿化和产业扶贫开发的快速推进，蔬菜、核桃、苹果等特色产业优势逐步显现，正在成为全县农业的主导产业。第三，小米、红薯、中药材等传统特色优势产业也稳步发展，是行唐农业的重要特色品牌。第四，其他现代畜牧业、特色果品产业、苗木花卉产业近几年也快速发展，正在成为行唐农业产业的有益补充。第五，农产品加工业、农产品流通业、休闲农业等一二三产融合产业目前也正在快速发展。这些共同构成了行唐现代农业的特色农业产业体系。

但总体上来看，行唐农业主导产业单一，畜牧业中奶牛养殖（奶业）一业独大；种植业除粮食外，大枣一业独大。两大主导产业发展历史悠久，在全省，乃至全国都占有较重要的位置，但由于产业价值链开发较短和受市场波动影响较大，两大产业结构转型较为困难，带动行唐农业实现大发展的动力不足。

因此，必须从更全面的角度构建行唐现代农业产业体系，按园区农业的发展要求（高效、安全、生态、优质、多功能）调优农业，大力发展新业态、引进新模式、开拓新产品。全县要以发展“设施农业、智慧农业、休闲农业、绿色农业”为主题，在园区农业的基础上，着力构建“两特三高”现代特色农业产业体系。

5.6.1 特色养殖业

1. 做强奶业（奶牛养殖业）

行唐县拥有山区草场面积30万亩，沙荒滩涂10万亩，年产各种农作物秸秆和优质牧草 8 亿千克,具有发展畜牧业得天独厚的资源优势。要以“兴牧强县”为目标,抓住机遇,进一步把优势畜牧产业做大做强,巩固在石家庄,乃至京津冀现代畜牧业发展中的重要地位。

奶牛养殖是行唐最具区域竞争优势的特色产业,要抓住机遇,积极推动奶牛养殖和乳业进一步做强做大。

成熟发达的奶业是农业现代化的重要标志之一。近年来,我国奶业加快发展,已成为现代农业和食品工业发展中最具活力、增长最快的产业之一。党中央、国务院高度重视奶业发展,习近平总书记多次做出重要指示,对发展民族奶业寄予殷切希望,李克强总理也对保障乳品特别是婴幼儿奶粉质量安全等提出明确要求,为行唐建设现代奶业指明了方向。

按照河北省出台的《关于加快全省乳粉业发展的意见》,到 2017 年,河北全省将建成君乐宝等两三家年产 5 万吨以上的乳粉企业集团,全省婴幼儿配方乳粉产量将达 10 万吨。

“十三五”期间,行唐要以建设一流奶源基地为目标,充分利用省市扶持乳粉业发展的有利时机,积极扶持君乐宝太行乳业和明旺乳业做大做强,全力打造拥有中国驰名商标品牌的河北省乳粉龙头企业和生产基地,帮助君乐宝在行唐建设奶牛万头牧场,创建符合生产婴幼儿奶粉的自有牧场。

加强良种繁育和推广,提高奶牛生产水平。大力推广平衡营养配方饲料养殖技术和 TMR 设备饲草喂养,提高奶牛养殖科技水平;推广性控冻精技术,实现优质高产奶牛的快速扩群;积极推进 DHI 奶牛性质测定工作,不断提高鲜奶质量。力争奶牛平均单产水平提高到 7 吨以上。

推进养殖方式转变,加快建设现代牧场。以乐源牧业、君乐宝“万头生态牧场”等一批高起点牧场建设项目为引领,大力推进全县规模化奶牛养殖小区的提档升级,通过标准化改造,加快向现代牧场养殖模式转变。创新奶牛养殖管理模式,鼓励奶牛小区通过买断、控股、入股和企业租赁等方式向规模养殖场转型。

改善养殖环境,提高奶牛福利待遇。奶牛养殖环境的优劣,先进设备、设施的应用与否,都直接影响奶牛的产奶量和质量。只有为奶牛提供优越的生产条件,改善奶牛养殖环境,提升奶牛养殖业科技附加值,才能充分发挥奶牛的生产潜力,到 2020 年打造 60 个精品小区。

建立优质饲草料生产基地。建立奶牛青绿饲料生产基地,示范推广全株玉米青贮，鼓励发展专业性青贮生产经营企业和大户，为奶牛养殖提供充足的青绿饲料资源。充分利用中低产地、退耕地、秋冬闲地等土地资源，大力发展高产优质牧草种植，积极推广带穗青贮。在有条件的地区发展人工饲草地，加快配套饲草基地建设步伐，大力推广全株玉米青贮，支持优质苜蓿应用。争创“粮草平衡”示范县，带动全县优质带穗青贮玉米种植保持在10万亩。

促进鲜奶加工企业健康发展，带动奶牛养殖业再上新高。大力发展以奶农为基础、基地为依托、企业为龙头的奶业产业化经营方式，形成奶业产业链各个环节相互促进、共同发展的格局，探索突破三者之间利益联结机制。

到2020年，全县奶牛存栏争取达到10万头，年产优质鲜奶38万吨，建成万头奶牛天然牧场一座，实现一半以上奶牛养殖小区转型为标准化、规模化现代牧场养殖模式，把行唐县建成华北地区最大的绿色生态奶源基地。

2.大力发展特色养殖业

积极引导生猪产业、禽类产业、肉牛羊产业、特种养殖、渔业养殖等全面发展，全面提升畜禽养殖场区整体水平，推动畜禽养殖业良性发展。

扩大家畜养殖规模。当前和今后一段时期，生猪、肉牛、肉羊产业仍有较大的市场潜力，要牢牢抓住中央加快农业结构调整的机遇，充分发挥全县畜牧业发展优势，扩大生猪养殖规模，大力发展肉牛肉羊产业，不断满足消费需求，多渠道促进农民增收。鼓励支持规模化良种生猪、肉牛养殖，着重打造千头优质肉牛生产基地和万头优质商品猪生产基地。到2020年生猪出栏35万头，肉类总产量突破5万吨。

积极发展蛋鸡、肉鸡养殖。以峪口禽业为龙头，以行唐县养鸡协会为主干，发展蛋鸡、肉鸡养殖。到2020年，着力打造存栏5万只以上的标准化优质蛋鸡生产基地3个以上，以河北鸿鑫食品有限公司为龙头，打造年产300万只优质肉禽加工基地。家禽出栏量突破600万只，存栏量突破500万只，禽蛋产量突破5万吨。

大力发展肉驴特色养殖。引进战略投资者，积极发展肉驴规模化养殖项目，重点在龙州、安香布局建设肉驴养殖基地，近期肉驴年存栏量突破10 000头。支持在安香乡常香村建设肉驴交易市场，规划占地120亩。

适度发展渔业养殖。以口头、红领巾、江河水库养殖为依托，适度发展渔业生态养殖，到2020年，渔业总产量突破3 000吨。

3.积极创建畜牧业绿色发展示范县

根据《农业部办公厅关于实施国家现代农业示范区十大主题示范行动的通

知》,在国家现代农业示范区中,将实施十大主题示范行动,其中,“畜牧业绿色发展示范县创建主题示范”,行唐县具有比较优势。“十三五”期间,全国计划平均每年创建 40 个,累计创建 200 个畜牧业绿色发展示范县。行唐可积极申请创建以奶牛为重点的绿色发展示范县,积极响应文件精神,争取在 2017—2018 年成功创建国家畜牧业(奶牛)绿色发展示范县。

同时,要积极参与京津冀畜牧兽医合作,重点开展动物疫病防控联防协作,纳入区域产业信息大数据中心,实现涉牧企业、奶牛养殖、畜禽养殖、产品加工、市场销售等信息共享,提高行唐畜牧业现代化发展水平,提高行唐奶、肉、蛋等绿色畜牧产品供应京津市场的能力。

5.6.2 特色种植业

1.做强大枣产业

目前,行唐县特色果品累计种植面积 80 多万亩,主要品种有大枣、苹果、核桃、桃等,其中红枣种植面积达到 65 万亩左右,占果树总面积的 81%。2014 年,全县干鲜果产量达到 12.7 万吨,其中红枣产量达到 11.5 万吨,占果品总产量的 90.6%。红枣产业在行唐特色果品中占据绝对主导优势。

目前,行唐县有大枣专业合作社及各类红枣协会 10 余家,佳农大枣专业合作社和几丁质大枣专业合作社已成为省重点专业合作组织;全县共有大枣烘干房 1 000 余间;蜜枣厂、枣酒厂、枣汁厂等各类大枣加工企业 120 多家,其中,兴旺果脯厂是省重点龙头企业。枣加工产品主要有纯净枣、蜜枣、枣片、枣酒、枣醋、枣汁 6 大系列 20 多个品种。县域内现有华北口头红枣商埠和南马路红枣批发一条街 2 个大型销售市场,产品主要销往上海、广州、中国香港、中国澳门等 20 多个国家和地区。并先后注册了一系列的大枣品牌,如“京唐牌”行唐大枣、“云蒙山牌”行唐大枣、“太康牌”行唐大枣等大枣品牌;2010 年行唐县红枣协会在国家工商局注册了地理商标标志——“行唐大枣”。

但目前,行唐红枣产业大而不强,大枣产业链较短,“行唐大枣”地理标志产品的品牌效应还没有完全凸显。

“十三五”期间,要发挥“中国行唐大枣之乡”和“中国优质大枣产业基地”的品牌优势,做强做优以口头、九口子和上闫庄为中心的红枣产业带,谋划建设“国家红枣公园”,大力发展红枣精深加工,提高产品附加值。

优化种植品种结构。通过培育、引进和推广新品种，优化红枣种植品种结构。扩大“曙光1号、曙光2号”等优良品种种植面积，积极建设规模化无公害优质大枣种植基地和现代化红枣种植科技示范园，通过改善提高大枣品质，有效增强抗御自然灾害能力。重点以甲壳素红枣为依托，逐步扩大甲壳素红枣种植生产基地规模，利用2～3年时间，建设5 000亩有机甲壳素红枣示范基地，建设甲壳素大枣功能农业示范区，形成大枣生产标准化、加工精深化、销售品牌化、产业现代化、管理科学化的“五化一体”的大枣发展格局。

做大“行唐大枣”品牌。做优做强以口头、九口子和上闫庄为中心的红枣产业生产功能区，谋划建设“国家红枣公园”。论证建设中国枣博物馆，探索举办世界红枣大会，借势提高“行唐大枣”的品牌影响力。推进“百年枣林”等重要红枣种植基地申报中国重要农业文化遗产。

大力发展红枣精深加工。延伸拉长红枣产业链条，积极开发红枣白兰地、红枣醋饮、红枣果酒、枣干、枣茶等加工产品。用好国家政策，扶持壮大红枣精深加工企业，做强万果红酒业产业化龙头企业。充分发挥行唐区域性大枣集散中心地位，积极吸引大枣精深加工龙头企业，打造知名品牌，提高市场占有率，增加产值效益，做强红枣产业。

到2020年，全县红枣种植面积保持60万亩以上，实现销售收入5亿元，建设优质大枣示范基地2万亩。

2.积极培育发展核桃产业

核桃是四大干果之首，在国内享有“长寿果”的美称。随着人们生活水平的不断提高和对核桃经济价值认识的深入，核桃在国内、国际市场上十分走俏，需求量在不断增加。目前国内市场上核桃干果的平均售价在20～25元/千克，核桃仁的零售价为50～60元/千克。

目前，行唐核桃产业还不能称之为一个产业，2015年全县核桃产量仅为600吨。但目前全县正以太行山绿化为契机，加快推进核桃种植，目前，全县核桃种植面积已突破15万亩，“十三五”期间，全县核桃种植面积将达到20万亩以上，成熟挂果面积可达到约20万亩，届时全县核桃产量（干果）可达5万吨左右，产值可达20亿元，将成为全县农业产业的重要支柱性产业。因此，必须提前布局核桃产业链布局，避免因周边激烈的市场竞争导致“谷贱伤农”。

以丘陵区、山区乡镇为主体布局核桃种植产业基地。重点以“太行山生态绿化”为抓手，打造以翟营、玉亭等乡镇为中心的核桃产业带，深入推进核桃特色产业聚集区和产业精品园建设，重点建设翟营核桃种植产业集聚区、城寨核桃种植产业集聚区、北河核桃种植产业集聚区、上方核桃种植产业集聚区和玉亭核桃种植产业集聚区，全力推动核桃产业打造成为全县现代农业的支柱产业。

积极布局核桃产业精深加工产业链。积极引进核桃初加工、深加工企业或引进战略投资者，提前布局核桃产业链，开发核桃油、核桃营养粉、核桃乳饮料、核桃休闲小食品等产品。重点在食品工业园区引进1～2家核桃深加工龙头企业。核桃产品深加工，主要包括核桃油、核桃酥、核桃饮品、核桃仁、盐焗核桃等。

3.大力发展特色果品种植业

(1)苹果产业。目前，全县苹果种植面积已达1.8万亩，产量2万吨。苹果产业主要集中在南桥镇东安太庄，目前已经形成了5 000多亩的“安太苹果”生产核心区。苹果产业主要以优质鲜食为主要功能，目前已初步具备观光采摘休闲农业功能。“十三五”期间，着重以东安太庄村为中心，辐射带动西安太庄、南安太庄、柳树沟、葛仙庄、北龙岗种植优质苹果基地1万亩，努力打造集种植、科研、旅游、采摘、观光、餐饮为一体现代农业园区。此外，加快神树湾、团山红等山区、丘陵苹果基地建设，以及只里、独羊岗等平原区精品苹果采摘园建设，到2020年，全县苹果种植面积突破3万亩。

(2)大力发展特色精品果业。围绕园区设施农业建设和休闲农业发展，鼓励发展草莓、蓝莓、葡萄、油桃、樱桃等精品水果种植，大力发展特色精品水果观光采摘园。

4.大力发展花卉苗木产业

以全县大力推进绿化工程为依托，积极培育发展苗木种植基地。

打造京昆高速两侧苗木基地带。重点扶持六十二庄、东寺两个苗木专业村，建成万亩苗木基地。支持建设安香千亩苗木花卉产业园(主要布局在南伏流、南张吾、中伏流)。积极推动全县苗木种植向规模化发展，向建成绿化苗木基地县目标努力。

积极培育发展花卉产业。在龙州花卉苗木产业集聚区建设1个一级花卉交易中心，并着力打造丘陵山区和平原两大花卉产业发展带，高标准建设10个花卉生产观光示范园区(园中园)。加快花卉园林产业集群建设，形成产业集聚品牌。

扶持龙头企业做大做强。鼓励支持苗木企业石家庄绿源公司等龙头企业做大做强，将通道绿化和苗木公司发展有机结合，积极推广林木种植。

5.加快发展林下经济

林下经济是以林地资源为依托，以科技为支撑，充分利用林下自然条件，选择适合林下生长的微生物、菌类和动植物种类，进行合理的种植、养殖，构建林下稳定生态系统的生态经济和高效农业模式。主要包括林草、林菌、林药、林花、林禽等模式。行唐林业资源丰富，随着太行山绿化工程的快速推进，全县林业面积还会继续增加，因此，积极谋划发展林下经济要作为全县林业发展和现代农业发展的重要课题。目前，行唐的林下经济还处于初级阶段，发展潜力巨大。

行唐的林下经济可重点发展林下种植、林下养殖等产业业态，大力发展林菌、林药、林花、林草、林蔬、林禽和林游等模式，可生产林下仿野生食用菌、油牡丹、特色蔬菜、小杂粮、健康禽畜等特色产品，带动旅游、采摘、特色民俗游等产业发展。

林下经济重点布局在丘陵山区公益林和经济林中，以及平原防护林带，充分与各类现代农业园区进行融合。到2020年，全县林下经济面积努力拓展到10万亩以上，打造全县现代农业新的增长板块。

适宜行唐林下经济发展的高效种植模式如下：

(1)林草牧立体种植模式。可以达到地上光能高效利用，地下土壤养分充分吸收的目的，幼林期种植牧草，既可以避免土地浪费，防止水土流失，又可以收获牧草。牧草以多年生为好，避免每年播种，同时要求分枝分蘖多，再生性强，适应性强，适口性好。适用草种有豆科的白三叶、苜蓿，禾本科的鸭茅、无芒雀麦、黑麦草、早熟禾等。利用生态林、用材林林下空间种草养畜放牧，不仅可以在幼龄林下套种，也可在郁闭的中龄林、近熟林下套种。常见的林—牧草—鸡(鹅、兔等)模式，林下套种紫花苜蓿等耐阴性牧草，选择合适的放养品种，可获取较高的经济效益。

(2)林菌立体种植模式。林菌结合，能更有效、更充分地提高光能和土地资源的利用率。根据食用菌需散射光和阴凉多湿环境的生理特性，而林木生产的大株行距不仅能为食用菌栽培提供生长空间，林木的树荫又能为食用菌提供阴凉潮湿的栽培环境。同时，林地间作食用菌，可以减少林地杂草，而食用菌的栽培废料经处理后可作为林地肥料，增加林地肥力，实现生态的良性循环。

(3)林农立体种植模式。林下套种小麦、油菜、黄豆、花生等。在幼林生长的前2年套种作物产量不受影响，3～4年产量稍有下降。有条件的地方也可根据市场需求和加工能力,套种草莓、生姜及其他耐阴经济作物,以增加收入。林间套种反季节蔬菜。造林株行距一般为 4 米×10 米或 5 米×10 米,每个树行间,套种一个蔬菜大棚,每个大棚占地约 0.4 亩,每亩林地可建 2 个大棚,种植一季秋延后和春提早蔬菜,再种一季小香瓜等。

(4)林药立体种植模式。林药间作中,林木可为药材提供庇荫条件,减少夏季烈日高温导致的伤害,对偏阴性植物,可为其提供阴湿的适宜生长环境。同时,林下间作药材大多采用集约化的精耕细作,有利于改良土壤理化性状,增加肥力,促进林木速生。合理的林药复合经营,也能使林下套种的药材保持较高的产量。适宜林间套种的中药材品种很多,主要有金钱草、白术、丹参、何首乌、大黄、菊花等。

(5)林花(油牡丹)立体种植模式。油牡丹是国家农业部推广项目。油牡丹花花期长,可美化环境;油牡丹籽可榨油,属无公害绿色食品,有延年益寿之功效,国际国内市场紧缺,有很大的发展空间。在林地间套作油用牡丹,可以明显提高空间利用率和单位面积种植效益。油用牡丹具有耐旱、耐瘠薄的特点,既可在平原丘陵地区种植,也可在山区种植,非常适合行唐大面积种植。林地种植油用牡丹后,在为牡丹进行中耕除草、追肥管理的同时,也有利于树苗的生长。油用牡丹栽植后,根据种苗大小,短则 1～2 年见收,长则 3～4 年见收。林地间套作油用牡丹,在平原丘陵地区可与苗木繁育相结合,每 2 行苗木间套作 2～4 行油用牡丹,苗木销售后以种植油用牡丹为主;也可在幼龄果园套作油用牡丹,具体行数视果树行间距离确定,果园投产后再将油用牡丹逐步移出。在山区可与退耕还林相结合,在新栽核桃等幼林地套作油用牡丹,通过套作弥补退耕还林后收入。

6. 打造中药材种植基地

行唐县是中药材种植大县,种植历史悠久,农民种植经验丰富,加之气候、土壤非常适宜中药材生长,所产的中药材色泽好、品质高。目前,全县中药材种植面积一直稳定在 1.6 万亩左右,为石家庄中药材种植生产大县,种植品种 20 多个,其中丹参、防风、桔梗、黄芪、黄芩、白术等品种已成为行唐县主要的当家道地药材品种。

但中药材产业总体上仍呈现产业结构不合理、栽培技术不规范、标准化程度低、产业化经营水平低等问题。

总体上,“十三五”时期,行唐县的中药材种植以稳定发展为主,着力建立健全中药材生产、收购、加工、产业一体化经营体系,打造省内外中药材交流、交易中心。

重点打造4大种植基地。①以岳霍口为中心的安香乡中药材种植基地。主要分布在岳霍口、米霍口、张霍口、胡家庄、东留营、西留营、东伏流、西伏流、南伏流、北伏流、中伏流、东正、东正庄等村。主要种植丹参、防风、黄芩、白术等，种植面积6 000亩。②以南桥镇、上方乡、北河乡、玉亭乡、翟营乡、上碑镇为主的丘陵乡镇中药材种植基地。主要分布在南龙岗、北龙岗、故郡、井凹、东城仔、北城仔、吴磁沟、南翟营、北翟营村、岗头村、吴磁沟、南王庄、西街村等。主要种植黄芩、射干、知母、南星等。③以上闫庄、九口子等山区乡镇为主的中药材种植基地。主要分布在塔沟村、荷包口村、下庄、车厂等村，种植品种主要为瓜蒌、黄芩、知母。④独羊岗中药材种植基地建设。主要以余底村为中心，分布在余底、独羊岗、南叉、郑家庄等村。主要种植川芎、防风、黄芩、知母等，种植面积2 000亩以上。

建设缶山生态药谷。以“大健康产业”为主题，结合缶山药王庙庙会，积极谋划建设缶山生态药谷，打造行唐健康生态农业养生园。

7.做优做大优质谷子产业

优质生态小米主要在龙兴庄、北河、南河、井凹、黄龙港等村布局，种植面积达到3万亩。

“十三五”期间，要以壮大“龙兴贡米”为核心，逐步拓展龙兴贡米生产面积，建立优质谷子生产核心区，延长小米精深加工产业链。

加强龙兴贡米种植基地建设。发挥种植示范户示范带头作用，扩大龙兴贡米种植规模，成立龙兴贡米产业协会，在适合种植龙兴贡米的村庄成立龙兴贡米产业分会，负责该区域龙兴贡米种植的有关具体工作，促进龙兴贡米种植面积快速发展。2016年种植示范基地面积达到1.2万亩，2017年达到1.5万亩，到2018年达到1.8万亩，到2020年突破2万亩。

加强和推进基地科研工作。加强与国家谷子改良中心、省农科院谷子研究所和县农业技术推广中心合作，重点推广集优质、高产、高效抗旱于一身的优质谷种，2016年示范推广冀谷35、冀谷37、冀谷38，到2017年示范推广冀谷39和本基地选育的优质富硒小米及彩色小米系列。

加大科技创新，争创知名品牌。全力提升龙兴贡米深加工新技术的应用，增加技术开发投入，大力发展龙兴贡米精深加工及其副产品糠油的制取，以及小米营养粉及小米速食食品综合开发，延长龙兴贡米加工链条，完善产业体系，提升产品科技含量。推动以石家庄龙兴食品有限公司成为技术创新主体，以“龙行庄”牌龙兴贡米为主打品牌，抓好品牌规模的扩大和品牌质量的提升，注重品牌的培育和保护，增强龙兴食品有限公司的整体竞争力。同时，积极参加国内外农产品展示展销活动，扩大销售网络，加强市场开拓，申报绿色食品和有机食品认证，开展龙兴贡米质量环境认证，推进龙兴贡米生产的标准化和规模化。

8. 保护发展红薯产业

红薯产区主要在北河乡北河村、东科头村，城寨乡的西城寨、南城寨、邢家庄、河西等村，翟营乡的翟家庄、上龙门、下龙门、中龙门、任家庄等村布局，播种面积稳定在 5 万亩，脱毒品种和专用品种占到 80%。以发展鲜食型(烤食型)红薯为重点引进更新红薯品种，示范带动农民种植，重点发展红薯育秧、种植、脯加工产业，逐步壮大基地规模。

重点建设以北河乡东科头村为主的红薯秧育苗园区建设，建设以翟营乡任家庄、城寨乡西城寨等村为主的红薯种植园区建设，建设以西城寨教学台农作物种植专业合作社和西城寨互助协会为龙头的石磨红薯面粉加工产业园区建设，建设以口头镇牛下口等村为主的红薯种植及红薯脯加工产业园区建设。

5.6.3　高端设施农业

设施农业是现代农业发展的重要标志，也是园区农业的重要载体。设施农业主要指设施园艺产业，包括设施蔬菜、设施果品、食用菌及相关花卉种植等。目前，行唐的设施农业主要集中在蔬菜领域，但大多为塑料拱棚、一般塑膜温室、冬暖式日光温室，缺乏高技术标准的连栋温室、智能温室等设施，设施结构不尽合理、集成技术利用率低、商品生产率以及生产效益差距较大。根据全省现代农业园区发展要求，高端设施农业是园区建设的重要内容，同时，发展高端设施农业也将是行唐农业转型升级的重要突破口。

1. 大力发展设施蔬菜产业

“十三五”全省将加大设施蔬菜产业发展步伐，从 2016 年起，河北省设施蔬菜将每年递增 40 万亩，到“十三五”末，全省设施蔬菜占蔬菜种植面积的比重将达到 60%，生态栽培无公害标准化集成技术普及率达到 80%以上，化肥农药使用量实现零增长。

近年来，行唐县把发展设施蔬菜产业作为加快农业结构调整，促进农民增收的突破口，坚持“整合资金、集中连片、规模发展、建设园区”的发展思路，大力实施蔬菜千亩方和百亩园建设，全县设施蔬菜的规模、质量、效益均得到明显提升，初步形成了以京昆高速沿线和独羊岗乡、玉亭乡、翟营乡、口头镇为中心的“一廊四基地”蔬菜产业带。

目前，全县种植蔬菜已达8.2万亩，总产35万吨。其中，设施蔬菜1.1万亩，共有各类大棚2 875个，其中日光温室(暖棚)1 195个，占地4 800亩，冷棚1 680个，占地6 200亩，产量5万吨，平均每亩增收4 000元以上，实现农民增收4 000万元。设施蔬菜生产已经成为当地农民投资回报快、效益较为明显的支柱产业。目前在黄龙港、万里、顾阳关、寺头、燕头、北郝峪、南张吾、疙瘩头、沟北、羊柴等村已形成规模化、专业化的生产布局。

但总体上看，目前行唐蔬菜(瓜菜)产业仍存在以下3个问题：一是布局分散，几乎每个乡镇都有布局，其中主要分布在玉亭、独羊岗、翟营、上方、口头、安香、只里、龙州等乡镇的20多个村。二是高端设施农业较少，主要以小棚、冷棚为主，高标准的暖棚和智能温室较少，设施农业还处于起步发展阶段。三是蔬菜加工储藏设施缺乏，中高端设施果蔬产品较少。结合这些问题，未来要着重从以下方面进行提升。

“十三五”期间，要把发展规模化、集聚化的绿色蔬菜产业集聚区和高端设施农业作为全县蔬菜产业发展的重要抓手，立足于服务京津冀1.2亿人高端消费市场需求，促进蔬菜产业提档升级，构建生产标准化、栽培设施化、品种特色化、质量可追溯、产销一体化的现代蔬菜产业体系，实现稳量增效。努力打造“行唐蔬菜”品牌，加快建成京津地区重要的绿色蔬菜供应基地。

巩固和扩大“一廊四基地”蔬菜产业布局。着重在独羊岗布局现代农业综合示范园区，把高端设施农业作为其中一个重要的支撑业态大力扶持。着重在独羊岗乡建设全县设施蔬菜标准化示范区，在翟营乡建设绿色蔬菜产业示范区，打造全县重要的蔬菜产业生产基地。重点在玉亭(疙瘩头、封家佐)、口头(黄龙岗、北岗底)、上方(羊柴)、安香(北伏流)、只里打造蔬菜产业集聚区和特色精品蔬菜产业园，培育壮大蔬菜专业村。引导设施蔬菜种植向专业化、规模化、精品化和园区化方向发展。对全县设施蔬菜标准化示范区进行棚室补贴，对示范区内棚室进行自动放风、自动卷帘、质量追溯体系等现代化设施补贴，重点对100亩以上的设施蔬菜园区进行补贴。

培育发展工厂化育苗中心。在独羊岗沙河现代农业园区打造工厂化育苗中心,服务全县乃至周边瓜菜产业发展。

推动设施高端化升级改造。抓住省委省政府提出建设高端设施的机遇,重点规划在国家红枣公园、翟营绿色蔬菜产业集聚区、独羊岗沙河现代农业园区、玉亭高效特色农业园区、上碑望龙岗现代农业园区等重点园区建设1万平方米以上的高端智能温室,大力发展植物工厂。在平原区现代农业园区以及翟营磁河现代农业园区规划等地势相对平坦的园区建设200亩以上连栋智能温室。同时,规范适宜推广的普通节能日光温室建设标准,设施结构向大跨度、大体量方向转变,方便机械化操作,提高棚室保温、防灾效能,培植本土设施建造专家技术队伍。

推广智能自动化控制技术。在蔬菜集中产区稳步推广物联网控制技术,实施设施内温度、湿度、光照、土壤水分的自动检测预警和保湿被卷放、通风口开闭和遮阳网收放的机械化操作。大力推广蔬菜节水栽培,大力推广膜下滴灌水肥一体化技术和蔬菜微喷技术,实现规模园区和蔬菜大村水肥一体化技术应用全覆盖。加大小型专用农机具引进示范推广力度,提高菜农农机装备水平,降低劳动成本,提高种植效益。

到2020年全县蔬菜产业(含西瓜、甜瓜、草莓等设施瓜果)力争突破10万亩,其中设施果蔬面积力争突破5万亩,建成京津地区重要的绿色蔬菜供应基地。

2.大力发展食用菌产业

作为继粮、菜、果、油之后的第五大农产品,食用菌被誉为“21世纪的健康食品”。目前,行唐县的食用菌产业发展规模较小,在口头万里村和北河乡南河村等乡镇有少量种植。食用菌是高附加值产业,同时也是推进玉米芯、秸秆、枯木等农业废弃物资源综合利用的典型产业,是发展高效生态农业的重要方向,应大力扶持食用菌产业发展。

大力发展食用菌农业工厂。近年来,我国食用菌产业工厂化生产发展迅速,主要品种有金针菇、杏鲍菇、双孢菇、蟹味菇、海鲜菇、白灵菇等,目前涉及工厂化生产的产能仅占年总产能的7%,与发达国家的70%相比差距很大,所以食用菌工厂化发展是必然趋势,空间很大。重点在独羊岗沙河现代农业园区、独羊岗特色农业园区、南桥特色农业园区、翟营绿色蔬菜产业集聚区、北河高效特色农业园区等相关园区支持鼓励发展食用菌农业工厂,建设食用菌现代产业园(园中园),重点种植杏鲍菇、黑鸡枞、白灵菇、褐蘑菇、蟹味菇等高端食用菌。

5.6.4 高品质休闲农业

推动农业产业跨界经营，在农业园区中融入民俗乡情文化、田园农耕体验文化、生态庭院文化，大力发展休闲农业，形成田园变公园、园区变景区的产业格局，是现代农业发展的重要方向。

休闲农业是拓展农业观光休闲、文化传承、科技普及等功能，围绕农业生产过程、农民劳动生活和农村风情风貌，通过创新、创意、创造让人们品味农业情调、享受田园生活、体验农耕文化，带动农村一、二、三产业融合发展的新型农业产业形态和新消费业态。休闲农业作为农村一、二、三产业发展的融合体，近年来发展迅猛，已成为一种新型产业形态和消费业态，在促进农业提质增效、带动农民就业增收、传承中华农耕文明、建设美丽乡村、推动城乡一体化发展方面发挥了重要作用。近年来，国务院及相关部委积极鼓励发展休闲农业，明确将休闲农业提升到促进农业提质增效、带动农民就业增收、传承中华农耕文明、建设美丽乡村、推动城乡一体化发展的高度。2016年"中央一号"文件更是把其定位到繁荣农村、富裕农民的新兴支柱产业的高度。因此，大力发展休闲农业是发展现代农业的大势所趋。2015年，石家庄市人均GDP达到约8 000美元，旅游消费需求进入快速发展阶段，需要一批高品质的休闲农业旅游景区、景点满足日益不断扩大的消费需求。

行唐县要抓住休闲农业和国家"全域旅游"战略发展机遇，紧扣石家庄、京津冀旅游消费市场需求，积极参与京津冀休闲农业圈建设，谋划行唐休闲农业精品路线和旅游产品，突破性发展休闲农业与乡村旅游，促进"农区变景区、田园变公园、农房变客房、劳动变运动、产品变商品"，延长农业产业链。全力打造石家庄，乃至京津冀城市后花园，精心打造一批观光型、设施型、特色型生态农业园区。

1.围绕优化布局，着力在丰富类型和融合聚集上实现突破

要抓紧研究制定促进全县休闲农业和乡村旅游发展的指导意见，因地制宜引导发展休闲农业与乡村旅游业态。

山区：①农园采摘型：利用开放成熟期的果园、菜园、瓜园、花圃等，供游客入园观景、赏花、摘果，从中体验自摘、自食、自取的果(花)农生活和享受田园风光。如中华寿桃采摘园、满撒红枣采摘园、安太庄苹果采摘园。②渔场垂钓型：利用水库、池塘、鱼池等水体进行垂钓、食水鲜和水上娱乐等内容的水域旅游活动。如口头水库垂钓。③森林旅游型：以森林区优美的环境、洁净的空气，来吸引居民体验回归大自然的情趣和进行休闲、度假、森林考察、避暑疗养等健身活动。如鳌鱼山运动公园。④生态科技观光型：利用生态示范区或高科技农业示范园区吸引游客，使游客在休闲过程中开阔眼界，增长知识。如团山红现代农业科技园等。⑤综合观光型：在观光农业景区内设置多种项目，如神树湾生态田园景区开展“亲情游乐神树湾”，既观农园寻田园风光，又乐民俗享乡野风情，同时还利用自然风景区搞采摘活动。

丘陵区：①畜牧观赏狩猎型：利用牧场、养殖场、狩猎场、跑马场等，给游人提供观光、娱乐、参与牧业生活的风情和乐趣。如田园牧歌欢乐牧场。②农事体验型：即在特定的民俗环境中，同当地人或表演者共同游戏、生活或劳作，诸如歌舞戏、种花养鱼、采摘果实、种植蔬菜、学做菜肴及其他家庭工艺等。例如，任家庄村。③度假休闲型：即以度假为主，在水乡、山村或民俗园中小住数日，对游览地的衣、食、住、行作亲身体验，同时对当地的民间艺术、民间技艺、方言等加以轻松的了解。此类民俗村多分布在自然风景区附近，例如口头水库和红领巾水库周边村落。④新村风貌展示型：其核心就是展示社会主义新农村的新风貌。典型代表有龙兴庄。

平原区：①农园观光型：以展示种植业栽培技术或园艺、农产品及其生产过程等为主，建立了观光农园、教育农园、农业公园、市民农园或租赁农园等，如城区附近的卧龙岗生态园。②古村落观览型：指以游客静观或踏看为主的游览方式，以民俗设施、民俗陈列和有地方特色的民居群落观览为主要形式。如差取民俗旅游村。③传统教育型：即以一些历史事件遗迹为依托，结合民俗风貌，使游客在领略风土民情的同时，接受传统教育。④科普教育型：在农业生产、村镇建设和人民生活等方面，广泛运用科技新技术和新方法，建立多种科技示范区，使游客在游玩的过程中了解各种实用科技知识。

2.围绕丰富内涵，着力在文化传承和创意设计上实现突破

加强农村文化资源的保护和挖掘，强化休闲农业和乡村旅游经营场所的创意设计，大力发展田园牧歌式农业，推进农业与文化、科技、生态、旅游的融合，提高农产品附加值，提升休闲农业和乡村旅游的文化品位。大力发展具有文化内涵的美丽休闲乡村，加快乡土民俗文化的推广、保护和延续。观光休闲农业园区中主要创意景观类型规划建议见表5-3。

表 5-3　观光休闲农业园区中主要创意景观类型规划建议

景观类型	景观功能	规划要点及植物选择
农田景观	多用于菜园、大田、果园等。可为半开放式或全开放式，在园内农业生产基地的基础上，加入园林景观要素，规划出蜿蜒的园路，增设休息设施，点缀园林小品，另外除用于生产成行列种植的花木外，植物多采用丛植、散植的种植方式，不宜规则对称式布置，以求与观光农业园的自然风格相统一	这类景观所选用的植物应兼具观赏价值和经济价值，如油菜、甜菜、韭菜、苋菜、茶叶、麦冬、菊花、黄花、杭菊、除虫菊、野菊花、蜀葵、彩叶草、葱兰、甘草、大丽花、贝母、白及、百合、金银花、芦荟、仙人掌、当归、红叶甜菜、羽叶甘蓝、结香、月季、紫荆、木芙蓉、白玉兰、含笑、茉莉花、腊梅花、桂花、米兰、小苍兰等
湖塘景观	湖塘是生产与观景娱乐的结合体，其生产功能包括水生植物的种植以及鱼类、家禽的养殖。在满足生产功能的同时也可满足游客观景娱乐的需求。在湖塘水体景观的规划中形成动物、植物、水体紧密结合且良性循环的生态链	在植物景观方面则应突出水岸背景林的营造，以凸显水面的宽阔。植物种类可与溪流景观通用，但由于湖塘往往还具有生产功能，则应更加偏重于具有经济价值的种类，如莲、红菱、慈姑、荸荠等。此外，可专门开辟水草种植区进行水草生产，常见的水草种类如萍、萍蓬荷根、三角芋、紫色芋、水萍、槐叶萍属、水芙蓉、皇冠属、椒草属、狸藻属、水车前等
林地景观	果园每至花季，成片的花林吸引游人前往赏花，每至果季，游人又可前来品果。果园可全面开放或仅局部开放，由游人自己采果、品果、采购，可带来较高的经济效益	在保持观光农业园原有果林生产功能的同时开发其旅游功能，将果园作为游人休闲度假的场所。可以将果园作为综合性观光农业区中的一个组成部分，也可建造专门的观光果园。一般以原有的果林为基础，发展适合种植的优良品种，形成优质高产果园。品种选择上除了能产出优良产品外，还应具有良好的观赏价值
科技农业景观	当今农业提倡的是科技农业，因此观光农业园会应用到一些新的科学技术进行农业生产，同时也承担科学研究的功能	园内可架设玻璃温室大棚，种植日常生活中少见的新奇品种、野生品种，展示无土栽培方式，如水培法、基质培、立体栽培等，而这些对于游人来说则是另一番新兴现代化的农业景观
文化景观	文化的内容包括历史人文、农业文化、农村生活方式、民族特色、地方风俗等。主要通过建筑小品、实物展示、开展特色文化活动甚至景点景物的命名来传达给人们	1. 农业文化展示：①传统农业展览：用图片资料及实物、模型等形式来展示当地的传统农业生产方式、传统作物及传统农具，如犁、织布机、锄头、石磨等。②现代农业科技展示：主要介绍现代农业生产情况及宣传农业生产基础知识和现代农业生产高新技术。可用图片展览、观看影像、阅读资料等方式进行 2. 特色文化活动

3.围绕品牌培育,着力在典型示范和氛围营造上实现突破

重点打造 8 个休闲农业与乡村旅游精品项目。包括:行唐国家红枣公园创建工程、孔雀湖滨水度假小镇、神树湾田园生态旅游区、牛王寨观光休闲农业区、大沙河现代生态农业园区、安太生态果园、缶山药王养生谷、行唐太行百里山水画廊(沟域经济)。

打造 8 大特色休闲农业与乡村旅游产品。包括:“枣乡风情”魅力乡村旅游产品;“青山绿水”生态观光旅游产品;“千年古县”文化体验旅游产品;“渔舟唱晚”休闲渔业旅游产品;“药王养生”养生度假旅游产品;“时代记忆”红色教育旅游产品;“心的逃逸”康体运动旅游产品;“田园牧歌”农牧旅游产品。

培育壮大 8 大休闲农业节庆活动,大力发展会展农业。包括:行唐农业嘉年华(行唐农业博览会)、牛王寨杏花节、行唐大枣采摘文化节、行唐欢乐采摘乐活节(寿桃、草莓、苹果、樱桃等)、红领巾水库休闲垂钓旅游节、行唐百里山水画廊健康徒步大会、缶山药王健康休闲养生节(庙会)、中国行唐传统孝义文化节等。

4.大力发展特色精品农庄

农业庄园是基于农业生产及农业景观为载体,辅以休闲、会议、度假、餐饮、学习为一体的庄园经济模式,以观光休闲为主题的农业综合园区是休闲农业发展的一种趋势。目前,行唐已有一个省级现代农业园区(神树湾)和一个市级现代农业园区(团山红),但严格来说都属于企业庄园型农业园区,全县其他大部分有意走一、二、三产融合或一、三产融合的农业园,大都也属于企业农庄型园区。

未来,对于大部分丘陵区和山区的现代农业园区来说,特色农庄将是主要的空间组织模式。目前行唐农庄发展存在的问题有如下几方面:

(1)科学规划重视不够。目前,农庄基本上是以乡村企业、农民自主开发为主,缺少整体规划和科学论证,项目设计雷同,布局不尽合理,功能不配套,市场定位不明,简单仿效,粗放经营,在开发建设上随意性较大,存在着一定的无序性和盲目性。

(2)档次不高,品位偏低。目前休闲农庄发展多为规模小、档次低、品牌单一,而高品位、高档次、多功能、知识型的较少,多数观光休闲农业区设施简陋,内容不够丰富,生态、文化内涵不高,社会影响力不大,知名度不高,缺乏吸引力。

(3)管理不够规范,服务水平不高。休闲农业的规章制度和管理机制不健全,农业部门、旅游部门与其他相关部门在管理上还不够协调。旅游区的道路建设、配套设施建设、管理服务用房等用地结构和布局还比较散乱，没有统一的标准和要求，各行其是。游客的餐饮、住宿、娱乐在安全、卫生等方面还不规范。

发展特色精品农庄。精品农庄是优质农庄的代表，它超越了一般的乡村度假地，其设施及服务中都能体现出农业生态、商务度假、科技智慧、精品服务等元素，在很大程度上引领并满足了不同类型中高端消费者的需求。主要有以下几种模式：

(1)高科技农业农庄。以农业高科技为指导，引进国际先进技术，形成以循环农业、低碳农业为特色的，集种养殖为基础的现代农业产业园。同时以农业产业为基础，大力推进农业观光、农业科技体验、传统农耕文化体验等休闲产品，形成环境优美、科技含量高、观光休闲配套全的高科技农业农庄。

(2)浪漫艺术农庄。以花卉、果树为植物背景营造五彩斑斓的度假环境，一般该种植物具有特定的景观冲击力，能够展示特定文化风情，其造景方式可按照古典园林或者异域风貌设计风格，营造一种别样的度假体验享受。通常选择的植物有薰衣草、郁金香、紫罗兰、红高粱、玫瑰花、各种香草、番茄、桃树、杏树等具有一定景观效果的植被，结合西式浪漫主义情怀，引进婚纱摄影、写生基地等艺术活动，使其具有一定的特色与时尚味道。

(3)智能养老养生农庄。智能养生养老农庄在一般的健康护理、生活照料、社会参与、权益保护、特色服务等养老度假区中加入了绿色、科技、环保的要素，将智能家庭引入，结合良好的生态自然环境，实现自在自由、智能科技的养生养老。

(4)主题农场农庄。以农耕文化、农产品自身特色为基础的，以休闲娱乐、生态度假为特色的主题农场公园。如农耕文化博物馆、向日葵大地艺术、奇异花卉园等，主题农场农庄一般与综合性园区结合，作为其中的一个体验板块。同时，主题农场也与文化创意相关联，利用农业文化创意、农业休闲住宿、农业特色餐饮、农业文化商品等，通过农场的主题来提升农场的个性化魅力，从而得到差异化发展。

5.6.5 高效农产品加工业和物流业

1.大力发展农产品加工业

构建农产品加工产业链，延伸产业链条，鼓励有能力、有实力、有潜力的农业新型经营主体，建立融基地生产、精深加工、市场开拓、产品销售为一体的完整的产业体系，打造从田间到餐桌的全产业链。

着力以生产高附加值的绿色、营养、健康的高端食品为主要目标,发展和提升以高端乳品加工、特色林果产品加工、粮食加工为重点的绿色农产品精深加工产业。加大对龙头企业的扶持力度,积极引进大型现代化农产品加工企业,推动农产品精深加工做大做强和提档升级,把行唐县建设成为京津冀重要的绿色健康食品供应基地。

"十三五"期间实施农产品加工企业"512"提升计划,围绕乳制品、果品、肉食、粮油、蔬菜 5 个产业加工方向,建成 1 个农产品加工产业园区,重点提升 20 个农业产业化龙头企业。

(1)高端乳品加工。依托君乐宝乳业和明旺乳业等龙头企业,大力发展高端乳品加工业。加快君乐宝万头生态牧场建设进度,全力支持君乐宝婴幼儿配方奶粉生产和市场开发,将高端婴幼儿配方奶粉打造成为行唐县的拳头产品和重要的工业经济增长点。在大力发展有机奶源的基础上,加快推进河北正诺乳业饮料生产项目,支持君乐宝和明旺乳业生产以"无农药残留,无抗生素、无激素,无添加"为主要特征的高端有机液态奶和植物蛋白饮品。支持明旺乳业加快开发健康、营养、安全的儿童风味乳制品,提高儿童乳制品的市场占有率。

(2)特色林果精深加工。立足"中国优质大枣产业基地",积极对接引进北京二商集团、河南"好想你"集团等知名品牌企业,发展红枣精深加工,延长红枣产业链条。依托万果红酒业、卢府酒业等龙头企业,加大工艺技改投资力度,研发具有健康养生功效的枣酒产品,打造在全国有较大知名度和市场影响力的行唐枣酒品牌。依托沙河生态林果产业带,充分挖掘"安太苹果"、"中华寿桃"等名优果品的资源优势,发展绿色果品深加工。充分利用行唐县优质花生核桃资源,谋划引进承德露露、六个核桃、山东鲁花等全国知名品牌来行唐投资,开发生产花生油、核桃油、植物蛋白饮料和系列高端滋补保健食品。

(3)食品添加剂和肉禽深加工。充分发挥河北泽华生物科技有限公司的引领带动作用,大力发展符合现代健康营养潮流的多功能天然色素等食品添加剂和系列保健食品生产。依托河北省产业化龙头企业鸿鑫食品,发挥全冷链物流优势,发展以屠宰、分割、深加工为主的肉禽产品深加工。

(4)粮食加工。努力引进一家面粉厂,带动全县粮食精深加工。提升小米精细化加工水平和红薯深加工水平,通过产品精深加工带动小米品种结构优化,提升行唐小米的品质。

(5)蔬菜加工。积极引进蔬菜加工企业,积极发展产地分拣、清洗、包装等初加工,鼓励发展蔬菜脱水、腌制食品、蔬菜汁、发酵蔬菜饮料、蔬菜膨化食品、果蔬粉、蔬菜脆片等蔬菜精深加工产品。

2. 完善农产品流通体系

完善的农产品流通体系是农产品顺利进入市场,实现增值的重要环节。"好产品也需要建立顺畅的市场渠道",缺乏完善流通体系和市场渠道的现代农业将无法有效实现产业增值,在丰收年份还会出现"谷贱伤农"的情况。

河北省提出要围绕京津形成1小时速生蔬菜供应圈、2小时鲜活农产品保障圈、3小时应急农产品供应圈,推进农超对接、产销直挂、电子商务,提高产加销一体化水平。行唐县位于2小时鲜活农产品保障圈上,但只有加快完善农产品流通体系才能充分发展这一功能。近日,国家发改委、农业部等部委联合发布了《京津冀农产品流通体系创新行动方案》,提出要"经过3年左右的努力,基本建立统一开放、分工协作、竞争有序、畅通高效的京津冀农产品流通网络体系,市场布局更加优化,组织化、专业化、标准化程度显著提高,流通效率和服务质量明显提升,流通成本大幅度降低,培育壮大一批具有较强竞争力的龙头示范企业,成为全国农产品流通体系创新的先行示范区。"这是行唐加快完善农产品流通体系的重大机遇。

要加快构建面向京津的农产品物流体系,积极完善农产品物流体系,全面融入京津2小时鲜活农产品和3小时农产品冷链配送体系。

大力发展优势农产品集散地和产地市场建设。一是加强口头大枣交易市场建设,打造区域性大枣集散中心。二是吸引战略投资者和社会资本,加快建设具有冷藏保鲜、加工配送、电子结算、信息与追溯平台、质量安全检测、交易厅棚和废弃物处理等功能的农产品物流园区,提供灵敏、安全、规范、高效的农产品物流和市场信息,打造面向京津冀的绿色农产品集散中心。

加强冷库、冷链系统建设。支持龙头企业建设一批适应现代流通和消费需求的冷冻、冷藏和保鲜仓库等设施,推广应用冷链新技术、新产品。加强"最先1千米"和"最后1千米"的产地预冷、保鲜加工、保鲜运输、销售终端冷藏等能力建设,有效解决冷链"断链"问题。大力培育发展第三方农产品冷链物流企业。加强区域农产品冷链物流、检验检测认证等标准体系建设,落实产地准出检验,发挥认证作用,推动采信第三方检验检测认证结果,强化标准执行,建立全程可追溯的食品安全监控系统。

积极面向京津建立农产品产销对接体系。根据京津冀农产品消费需求,主动加强协作,建立完备的产销对接体系。引导农产品批发市场向上下游延伸经营链条,与农产品生产基地和零售客户建立直接购销关系。鼓励“场厂挂钩”、“农超对接”、“农市对接”等多种实现方式,发展订单农业和互联网+农业,减少中间环节,稳定长期购销。积极开展对团体、超市、农贸市场配送服务,支持大型连锁超市、农贸市场与农民专业合作社等开展“农超对接”。

大力发展农村电商。以建设国家电子商务进农村综合示范县为契机,着力发展互联网+农业,培育和壮大多元化农村电子商务市场主体,构建农村购物网络平台,实现每个行政村建设 1 个电子商务网店,引导和支持农村居民广泛参与电子商务交易。创新农村电商模式,拓宽农产品、民俗产品、乡村旅游的销售市场,运用电子商务大数据指导农业生产,促进农业发展方式转变。到 2020 年,电子商务交易额年均增长 30%以上,占全县消费品零售额的比重有明显上升。全县初步建成开放有序、诚信安全、绿色环保的农村电子商务市场体系,推动农民创业就业,开拓农村消费市场,带动农村扶贫开发。

5.6.6　各乡镇特色产业发展引导

1.平原高效生态农业区乡镇

龙州镇:重点打造绿化苗木生产基地,逐步建设成为苗木花卉产业示范区。

市同乡:重点发展农产品加工和农家乐(餐饮),建设重要的农业服务功能区。

安香乡:重点发展药用植物种植和特色精品产业种植,围绕工业园区建设,大力发展休闲观光农业。

只里乡:重点发展苹果、樱桃、草莓等特色果品产业和现代设施蔬菜产业。

独羊岗乡:乡着力发展基于设施农业、特色养殖为主导业态的现代农业综合示范园区。

2.丘陵创意休闲农业区乡镇

南桥镇:重点支持发展以安太苹果生产为载体的观光休闲农业。

翟营乡:重点支持打造行唐绿色蔬菜产业示范区,以沟北村为核心,集中布局设施蔬菜基地和露地蔬菜基地。

城寨乡:重点支持打造观光休闲农业,大力发展特色果品观光采摘。

上碑镇:重点支持发展现代高效农业园区,加快西岗(望龙岗)现代农业开发。

上方乡:重点布局蔬菜、特色林果、景观休闲农业、农产品加工产业,鼓励并支持开发红领巾水库沿岸,大力发展观光休闲度假产业。

玉亭乡:重点布局设施果蔬产业,集中力量打造缶山现代农业示范园区和沟域经济。

北河乡:重点巩固和扩大优质小米种植面积,全力推进万头奶牛牧场建设。

3.山地主题公园农业区乡镇

上闫庄乡:整体打造上闫庄沟域经济综合体,加快神树湾、庙岭沟、多利庄园等主体发展,大力打造休闲农业与乡村旅游。

口头镇:重点沿宝平线布局现代农业设施,大力发展观光采摘、设施蔬菜、沟域经济,提升口头大枣贸易集散市场建设,打造口头精品旅游小镇。

九口子乡:重点推进国家红枣公园建设,打造集红枣科技示范、观光采摘、农家乐、乡村旅游、林下经济等为一体的农业主题公园。

5.7 构建现代特色农业生产体系

现代农业生产体系,是先进生产手段和生产技术的有机结合,重点解决农业的发展动力和生产效率问题,是现代农业生产力发展水平的显著标志。构建现代农业生产体系,主要是用现代物质装备武装农业,用现代科学技术服务农业,用现代生产方式改造农业,转变农业要素投入方式,推进农业发展从拼资源、拼消耗转到依靠科技创新和提高劳动者素质上来,提高农业资源利用率、土地产出率和劳动生产率,增强农业综合生产能力和抗风险能力,从根本上改造传统农业。

“十三五”期间,全县要重点实施5大基础支撑体系建设工程,包括:园区连接线工程、园区基础设施提升工程、农业全景观工程、农产品质量安全工程和农业生态保护工程,夯实现代农业发展基础。

5.7.1 强化农业基础设施建设,建设高标准现代农业生产基地

1.加快园区连接线(特色产业路)建设

重点依据全县“十三五”特色产业道路规划,以新建道路和规划提升为重点,加快推进各现代农业园区间、园区内部道路连接线建设。共包括各类特色产业道路24条,建设里程约430千米。各产业道路按路网现状行政等级建设,大部分按

四级路等级设计,山区路面宽不低于5米,平原路面宽不低于6米。

安太庄珍果基地路:位于安太苹果观光休闲农业园区。由一条乡道和两条村道组成,建设里程12.173千米,技术等级四级,水泥混凝土路面,路基宽7米,路面宽度6米。乡道黄北线团贾线至京赞线段,起点京赞线,经北龙岗、南安太庄、东安太庄、西安太庄,止点团贾线,路段长7.348千米;2条规划村道,纵向自京赞线至安太珍果园,横向自黄北线至安太珍果园,共4.825千米。

张家庄寿桃观光路:连接城寨观光休闲农业园区、城寨高效特色农业园区和翟营绿色蔬菜产业集聚区。由一条乡道和两条村道组成,建设里程15.728千米,技术等级三级/四级,水泥混凝土路面,路基宽7米/7.5米,路面宽度6米/6.5米。高道秦岸线,自阜上线起,经陈家庄、张家庄、南城寨、掌头、上龙门、任家庄、中龙门、下龙门、翟家庄、沟北,接通行陈线,路段长10.128千米;2条规划村道,一条为张家庄至核桃基地,自秦岸线起,穿越寿桃基地,接通掌头村道,另一条为掌头至南城寨,自掌头村道开始,穿越寿桃基地,接通南城寨乡道,共5.6千米。

饲草基地路:位于独羊岗沙河现代农业园区。由两条村道组成,建设里程4.951千米,技术等级四级,水泥混凝土路面,路基宽7米,路面宽6米。路线起点南贝线,经过南叉、东差、西叉、止点北叉。

上碑西岗农田基地路项目:连接上碑望龙岗现代农业园区、翟营绿色蔬菜产业集聚区和城寨高效特色农业园区。由两条乡道和一条规划村道组成,建设里程13.072千米,等级四级,水泥混凝土路面,路基宽7米,路面宽度6米。乡道贾南庄至沟北,起点阜上线贾南庄,止点秦岸线沟北,路线长4.92千米;乡道上碑至下龙门,起点在阜上线上碑杨村口,止点秦岸线下龙门,路线全长5.671千米;规划村道祈后至沟北,起点位于阜上线祈后口,横穿上碑至下龙门乡道,止点接通贾南庄至沟北乡道,长2.481千米。

团山红辅路:北河高效特色农业园区、团山红现代农业园区和鲁家沟特色沟域经济园区。由两条乡道和两条村道组成,建设里程19.201千米,技术等级三级/四级,水泥混凝土路面,路基宽7米/7.5米,路面宽度6米/6.5米。乡道黄北线起点位于宝平线武装村口,途经黄龙岗、山店,在团贾线接通北河乡政府,路段长8.785千米;龙兴庄乡道起点位于团贾线,经南河、龙兴庄、止点山店,路线长6.516千米;两条村道,一条是山店至苇园,一条是南河至黄北线,总里程3.9千米。

枣区环路:位于北部山区,连接团山红现代农业园区、鲁家沟特色沟域经济、上闫庄特色沟域经济、九口子特色沟域经济和国家红枣公园等园区。由 7 条乡道和 8 条村道组成，全长 41.817 千米，技术等级三级/四级，水泥混凝土路面。起点宝平线，经固山、宦头、马化、普塔石、鲁家峪、鲁家庄、石槽沟、东玉女、西玉女、鳌鱼、东寺上、两岭口、高家峪、桑叶沟、上连庄、东西彩庄、棉花庄、石坊、上王庄、瓜家峪、蒋家峪、米家庄、上闫庄、董家庄，止点在宝平线的郑库池，其中宝平公路到两岭口路段长 23.148 千米，路基宽 6 米，路面宽 5 米；高家峪到车厂路段长 18.669 千米，路基宽 7.5 米，路面宽 6.5 米。该环路的建成，将行唐县北部红枣区串连成一体，是红枣采摘和山区红枣外运的重要通道。

红枣基地通达路：主要位于鲁家沟特色沟域经济、口头特色小镇、九口子特色沟域经济和国家红枣公园等园区内。包含 4 条乡道、8 条村道和 1 条专道，全长 72.348 千米，等级四级，水泥混凝土路面。4 条乡道自西到东为花李线 18.581 千米、九东线 5.334 千米、西玉女乡道 3.663 千米、马化乡道 15.447 千米；8 条村道自西向东由花沟至大庄窝、花李公路至长沟、辛庄至东黄庵、草泊头至东寺上、满撒至草泊头、西玉女乡道至东玉女、坎上至石槽沟、宦头至鲁家沟，共计 22.049 千米；专道 1 条九东公路至鳌鱼山，长 7.274 千米。范围覆盖九口子、口头二乡镇红枣盛产区，纵向直达红枣采摘区，与环路连接形成进出方便的红枣路网布局。花李线、九东线、马化乡道路基宽 7.5 米，路面宽 6.5 米，其余特色产业路路基宽 6 米，路面宽 5 米。

核桃环路：位于行唐中部丘陵区，连接安太苹果观光休闲农业园区、玉亭高效特色农业园区、缶山现代农业园区、上方创意休闲农业园区、城寨高效特色农业园区、城寨观光休闲农业园区和翟营绿色蔬菜产业集聚区等园区。由 2 条乡道和 13 条村道组成，全长 31.14 千米，技术等级四级，水泥混凝土路面，路基宽 7 米，路面宽度 6 米。起点东安太庄村东珍果园路，经南安太庄、柳树沟、泉子头、疙瘩头、庙上、东井底、上方、南凹、董家庄、凹子里、北城寨、南城寨、掌头、止点在秦岸线的上龙门村。

核桃基地通达路：主要位于口头特色小镇、北河高效特色农业园区、口头观光休闲农业园区、上方创意休闲农业园区、缶山现代农业园区、玉亭高效特色农业园区等园区内。包含 5 条乡道和 19 条村道，全长 65.727 千米，技术等级三级/四级，水泥混凝土路面。5 条乡道自西到东为侯家庄至秦台、南豆庄至上滋洋、贾南庄至上龙门、屹塔头至东城仔、团贾公路至西科头，合计 26.972 千米；19 条村道自西向东有阜上线至邢家庄、邢家庄至南城寨、掌头至秦岸线、行陈线至信庄村南村北核桃基地、上滋洋至上龙门、北庄至圣水洼、南庄至贾上公路、太子庄至南凹、太子庄至下滋洋、下滋洋至阜上线、宝平公路至武装核桃基地、无繁线至老牛沟、南张吾至党家庄、常香至东正、黄北线至柳树沟、葛仙庄至泉子头、柳树沟至屯里、东玉亭至柳树沟,共计 38.755 千米。遍布南桥镇、玉亭乡、北河乡、安香乡、上方乡、城寨乡、口头镇、上碑镇、翟营乡 3 镇 6 乡核桃种植区,与环路呼应,形成核桃特色产业路网。

驴业养殖路:位于北河现代生态休闲牧场内,为安家峪村道。长约 3.8 千米,技术等级四级,水泥混凝土路面,路基宽 7 米,路面宽 6 米。路线起点团贯线,止点安家峪,驴业养殖区位于团贯线到安家峪村中间山坡地带。

秦郡路:连接南桥特色农业园区、独羊岗特色农业园区、独羊岗现代农业园区和只里现代农业园区。由 3 条乡道和 3 条村道组成,全长 16.156 千米,四级公路,水泥混凝土路面,南贝线贾庄岗至南差口段、习习线连家庄至无繁线段路基宽 7.5 米,路面宽 6.5 米,其余路段路基宽 7 米,路面宽 6 米。起点故郡,经河合、寨里、贾庄岗、南差、连家庄、秦村、习村庄、止点习村口的无繁线。

绿丰路:位于只里现代农业园区内。由 2 条村道组成,路线全长 3.427 千米,等级四级,水泥混凝土路面,路基宽 7 米,路面宽 6 米。起点无繁线,到秦村连接秦郡路。

神树湾旅游观光路:连接神树湾观光休闲农业园区和上闫庄特色沟域经济。由 2 条村道组成,全长 6.63 千米,技术等级四级,水泥混凝土路面,路基宽 7 米。路线起点车石线,经神树、止点在神树西沟。

农业生态路:连接独羊岗沙河现代农业园区、独羊岗特色农业园区和南桥特色农业园区。由 2 条村道组成,路线长 11.897 千米,等级四级,水泥混凝土路面,路基宽 7 米,路面宽 6 米。故郡生态路起点京赞线,止点故郡;独羊岗生态路起点接西差辰雨基业路,沿大沙河经欢同、贾村、寨里、河合,在河合村西接通秦郡路,向北与故郡相连。

岗底采摘路:位于口头观光休闲农业园区内。是由无繁线至秦台的一条村道,途经草莓种植基地,长 1.72 千米,技术等级四级,水泥混凝土路面,路线全路基宽 7 米。

山杏采摘观光路:连接城寨观光休闲农业园区、牛王寨观光休闲农业园区和上闫庄特色沟域经济。由 2 条乡道和 2 条村道组成，路线全长 12.059 千米，技术等级三级/四级，水泥混凝土路面，路基宽 7 米/7.5 米，路面宽度 6 米/6.5 米。起点自阜上线，经河西、寺庄、杨下口、王下口、牛下口、上安里，止点在宝平线。

磁河环路：连接翟营磁河现代农业园区、安香现代农业园区。路线全长 22.695 千米，技术等级三级，水泥混凝土路面，路基宽 7.5 米，路面宽 6.5 米。北起南霍营，经宋营、岗头、南伏流、南张吾、慈河庄、止点常香，是一条沿磁河的集旅游观光一体的防护林旅游带。

沙河环路：连接安太苹果观光休闲农业园区、南桥特色农业园区、独羊岗特色农业园区、独羊岗沙河现代农业园区和只里现代农业园区等园区。由 1 条规划村道、1 条乡道和 1 条村道组成，全长 31.526 千米，水泥混凝土路面。起点东安太庄，经北龙岗、故郡、河合、岗头上、寨里、贾庄、欢同、四差、北高里、东西家，止点无繁线。其中，东安太庄至北高里路段长 23.49 千米，三级路，路基宽 7.5 米，路面宽 6.5 米；北高里至沙河路段长 3.836 千米，二级路，路基宽 10 米，路面宽 8 米；连家庄至无繁线路段长 4.2 千米，三级路，路基宽 7.5 米，路面宽 6.5 米。

故郡古墓旅游路：位于南桥特色农业园区内。由 2 条村道组成，长 2.836 千米，技术等级四级，水泥混凝土路面，路基宽 7 米，路面宽 6 米。

金针菇基地路：主要位于玉亭高效特色农业园区内，连接南桥特色农业园区。长 6.562 千米，技术等级三级，水泥混凝土路面，路基宽 7.5 米，路面宽 6.5 米。路线起点团贾线，途经东玉亭、屯里、西桥，接通南桥镇的京赞线。

桑葚园路：连接玉亭高效特色农业园区、缶山现代农业园区和上方创意休闲农业园区。是一条规划村道，长 4.427 千米，技术等级四级，水泥混凝土路面，路基宽 7 米，路面宽 6 米。路线起点团贾线，经西玉亭、上方，接通老牛沟核桃基地通达路到达无繁线。

白菜种植基地路：位于行唐农产品物流园区内。为无繁线至羊柴村道，长 3.148 千米，技术等级四级，水泥混凝土路面，路基宽 7 米，路面宽 6 米。路线起点无繁线，经羊柴村，穿越白菜种植基地回到无繁线。

产业路连接线：连接南桥特色农业园区和行唐农产品物流园区，口头观光休闲农业园区和牛王寨观光休闲农业园区，以及上闫庄特色沟域经济、神树湾观光休闲农业园区和九口子特色沟域经济。由 3 条乡道组成，长 23.222 千米，水泥混凝土路面。乡道南羊线，起点京赞线，经东杨庄、西杨庄、侯阳关，在羊柴接通无繁线,等级三级,路基宽8.5米,路面宽7米;秦岸线无繁线至牛下口段、上南庄至神树二乡道,等级三级,路基宽7.5米,路面宽6.5米。

口头镇区商业路:位于口头特色小镇内。为原无繁线改线段,长1.1千米,三级路,水泥砼面,路基宽8.5米,路面宽7米。

行唐园区连接线(特色产业路)布局示意图见图5-16。

图5-16　行唐园区连接线(特色产业路)布局示意图

2.推进农业全景观化改造

景观塑造配套工程建设。现代农业景观建设主要是在现有沟路林渠的基础上,进行必要的完善和修复,有效提高耕地综合生产能力,拓展农田、果园生态景观和游憩功能,服务行唐现代农业的发展。结合特色产业道路交通建设,加强田间路网修补,重点对现有田间路和生产路进行修复,实现农田道路平坦、通畅。结合太行山生态绿化工程，加强农田林网修补完善，重点对现有农田防护林的残缺、断带进行修补，采取生态经济型、生态景观型、生态园林型等多种模式，完善农田生态植被建设，提升田园景观风貌。加强农田景观提升，结合景观农业观光带建设，加强对农田及农田与村庄交汇部的垃圾及农业废弃物重点清除，加强对农田中部分农业附属设施乱搭乱建现象的整治，加强对农田沟路林渠按照统一的标准进行规范，加强对道路两侧、梯田边坡、沟渠外坡、林网下层进行适宜的植被绿化。

配水、节水工程建设。重点加强丘陵坡地、山区农田、果园配水工程建设，通过新建、改造现有水源及输水工程，提高农业灌溉保证率，增强农业生产抗旱能力；实施露地农业和设施农业田间节水设施配套及升级改造，全面提高灌溉水利用率；以科学管理和先进技术为手段，实行最严格的水资源管理制度，加强水资源的科学调度，减少地下水的开采，构建从水源到农艺节水、工程节水、管理节水的现代农业节水体系。同时，在试验、示范的基础上，科学合理利用再生水，实现农业用水的可持续发展。

3.加强生态水系配套支撑

良好的水环境、水景观打造是发展现代农业必不可少的重要元素，要充分发挥行唐水利条件优势，做好行唐生态文明水文章，全力支撑现代农业（园区）发展。

着力以生态水系的水体、岸线、滨水空间等为载体，以创造安全、生态、良好的水体和水岸环境空间为前提，全面构建“一横三纵十八库”生态水网体系。要加强生态水系与生态廊道和现代农业园区建设结合，建设“水岸花田”绿色产业发展带，努力把生态水系打造成为集人文、娱乐、生态功能为一体的水岸经济带，从而支撑全县现代农业、休闲旅游等特色产业发展，提高全县水生态文明的综合服务价值，塑造行唐“魅力、动力、活力、生态”的水岸发展新空间。

一横：横山岭—磁左渠—口头水库—口东渠—红领巾水库—红北渠与群众渠连通。

三纵：（1纵）横山岭水库—磁左渠—米家庄、江河水库—磁左渠—龙门沟—郜河。（2纵）口头水库—口东渠—郜河。（3纵）王快水库—沙南灌区—群众渠—郜河。

十八库：①境内：口头（总库容10 560万立方米）、红领巾（总库容3 154万立方米)、江河(总库容 576 万立方米)、米家庄(总库容 800 万立方米)、杨家庄(总库容 190 万立方米)、上闫庄(总库容 43 万立方米)、神树西沟(总库容 32 万立方米)、神树北沟(总库容 18.19 万立方米)、车厂(总库容 26 万立方米)、牛下口(总库容 26.5 万立方米)、黄掌头(总库容 49.2 万立方米)、北董庄(总库容 22.6 万立方米)、西彩庄(总库容 10.6 万立方米)、上北庄(总库容 10 万立方米)、两岭口(总库容 95.6 万立方米)、安家峪水库(总库容 19.7 万立方米)。②境外:横山岭(总库容 2.43 亿立方米)、王快水库(总库容 13.89 亿立方米)。

5 段河流湿地:①郜河口头水库至许由,规划长 10 千米,共计 1.4 平方千米。②郜河京昆高速桥上游 500 米至铁路桥下游 600 米,规划长 4.6 千米湿地工程,共计 0.64 平方千米。③郜河城区以东下游长 4.05 千米中水利用湿地工程,共计 0.57 平方千米。④江河侯家庄至下滋洋段 5 千米湿地工程,共计 0.35 平方千米。⑤曲河八里庄至屯里村段 6.53 千米湿地工程,共计 0.33 平方千米。

堤防林带:①郜河林带:口头水库以下至羊柴、左岸至无繁公路区域森林公园绿化工程,长 17 千米,面积 9.49 平方千米。②沙河堤防:沙河右岸京昆高速至北高里段,规划堤防 15.3 千米。③沙河林带:沿沙河右岸开发现代休闲观光旅游农业经济带 20 千米,林带宽度 200 米。

图 5-17 为行唐生态水系统规划布局示意图。

4.强化农业信息化应用服务

农业信息化是农业现代化的重要标志。推进农业信息化是加快转变农业发展思维方式、生产发展方式、农产品营销方式和农业服务指导方式的迫切需要,也是现代农业发展的大势所趋。要积极推进以信息化引领现代农业转型升级。

积极开展"互联网+"现代农业行动,大力实施信息进村入户进企业(新型经营主体)工程,除了要大力发展农村电子商务以外,要加快推进农业物联网示范应用,支持在各现代农业园区建设工程中应用物联网技术,完善现代农业园区信息基础设施建设,打造高标准的园区生产、服务设施。着力通过各种无线传感器实时采集农业生产现场的光照、温度、湿度等参数及农产品生长状况等信息,将采集的参数信息汇总整合,通过智能系统进行定时、定量、定位处理,及时精确地遥控指定农业设备的开启或关闭,从根本上改变传统农业所采用的严重浪费的投入方式,从生产环节彻底改造农业,为实现农业生产的标准化奠定基础。

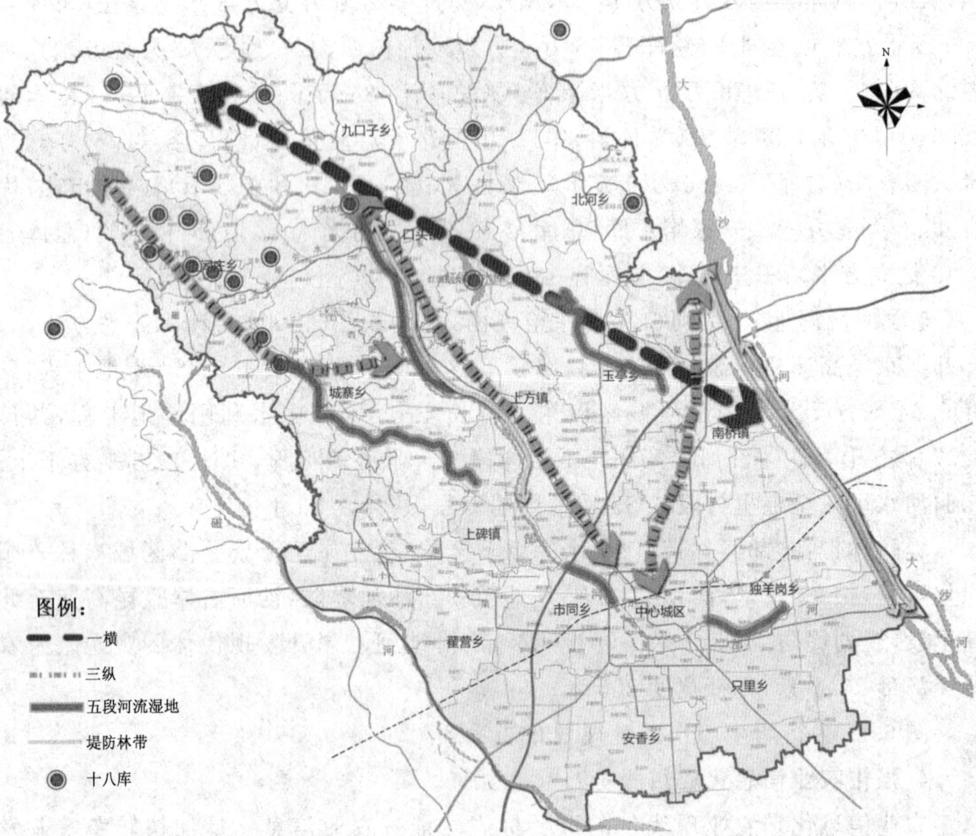

图 5-17　行唐生态水系规划布局示意图

5. 提升现代农业园区载体功能

参照经济技术开发区的标准，按照《河北省省级现代农业园区建设规范（试行）》，加强本次规划的 30 个现代农业园区公共基础设施建设，其中，独羊岗沙河现代农业园区、行唐城郊都市休闲农业园区、行唐农产品加工园区、神树湾观光休闲农业园区、国家红枣公园等重点园区要力争达到基础设施配套完善（水、电、路、讯、网、暖、气、排污、雨水收集等设施齐全）。其他位于丘陵山区的园区要重点加强道路、通信、配水、雨洪利用、生态治理等基础设施建设，全面提高现代农业园区的综合发展功能和承载能力，为企业入园发展或合作开发创造良好的基础环境。园区基础设施提升工程引导表见表 5-4。

表 5-4　园区基础设施提升工程引导表

序号	园区名称	水	电	路	讯	网	暖	气	排污	雨水收集	平整土地
1	独羊岗沙河现代农业园区	√	√	√	√	√	√	√	√	√	√
2	独羊岗特色农业园区	√	√	√	√	√					√
3	南桥特色农业园区	√	√	√	√	√					√
4	行唐农产品物流园区	√	√	√	√	√	√	√	√		√
5	龙州花卉苗木产业集聚区	√	√	√	√	√					√
6	市同现代农业园区	√	√	√	√	√					√
7	只里现代农业园区	√	√	√	√	√					√
8	行唐城郊都市休闲农业园区	√	√	√	√	√	√	√	√	√	√
9	安香现代农业园区	√	√	√	√	√					√
10	翟营磁河现代农业园区	√	√	√							√
11	翟营绿色蔬菜产业集聚区	√	√	√	√	√					√
12	上碑望龙岗现代农业园区	√	√	√	√	√				√	√
13	城寨观光休闲农业园区	√	√	√	√	√				√	√
14	城寨高效特色农业园区	√	√	√							√
15	行唐农产品加工园区	√	√	√	√	√	√	√	√	√	√
16	上方创意休闲农业园区	√	√	√	√	√					√
17	缶山现代农业园区	√	√	√	√					√	√
18	玉亭高效特色农业园区	√	√	√	√	√					√
19	安太苹果观光休闲农业园区	√	√	√	√	√				√	√
20	北河现代生态休闲牧场	√	√	√	√	√			√		√
21	北河高效特色农业园区	√	√	√	√	√				√	√
22	团山红现代农业园区	√	√	√	√	√				√	√
23	鲁家沟特色沟域经济	√	√	√	√	√				√	√

续表 5-4

序号	园区名称	水	电	路	讯	网	暖	气	排污	雨水收集	平整土地
24	口头特色小镇	√	√	√	√	√			√		√
25	口头观光休闲农业园区	√	√	√	√	√					√
26	牛王寨观光休闲农业园区	√	√	√	√	√				√	√
27	上闫庄特色沟域经济	√	√	√	√	√	√	√	√	√	√
28	神树湾光休闲农业园区	√	√	√	√	√	√	√	√	√	√
29	九口子特色沟域经济	√	√	√	√	√				√	√
30	国家红枣公园	√	√	√	√	√	√	√	√	√	√

注：省级重点园区；市级重点园区。

5.7.2 加强农产品质量安全认证，确保“舌尖上的安全”

目前，人们对安全农产品的需求日益迫切，甚至不惜比一般农产品付出多倍价格购买。高品质的安全农产品也是一个地区现代农业发展的重要标志，是核心竞争力的体现。农产品质量安全主要靠“产出来”和“管出来”，“产出来”主要是推进标准化生产，实现生产源头可控制；“管出来”主要是依法严管、全程监管，搭建监管信息平台，建立追溯体系，实现“从田头到餐桌”全程可追溯。

“十三五”期间，要以标准化生产和基地创建为载体，结合国家、省市标准园、产业基地、现代农业示范区建设要求，重点在各现代农业园区推行全程控制和品牌发展战略，促进行唐县“三品一标”产品和基地建设持续健康发展。

1. 加快推进农业标准化基地建设

标准化是农业品牌化发展之基础，是对接农业电商等现代流通体系、面向市场的基本前提，必须加快农业标准化基地建设。

重点加快推进特色农产品基地“三品一标”建设及认证步伐。农业、林业、畜牧、工商、质检、农财等部门要引导企业和合作社严格按照无公害、绿色、有机技术标准和技术规程进行生产，打造一批优势特色农产品标准化生产基地。要加快推进黄龙岗、北岗底、屹塔头等无公害蔬菜基地申报和甲壳素红枣、龙兴贡米、安太苹果等绿色食品或地理标志农产品认证。

2.加快农产品质量安全可追溯体系建设

(1)明确主体责任。依托农业信息化平台,通过物联网、电子信息以及网络技术,对农产品增加电子标识,实现生产、流通、加工、销售的全过程监测。其中规模农产品种植者必须在县主管部门注册、登记,并对整个生产过程进行记录并上报;农产品加工者如果包装要负责对产品进行洗净、包装,并且在包装上粘贴产品追溯条码才能上市,信息上报至主管部门信息中心;消费者通过产品包装上的追溯标签,通过网站、二维码、短信、电话等方式查询生产履历信息。

(2)开展重点农产品追溯示范。选择奶业、苹果、红枣、蔬菜、小米等行唐特色优势农产品统一开展追溯示范,完善制度规范和技术标准,力争市级以上农业产业化龙头企业,重点农民合作社,规模化家庭农场、专业大户及“三品一标”规模生产主体率先实现可追溯,为打造品牌奠定基础,促进行唐农产品质量安全水平稳步提升。

3.推进农产品质量安全监管体系建设

(1)强化农业部门追溯管理职责。建立生产经营主体管理制度,将县域内农产品生产经营主体逐步纳入全县平台管理,组织生产经营主体实施追溯,并对落实情况进行监督。组织县域内监管、检测机构加快应用国家、区域(京津冀)平台,规范开展监管、检测信息采集,及时将基地巡查、执法检查、检验检测、产品认证、评估预警等信息纳入国家、区域平台管理。积极开展国家农产品质量安全县创建活动。

(2)农产品质量安全检验检测体系建设工程。重点建立健全集散中心、批发市场、配送企业、各类现代农业园区的检验检测体系。完善专业质检中心、农产品质量检测研究中心、流动检测实验室建设。在乡镇、龙头企业和企业生产基地建设乡镇和特色产业集聚区速测点、重点农产品批发市场农产品质量安全检测站(点)以及物流配送企业检测点等。

5.7.3　加快农业品牌化发展,塑造行唐农业品牌形象

品牌是市场、消费者对一个产品或地域的公认的评价,是地区、企业产品质量、发展理念的具体象征。一个成功的品牌对于地区、企业发展来说具有巨大的推动作用。目前,越来越多的农产品开始走上网销、电商之路,传统模式中,农产品只需通过一级级批发市场进行分销就行了,而网上、电商销售不同,需要高度可

辨识和信任度，这都需要通过品牌化来实现。

1.农产品品牌的特性与行唐农产品品牌的建设思路

农产品品牌的基本特性——产地形象。农产品具有明显的地域特色，在产品宣传之前，必须进行产地形象的宣传，产品才会好卖。比如，烟台苹果、北京平谷大桃、怀柔板栗、大兴西瓜、上海嘉定马陆葡萄、青浦草莓、崇明花菜等，几乎所有产品前都有一个产地定语，产地定语的形象知名与否，直接关系到产品是否好卖以及价格的高低。在市场上，对于消费者的购买选择来讲，大家习惯于一定的思维方式，即："买的是商品，选的是印象，信任的是形象"。如果在市场上，消费者信任一个地区的形象，认可该地区的品质，并形成了消费资源针对一定的形象与品牌的集中度，那么该地区的农产品就不会出现卖难的问题。事实证明，产地形象树立后，可以支持众多本地品牌的市场销售和价格。产地形象是支撑区域农产品品牌的重要基础。不仅如此，农业企业在创立品牌之前，也与产地形象密切相关，尤其是鲜活农产品品牌，更需要产地的形象的支持才能确立产品的品牌。

基于产地形象建设的行唐农产品品牌发展思路。品牌建设实际上是一个"印象"市场培育的过程。基于农产品品牌的基本特性，必须培育行唐农业的地域形象。因此，行唐农产品品牌的建设思路是：以行唐产地形象的创立和宣传为核心，统一行唐农业标识，统一品牌对外宣传，着力构建基于行唐产地形象的区域优质农产品品牌体系，并在此基础上，通过壮大农业产业化经营主体，推动企业自身产品品牌的塑造和宣传，全力打造行唐农业良好的市场印象。

2.构建以地理标志产品为核心的产地认知形象

地理标志产品是指产自特定地域，所具有的质量、声誉或其他特性本质上取决于该产地的自然因素和人文因素，经审核批准以地理名称进行命名的产品。因此，地理标志产品是对产地形象认知的重要抓手和突破口，也是最容易促使消费者认可的区域农产品品牌。

(1)行唐地理标志产品。目前，行唐县只有"行唐大枣"一个地理标志产品。要继续加大申报力度，努力把"安太苹果"、"龙兴贡米"等具有县域特色的优势农产品申报成为地理标志产品，加大产品品牌的对外宣传。同时，在农产品生产优势区和标准化示范基地建设的基础上，加快谋划地理标志产品保护基地范围。

(2)助推行唐农业竞争力提升。现代农业发展的基本趋势是"四化"：标准化、组织化、产业化、品牌化，四者是一个有机整体。品牌化是前面三化的表面特征和重要体现,标准化生产大大提高劳动生产率,产业化大大提高单位面积产量、提高效益,组织化生产使农业现代化、分工更加精细。而要实现组织化、产业化、标准化,只有以品牌化为核心,才能真正带动高品质带来的高效益,最终才能带来农业比较效益的提高和农民更快增收。地理标志产品正是通过这几个产业属性对区域农业发展产生影响的。

图 5-18 为地理标志产品推动区域农业发展和品牌建设的机理。

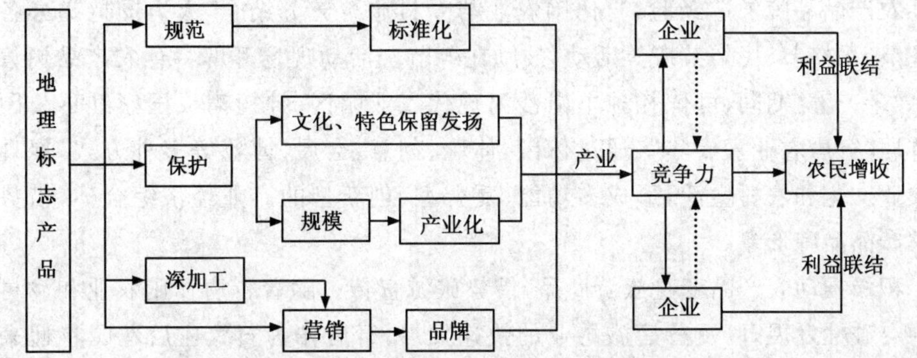

图 5-18　地理标志产品推动区域农业发展和品牌建设的机理

地理标志产品不仅能够表明该产品产自特定的地域,还能够表明该产品经由特别的工艺生产,并经历特别的质量控制而具有特殊的品质及特色。地理标志产品,为行唐区域内某种产品被认知提供了一个信誉先导,为相关企业实施品牌战略构建了一个"高位平台"。但同时必须认识到,在这样一个平台上,"高位"的优势对某个企业及其产品不是绝对和垄断性的。企业仍然需要实施地理标志保护产品的品牌战略,同时需要技术与营销的支持,才能在竞争中"脱颖而出",成为共同享有某地理标志保护或具有某地理标志名称标志使用资格产品中的"名牌"。地理标志产品的产业化经营必须要走品牌化经营的道路。

3. 多渠道推动行唐特色农产品品牌形象建设

除通过建立农产品产地形象,发挥地理标志产品引领作用,打造区域公共品牌外,还应通过多渠道推动特色农产品品牌形象建设。

积极利用电商平台,建立网上行唐特色农业馆。一方面可以鼓励本地经营主体积极利用互联网、微信等新型媒介推广优质农产品;另一方面加强与农产品电商企业合作,借势发展,积极开展农产品电商标准化示范基地建设,降低电商企业风险，激发其积极性。

加强农产品包装创意，打造中高端品牌形象。积极开展农产品包装创意设计大赛，设计行唐农产品统一品牌形象，鼓励经营主体在自身产品包装上统一贴上行唐农业标识，同时鼓励建立企业自用的特色品牌标识。通过产品包装，营造特色优势农产品中高端品牌形象，提升附加值。

积极开展各类农业节庆活动，宣传销售农产品。借鉴北京会展农业和区域唯一性农产品品牌塑造经验，与休闲农业与乡村旅游充分结合，大力支持举办各类赏花节、采摘节、民俗节庆等活动，鼓励在各节庆活动现场开辟特色农产品销售专区。“十三五”期间，可依托独羊岗沙河现代农业园区、神树湾或国家红枣公园举办首届“行唐农业嘉年华”，通过休闲、体验、创意、会展、博览等多种方式，展现行唐农业文化和农村生活，形成多功能、复合型、创新型的产业经济综合体，借势提高农产品品牌形象。

积极推动农产品变身旅游商品，借势旅游宣传。随着行唐休闲农业和乡村旅游的突破性发展，以及行唐旅游业的快速发展，行唐作为石家庄后花园将迎来旅游人群的快速增长。要加快特色农产品的旅游商品型开发，鼓励多功能融合型农业园区生产包装自身特色农业旅游商品，争取让游客走时能带着行唐特产回去。

5.7.4 提高资源利用效率，加强生态环境保护与治理

1.提高农业废弃物循环利用水平

大力推广减量化、再循环、再利用、可控化、可计量的生态循环农业技术，开展免耕、秸秆还田、测土配方平衡施肥等措施，采取沼肥综合利用、秸秆还田、生物质能开发等农业废弃物资源化利用措施，提高农业废弃物资源利用比例。

着重推广农业废弃物的分类回收和资源利用，筛选不同的农业废弃物资源化处理模式，率先支持以食品工业园区为主体建设农产品及加工副产物综合利用公共设施。在此基础上，引导经营主体对农产品及加工副产物循环利用、高值利用、梯次利用，选择规模较大的现代畜牧养殖小区、规模化设施农业园、规模果园、采摘园、观光园、各类现代农业园区周边，建设农业废弃物循环利用示范点。对进入农田的生活垃圾、污泥和畜禽粪便（包括有机肥）等有机废弃物，进行监测、环境容量计算和环境风险评估，及时有效地掌握耕地环境质量变化情况，为切断污染源提供决策依据。

2. 因地制宜推动生态友好农业技术模式深入应用

行唐拥有平原、丘陵、山区等多样化的地形形貌，在具体应用生态友好农业技术模式方面，需要因地制宜，科学发展。

平原区高效生态农业发展模式。可发展多种生态农业技术模式。农田互利共生立体种植模式，使小麦、大豆等粮经作物与果树、食用菌等生物群落合理排列和组合，占据不同的生态位；此种模式还包括农田间套复种模式，粮油菜菌互利种植模式和农果共生互利模式等。此外平原区高效生态农业发展模式还包括种养结合模式、节能农业技术模式、设施农业技术模式、农业工厂技术模式等。

山区、丘陵高效生态农业发展模式。重点开展生态工程治理和生态小流域治理，加强植树造林和果树经济林建设，以果树及林木为核心，同时选择合适的季节和作物进行间种套种，林间放养禽畜，广泛开展林下经济，打造农林牧立体农业系统。大力发展林下养殖、林下种植、林下休闲旅游等多种复合业态，最终实现果树、禽畜、生态农产品、农家乐、生态旅游等多项收益，同时，加强“猪(禽畜)-沼-果”等循环高效农业发展，作为天然有机肥的动物粪便，可以减少农业生产的投入及对环境的污染，实现良性循环的立体农业发展模式。此外，积极探索发展沟域经济等复合高效生态农业组织模式。

3. 加强农业面源污染防治

建立农业有害生物(含农田农药、化肥使用状况)监测指导点，开展周年、适时监测，及时分析，做出趋势判断，指导有效防治。重点加强规模化养殖小区和现代牧场的粪污治理，提高养殖场畜禽粪便资源化利用率，努力实现规模化养殖场全部达标排放或零排放；实施农田生物防治，着重加强蔬菜、林果区和设施农业生物防治；建设耕地土壤环境长期定位监测点，开展测土配方施肥、推广有机肥，提升农田土壤质量，改善农业生态环境。

5.8　构建现代特色农业经营体系

现代农业经营体系是现代农业经营主体、组织方式、服务模式的有机组合，重点是解决“谁来种地”和经营效益问题，是现代农业组织化程度的显著标志。构建现代农业经营体系，就是要加大体制机制创新力度，培育规模化经营主体和服务主体，加快构建职业农民队伍，形成一支高素质农业生产经营者队伍，促进不同主体之间的联合与合作，发展多种形式的适度规模经营，提高行唐农业经营集约化、组织化、规模化、社会化、产业化水平。

“十三五”期间，要加快行唐新型经营主体的培育和引进，重点加快扶持一批融合发展新型经营主体，推进全县现代农业园区发展。

5.8.1 培育壮大新型农业经营主体

1.壮大农业产业化龙头企业

目前行唐龙头企业主要存在两个问题：一是规模较小，竞争能力较弱。缺少国家级农业产业化龙头企业。由于技术力量、管理力量不强，企业的创新能力、研发能力不高。产品加工缺少深度，从事农产品初级加工的比较多，从事精深加工的比较少，多数企业仍然停留在卖原料及初级产品层次。二是龙头企业对农户的带动力不强。农户与龙头企业、龙头企业和其他组织之间关系松散，还未形成规范完善的农业组织化体系。

因此，要着力培育壮大一批起点高、规模大、市场竞争力强、辐射带动面广的农业产业化龙头企业，推动符合行唐优势农产品发展特色的国内外知名农产品加工企业在各类现代农业园区聚集。要加大财政扶持、金融信贷支持、税收优惠力度，培育大型涉农企业龙头，使农业龙头企业不断上规模、上档次、上水平，增强市场开拓能力和辐射带动能力。

2.发挥农民专业合作社的组织作用

鼓励各类生产经营和服务主体走向联合，组建农民专业合作社，引导农民专业合作社组建联合社或联合会，深入推进专业合作社以生产标准化、经营品牌化、管理规范化、社员知识化、产品安全化的“五化”为重点的规范化建设，健全组织体制、经营机制和管理制度，完善组织生产、统一服务、产品销售、对外联结等功能。

支持兴办农村资金互助社，广泛开展农村小额信贷和普惠金融。重点扶持一批产业基础牢固、产品质量安全、品牌效益较高、带动农户较多、规范化程度高的农民专业合作示范社。

重点支持各级示范社延长产业链条，开展农产品深加工及营销渠道建设。以农民合作社等为主体，重点支持发展包括采收、产地处理、贮藏、烘干等初加工及运输、销售等环节和休闲旅游设施建设，支持开展综合性服务、农村电子商务等平台建设，提高农产品附加值和市场竞争力。

3.培育以家庭农场为主体的专业大户

家庭农场作为新型农业经营主体,以农民家庭成员为主要劳动力,以农业经营收入为主要收入来源,利用家庭承包土地或流转土地,从事规模化、集约化、商品化农业生产,是引领适度规模经营、发展现代农业的重要力量。2014 年 2 月农业部印发了《关于促进家庭农场发展的指导意见》,家庭农场进入到了快速、规范化发展的新阶段。

积极开展示范家庭农场创建活动。建立和发布示范家庭农场名录,引导和促进家庭农场提高经营管理水平。要引导从事同类农产品生产的家庭农场通过组建协会等方式,加强相互交流与联合。鼓励家庭农场牵头或参与组建合作社,带动其他农户共同发展。

鼓励龙头企业通过订单农业、示范基地等方式,与家庭农场建立稳定的利益联结机制,提高农业组织化程度。加强对家庭农场的财政支持,重点支持家庭农场稳定经营规模、改善生产条件、提高技术水平、改进经营管理等。加快推动落实涉农建设项目、财政补贴、税收优惠、信贷支持、抵押担保、农业保险、设施用地等相关政策,帮助解决家庭农场发展中遇到的困难和问题。

5.8.2　大力培养新型职业农民

人才是现代农业发展的生力军,尤其是深入基层的实用型人才尤为难得,要极力培养“有文化、懂技术、会经营”的新型职业农民。一是要创造育才、聚才、用才的良好环境,积极主动地加强与国内外知名科研院所、高等院校的广泛合作,培养与引进一支综合素质好、专业水平高、开拓能力强的农业科技研发人才队伍;二是大力开展农业职业技术教育和培训,加强农广校、农函大、成人学校的技能培训,建立田间学校,提升广大农民的科技素质,成为职业化农民,造就一批农业科技示范户,健全新型农民培养与农业劳动者技术认证制度,加大“职业农民”培养力度;三是创新农业人才素质提升机制,以建设现代农业园区为契机,引进吸收一批行业领军人才和高端专业人才;四是鼓励返乡农民工创业创新,着力培育一批创业创新带头人,通过优化返乡创业创新环境,把现代农业园区打造成为农民返乡创业创新的基地和平台;五是要锻炼一批基层现代农业管理服务人才,对外能及时跟进市场动态,对内能有效与经营主体解决问题,帮助农业经营主体更好地适应市场变化。

5.8.3 完善农业产业链与农民的利益联结机制

1. 完善农业经营主体间的合作组织模式

农业产业化经营是一个"从田间到餐桌"的整个过程,整条产业链包括4个职能环节,生产职能、加工与分销职能、流通职能和市场营销职能(图5-19)。在正式进入流通和市场前的所有环节都可以包含在农业的生产经营组织大框架内(生产职能、加工与分销职能)。在这两个环节中的经营主体主要包括农业产业化龙头企业、农业园区和产业基地(具有经营职能的企业化组织)、农民专业合作组织、职业化农民(包括各种专业大户、家庭农场等)等。

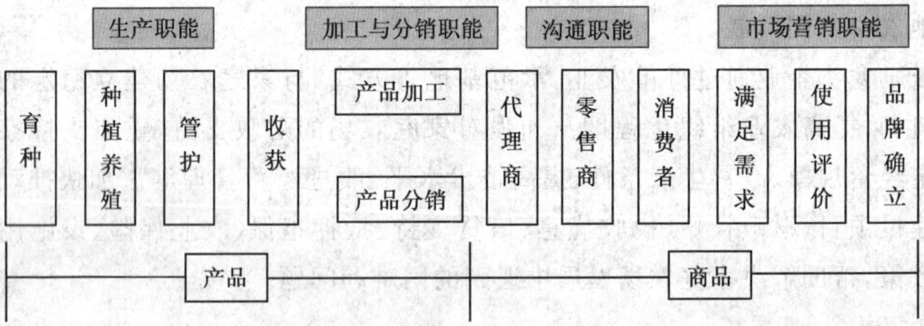

图5-19 农业产业化的产业链及功能环节

来源:卢勇著.现代农业产业设计 经营与管理.北京:中国农业大学出版社,2009。

农业是一个特殊的产业,其特殊性在于其生产组织的复杂性和多样性。对于农户来说,其主要功能是生产,但生产的产品怎么变成商品是很难突破的一道障碍,因为小农在面对市场时,总是弱势的;对于企业来说,其主要职能是把农产品变成商品,推向市场,获取利润,但仍面临怎么获得大量农产品原料的问题,单个企业面对千千万万个农户时,显然是无能为力的,所以经常会出现"公司+基地+农户"的模式,或者是直接采取交易成本较大的"公司+农户"订单农业模式。但实践证明,双方违约的风险都较大,不是合意的农业组织化模式。

近几年来,随着农民专业合作社和专业协会的发展,行唐逐渐出现了"公司+合作社+基地+农户"或"合作社+企业+基地+农户"的模式。前者又包含两种方式,一种是企业领办的"(企业+合作社)+基地+农户"模式,另一种是"企业+(合作社+基地+农户)";后者是合作社自身实现了纵向一体化,把农产品加工的增值收益内部化了。

随着农业产业经营模式进一步发展和土地流转规模的扩大,近几年还大量出现了种养大户、家庭农场等多种组织形式。但归根结底,基于农业产业的特殊性,合意的农业组织化模式,必须把种植养殖、加工、销售有机结合起来,实现 4 个有利于:

一是有利于农产品顺利地进入市场,保障农业的基本经营收益;二是有利于形成一体化的农业产业体系,实现更高的产品附加值和加工收益;三是有利于让农民有效而公平地获得以上两方面经营收益,维护和提升农民的营业利益;四是有利于在推进农业组织化的过程中提高农民的现代性,让农民更好地融入现代社会并充分享受现代文明。

发展思路:要以各类现代农业园区为载体,广泛吸引工商资本、社会资本参与行唐现代农业开发,推进农业产业化经营。以"扶优、扶强、扶大"为方向,引导农业龙头企业、农民专业合作社、职业化农民等农业生产组织通过品牌嫁接、资本运作、产业延伸等方式进行联合重组,发展企业集团,做大做强农业组织经营主体。要支持行唐各类农业园区加强与园区内外资本、技术等要素的交流与合作,不断提升建设水平。

2.引导新型经营主体与农民建立多形式利益联结机制

(1)大力发展订单农业。引导龙头企业在平等互利的基础上,与农户、家庭农场、农民合作社签订农产品购销合同,合理确定收购价格,形成稳定的购销关系。支持龙头企业为农户、家庭农场、农民合作社提供贷款担保,资助订单农户参加农业保险。鼓励农产品产销合作,建立技术开发、生产标准和质量追溯体系,设立共同营销基金,打造联合品牌,实现利益共享。

(2)鼓励发展股份合作。加快推进农村集体产权制度改革,将土地承包经营权确权登记颁证到户、集体经营性资产折股量化到户。探索制订发布行唐农用地基准地价,为农户土地入股或流转提供参考依据。以土地、林地为基础的各种形式合作,凡是享受财政投入或政策支持的承包经营者均应成为股东方,并采取"保底收益＋按股分红"等形式,让农户分享加工、销售环节收益。探索形成以农户承包土地经营权入股的股份合作社、股份合作制企业利润分配机制,切实保障土地经营权入股部分的收益。

3.支持龙头企业与农户联合建设原料基地和营销设施

以农业产业化龙头企业及经营相关特色产业的公司为主体,重点支持企业与一定数量的农户合作，共建标准化原料基地、农产品保鲜包装、主食加工、直销配送或餐饮服务设施。引导企业和农户创新订单农业，企业为农户提供贷款担保、资助订单农户参加农业保险。

5.8.4 加强农业生产社会化服务

实施农业社会化服务支撑工程，培育壮大经营性服务组织。支持科研机构、行业协会、龙头企业和具有资质的经营性服务组织从事农业公益性服务，支持多种类型的新型农业服务主体开展专业化、规模化服务。推进农业生产全程社会化服务创新试点，积极推广合作式、托管式、订单式等服务形式。

着重加强产前、产中、产后全过程和全链条的对接服务，重点支持为农户提供代耕代收、统防统治、烘干储藏等服务。加快培育和引进农业龙头企业、专业化植保统防统治、大型农机作业服务公司等为主的新型服务主体，提高合作型服务、市场化服务在农业全产业链服务中的比重。

5.9 推进现代农业与脱贫攻坚有机结合

作为国家级扶贫开发重点县，“十三五”时期全县面临着任务艰巨的脱贫任务。要加快推进全县现代农业与脱贫攻坚有机结合，把现代农业打造成为全县精准扶贫精准脱贫的主要动力支撑，把现代农业园区打造成为全县脱贫攻坚的主战场，为坚决打赢全县脱贫摘帽攻坚战提供支撑。

5.9.1 坚持扶贫产业与现代特色农业发展相结合

特色产业是农村贫困户生活和收入的主要来源，发展特色产业是提高贫困户自我发展能力的根本举措。习近平总书记曾指出：“贫困地区发展要靠内生动力，如果凭空救济出一个新村，简单改变村容村貌，内在活力不行，劳动力不能回流，没有经济上的持续来源，这个地方下一步发展还是有问题。一个地方必须有产业，有劳动力，内外结合才能发展。”2016 年 4 月，农业部、国家发展改革委、财政部、中国人民银行、国家林业局、国家旅游局、银监会、保监会、国务院扶贫办九部门联合印发了《贫困地区发展特色产业促进精准脱贫指导意见》，提出要以特色种养业、设施农业、特色林业、加工业、传统手工业、休闲农业、乡村旅游等为主要内容，扶持建设一批贫困人口参与度高的特色产业基地。行唐作为贫困县，多个现代农业产业基地都是靠产业扶贫专项资金扶持建设起来的，二者具有密切联系。

全县要主动把扶贫产业纳入到现代农业产业体系中，形成相互补充、相互支撑的产业发展格局。积极支持各现代农业园区范围内的贫困户、贫困参与产业项目建设，把扶贫产业专项资金和相关部门涉农整合资金纳入到现代农业项目建设中，既带动贫困户脱贫，又促进现代农业(园区)发展。

1.科学确定贫困村特色农业产业

摸清贫困户生产经营情况，分析贫困乡镇、贫困村、贫困户特色农业产业发展现状、市场发展空间、资源环境承载力、新型主体带动力以及产业覆盖面，结合本规划，每个贫困乡镇重点选择 3～5 项特色农业产业。选择有意愿、有实力、带动能力强的新型经营主体参与特色产业精准扶贫。

重点结合太行山区大规模国土绿化行动，吸纳更多贫困人口参与林业重点工程建设。加强林场、森林公园、湿地公园建设，努力增加有劳动能力的贫困人口转为护林员。大力发展木本粮油、特色经济林、林下经济、苗木花卉等绿色产业，拓展贫困户收入来源渠道。

2.优先支持贫困村推进一二三产业融合发展

鼓励贫困村积极发展特色农产品产地初加工和精深加工发展，引导小型、特色农产品加工企业、合作社、专业户在贫困村镇集聚。优先支持贫困乡村依托自然资源、农事景观、乡土文化和特色产品，发展休闲农业，推进特色农业与乡村旅游、科普教育、文化休闲、健康养老等产业深度融合，建设观光休闲型现代农业园区。

3.打造“一村一品”特色专业村

把贫困村产业发展与美丽乡村建设相结合，坚持宜农则农、宜工则工、宜游则游，着力打造一批特色蔬菜专业村、特色林果专业村、中药材专业村、特色农产品种植专业村、乡村旅游专业村、特色农产品加工专业村等，全力推进全县“一村一品”、“一乡一品”、“一沟一品”建设。

5.9.2　优先改善贫困地区现代农业发展条件

把贫困村的农业生产条件改善与各现代农业园区建设相结合，统筹考虑现代农业园区基础设施建设对所包含贫困村的带动影响关系，把更多贫困村纳入到现代农业园区的核心区或辐射带动区，加快贫困村农业生产条件和综合基础设施条件改善。

1.优先支持贫困村现代农业生产条件建设

结合贫困村各现代农业园区建设，重点围绕农作物标准化种植、畜禽标准化规模养殖和各类种养基地建设，优先支持贫困村水电路等农田基础设施、温室大棚、畜禽养殖圈舍、水产养殖池塘等农业生产设施建设，以及耕作机械、植保机械等农机装备和农业废弃物资源化利用设施设备购置。加强为贫困户提供优良种子、种苗、种畜禽的种养业良种繁育设施建设。

2.着力实现贫困村与园区基础设施建设相结合

贫困村基础设施建设包括污水治理、道路硬化、村庄环境综合整治等，可与所在的现代农业园区的基础设施建设结合发展。

把农村生产生活绿色化与加强农业面源污染综合治理相结合，完善农村卫生保洁长效机制，探索建立农村一体化垃圾处理市场化运作模式，推进农村生活污水治理，强化农村生态修复工作，彻底改变农村“脏、乱、差”现象，培育美丽乡村建设的生态美。

把推进农村河道综合治理、修复和新建农村农田水利设施与农业水利基础设施建设相结合。

把农村道路交通设施建设与特色产业道路建设相结合，实现设施共享，融合发展。

将自然景观、田园景观和村庄风貌融于一体，大力开展村庄绿化美化和院落风貌整治，建设乡村旅游综合体，积极助推休闲农业发展。

3.重点支持与贫困村联合建设旅游公共服务设施

支持农业合作社、休闲农园企业、电子商务企业与贫困村联合建设旅游类公共服务设施。可以按照美丽乡村建设要求，以休闲农业聚集村和带动农民分享利润的休闲农庄、电子商务企业为主体，支持建设进村道路、生态停车场、田间观光道路、木栈道、观景台、农耕文化科普展示场所、多功能生产体验中心、游客接待休息设施、生态厕所、生产生活垃圾污水收集处理设施、电子商务配送设施等公共基础设施和配套服务设施。引导农家乐户主、休闲农业企业、电子商务企业等经营主体将农业与加工、流通、旅游、教育、文化有机地融合，稳步推进休闲农业、品牌农业、创意农业、乡村旅游、农家乐、健康养老、电子商务等新业态，既可有效增加贫困村农民收入，又可弘扬农耕文化，推进美丽乡村建设。

5.9.3　支持新型经营主体与贫困户建立紧密利益联结机制

将特色产业与新型经营主体、贫困户对接，根据各方意愿，确定特色农业产业发展规模和利益联结机制，实现产业对人、人对产业。

1.支持新型经营主体向贫困户提供全产业链服务

着力提高产业增值和吸纳贫困户就业增收能力。支持新型经营主体在产前环节向贫困户提供种子(苗)、种畜禽、肥料、农药、农膜等优质农资；在产中环节提供统一播种、机耕、机收、动物疫病防控、病虫害统防统治、测土配方施肥、废弃物集中处理等生产性服务；在产后环节提供农产品烘干、分级、包装等产后初加工、精深加工、农产品收购、仓储、运输和销售等产后服务。鼓励新型经营主体融合发展以观光、采摘、体验、餐饮、度假为主的休闲农业，将集中连片的原料基地、特色产业集群、仓储物流基地、休闲农业园区链接在一起，建设打造一、二、三产业融合发展示范区，提升贫困村特色产业发展水平。

2.完善新型经营主体与贫困户的利益联结机制

支持新型经营主体通过土地托管、牲畜托养、吸收农民土地经营权入股等途径，带动贫困户增收，与贫困户建立稳定的带动关系。鼓励推广“龙头企业＋合作社＋基地＋农户”的组织模式，加快建立健全经营主体与贫困户的利益联结机制。

通过直接扶贫模式，对有产业发展愿望和能力的贫困对象，用以奖代扶、贷款贴息等方式，鼓励贫困户直接参与特色农业产业开发，新型经营主体提供产前、产中、产后服务。

探索通过股份合作扶贫模式，将贫困村、贫困户的扶持资金、土地承包经营权、林权、住房财产权、集体资产产权等折价入股新型经营主体，实现股份到户，利益到户。

通过委托扶贫模式，以购买社会服务方式，将扶持资金直接委托给有合作意愿、有社会责任、有实力、有信用的新型经营主体，实施特色产业生产经营项目，贫困村从特色产业发展中增加村集体收入，贫困户按契约分成。

通过众筹扶贫模式，推进各类经营主体以众筹方式募集资金，在现代农业园区内统一规划、分工合作、整体开发，带动贫困村、贫困户共同发展。

5.10 规划实施的保障措施

略。

第6章　承德市双滦区现代农业产业发展规划(2016—2020年)

6.1　规划总论

6.1.1　基本概况

1.项目名称

河北省承德市双滦区现代农业产业发展规划。

2.项目单位

河北省承德市双滦区政府。

3.规划布局

总体规划布局以双滦区农业发展空间为依托,以空间组团式发展为空间布局。主要有:偏桥子-陈栅子组团发展区、西地组团发展区、大庙组团发展区。

偏桥子-陈栅子组团发展区:位于承德中心城区和双滦区之间,京承旅游公路穿境而过,是双滦区现代农业发展的核心区域。本组团区建设发展要重点以滦河两岸约1.5万亩土地为核心载体,辐射两侧山区,以现代农业示范园区、生态休闲旅游农业园区(国家农业公园)和健康生态农业区建设为空间组织模式,加快现代农业生产要素和项目集聚,大力发展农家乐、渔家乐、采摘园、垂钓园、休闲农庄等业态，着力打造融农业观光、餐饮接待、休闲娱乐、康体运动、文化体验、养生度假等于一体的都市休闲农业慢享生活示范区。

西地组团发展区：组团位于双滦西部，现代农业发展总体基础较弱，农业融合度较低。但本组团本底条件较好，有利于结合伊逊河、滦河发展综合休闲农业和乡村旅游产业。重点建设西地生态观光农业区和伊逊河-滦河观光休闲农业环廊。

大庙组团发展区：位于双滦区北部，承围公路（清代皇家御道）穿境而过，区位条件较好。本组团沟域经济特征明显，支沟较多，山高林密，冷凉气候显著，适合发展深度休闲农业旅游。重点以“皇家、生态、文化、旅游”为主题，以观光、餐饮、生态农业为核心吸引物，整合多种资源，打造中端度假、多元旅游、文化体验、生态康体于一体，国内知名的皇家御道休闲农业和乡村旅游园区。

6.1.2 规划主题

本规划以河北省承德市双滦区农业发展战略和产业发展为主题，以“生态发展、融合增值”为目标，重点突出双滦农业发展的区域特色、产业特色，以新理念创建双滦现代农业发展格局，走产出高效、产品安全、资源节约、环境友好的农业现代化道路。

通过经营管理体制创新，探索现代农业发展新模式，使双滦成为“承德休闲农业的标榜区、环首都安全农产品生产展示地、特色农业发展方向的引领地”，成为京津冀协同发展的农业样板。

6.1.3 规划期限

规划期限为2016—2020年，展望到2025年。

近期：2016—2017年，遵循“论证、可研、设计、招商四位并举”的工作思路，完成组团区园区总体规划、控制性详规、重点产业园建设性详规和产业发展规划，完成配套设施的设计及建设任务。

中期：2018—2020年，创新体制和机制，吸引强势企业入驻园区，加快园区研发中心建设，通过以企业主体投资、项目资金支持、地方配套，完善研发中心科研设施，主导产业技术的集成研发，实现农业新技术创新、展示、示范、推广、创效等各项功能。

远期(展望):到 2025 年,全面建成国内一流、国际知名的现代农业示范园区,打造全域休闲农业旅游体系,实现城市景观化、农村景点化。

6.2 现状特征与基础条件

6.2.1 区域环境特征

1.区位交通条件

双滦区隶属河北省承德市,位于河北省东北部,地处北纬 40°45′～41°11′,东经 117°42′～117°52′,西邻滦平县,南与承德县毗邻,东与双桥区接壤,北与隆化县相连,具有“一市连五省”得天独厚的区位优势。同时,双滦区地处“京津冀经济圈”内,是环渤海地区的心脏地带、首都北京的后花园,为产业转移和经济融合提供了得天独厚的条件,也因此被称为“第三增长极”的核心引擎。

双滦区作为冀东北连接京津冀辽蒙的区域性节点,形成了“一环八射”的交通路网,京承、承唐、承秦、承朝、承津、承围、承赤、承张高速公路,形成面向京津、通达辽蒙、辟通港口的交通枢纽,其中京承高速公路、承唐高速公路、承赤高速公路、承张高速公路均穿区而过。同时,三岔口园区内单塔子地段建设了承德市最大互通,承赤高速、承张高速连接线,单三线、西狮线等高速公路和城市道路在此连接,成为进出承德市的西北大门,迎宾大道从此通过。

双滦区距承德市中心仅 10 千米,距北京 210 千米,天津 320 千米。位于首都 2 小时经济圈,属于大都市郊区,距离主要消费群体近,便利的交通和区位具有发展都市休闲农业的先天优势。

图 6-1 为区位示意图。

2.区域空间环境

双滦区具有良好的区域空间环境,主要体现在 3 个方面。

(1)生态环境较好。双滦区属中温带半湿润大陆季风性气候,四季冷暖分明,气候宜人,年平均气温 8.9℃,昼夜温差达 15℃,是著名的避暑胜地。

双滦区地处东北、华北、西北,防护林中段的冀东北山区,区内有滦河、牤牛河 2 条河川,植被类型属我国东部湿润林区、温湿带半旱生阔叶林和灌木丛草原亚

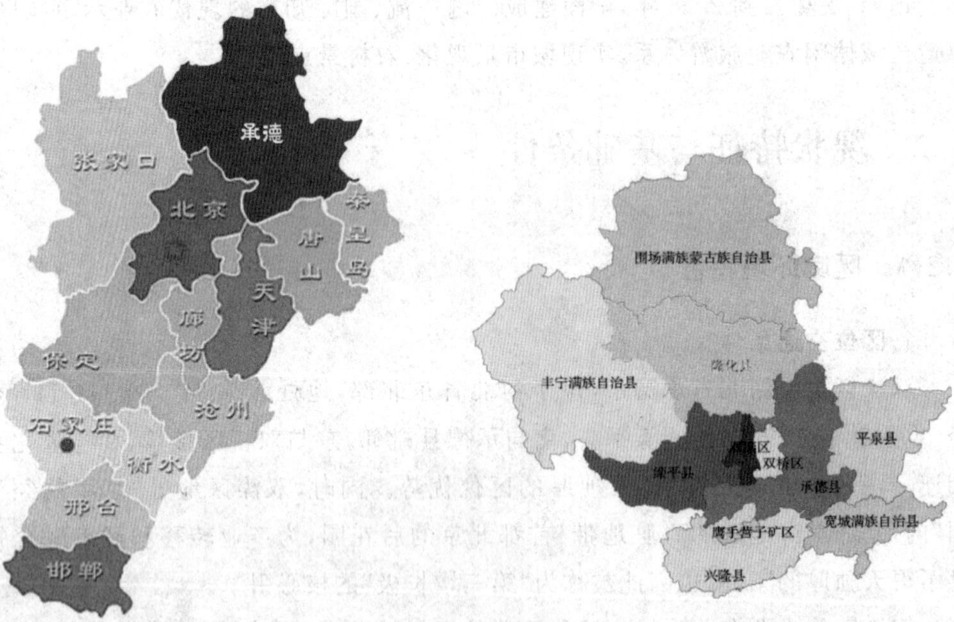

图 6-1　区位示意图

带，冀北山地油松及亚高山针叶林。据统计，全区有野生动物 800 多种。

地带性的植被属于暖温带落叶阔叶林，植被分为 4 个区：西北部中低山辽东栎林、山杨林、萌生丛及灌丛区；东北部中山山杨林、辽东栎林及灌丛区；中北部和东南部低山、丘陵灌丛、灌草丛、人工林、果园及农田区；西南部平原区主要以传统农业种植为主。

《双滦区生态区建设规划(2008—2020 年)》中提出以生态经济建设、人居环境建设、生态文化建设和生态环境保护与建设为主要内容，构建双滦区生态区。随着规划的不断推进，生态环境可以从多方面得到进一步改善。

(2)地貌类型多样。双滦区地处燕北山地，境内大部分为山地，山峦起伏，沟谷交错，地势南低北高，总体特征呈现“两河为带，南北青山，用地狭长”。北部大庙镇东北的大黑山海拔 1 375 米，为全区最高峰，南部滦河南谷地海拔仅 300 米左右，为全区海拔最低处。牤牛河谷地纵贯南北，北部山高谷深、谷地狭窄，向南谷地逐渐加宽，在牤牛河汇入滦河处与滦河谷地连成一片，形成了宽阔的河谷小平原；南部偏桥子乡和陈栅子乡，除滦河沿岸及其支流谷地有河川平地外，其余大部为低山丘陵。

(3)沟域特征突出。承德市地处燕山腹地,双滦区境内大部分为山区,地势南低北高,南北狭长,区内海拔 340～1 371 米。双滦区沟域是指双滦区行政范围以内,城市建成区以外的空间范围,包括双塔山镇、滦河镇、大庙镇、偏桥子镇、陈栅子乡共 5 个乡镇。

双滦区水资源总体相对丰富,滦河水系及其支流河道常年流水,主河道富水性好。结合传统封闭的沟域经济"沟顶繁育、沟谷育肥、支沟繁殖、干沟育肥"的"双圈耦合模式",通过采取"统一规划、政府扶持、集体搭台、农民主体、社会参与"的运作模式,推进山区特色产业以点带面、集中连片成带发展。突出的沟域经济特征,有利于整体包装打造多功能农业项目。

3.区域外部环境

双滦区素有"承德山水的精华、山庄文化的源头、五代清帝的行踪、两个王朝的背影"美誉。以清代文化展示为核心,集文化展览复制、王宫府邸、清宫习俗、会展演艺发展起来的皇家文化旅游园区,为承德市吸收大量观光体验人群的同时,也为距离承德市中心仅 10 千米的双滦区带来了巨大的潜在消费体验群。龙头景区进一步整合规划,打造龙头景区带动型休闲农业具有显著的区域外部优势。

承德是清王朝的"夏都",300 多年前便是清王朝最高领导人避暑办公的场所,康熙认为承德"(热河)地既高朗,气亦清朗,无蒙雾霾风","草木茂,绝蚊蝎,泉水佳,人少疾","去京师至近,章奏朝发夕至,综理万机,与宫中无异"。双滦区依托避暑山庄发展起来的"21 世纪避暑山庄"文化旅游产业园,着力发展创意创作、休闲度假、会议会展、体育运动等文化旅游产业,获评"河北省十大文化产业集聚区"、"河北省文化产业示范园区",双滦区被评为"河北省文化产业十强县区"。

总投资 280 亿元的王府世家旅游度假区、皇家珠宝文化城、鼎盛书画院、艺术馆、承德市首家五星级酒店等项目建设运营,鼎盛王朝文化产业园项目被评为"国家级文化产业示范基地"、"河北省十大文化产业项目",《康熙大典》实景演出为国内外游客带来了视觉盛宴和文化大餐。

双滦区的"一区三园"建设,吸收就业 5 万多人,对财政贡献率 70%以上。同时,强大的集聚效应也为休闲农业发展吸引了大量潜在客户。

6.2.2 区域资源条件

1.水土资源条件

(1)水资源丰富。双滦区多年平均地表水资源量 3 632.24 万立方米，地下水资源量 1 985.99 万立方米，全区自产水资源总量为 3 936.17 万立方米；多年平均入境水量 70 072.20 万立方米，多年平均水资源总量 74 008.37 万立方米，多年平均出境水量 71 764.20 万立方米。全区人均自产水资源量为 336 立方米，亩均耕地占有量为 880 立方米，与全省比较均相对较丰富。

(2)耕地较少。双滦区属于燕山山脉石质山区，区内土壤母质主要为片麻岩及沙砾岩，土壤类型包括褐土、棕壤土和草甸土，其中褐土分布最广，占 95%；棕壤土主要分布在大庙镇，占 4.5%；草甸土分布在河滩地带，占 0.5%。土壤养分总体情况是缺磷少氮富钾。

双滦区耕地面积仅有 6.5 万亩，较为分散，主要沿滦河、牤牛河谷地分布，特殊的地质条件和土质，决定了双滦区不适合发展传统农业种植生产，分散化的耕地也不利于规模化生产。

2.旅游资源丰富

双滦区旅游资源丰富。森林覆盖率达 43.8%的双塔山风景区占地面积近 70 公顷，拥有典型的丹霞地貌奇观，是承德市区最大的自然风景游览区，居承德十大名山之首，目前为省级森林公园、国家级风景名胜区、国家 3A 级旅游区，有“承德第一景”的美誉。其他还包括承德市十大景观之一的元宝山、有鸟语林风景区美誉的雕沟风景区以及拥有奇岩秀石与丹霞赤壁的老红山等。历史景观包括双塔山辽代古塔、琳霄观、穹览寺、关帝庙、战国墓群等 8 处重点保护文物单位及以夏家店下层文化为代表的 24 处遗址。

6.2.3 农业发展现状

总体上看，双滦在大力发展精品农业、观光农业，推进农业产业化进程，实施科教兴农战略、可持续发展战略等方面取得了显著成效，农民收入稳步提高。全区农民人均纯收入 8 604 元(承德市 2014 年统计数据，下同)。从农民收入构成来看，工资性收入逐年提高，以农牧业为主的家庭经营性收入逐年下降。农林牧渔总产值为 33 086 万元。其中,农牧业产值为 27 228 万元,占总产值的 82%。优势农作物比重由 2010 年的 40%提高到 2014 年的 60%,良种覆盖率达到 70%;优质畜禽比重由 2010 年的 50%提高到 2014 年的 75%。生产方式加快转变,农牧业科技进步贡献率、良种覆盖率提高到 60%;农机化水平大幅提高,全区农业机械总动力由 6.8 万千瓦增加到 11.8 万千瓦,增长 58%;畜禽规模化水平由 50%提高到 80%。

休闲农业发展是双滦区农业的重点。到 2014 年底,全区建成了以“滦鑫庄园”、“上禾园草莓采摘园”为代表的观光采摘园 6 个;以“大贵口华泰庄园”、“二道沟段刚垂钓园”为代表的垂钓园 18 个;以“老沟门农家大院”、“孙营博稷园农家饭”为代表的农家饭店 278 家。年接待游客 20 万人次以上,形成了以采摘、垂钓、观赏、游乐为一体的产业链,对推动全区农业产业结构的优化升级和休闲观光农业的发展起到了示范带动作用。

农业产业化和农业科技方面,全区农业产业化经营总量达到 1.2 亿元,龙头企业实现销售收入 1 亿元,龙头经营组织吸纳农村劳动力就业 300 人以上;区级以上产业化龙头企业增加到 32 家,农畜产品行业商标数达到 8 个;区、乡镇和村三级农牧业科技推广机构达到 77 个,科技人员数量达到 110 人。2014 年以来,引进托鲁巴姆茄子、红颜草莓、杂交优质肉羊、黑猪等新品种 35 个;测土配方施肥、水肥一体化、肉羊舍饲、林下山地柴鸡放养等新技术 26 项。农牧业新品种、新技术的实施为双滦区农业农村经济快速发展起到了有效的科技支撑作用。

6.2.4 农业发展面临的挑战

1.种植业

双滦山区地貌复杂多样、气候温和湿润,大部分地区生态环境良好,构成了双滦区的天然生态屏障,具有发展生态经济的良好条件。相对于平原区,山坡地的化肥、农药等化学要素投入较少,加上风蚀、水蚀,土壤中有毒有害物质难以富集和存储;山区气温相对较低,冬季寒冷,夏季作物生育期短,病虫害相对较少,农药污染较轻,有利于发展无公害、生态型绿色农产品的生产。

2.养殖业

双滦区山区海拔高差变化大,地貌地形复杂,水、土、光、温、湿等条件各异,动植物和菌类资源种类繁多,生物多样性丰富,形成了各具特色的土特产品。依靠山区独有的资源地域优势,畜禽、水产品等具有区域性特征的农产品具有先天优势。双滦区肉蛋奶水产等主要养殖业产值结构中(2013 年),肉类产值占比为 85%,市级龙头企业主要以肉禽养殖为主,充分保证了双滦区的肉类产量。水产类产值不足 8%。奶类产值不足,只有 1%,奶牛育种可以进一步提升和推广。

3. 农业产业化

双滦区市级龙头企业有承德市双滦区绿禾养殖场、承德市畜牧场、承德市双滦区裕达源种猪繁育有限公司、承德市双滦区花鱼沟养殖场等几大养殖场。

以肖店村为股份制改革为典范,2012 年成立的肖店村股份经济合作社及股份公司通过股份制改造,形成农村集体经济合作社及股份公司,使得缺乏资源和产业的肖店村集中村民力量发展,实现了村民利益的最大化,也逐步形成自身特色农产品品牌。股份经济合作社的成立,能够较好地在村镇层面进行招商引资,避免了农户直接与投资商接触所引发的土地权益纠纷。

4. 农旅融合

农业旅游作为农业和旅游业的结合物,是利用农业景观和农村空间吸引游客游览消费的一种新型农业经营形态。

“十二五”期间双滦区的“两带三园一区”战略,已形成“21 世纪避暑山庄”文化旅游产业园区,对于发展和完善农旅结合体系奠定了坚实基础。但双滦区整体的农旅经济效益不高,农村旅游基础设施滞后。适宜发展农村旅游的沟域也是矿区的主要区域。

5. 农业品牌

双滦区由于其特殊的自然资源条件,适宜珍奇特产如肉蘑、松蘑、柳蘑、榛蘑、草蘑;蕨菜、马齿菜山野菜等的生长,也适宜椴树花、黄芩、苦参、柴胡、苍术、苦杏仁中药材和山鸡、野兔等野生动物的生存生长。

在“一村一品”推动下,逐步形成了以村为单位的黄瓜、草莓和葡萄等种植园区。但农业品牌化不强,大量跟风种植造成了蔬菜滞销。对于新媒体的运用不足,也阻碍了农业品牌的推广。

6.2.5 存在的主要问题

双滦作为连接京冀(京承)前沿区,且位于京津冀国家发展规划战略的生态涵养区,区域农业发展必将结合生态涵养功能的生态农业、休闲农业和旅游农业发展,以发挥区位优势和应对北京大市场。农业旅游正逐步成为繁荣双滦区区域经济、延伸现代农业功能、带动当地农产品销售、解决农村富余劳动力、拓展农民增收、改善农村生态环境、促进社会主义新农村建设的重要途径。

但双滦区的农业旅游还面临很多现实问题,集中体现为:

旅游基础设施建设滞后,功能不齐全、不配套;

旅游景区景点特色不明显,精品景区较少;

休闲农业氛围较弱;

部分农业园区旅游化改造提升难度大;

旅游市场还有待于进一步规范。

秉持理念:小规模、大特色,小农业、大旅游,小开发、大生态。

6.3　发展定位和空间布局

鉴于双滦在承德建设国际旅游城市和国家绿色发展先行区中承担的重要功能,以及农业资源禀赋的基本特点,双滦农业的发展要强化以皇家文化和绿色生态为内涵的产业发展脉络,提升双滦休闲观光、都市农业文化品位;培育以高效生态农业为重要载体的都市型现代农业新增长点,凸显区域农业的生态服务功能和高附加值,引导区域现代农业向产出高效、产品安全、资源节约、环境友好方向转变。

6.3.1　总体思路

以党的十八大、十八届三中、十八届四中、十八届五中全会和习近平总书记系列重要讲话为指导,全面贯彻落实中央和省市农业农村工作会议要求,坚持创新、协调、绿色、开放、共享发展理念,以提升双滦农业现代化发展水平为主线,按照建设国际旅游城市核心发展区的总体要求,坚持"市场化导向、生态化塑造、产业化发展、旅游化带动"的总体思路,以农业产业结构调整为抓手、以美丽乡村建设为载体、以城乡统筹发展为目标,创新双滦现代农业发展模式,推动双滦农业"农工贸、文旅农"一体化发展,打造都市精品农业,提升农业复合功能价值。

——着力发展高效生态农业，按照“体验化，小型化，生态化，精品化”推进双滦农业结构调整，全面推动双滦农业综合生产条件改善，促使双滦农业资源高效利用、优质农产品高效生产、农业综合保障高效支撑。

——着力发展都市休闲农业，依托都市、服务都市，强化农业市民生活服务价值，促进产业深度融合，满足市民生活、生态的多元化需求和农民持续增收要求，让双滦农业发展成为能够体现市民居民幸福指数的基本测度。

——着力以现代农业园区建设为载体，推进双滦农业产业化、标准化、组织化、旅游化发展，实现聚人才、聚企业、聚资源、聚人气等目标，推动产业要素向农业合理聚集。

努力为承德京津冀生态功能区、水源涵养区建设和国际旅游城市建设提供有力支撑，全力打造精品都市休闲观光农业示范区，加快推动全国休闲农业和乡村旅游示范区建设。

6.3.2 发展原则

1.项目引领，打造都市休闲农业核心吸引物

以项目建设为载体，突出企业市场主体作用。根据各组团所处区位特点和资源禀赋，充分根据其地理位置、资源条件、产业基础等实际情况，科学合理布局都市休闲农业项目，处理好已运营项目和在建、待建项目的布局关系，努力打造区域特色都市休闲农业品牌，打造区域核心吸引物。

2.产业融合，提高现代农业多功能复合价值

大力推进一二三产融合发展，以农业生产为龙头，以旅游休闲为动力，以农产品加工业、农业旅游商品加工为依托，不断拓展双滦现代农业发展内涵，丰富其价值，完善其功能，推动全区农牧业的生态、生活、生产多功能复合。特别要充分发挥紧邻承德市区、临近京津唐秦赤优势，大力推动休闲农业与乡村旅游发展，打造承德休闲农业与乡村旅游品牌，使双滦区早日成为京津休闲旅游重要目的地。

3.大生态、小开发，量水量地安全生态建设

双滦区虽然有滦河、伊逊河、牦牛河等水土资源基础，但生态系统仍较脆弱，特别是耕地面积较小，不利于大面积规模化露天农业发展。发展现代农业必须加强农业的节水利用和土地集约利用，坚持体量经济（量水量地）原则，每个农业项目都要力争建设成为资源节约、环境友好型农业,努力为都市提供安全、放心的优质农产品和生态、和谐的生态休闲旅游空间。

6.3.3　发展定位与发展目标

1. 打造京承休闲农业与乡村旅游目的地

以建设全国休闲农业和乡村旅游示范区为契机,立足承德、面向京津,全力推动全区都市休闲农业发展。一是进一步规范行业管理,着力对现代农业科技园、休闲农庄、观光采摘园、民俗村及连片的农家乐等实行行业标准化管理,杜绝食品安全事故发生,杜绝污染环境和破坏生态资源的事件发生。二是进一步完善现代农业园区水、电、路、通信等基础建设和住宿、餐饮、娱乐、卫生等服务设施建设。三是进一步发挥产业优势,到 2020 年,建设在全省乃至全国有一定知名度的休闲农业与乡村旅游点 10 个以上;使休闲农业与乡村旅游点分布在全区 50%以上的乡镇,并形成一定规模的休闲农业与乡村旅游产业带或集聚区。使这些旅游点具有地域、民俗和文化特色,有吸引力较强的体验项目和餐饮、服务功能。

2. 建设承德都市精品农业发展核心区

充分利用双滦位于承德大都市郊区的区位优势,大力发展特色林果、设施果蔬、特色养殖、林下经济等高效生态农业和观光采摘、休闲民俗等休闲观光农业,丰富市民的"菜篮子"和群众休闲文化生活,打造具有双滦特色的"文旅农一体化"都市休闲农业,着力实现双滦农牧业的 3 个转变:

——实现双滦农业单一功能向多功能转变。以生产功能为基础,以生态功能和生活功能为目标,加快实现双滦农牧业由单一生产向生产、生活和生态多功能转变,使农牧业发展和城市发展相互依托,共同发展。

——实现双滦农牧业向都市型精品农业转变。运用现代农业科技手段,提升农牧业的综合生产能力,提升农牧业发展的精品化、复合化水平。

——实现双滦农牧业由粗放型向集约型农牧业转变。优化配置生产要素,提高劳动生产率和资源利用率,加快双滦农牧业向组织化、专业化、特色化转变。

3. 总体目标

最终实现"优良生态、优美景观、优势产业和优质产品"的现代农牧业发展总体目标。到 2020 年,第一产业增加值年均增长 8%左右,达到 42 000 万元;农民人均纯收入达到15 670元；设施农业播种面积达到1.5万亩；畜禽规模化饲养水平均达到90%以上；确保不发生重大农畜水产品质量安全事件和区域性重大动物疫情。

4.阶段目标(主要任务)

近期：到2017年，完成1家省级现代农业园区申报建设工作，初步建成1～2个集特色种养、民宿农家乐、休闲观光、教育科研、体育休闲于一体的现代农业园区(农业公园)；完成2～3条沟域经济规划，打造双滦特色沟域经济体系；建设5～8个省级、市级美丽乡村；重点培育10个农村一、二、三产融合发展项目(新型经营主体)，初步树立双滦都市精品农业品牌。

中期：到2020年，全面建成2～3个特色农业主题公园，完成全区沟域经济发展规划，建成3～5条特色沟域，完成3条廊道建设，建成20个以上美丽乡村，重点打造20个农村一、二、三产融合发展项目(新型经营主体)，全面建成国家休闲农业与乡村旅游示范区。

远期：到2025年，全面建立起集休闲农业、乡村旅游、山区综合开发、美丽乡村于一体的都市精品农业发展框架，实现农业多功能复合发展，全力打造双滦全域旅游发展格局。

6.3.4 空间布局与发展策略

坚持“保护生态、高效集约、水岸统筹、点轴联动”的布局原则，突出双滦现代农业发展的“产品供给功能、都市休闲功能和生态保障功能”，引导全区现代农业项目合理布局。结合特色和既有基础，着力构建“三廊三区多点”的现代农业发展空间布局(图6-2)。

1.三廊

廊道建设是都市型现代农业发展的一种有效空间组织模式。主要基于农业产业基础，以现代农业园区(点、景区)和特色乡村为基本单元，以田园景观和乡土文化为主线，以重要交通线路为轴线而组织起来的都市休闲农业聚集形态。比如，北京的沿京承高速都市农业走廊、北京门头沟沿国道109的沟域经济走廊、北京延庆的百里山水画廊、浙江嘉兴的百里休闲观光农业长廊等。双滦拥有多条重要交通通道和河流，南北狭长、水岸和谐，从产业上便于打造多元都市休闲农业业态，从空间上适于形成多条都市休闲农业走廊。

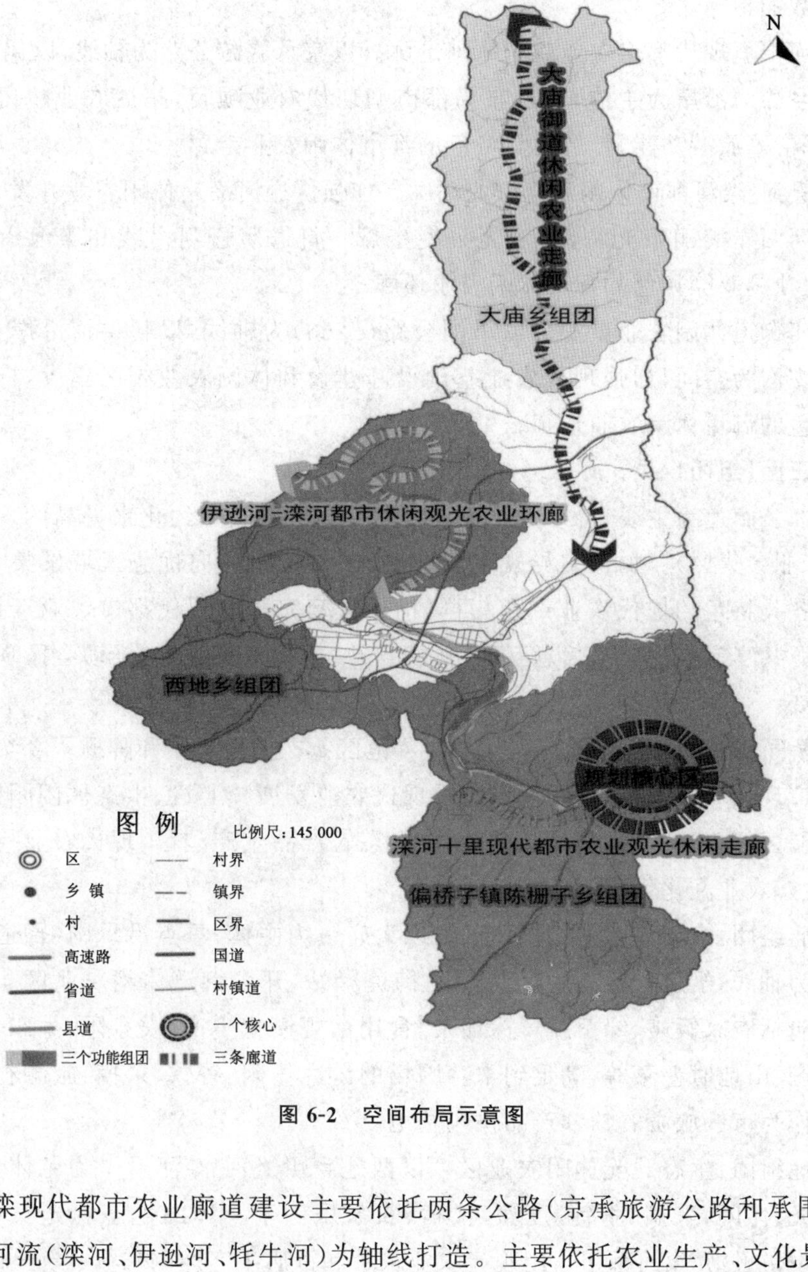

图 6-2　空间布局示意图

双滦现代都市农业廊道建设主要依托两条公路(京承旅游公路和承围公路)和 3 条河流(滦河、伊逊河、牤牛河)为轴线打造。主要依托农业生产、文化景观、乡村民俗等资源,着力营造业态融合、水岸交融的现代都市田园画廊,充分让市民体验田园生活、品味农业情调、感受浓浓乡愁,让双滦的都市休闲农业成为测度市民幸福指数的指标之一。

滦河十里现代都市农业观光休闲走廊。以京承旅游公路为轴线，以偏桥子镇-陈栅子乡滦河沿岸为主体，重点布局都市型现代农业项目，拓展农业休闲、观光、采摘、民俗等旅游功能，打造独具特色的都市休闲农业走廊。

伊逊河-滦河都市休闲观光农业环廊。加强伊逊河沿岸休闲农业开发，充分依托伊逊河两岸美丽风光，打造观光采摘走廊。打通伊逊河沿线和滦河沿线连接线，构建独具双滦特色的都市休闲农业环廊。

大庙御道休闲农业走廊。以承围公路（S256）为轴线，以牤牛河沿岸为主体，以两侧支沟为空间，加强现代农业基础设施建设和休闲农业园区建设，打造独具双滦特色的御道休闲农业走廊。

2. 三区（组团）

以3条廊道为主线，持续打造集聚度大、关联性强、集约化水平高的现代农业园区（产业聚集区）。加快引导现代农业要素、市场主体向优势区域聚集，着力培育一批各具特色的现代农业产业集群，构建配套完善的现代都市农业产业体系，实现资源共享、设施共用、信息互通、功能互补，放大聚集效应，推动全区现代农业加快发展。

偏桥子-陈栅子组团：都市现代农业示范区。在偏桥子镇和陈栅子乡集中连片建设都市现代农业示范园区，重点建设现代农业发展核心区、生态休闲园区、农产品加工园区、现代农产品物流园区、绿色生态农产品生产园区、现代农业科技展示园区、生态农业文化创意等功能分区。

大庙组团：大庙御道休闲农业区。以大庙镇为主体，重点沿承围（御道）公路、牤牛河为轴线，沿途村设置皇家标志的御道驿站，开发御道休闲农业区。重点开发项目包括农家饭店、绿茵蔬菜深加工、食用菌规模化生产、农家乐、生态采摘园、杂粮生产、山地时差菜等，满足到木兰围场的游客休闲、餐饮、采摘、旅游礼品等需求以及作为市区旅游餐饮农产品供应基地。

西地组团：生态观光休闲农业区。以西地乡伊逊河-滦河沿岸为主体，着力构建集观光、休闲、采摘、垂钓、度假、住宿、农家乐等于一体的生态观光农业园区。重点建设伊逊河-滦河都市休闲观光农业环廊和肖店生态休闲农业区。

3. 多点

重点在廊道两侧腹地布局多个现代农业建设项目，打造双滦现代农业示范区的重要支撑。着重把建设项目分为已运营项目和规划新增项目两大类型。针对已运营项目重点完善提升、增加功能、突出特色;针对规划新增项目,要按照项目所在区域总体定位和项目发展方向建议,加快招商引资和土地收储工作,提前满足市场主体相关指标需求。

4.发展策略

依托3个组团布局,建设全景式农业景观,建设农业休闲主题公园。通过政府投资拉动,引进企业,规划和建设公园式主题产业园。

依托3大区域3条廊道建设3大农业主题公园:

皇家御道农业主题公园:以"皇家御道"为主题,构建中国传统宫式建筑景观、御用饮食文化等,建设双滦北部整体性主题公园。

伊逊河-滦河(西地段)精品农业主题公园:依托伊逊河-滦河环绕,建设精品农业主题公园,由精品农业产业园组合而成,集采摘、餐饮、休闲、娱乐为一体。构建具有科技示范性质的农业主题公园。

滦河特色农业主题公园:以滦河两岸景观设置作为依托,整体性打造十里沟域景观,形成沟域特色农业主题公园。

6.4　重点产业发展规划

6.4.1　蔬菜产业

总体思路:重点依托京津冀协同发展培育绿色主导产业项目扶持政策,重点生产高端极品有机蔬菜,面向国内外高端消费市场。

满足城镇居民绿色"菜篮子"需求、休闲观光旅游和农民科普实训为目标,打造融循环农业、信息农业、精准农业、休旅农业、科普农业和创意农业于一体的新兴农业板块。重点发展地热能与太阳能光伏环控一体化智能设施为载体的高端精品农业。

奋斗目标:到2020年,设施蔬菜播种面积达到1.2万亩以上,产量达到6万吨以上,产值达到1.8亿元以上,从事设施蔬菜的农户户均纯收入突破3万元。

产业定位:以"承德市双滦区福梅蔬菜农民专业合作社"、"承德市双滦农友蔬菜专业合作社”、“承德百琦尔食品有限公司”为龙头，发展蔬菜产业；布局定位上，按照双滦区农业发展规划，在陈栅子乡、偏桥子镇为蔬菜产业重点发展区域；生产方式定位上，大力推广“合作社＋经纪人＋种植户”等经营模式提高组织化程度；种类定位上，逐步由单一蔬菜生产向菜、果、瓜、菌等多元结构转变；质量定位上，推行无公害蔬菜标准化生产，加强产品质量安全监管，推行准入制度，积极推进基地认定和产品认证，打造无公害、绿色、有机蔬菜品牌。

6.4.2 特色果品

总体思路：重点以休闲农业发展为依托，开发利用沟域地区的山地、荒地，进行果品种植。发展果品采摘、农业休闲林园。面向北京休闲市场。

奋斗目标：2020 年，打造大庙区高端果品休闲园 3～5 个，荒山开发率 100%，果品生产产业化、规模化水平 90%以上。建立以肖店村为主的干鲜果基地建设。

6.4.3 特色养殖

总体思路：按照数量、质量并举和禁牧、舍饲的总体要求，依托围栏封育、京津风沙源治理工程圈舍建设项目，以品种改良、产业化推进和科技服务为切入点，全面提升肉羊和林下鸡产业的规模、档次和水平。

奋斗目标：到 2020 年，羊年饲养量由现在的 8 万达到 15 万只，优质良种覆盖率达到 80%以上，规模化水平达到 90%以上，养殖户户均收入 8 万元以上。建设 1 000 只以上山地柴鸡养殖户 20 户，发展林下养殖山地柴鸡 30 万只，规模化水平达到 90%以上，养殖户户均收入 5 万元以上。

产业定位：

以“承德市双滦区滦牧养殖有限公司”、“ 承德市双滦区博稷园养殖合作社”为龙头，发展优质肉羊产业；布局定位上，按照双滦区畜牧业发展规划在西地乡、陈栅子乡、偏桥子镇为肉羊产业重点发展区域，城区规划区逐步退出肉羊养殖；生产方式定位上，大力推广“企业＋中介＋养殖户”等经营模式提高组织化程度；品种质量定位上，肉羊以杜博为父本，小尾寒羊或杂交后代为母本，进行杂交改良，生产优质肉羊及其产品。

以“承德市双滦区绿禾养殖场”、“ 承德市绿草地养殖业有限责任公司”为龙头，发展山地柴鸡产业；布局定位上，在双塔山镇、西地乡、陈栅子乡、偏桥子镇、大庙镇 5 个乡镇的山区村发展林下山地柴鸡养殖；生产方式定位上，大力推广"企业＋养殖户"等经营模式提高组织化程度；品种质量定位上，以适合双滦区林下饲养的华北柴鸡品种生产的无公害柴鸡蛋为目标，建成我市最大的山地柴鸡养殖基地。

6.4.4　小杂粮产业

充分发挥双滦种植小杂粮历史悠久、种质资源丰富、土壤、气候条件适宜等优势，大力发展小杂粮种植，采用绿色栽培加工模式，建设双滦名优小杂粮产业。到 2020 年，小杂粮种植面积达到 1 万亩以上，产销量达到 2 000 吨以上。

着力按照"公司＋合作社＋种植户"的产业化经营模式，以"承德康硒食品有限公司"、"承德市西地乡肖店村股份经济合作社"等为龙头，重点在西地乡、陈栅子乡建设绿色小杂粮种植基地，重点发展谷子、黍子、绿豆、红小豆、高粱、荞麦等小杂粮种植，采用优良种质资源和绿色栽培技术，创建双滦区优质特色小杂粮品牌，建设适合双滦区现代都市农业特点的绿色小杂粮产业。

着力提升肖店小米品牌形象，扩大肖店小米种植面积，支持肖店小米精深加工、产品包装和品牌打造，提升肖店小米品牌影响力。

6.4.5　中药材产业

积极开发利用山地资源，因地制宜发展中药材种植，依托京津冀培育绿色主导产业项目，应用中药材仿野生人工栽培技术，创建有机中药材栽培基地，努力实现中药材资源的可持续利用。到 2020 年，建设标准化中药材仿野生人工栽培基地 2 万亩以上。

创新产业模式，大力推广"公司＋基地＋种植户"产业化经营模式，以"承德市神洲药业开发有限公司"为龙头，发展山地有机中药材产业，重点在大庙镇、陈栅子乡、西地乡等乡镇山地发展中药材仿野生人工种植。重点发展椴树花、槐树花、山杏、黄芩、人参、桔梗、苍术、苦参等特色品种，突出有机品牌，建设承德市特色有机中药材种植基地。

6.4.6 文旅农产业

充分发挥双滦位于承德大都市郊区和区内鼎盛王朝实景演出、1650年的喀喇河屯行宫、木兰围场御道、双塔山国家级森林公园等景区点的特殊区位优势和资源优势，加强全区现代农业与文旅资源的融合发展，大力发展休闲、度假、观光、采摘、垂钓、民宿型农业业态。

以建设全国休闲农业和乡村旅游示范区为载体，立足承德、面向京津，不断拓展经营规模，增加服务内容，推动文旅农产业向高端精品转型。

6.4.7 特色农产品加工和农产品流通业

目前双滦还缺少特色农产品加工和农产品流通龙头企业，农产品储藏加工、物流配送、电子商务等方面功能也较弱，需尽快制定招商优惠政策，加快项目建设进度。重点在偏桥子镇大、小贵口村现代农业示范区核心区布局农产品加工与物流产业园区，建设农产品交易市场，培植或引进国家级农业产业化龙头企业1～2家，省级农业产业化龙头企业3～5家，逐步形成以食品工业为重点的农产品加工产业集群。

6.5 偏桥子—陈栅子组团发展规划

6.5.1 组团(乡镇)发展思路

偏桥子—陈栅子组团位于承德中心城区和双滦区之间，京承旅游公路穿境而过，是双滦区现代农业发展的核心区域。本组团农业生产条件较好，水土资源丰富，是双滦区和承德市的“菜篮子”，已初步具备了都市休闲农业拓展的基础。

本组团建设发展要重点以滦河两岸约1.5万亩土地为核心载体，辐射两侧山区，以现代农业示范园区、生态休闲旅游农业园区(国家农业公园)和健康生态农业区建设为空间组织模式，加快现代农业生产要素和项目集聚，大力发展农家乐、渔家乐、采摘园、垂钓园、休闲农庄等业态，着力打造融农业观光、餐饮接待、休闲娱乐、康体运动、文化体验、养生度假等于一体的都市休闲农业慢享生活示范区。

其中,偏桥子镇主要依托设施农业基础和良好的区位交通条件,大力发展都市高效生态农业,同时配套完善休闲农业发展要素设施,融合发展休闲农业。陈栅子乡重点发展休闲农业,融合美丽乡村建设,着力打造特色主题农业公园,积极申报建设省级现代农业园区。

6.5.2　建设双滦现代农业示范区

以偏桥子镇小贵口、大贵口、二道沟、偏桥子、达连坑、三家、老沟门和陈栅子乡陈栅子、大栅子、南山根,两个乡镇 10 个村的主要耕地范围(沿滦河两侧),充分利用滦河沿岸区域现有设施,建设集高效农业生产、休闲农业观光、文旅农于一体的集中连片现代农业示范园区。

1. 打造双滦现代农业示范园区核心区

重点以大贵口、小贵口村为核心,辐射二道沟村和十八盘村部分土地,打造双滦现代农业示范园区核心区。着力构建农博园、现代种养基地、农产品交易园区等功能区。

(1)建设农博园(举办承德农业嘉年华)。在大贵口村选址建设承德农博园,建设京北地区大型综合农业观光休闲园区。着重以设施农业发展为依托,建设瓜果蔬菜无土栽培示范区、百花园观光示范区、智能温室体验区、农事参与体验区、优良种苗繁育区等功能分区,大力发展可观可采的优良农作物品种。力争举办承德首届农业嘉年华,每年举办一次,并把嘉年华会址常驻在农博园。

(2)建设大贵口南果北栽示范基地。建设 500 亩大贵口南果北栽示范基地,采用现代日光温室、智能温室进行设施栽培,引进最新优良品种和配套技术,产销模式,总结制定生产技术规程,进行示范推广。

(3)建设生态农业文化创意园。加快推进大贵口 21 世纪避暑休闲文化产业园建设。大力推进休闲农业文化挖掘、诗书画、文学创作、摄影、影视拍摄、广告策划、生态农业创意、现代休闲农业与乡村旅游网站建设。

(4)华泰农业休闲庄园提升项目。支持华泰庄园打造基于农业生产的综合农业休闲庄园,丰富庄园吃、住、游、购、娱等功能,建设百果园、采摘园、垂钓园、赏花园等特色功能区,发展特色农家餐饮和民宿。

(5)渔阳山庄提升项目。渔阳山庄位于小贵口村,占地面积 5 500 平方米,分贵宾区、垂钓区、民俗区 3 个部分。是核心区已运营的重要特色休闲农庄。支持其做大特色餐饮和农业休闲娱乐功能，打造特色乡村酒店。

(6)二道沟水产养殖示范园区建设项目。以鱼兴酒楼为实施主体，建成园区独具特色的集生产、繁育、观光、垂钓、餐饮、配套物资供应、举办垂钓大赛等于一体的北方大型水产养殖产业基地。

(7)小贵口花卉苗木交易市场建设提升项目。打造北方一流苗木花卉市场，充分发挥区位优势、交通便利、水源充沛等优势，提供优惠政策，提供场地，建设网站和销售交易平台，把市场做大做强。同时承接园艺、园林规划设计、工程施工、养护等项目。立足承德，面向蒙辽唐秦，发挥交易枢纽作用，通过宣传努力，招商引资，打造成省级园林型花卉苗木景观资材交易市场，使之成为北方最大的花园型花卉苗木景观资材交易集散地。

2.提升重要节点功能

(1)老沟门农家大院。位于偏桥子镇老沟门村，是承德市城郊垂钓、采摘线路的重要节点。2013 年被评为五星级乡村旅游示范户。老沟门农家大院占地面积 70 亩，包括餐饮娱乐区 25 亩，垂钓区 20 亩，采摘区 25 亩。支持发展特色养殖、特色种植，加强园区道路、晾晒场、育种育苗、畜禽有机物处置及周边绿化建设。

(2)悠闲垂钓园。位于偏桥子镇达连坑村，项目占地 300 亩。以凤茹葡萄采摘园、金海渔苑、金良垂钓园等农家游为基础，打造集酒庄、水上乐园、木屋、球馆、房车基地、自驾游营地于一体的大型、高标准悠闲垂钓园区。

(3)绿色果蔬养生基地。重点以 3 家村蔬菜基地为核心，结合周边山场，打造综合果蔬生产、休闲养生基地。建成以蔬菜种植采摘、果品观光采摘、特色农家餐饮为主题的生态观光农业园区。支持蔬菜基地内部道路建设，与京承旅游公路形成有效连接。

(4)凤如葡萄庄园。以达连坑凤茹葡萄采摘园为基础，打造融生产示范、休闲观光为一体的区域特色农业产业园区。以精品葡萄种植观光采摘为主导，不断延长葡萄产业链，发展 DIY 葡萄酒制作、生态农庄餐饮、葡萄文化体验等关联产业。支持其扩大精品葡萄种植基地和设施大棚改造，支持建设葡萄景观廊道、停车场、储藏库以及葡萄田间基础工程。

(5)二道沟草莓采摘园区。以上禾园草莓采摘园为核心，加强二道沟草莓种植区改造提升,加强内部道路连接线建设,打造双滦现代草莓农业产业示范园区,融合草莓、精品果蔬生产、观光采摘和民俗餐饮等功能。

3.加强重要地块项目建设

重点加强老沟门设施蔬菜园建设,加强偏桥子村神闲谷地块休闲农业项目建设,加强陈栅子大桥以南滦河两岸地块现代农业项目建设,加强南山根村休闲农业地块项目建设。

4.打造十里“水岸花田”休闲农业长廊

充分利用滦河水系资源,加强水岸统筹,建设滨河大道,串联沿岸农业生产基地、农业园区、采摘园、休闲农庄等现代农业主体,打造滦河十里“水岸花田”休闲农业长廊,营造慢享生活的休闲农业文化氛围,努力把本区打造成为承德“都市花园休闲中心”和“市民乐活慢享生活示范区”。

实施河岸“多彩花卉”种植工程。在防护林带下面及滨河大道、沟渠两侧播种菊花、薰衣草、二月兰、芍药花、石竹等季节性开花植物,通过景观植物轮作栽培,努力营造四季田园景观。

打造两侧农田景观建设工程。选择向日葵、油菜、薰衣草等主要景观植物,通过在农田镶边、农田缓冲带种植、闲置地景观遮挡和覆盖、坡地景观栽培等土地利用方式,延伸“水岸花田”空间,营造规模油菜花、葵园、香草景观带,为市民提供以农作物为主题的视觉盛宴,为双滦都市休闲农业节庆开展和休闲观光农业发展提供壮美大地景观背景。

6.5.3　建设三杨生态现代农业园区

园区主规划区包括陈栅子乡人民政府辖区内二兴营村、黄梁村两个行政村,面积1.879 1万亩,辐射带动区包括偏桥子镇采摘果品示范基地500亩,偏桥子镇、陈栅子乡设施蔬菜基地5 000亩,周边农产品加工企业、合作社及农业观光休闲园区6 500亩,合计面积3.079 1万亩。着力打造承德创新性现代农业园区,使该片区成为环京津冀片区具有鲜明特色的现代化农业园区。

1.打造“一轴三环六区”空间布局

“一轴”:指二兴营村到黄梁村的6.5米宽的一级车行游览干线,是园区的形象展示轴线,是展现乡村自然风景、山乡特色景观的轴线,是游客进入景区的主要路径。改造方式主要是利用原有的山路，将分割的农田整合成大块，或形成树林与农田互锁、对比的结构，种植一些观赏性薰衣草、油葵、金莲花、油菜花、羽衣甘蓝等彩色植物，也可种植蔬菜、粗粮等，选点建设瞭望塔、开发餐饮服务点、乡村文化参观点。从整体上形成大色块景观效果。旅游大道两侧利用多品种乔木植物形成特色的树廊、树窗空间。

“三环”：以联系各景区的 4 米宽次级车行游览支线内部环路为依托，形成具有开阔视野和良好景观的旅游环路，即超广角之路。旅游区内部景区和项目均布置在环路沿线。

“六区”：围绕主题“大一天境 · 梦回乡村”，划分 6 大主题概念分区：花境、清境、迷境、林境、山境、野境。

2.“六区”建设规划

“六区”以各自不同的地利特点和空间分布，从功能和展现意义上有所区分。

1)“花境”

主题为“烂漫花海，幸福洋溢”，空间上位于景区北部，也是景区的入口部分，计划建设含 9 个景点在内的乡村烂漫花海区，重在展现田园景观和融合多文化元素体验，这些景点分别为：

(1)展示新时代农村风貌的美丽乡村示范区；

(2)以不同品种开花作物打造的百万花田景观；

(3)以桃、杏、苹果、梨等为主要品种的果品采摘园；

(4)以民俗风情博物馆和农耕文化展示馆为主体的民俗体验馆；

(5)以茶文化及曲艺表演为特色展现的茶馆书屋；

(6)以游戏式趣味农牧业为体验主题的 QQ 牧场；

(7)以民俗风情表演和婚纱拍摄基地为功能定位的花境广场；

(8)以住宿功能与人文景观效果于一体的原乡主题民宿；

(9)以休憩及综合服务为目的的游客服务中心；

(10)集经济作物、种苗基地与农产品加工、交易于一体的现代田园观光中心。

2)“清境”

空间设置上位于景区西南部，建设主题为“清幽民居，归园田居”，计划打造含 8 个景点在内的乡村田园风情区，重在体验农耕文化，展示民俗风情，品味田园民居,包含景点有:经济价值与观赏功能并重的大榛子种植园;寓教于乐、体验农耕乐趣的亲子乐园和开心农场;点缀融合清境景观的油菜花田;富有怀旧乡村风格的民宿客栈和田园四合院;集民俗文化展示、餐饮购物功能于一身的民俗风情商业街;集综合管理、高标准设施蔬果菌菜培育、仓储物流功能展现于一身的智慧农场。

3)"迷境"

位于整个景区的中心腹地,建设主题为"丛林探索,谷底探奇",重在结合景区原有自然风貌,打造人与野生环境极度亲近的"丛林谷底探险区",计划建设 3 个景点:以谷底探险道和丛林探险道为基础的迷境幽谷,利用园区内地形地貌规划科学合理的专为野外拓展的徒步路线;以滨水休闲栈道、旱溪、烂漫花海、迷境精品会所为主要元素的迷境花园;保留原生态山野景观的影视摄影基地。

4)"林境"

位于景区中东部山地林区,海拔较高,建设主题为"林中观鸟、高山远望",计划结合现有果木、林木景观建设集果品加工、文化创意、真人 CS、住宿、观景、购物于一体的综合性休闲体验区。景点设置为以下几类:①苹果乐园:采摘与果品加工参观;②创意文化艺术村与创意文化艺术基地:汇聚动漫游戏创作园、摄影制作园及展现创意文化成果的艺术工坊;③田园风光观赏:视野开阔,覆盖大部分景区景点,颇有"处身林间鸟啼近,遥望花海秀色香"的意境;④真人 CS 基地:设 CBQ 巷战区和山地战区,在林地景观烘托下,对战游戏场景感更强,遮蔽物更多,增加游戏趣味性;⑤户外拓展基地:为喜爱户外军事拓展训练的游客设计,设高空拓展区、场地拓展区、军事训练区,结合真人 CS 基地,充分满足喜爱军事活动主题休闲的游客;⑥休闲度假别墅区、公寓酒店、创意艺术民宿:在住宿安排上区域风格多元化,不仅局限于原乡民宿,同时也满足喜爱个性化和现代化住宿环境的游客需求;⑦地标性建筑:突出"林境"区域的综合性服务功能,起到显著导引作用;⑧民俗集市广场:与住宿区毗邻,为游客提供民俗工艺品、旅游纪念品等消费品。

5)"山境"

位于景区南部,建设主题为"骑行穿越,翻山越岭",旨在让游客充分体验山区秀美、清静的风光,体悟天人合一的境界。计划建设景点为:①滑草乐园:充分利用地形营造亲近自然的休闲娱乐项目;②山地挑战基地:设越野车挑战基地和卡丁车挑战基地;③无动力低空滑翔:利用高海拔位置,体验滑翔乐趣,欣赏山地美景;④房车集装箱营地:为房车游客提供集中宿营地;⑤清修寺庙和精品禅语会所:在山林野景中为佛教信众及游客提供静心修养、悟道的场所。

6)“野境”

位于景区的东南角,海拔最高处,建设主题为“原始生态、生生不息”,计划建设以畜牧养殖、狩猎射击、马术表演、游牧生活体验为主要方向的“皇家休闲度假区”,设计景点为:①动物欢乐世界:含绵羊牧场、飞马乐园、逐鹿园和鸟鸣谷;②射击场:设有飞碟射击和定点打靶项目;③狩猎基地:组建狩猎俱乐部,利用山林沟壑建狩猎体验场;④皇家马会:为马术爱好者组建马术俱乐部,建室内马术表演场,户外马术体验场;⑤方便运动爱好者采购装备的运动装备商街;⑥展示民俗特色工艺品、出售旅游纪念品的民俗风情商业街;⑦体现游牧文化风格的清朝文化蒙古包和牧羊主题民宿;⑧畜牧养殖区:特色品种畜禽养殖及参观区。

3.打造一、二、三产融合的产业体系

大力推进一、二、三产融合发展,以农业生产为龙头,以旅游休闲为动力,以农产品加工业、农业旅游商品加工为依托,不断拓展双滦现代农业发展内涵,丰富其价值,完善其功能,推动全区农牧业的生态、生活、生产多功能复合。特别要充分发挥紧邻承德市区、临近京津唐秦赤优势,大力推动休闲农业与乡村旅游发展,打造承德休闲农业与乡村旅游品牌,使我区早日成为京津休闲旅游重要目的地。

1)一产:致力于生产安全、清洁、高品质的初级农畜产品

在计划新建景点之外,园区内现有特色养殖区、无公害杂粮生产区、大榛子栽培区、观花经济作物栽培区(含百万花田)、中药材种植区、优质果品采摘区、错季时差菜种植区以及带动区的设施果品采摘基地和设施蔬菜基地是园区主要的农畜产业,产品在本地企业加工一部分,通过采摘被游客消费一部分,供本地和北京市场一部分。由于土壤条件好,农家肥使用占比大,结合先进的管理技术,产品品质上乘,不存在卖难问题,今后发展方向在于如何向高标准高价位农产品看齐。

特色养殖区:主要集中于二兴营与黄粱交汇处的山谷地带,该区域整体占地约500亩,相对地形条件较封闭,并且未占用较好的耕地资源,结合当地沟峪环境,因地制宜,养殖畜禽,让畜禽在自然生态环境中按照自身原有的生长发育规律自然地生长,项目遵循生态养殖的理念,为大众提供安全、生态、自然的农业产品。

规划养殖小野猪、藏香猪、禽类、柴鸡(蛋)等。

无公害杂粮生产区:集中在黄粱村范围内,占地约 1 000 亩,该片区杂粮种植主要以粮为主,包括薯类、麦子、米类、豆类 4 大类型作物,最终结合农产品加工区,创建三杨品牌,推向市场,主要以无公害加工,此区域对农业结构调整,发展农村经济,增加农民收入和繁荣市场都将起到积极的推动作用。

大榛子栽培区:片区内地理环境及气候的先天优势,原本园区内野山榛数量较丰富,结合园区内这一特点,片区内引进优良的榛子品种进行种植,此片区规划占地面积 1 000 亩,2015 年已经栽种面积 300 亩,榛子含有人体必需的 8 种氨基酸及多种微量元素和矿物质,有促消化、增进食欲、提高记忆、防止衰老的功效,园区内榛子经过产品加工后推向市场必定供不应求,并且栽培大榛子区域土地可以集约利用,可以复合性地种植薯类。

观花经济作物栽培区:该片区主要以油菜花种植、油葵种植、薰衣草种植、玫瑰种植品种多样的既能观赏又二、三产融合联动的经济价值较高的品种主要组成,总规划面积 800 亩。2015 年已经试验种植 300 亩油葵及油菜花。

油菜花是最容易栽培的农作物之一,农民常于农田冬春休耕期间在田里撒上油菜籽,播种后约两个月便开出朵朵黄色的小花,不仅观赏价值高,并且开花后结的果实,是中国第一大食用植物油原料。

油葵是中国四大油料作物之一。油葵的葵花籽提取出的油脂,可榨出低胆固醇的高级食用葵花油,由于含有 66%左右的“亚油酸”,被誉为 21 世纪“健康营养油”。

薰衣草和玫瑰的花色不仅可观赏价值高,并且花穗可以做干燥花和饰品,花瓣可以防止虫蛀,提取精油,精油可以作为杀菌剂和芳香疗法时使用的香精油。

优质果品采摘区:二兴营村原有果树资源丰富,山杏面积达到 2 000 余亩,片区内苹果、桃树、梨树果品丰富,在原有基础上此片区继续加大果品品种的栽培,将该区域建设成为观光、采摘等旅游休闲活动与现代农业方式有机结合的林果特色区域。春季果树开花也可以作为景观吸引旅游人群观景、摄影,秋季收获时可以组织采摘相关主题活动,吸引游客入驻景区,带来一部分消费。

错季特种蔬菜种植区:目前北方露地蔬菜在夏秋季处于供大于求的趋势,冬春季设施蔬菜产业还有增加扩大规模增大产量的余地,所以园区利用片区环京津冀地理位置优势，选择土地相对较平缓地带，计划发展创新错季蔬菜产业，规划占地面积 300 亩，栽种错季小品种无公害蔬菜，种植品种有千禧小柿子、紫甘蓝、玉兰菜、水果黄瓜等品种新奇，经济价值较高的蔬菜品种。

中药材种植基地：位于二兴营村，主要种植椴树和人参，2014 年建段树苗栽培基地，2015 年增加人参栽植示范区。用以带动园区的中药材产业。

设施果品采摘基地：位于偏桥子镇和陈栅子乡相邻的几个村，连片分布于公路沿线，主要种植品种为牛奶草莓，错季葡萄，反季节香瓜、油桃，针对市区及临近地区市场，品质优，价格高，在当地颇有名气，是带动双滦区休闲采摘消费的主导产业。

设施蔬菜基地：位于偏桥子镇和陈栅子乡，连片分布于公路沿线，占地 5 000 亩以上，主要生产错季黄瓜、西红柿、茄子，品质好，在京津地区口碑好，除部分供应本地商超，绝大部分供应北京市场，是双滦种植业的当家产业。

利用园区内大量林地优势，充分利用园区资源，发展林下经济，林下经济投入少、见效快、易操作、潜力大。发展林下经济，对缩短林业经济周期，增加林业附加值，促进林业可持续发展，开辟农民增收渠道，发展循环经济，巩固生态建设成果，都具有重要意义。将黄芩、兰芩等中草药，加之园区内现有野生蘑菇等菌类进行有效整合。

2)二产：发扬一产品质，树立地区品牌

园区在依托丰富的种植业、特色养殖的基础上，全面科学地将一二三产业联动起来，项目规划有农产品加工区，将山上特色农业进行产品深加工，打造出自己的品牌进行产品销售。我区农产品、食品加工企业主要涵盖食用菌、稻米、小杂粮、食用油、中药材和果汁加工。原料基本来自本地野生及人工种植的农产品，代表企业有：

(1)承德康硒食品有限公司：以生产富硒米制品为主要经营内容，其中康硒小米获绿色食品认证，商品商标被评为河北省著名商标。

(2)承德百琦尔食品有限公司：以生产大米及小杂粮为主要经营品种。

(3)承德绿茵食品有限责任公司：以生产清水保鲜山野菜和蘑菇制品为主要经营品种，企业被评为“3·15”国际消费者权益日诚信守诺单位，被评为承德市农业产业化重点龙头企业。

(4)承德市神洲药业开发有限公司:以中药材收购、加工销售为主要经营品种,产品获欧盟有机认证,是我区唯一一家出口产品企业。

(5)承德伊逊山泉饮品有限公司:以矿泉水制造、果汁饮品加工为主要经营范围,产品质量管理体系符合标准 GB/T 19001—2008/ISO 9001:2008,商标被认定为河北省著名商标。

这些农产品加工企业极大地带动了双滦区农业产业发展,促进了当地就业,提高了当地农民的收入水平,产品即可作为双滦区的特色旅游纪念品,也深受本地群众喜爱,在市区及一些地区保有稳定的销量和消费者认可度。今后一方面将要引导企业加大"三品一标"的认证力度,做好产品质量内功;另一方面要结合众筹电商平台、各农产品销售网站及微商城等微营销手段,在电商渠道提高销售占比,扩大销路;同时还要借双滦区发展休闲观光农业的便利,加大产品宣传力度,将我区的农产品加工食品带到更多的地方,提升品牌知名度,努力获得消费者的认可。

3)三产:起主导推动作用,力争成为核心产业

双滦区的地利特点、资源禀赋决定了双滦区的农业发展方向,休闲旅游观光农业将作为双滦区农业的主要发展方向坚持下去。三杨生态现代农业园区作为双滦区第一个综合性旅游服务景区,必定成为双滦形成显著旅游特色产业区的主要推手,在双滦区树立旅游品牌的过程中起到主导作用,进而带动各乡镇大小休闲垂钓庄园、采摘园、农家特色餐饮及住宿行业的发展,力争在双滦区形成一定规模的休闲农业与乡村旅游产业带或集聚区。

4.配套完善功能系统

(1)园区道路交通系统。主要有二兴营村到黄梁村的 6.5 米宽的一级车行游览干线,4 米宽的二级车行游览线路和 1.5 米宽的徒步游览线路组成。园区内交通工具以环保大巴、电瓶车为主,服务区设置特色交通工具,如牛拉车、马拉车、骑马等,增加农情农趣。

(2)住宿餐饮消费旅游服务系统。将农民闲置房屋进行整合,对民居进行改造,补充民宿体验、农家餐饮体验,住宿点也安排了多种风格,满足不同消费需求。

(3)集花海林地山谷的景观系统。景区内不仅有观花经济作物打造的花海,还有大榛子种植区、椴树苗种植区、特色果品采摘区等林地景观,也有迷境幽谷这

样的山谷景致，在一个景区内融合了多景观元素，增加了游客的观景体验。

(4)融合多元素文化和趣味的休闲体验项目系统。利用黄梁地貌特征增加园区趣味性及体验性，在此区域规划低空飞行休闲项目，给园区将注入新的活力，带动园区体验消费旅游。结合村庄现有条件进行改造，以中国传统农业生产、生活为主题，结合承德本土文化打造的文化主题区域。在这里游客不仅有得看，更加有得玩，"农事劳作"为市民提供了一个重温岁月、追忆乡愁有时空的隧道。根据园区内地貌特点增加野外拓展项目，接近大自然，释放工作压力，磨炼意志，陶冶情操，热爱生命，关爱大自然。

6.5.4　打造特色农业主题公园

结合陈栅子乡二兴营村、黄梁村、河南营村的地理、人文、历史等特有资源，以旅游休闲、无公害农作物种植、民俗民居文化体验等创意叠加旅游服务为产业构成，打造符合都市民众新消费需求的农业观光休闲产业基地，建设都市乡村旅游休闲区，打造成中国4A级美丽乡村和旅游休闲胜地。

1.建设美丽乡村

(1)以二兴营村、黄梁村、河南营村省级美丽乡村为主体，以市场为引导，打造集高端农业示范、科普宣教、文化体验、康体运动、休闲娱乐、民宿度假于一体的多功能复合型农业主题公园示范区。力争把本区域建成服务承德乃至京津的"大花园、大乐园、大公园"和市民休闲度假的旅游胜地。打造公园化的休闲农业与乡村旅游品牌形象，打造"公园农业文化"品牌。重点发展生态种植、沟域特色养殖、林下经济和民俗博物馆。大力发展民俗文化体验、民居文化体验和美食文化体验等休闲农业与乡村旅游业态。

(2)加强河南营村大小东山地块开发建设。栽植经济林，完善水电路基础设施配套，引入投资主体，大力发展休闲观光农业，借助生态旅游基础，着重加强休闲旅游设施配套建设，完善旅游休闲功能，建设独具特色的乡村旅游村。积极发展养蜂等特色产业，注重发展高端精品农产品生产、加强品牌建设，提高产品附加值，加强特色加工、冷链物流、质检等配套服务建设。

(3)加强黄梁美丽乡村建设。加快二兴营村与黄梁村道路连通，形成乡村旅游循环。大力发展养蜂、柴鸡等特色养殖业，促进农业提质增效。

2.建设承德都市休闲露营基地

以特色农业公园建设为载体，重点在二兴营村，结合特色民居民宿建设和餐饮服务，增加造景设计，为承德市民提供生态游憩、郊野休闲、露营娱乐的绿色开放空间，建设双滦独具特色的都市休闲露营基地。着重在沟域边坡配套种植观赏花卉、向日葵、油葵、玉米、小杂粮等作物，利用创意农业手法，种植植物迷宫和大型山区台地农田画，并在合适场所建设观景台，增强休闲观光农业的可游性和休闲性。

3.提升赏花节庆活动

(1)二兴营赏花节(梨花、杏花)。适度开发二兴营高山草甸，充分依托山间梯田壮观美景，在每年4—5月份举办二兴营赏花节活动。加强赏花观景平台建设和山顶观景步道建设，建设生态停车场。

(2)河南营海棠花节。继续举办双滦河南营赏花节之"观赏海棠花、快乐乡村游"活动，加强可进入性道路建设，加强赏花观景平台建设和生态停车场建设。

6.5.5　打造健康生态农业区

以陈栅子乡太阳沟、塔子沟、娘娘沟、化育沟、陈栅子等村和偏桥子镇羊泉子、达连坑、大贵口、前营子、长北沟、十八盘等村庄山区为重点，建设双滦健康生态农业区。以"生态、文化、旅游"为主题，以观光、垂钓、餐饮、赏花、观星赏月、生态农业为核心吸引物，整合多种资源，打造中端度假、多元旅游、文化体验、生态康体于一体，京津冀知名的休闲生态观光农业园区。

(1)太阳沟滦阳农场建设项目。以太阳沟村依法取得承包经营权的185亩土地(生产设施用地180亩、附属设施用地5亩)为载体。一是加快特色种植区建设，建设标准日光温室，用于种植草莓、反季节蔬菜、瓜果等；发展露地蔬菜、观赏植物、瓜果、习农种植。二是加快园区道路、晾晒场、育种育苗、有机物处置及周边绿化等建设。三是加快仓储、生产、办公、生活区建设。

(2)陈栅子顺平农业生态庄园建设项目。占地约500亩。

(3)娘娘沟乡村旅游区建设项目。充分依托娘娘沟民间传说，加快建设娘娘沟果树(苹果、平欧大榛子、海棠)采摘园，发展土蜂蜜、荆花蜜产业，开发大小东山生态景区(夫妻松、兄弟石、田园自然风光、梯田、幽谷)、古村落、古迹传说探秘，完善餐饮、采摘、观光、休闲等乡村旅游功能。

(4)前营子村柴鸡养殖项目。

6.6 西地组团发展规划

6.6.1 组团(乡镇)发展思路

西地组团位于双滦西部,目前现代农业发展总体基础较弱,农业融合度较低。但本组团本底条件较好,有利于结合伊逊河、滦河发展综合休闲农业和乡村旅游产业。重点建设西地生态观光农业区和伊逊河-滦河(四道河村)观光休闲农业环廊。

因此,西地乡农业发展分为南北两个部分,北部重点发展四道河村沿滦河都市生态农业走廊和沿伊逊河水岸休闲农业观光走廊,融合美丽乡村建设,重点发展优质果蔬种植和休闲农业、乡村旅游;南部着重发展特色农业和休闲农业,依托水库和美丽乡村建设,打造特色主题农业公园(休闲度假区)。

6.6.2 建设西地生态休闲农业区

以西地乡肖店村、八里庄等为核心,着力打造500亩湛营水库休闲旅游园区,千亩紫苏生态农业基地,50亩滦鑫高档生态园,50亩设施草莓采摘园,千亩油用牡丹生态园,山地光伏发电项目等,构建观光、休闲、采摘、垂钓、度假、住宿、农家饭等于一体的生态观光农业园区。

1.建设洄龙谷休闲农业主题公园

项目位于承德市双滦区西地乡肖店村,总规划面积为765.8公顷(11 487亩)。

着力打造5大功能区:一是太阳沟新农村—新农业体验区:以时尚乡村风貌为吸引力的乡村文化旅游区。二是龙脊岭山地运动休闲区:以山地运动项目为吸引力的运动休闲旅游区。三是槟榔沟山水养生—慢生活体验区:以山水养生与慢生活体验的休闲旅游区。四是旅游带动辐射区:是洄龙谷休闲农业主题公园带动辐射的旅游功能区。五是生态保育—旅游发展拓展区,以生态保育为主,作为休闲农业主题公园预留区。

形成“3核、2轴、4组团”空间结构:3核即国学创意农园、龙田有机休闲农业园、龙饮湖水上运动度假区。2轴即田园文化发展轴和山水文化发展轴。4组团即太阳民俗新村、龙脊岭山地运动乐园、潜龙养生度假小镇、龙鬃溪谷慢生活体验区。

洄龙谷休闲农业主题公园以承德市及京津冀地区乡村休闲群体为精准目标市场,主打乡村休闲旅游市场,同时辐射带动养生养老与其他旅游市场。要加快农业主题公园的招商和建设工作,尽快打造成为双滦都市休闲农业的靓丽名片。

2.建设湛营水库休闲度假区

项目位于湛营村西南,坐落在滦河支流八里庄沟上,面积1.5平方千米。要充分利用自然景观和生态资源,建设生态休闲度假旅游区,为市民提供郊野休闲、文化体验、滨水娱乐、会议接待、养生度假场地。着重发展周边生态农业、科技农业和景观农业,打造集生产、观赏、销售、体验于一体的现代生态农业。着重加强水土保持林栽植和水电路基础设施配套,集中建设涵盖农业生产、休闲娱乐、文化展示、商务会议、餐饮与住宿等内容的配套服务设施,为消费者提供一个优美、舒适和人性化的休闲环境。着重以第三产业发展融合促进传统产业升级,带动农民就业增收,提升农民生活水平。

3.建设新水生态农业休闲旅游区

项目位于西地乡药王庙村,规划面积8 000亩。规划以四季水果采摘、绿色食品为基础,以山地窑洞住宿体验、药王庙中医养生、农事体验为特色,融入古御道文化、中医养生文化,打造集农业观光、农事体验、旅游度假、体育健身、中医养生、养老服务为一体的生态农业旅游景区。

(1)发展绿色生态游。以绿色饮食服务为龙头,带动果品采摘、特色窑洞住宿体验、有机蔬菜种植体验、绿色有机饮食等一条龙休闲旅游服务。

——特色餐饮:拟建500平方米饭店一处,利用自身天然食品和种植、养殖蔬菜、禽畜等,制作绿色养生系列菜肴,向游客提供特色餐饮服务;利用山中丰富的中草药资源,制作药膳系列菜肴,向养生养老客人提供特色餐饮服务。

——特色居住:建设窑洞宾馆房间50套,供游客体验人与自然和谐统一、融入自然的生活体验。

——有机蔬菜大棚10个,有机蔬菜种植体验园50亩,错季桃树、葡萄大棚

6个。

——特色养殖:规划1 000亩养殖区,区内养殖梅花鹿、鸵鸟、猕猴、牛、马、羊、野猪、山鸡、獭兔、甘肃黄鸡等动物,采取放养、圈养结合饲养方式,即可供游人(特别是小孩)参观、近距离接触,又可向游客提供饮食产品。

(2)发展科学体验游。拟建设中小学生植物、动物、地质、环保生态体验馆,采取标本与实物相结合、实践与理论相结合、娱乐与学习相结合等方式,通过对各种果树的修剪、给动物们喂食、采集中草药等互动环节,让学生了解自然、认识各种植物和动物,了解生物的成长过程,树立热爱自然、保护自然的环保意识。

(3)发展养生健康游。恢复传统药王庙,利用区域丰富的中草药资源、药王庙的传统声望,打造涵盖中医养生、医疗、保健、康复、养老、药膳等服务项目和健康生活知识讲座、理论研究、信息文化交流等于一体的健康养生基地,向游客提供短期或长期的养老、养生、健康、保健服务。

(4)发展皇家文化游。开展“走皇家御道-享帝王风情”皇帝旅行旅游体验项目,在转山岭恢复(仿制)热河喀喇河屯行宫,制作仿皇家出游用龙驹凤辇,组建皇家车队,表演皇帝起驾、行进、驻跸等场景,期间可给游客穿皇帝(皇后)装,乘坐龙驹凤辇沿御路行进并在行宫中居住,集中展示历史、皇家、民俗礼节,使游客重温历史、感受皇家风情。

(5)发展迷你运动游。开发建设适应中国群众消费水平的小型化、多样化的活动场馆和健身设施具有广阔的前景和消费需求。

——组织七人制-五人制足球沙龙,建设迷你足球运动场。规划建设3~5个迷你足球场,可为喜爱足球运动的周边职工、学生、群众以及游客提供足球运动相关娱乐、教学、训练、比赛等服务,让游客们在绿色环境中既享受优美的自然风光又体会运动健身的乐趣。

——组织高尔夫俱乐部,建设迷你高尔夫球场:规划建设2 000平方米左右,包含不同形状和变化的9~18洞球道迷你高尔夫球场一处,再配合大面积的植栽、水景、岩石、动物或卡通造型并以人工道具增加它的难度、变化与趣味,使其充分结合练球、游戏与赏景综合性功能。

——其他运动场(馆):包括利用空闲场地建设迷你篮球架,供1~2人运动;羽毛球场、网球场、乒乓球场、台球桌、棋牌桌、垂钓园等建设设施供游客服务。

(6)发展鲜花品鉴游。开发花卉种植园及鲜花保鲜、脱水、提炼等深加工产品。按照承德的气候条件,种植牡丹、玫瑰、芍药、兰花等花卉品种,供游客欣赏;同时按照花卉性质不同对其进行精油提炼、香水制作、药材等深加工。

(7)坚持品牌化打造。

——打造"转山岭"绿色果蔬品牌:根据国家农科院专家的化验和论证,转山岭生产的水果比其他地域生产的水果甜度要高出 15%～20%,在水果种植方面精细化管理,加大宣传力度,打造转山岭水果品牌。以此为切入点,以公司加农户的形式,带动药王庙村及周边转山岭山脉的农民种植水果,统一收购,用转山岭品牌对外统一销售,带动当地村民脱贫致富。

——打造(御路)历史文化品牌:利用古御道从转山(御龙)岭景区留存的遗迹,挖掘古御道文化,制作康熙木兰秋狝群雕,展示承德和双滦历史以及在为民族团结抵抗外侵所做出的贡献。

——打造绿色、环保、生态品牌:建造几座沼气池,将动物粪便、污水、腐烂果蔬等垃圾等排入沼气池发酵,利用沼气进行餐饮制作、取暖、篝火燃放、室外照明灯;利用沼渣、沼液还田施肥,形成循环利用,种植有机蔬菜水果。

6.6.3　打造伊逊河—滦河观光休闲农业环廊

深度开发伊逊河—滦河沿岸乡村和土地资源,坚持"以农造景、以景带旅、以旅促农、农旅结合"的发展理念,盘活沿河岸村庄和农地资源,加强土地收储,积极包装大项目吸引战略投资者进入,进行综合开发,打造独具双滦特色的都市休闲农业和乡村旅游环廊。

1.建设四道河村都市生态农业走廊

四道河村沿滦河两岸布局,地理空间相对独立,形成了良好的"山、水、林、田、村"布局。沿滦河岸长约 10 千米,沟宽约 200 米左右,拥有较好的河岸川地和山坡地,自然生态、水土条件良好,适宜发展生态农业、都市休闲农业、乡村旅游等业态。规划打造四道河村都市生态农业走廊,按照"整体规划、分段打造"的原则,打造"景观项链"。

(1)建设承钢优质蔬菜种植基地。以四道河村滦河岸边土地为载体,加强与承钢沟通,规划建设 500 亩优质蔬菜种植基地,主要以满足承钢职工生活需求。

(2)建设六道河乡村旅游基地。以六道河村西山地为载体,打造环形乡村旅游基地。沟域长度约4千米,规划建设300亩采摘园,发展特色乡村休闲旅游。

(3)建设休闲观光采摘园。重点以四道河、五道河、七道河、八道河村山坡地为载体,建设特色休闲观光采摘园。

(4)打造"水岸花田"休闲农业景观。沿滦河两岸,加强河岸步道建设,以优质蔬菜种植基地、乡村旅游景点、采摘园为节点,加强河岸公共空间和休闲空间建设,营造都市休闲农业氛围。

2.建设伊逊河水岸休闲农业观光走廊

依托伊逊河岸线,因地制宜地设置园林建筑、园林小品、园路步行道、山石、泉溪等多种构成园林绿地景观镶嵌元素,形成自然淳朴、田园气息浓厚的伊逊河生态景观带。

着重在伊逊河沿岸发展香瓜采摘园、千亩薰衣草种植基地、千亩时差菜基地等项目。

3.加强美丽乡村建设

加强冯营、前营、孙家营、东四道河等区级美丽乡村建设。挖掘一道河至九道河文化资源,打造滨河乡村旅游带。

6.7 大庙组团发展规划

6.7.1 组团(乡镇)发展思路

大庙镇位于双滦区北部,承围公路(清代皇家御道)穿境而过,区位条件较好。本组团沟域经济特征明显,支沟较多,山高林密,冷凉气候显著,适合发展深度休闲农业旅游。本组团要着重以"皇家、生态、文化、旅游"为主题,以观光、餐饮、生态农业为核心吸引物,整合多种资源,打造中端度假、多元旅游、文化体验、康体养生于一体,国内知名的皇家御道休闲农业和乡村旅游基地。

6.7.2 建设大庙御道休闲农业走廊

以大庙镇上营村、小三岔口村、冰沟门村、岔沟门村、上碾子村、东沟村、北梁村为重点,沿承围(御道)、牤牛河为轴心,沿途村设置皇家标志的御道驿站,开发大庙御道休闲农业区,建设大庙御道休闲农业走廊。

主要规划提升项目有北梁如家饭店、上营子承德市绿茵蔬菜深加工龙头企业、上碾子村食用菌规模化生产等,在御道沿线选择适宜村落建设农家乐作为休闲驿站,同时建设生态采摘园、杂粮生产基地、山地时差菜基地等,满足上木兰围场的游客休闲、餐饮、采摘、旅游礼品等需求以及作为承德市区旅游餐饮农产品供应基地。

1. 打造御道体育休闲走廊

以大庙小三岔口美丽乡村、冰沟门、北梁为节点,沿御道驿站设计重走御道健身项目。开发沿线沟地、边坡及道路两侧,种植花卉苗木、经济林、杂粮等,打造一条自然风光秀美、人文景观丰富、文化历史韵味深厚的山地健身运动走廊。每年秋季可率先在全市范围内开展山地徒步健身运动,并逐步结合承德打造国际旅游城市进程,开展国际化的徒步健身运动项目,凸显国际性、群众性、融合性、专业性。

2. 举办大庙赏花、红叶节

大力发展赏花经济,分别举办春季赏花节和秋季红叶节。

春季赏花节。充分利用大庙镇山地特色杏花、山桃花等资源,举办春季赏花活动。

秋季红叶节。充分发挥大庙镇海拔高、山高林密、环境优美的优势,每年秋季,在霜染红叶,景色宜人之时举办大庙红叶节,吸引游客,聚集人气,培育双滦特色休闲农业区。

6.7.3　建设承德沟域经济发展示范区

沟域经济是河北省山区综合开发的重要内容。大庙镇拥有多条典型特色沟域,形成了“主沟—支沟”构成的相对完整的沟域发展框架。总体上看,大庙组团包含 6 条特色沟域:大庙东沟、凤凰嘴窑沟、上碾子沟、冰沟门沟、小三岔口沟、上营子大榛子沟。要加快编制大庙沟域经济发展规划,分步骤完善各条沟域水、电、路、通信、网络等基础设施配套,加强特色农业开发,挖掘沟域村庄特色民俗文化,打造承德沟域经济发展示范区。

1.重点打造东沟冷凉休闲农业度假区

大庙东沟山高林密,气候凉爽,适合发展中高端冷凉度假旅游区。规划深度开发大庙东沟沟域,着力打造冷凉气候休闲、冷凉特色农业种养、野山菌野菜采摘为主要内容的冷凉农业休闲度假区。

(1)建设东沟冷凉休闲度假村。依托东沟笑一笑度假村休闲旅游基础,结合东沟村改造开发,逐步在东沟聚集打造包括冷凉度假酒店、农家小院、四合院等为特色的乡村酒店集群,完善休闲娱乐中心、生态餐厅、农产品零售商店、各类野外郊游装备用具出租等服务设施。

(2)建设生态种植养殖园。在沟谷两侧规划建设绿色蔬菜、果树、农作物种植园;规划建设小型生态家禽养殖园、特种养殖园等项目。

(3)建设森林低碳旅游区。建设森林氧吧、森林木屋、名人手植林等项目。

2.建设凤凰嘴和上碾子特色种养沟域

重点建设凤凰嘴沟特色种养沟域和上碾子沟特色种养沟域。发展中药材、小杂粮、特种养殖、林果等特色农业产业基地,加强山间水利基础设施建设,打造山地高效生态农业种植示范沟域。

3.建设冰沟门和大榛子休闲农业特色沟域

大力发展冰沟门沟和上碾子大榛子沟,整体打包对外招商,大力发展中药材、采摘果园、设施采摘、特种养殖等产业,并以此推动休闲农业及相关产业发展。

(1)培育冰沟门体育休闲产业品牌。大力发展体育休闲产业,着重在冰沟门沟培育山地健康徒步大会品牌,每年定期组织市民开展健康徒步行走,培育沟域发展人气。

(2)建设银河生态农业旅游观光示范园。园区位于上营子大榛子沟,规划占地500亩。着力打造集生态养殖、特色经济作物栽培、休闲旅游观光、餐饮住宿休闲为一体的生态农业观光休闲示范园。

4.建设小三岔沟乡村旅游特色沟域

以小三岔村美丽乡村建设为载体,开发建设南沟和北沟。重点发展乡村酒店、休闲农业观光、采摘等业态,努力把小三岔沟打造成为承德乡村旅游特色沟域。

6.8　产业功能融合提升规划建议

双滦是承德市建设国际旅游城市核心发展区，现代农业发展必须体现大旅游的理念。要坚持休闲农业与国际旅游城建设相结合，坚持现代农业发展与新农村建设相结合，坚持农耕文化与皇家文化建设相结合，大力发展文旅农一体化的产业业态，并积极推动健康养老、体育休闲、文化创意等相关衍生产业发展。

6.8.1　全面融入市、区旅游发展格局

承德具有丰富历史文化和自然景观旅游资源，目标定位是打造国际旅游城市，将优先发展文化旅游服务业，提出要举全市之力，把握优势、依托项目，做融合文章，促进传统旅游产业转型升级，充当全市发展的“领军”产业。作为国际旅游城市核心发展区，双滦现代农业要积极融入承德旅游线路，打造旅游产品节点。

结合全区休闲农业与乡村旅游总体规划，到 2020 年，要打造 1 个全国知名的现代都市休闲农业示范园区，建设至少 3 个省级休闲农业与乡村旅游示范点、6 个市级休闲农业乡村旅游示范点。建设星级以上宾馆 12 家，四星级以上宾馆至少为 5 家、五星级 2 家。打造环首都经济圈知名的休闲活动 3 项(皇家灯会、山庄杯垂钓大赛、草莓冬季采摘节)。

1. 融入区域主题型游览线路

各组团农旅项目要积极融入京津冀世界遗产之旅、森林生态之旅等区域主题线路，争取成为区域旅游线路上的重要节点，借势推广双滦休闲农业与乡村旅游项目。

(1)皇家文化游线。避暑山庄—外八庙—双塔山国家森林公园—鼎盛王朝实景演出。

(2)行宫、御道游线。滦河镇行宫遗址—双塔山—大庙。恢复的御道与健身步道系统充分衔接。步行重走御道健身。

(3)生态休闲游线。双塔山国家森林公园—偏桥子—陈栅子化育沟—南山根—太阳沟—娘娘沟—河南营。

(4)登山健身游线。陈栅子—太阳沟—河南营—娘娘沟。

(5)乡村休闲游线。线路1:偏桥子—陈栅子化育沟—南山根—太阳沟—娘娘沟—河南营。线路2:偏桥子—四道河—西地乡肖店。

2.立足双滦,面向周边,多元开发旅游产品

农旅融合,要立足双滦的资源基础和市场空间,挖掘历史、文化、传统等特色优势,把工作重点放在农业与旅游业整体发展,促进经济发展方式转变和经济结构优化调整上来。以北京和天津为核心市场,拓展辽蒙冀周边市场,发挥承德国际旅游城市建设优势,吸引国际市场。在巩固原有以观光、演艺型为主的资源市场基础上,大力开拓度假休闲、商务休闲、运动休闲、体验休闲、专项休闲以及旅游市场精品农产品系列配套供应等细分市场,通过高端系列产品包装开发,提升双滦休闲农业与乡村旅游的品牌价值,增加附加值和效益。

6.8.2 加强农业旅游要素配置引导

1.加快建设旅游集散中心和游客服务中心

在3个组团各建立一个旅游集散中心,提升农业旅游服务功能。其中偏桥子-陈栅子组团在达连坑村设置旅游集散中心。西地组团在肖店村设置旅游集散中心。大庙组团在大庙镇政府驻地设置旅游集散中心。引进相关旅行社负责具体运作,整合散客旅游资源及规范散客旅游市场,满足市民个性化旅游需求,并促进自助游消费市场培育,推动双滦都市休闲农业旅游进一步完善和快速发展。

在各休闲农业产业区(示范区、景区、景点、乡村旅游地)设置游客服务中心,逐步完善其旅游咨询、交通、餐饮、住宿、购物等功能。

2.创新食住业态,大力发展乡村特色餐饮和旅游民宿

对乡村"特色美食"的追求是市民游客对郊区休闲游玩的重要诉求之一。但双滦目前特色餐饮较少,分布不均,是影响市民游客停留的重要因素。应加强特色美食文化的挖掘,以农园、农庄、农家乐为基础,加强"特色宴席"打造,建设农家乐发展集聚区。

其次,结合休闲娱乐活动的加强,不断完善乡村旅游业态,加快乡村酒店、乡村旅游综合体、生态渔村、休闲农庄、民俗旅游村庄、乡村旅游星级示范户的建设和发展,配套完善各项服务设施,提高接待档次,吸引市民游客过夜留宿。

3.规范休闲农业园区(景区点)建设,提高吸引力

都市休闲农业是提高市民幸福指数的美丽产业,观光休闲农业园区是发展都市休闲农业的重要载体和平台,是市民、游客直接参与、感受双滦休闲农业的重要窗口。但目前双滦的观光休闲农业园区目前尚不完善,真正具备接待市民、游客能力,能为其提供完善旅游休闲服务的园区和景点太少,这也是造成双滦都市休闲农业旅游消费滞后的重要原因。

规划提升双滦的现有观光休闲农业园区,使其逐步向生产型旅游景区转型,承接服务市民游客功能。着重从以下5个方面提升:一是必须有一定规模的农业生产用地,包括露地农业和设施农业;二是必须有相对齐全、配套的基础设施,包括步行或车行道路、卫生间、游憩场所、餐饮场所、住宿、活动娱乐场所等部分功能;三是必须有良好的生活环境和优美的景观,能够延长游客的停留时间,满足消费者多层次的需求;四是必须有规范的、周到细致的服务;五是要有丰富的、特色鲜明的园区主导产品和文化内涵。从5个软硬件方面的规范提升,提高观光休闲农业园区的吸引力。

4.加强品牌培育,打造区域都市精品农业品牌形象

品牌是现代农业发展的重要标志、重要抓手,以品牌来打特色、占市场、提价格、提效益是必然选择,必须树立品牌是核心竞争力的观念。

(1)大力实施名牌战略。以"三品一标"农产品品牌建设为基础,以标准化基地建设为基础,采取政府引导和市场运作相结合的方式,在产前和产后环节引入工商资本,深度挖掘区域特色农业资源,加快培育一批特色鲜明、类型多样、竞争力强的知名品牌。着力打造"双滦精品农业"区域公共品牌,引导发展龙头企业、合作社等用户品牌,最终实现区域公共品牌与用户品牌的良性互动,实现统一市场主体、统一品质标准、统一品类价值、统一品牌形象、统一品牌营销、统一品牌管理的6个统一。同时,加大已有品牌整合力度,通过"互联网+农业"等市场化运作推介品牌。到2020年省级以上名牌产品(著名商标、驰名商标)达到5个以上。

(2)推进优质农产品旅游商品化。旅游商品是传递旅游区文化、展示园区形象的重要载体,也是引导游客购物消费的主要途径。乡村旅游商品包括"土特产品"、"特色小吃"、"手工艺品"、"景物特色类商品"和"书画制品"、"刺绣作品"等。应注重双滦旅游商品的打造和布局。目前,旅游商品是双滦都市休闲农业发展的"短板",要通过各种途径解决这一问题。

(3)定期举办都市休闲农业创意精品大赛。以市民、游客市场需求为导向,利用市场化、产业化手段，展示推介具有浓重乡土气息和皇家文化色彩的休闲农业与乡村旅游商品。如精品果蔬组合礼盒、山野菌组合礼盒、山野菜礼盒、杂粮礼盒（小米、绿豆、玉米渣、苦荞茶等）、山花蜜（荆花蜜、槐花蜜、土蜂蜜等）、采摘礼盒（草莓、苹果、杏、葡萄等）。

6.8.3 积极推动相关衍生产业发展

大都市郊区现代农业的重要内涵是大农业、大旅游、大生态，依托城市、服务城市，有助于区域整体生活、休闲环境氛围的营造，进而对相关产业的发展要素产生极大吸引力。应充分依托双滦优良生态环境和皇家文化等高端旅游资源，大力发展健康养老、体育休闲等康体产业和文化创意产业。

康体产业是市场潜力巨大的新兴产业。在发达国家，康体产业占生产总值比例普遍超过15%，已成为带动整国民经济发展的巨大动力。我国这一比例仅为4%～5%。随着居民收入持续增加和消费水平的不断提升，康体消费很快将成为人们日常消费的主要支出部分。康体产业发展市场空间巨大，前景广阔。应充分发挥双滦资源优势，将康体产业与都市农业、生态林业、河流水系建设有机结合，因地制宜重点挖掘健康养老、体育休闲、温泉养生等产业潜力，形成独具特色的双滦康体产业模式。

文化创意产业是双滦都市休闲农业重要的衍生产业之一，可以激活多功能农业的发展要素。文化创意产业包含创意农业、创意乡村旅游、乡村工艺美术等多种产业业态，将创意贯穿双滦都市休闲农业和乡村旅游的发展。文化创意产业也属于高效生态型产业，最大化区域内的产业资源开发，并有效保护生态资源环境。

1.健康养老产业

当前，我国正经历世界历史上规模最大、速度最快的人口老龄化过程，我国的人口红利将进入下降通道。根据联合国最新的人口数据，2010年中国60岁以上人口比重达12%。今后30年里，这一比重将年均增长16.55%，至2040年将达到28%。面对来势汹涌的“银色浪潮”，健康养老产业很快将成为最有发展前途的新兴产业。

创新养老模式。政策鼓励民间投资养老服务，大力扶持养老企业，加快发展健康养老产业。针对目前养老机构档次普遍不高，养老服务机构数量少，健康养老产业与生态资源结合不紧密,养老市场开发较少等现状,双滦可创新发展多元化养老模式,充分利用“田园式”养老、农家养老、居家服务型养老服务、养老院连锁经营等模式,增加养老服务产业的内容,扩大产业规模,打造区域养老产业先发优势。

2. 体育休闲产业

根据双滦资源特点和空间特征,重点发展徒步休闲、水上运动、自行车、拓展运动、垂钓等体育休闲产业,全力打造体育休闲产业环境。

(1)积极承办、主办大型体育赛事。举办首届大庙御道徒步大会、垂钓大赛等,推动体育休闲产业稳步发展。

(2)建设滨河“活力走廊”。积极建设滨河大道、水系公园和旅游服务节点,广泛开展各种体育休闲活动项目。

(3)打造市民户外运动公园。重点在 3 大组团的休闲农业与乡村旅游点广泛建设市民户外运动公园,倡导全民健身。

3. 文化创意产业

随着农业与皇家文化旅游资源的深度融合,多主题的文化创意产品也将随之产生。要积极促进各类专题博物馆、主题公园、文化游园、各类民间收藏集中展示区、各类民俗文化表演展示区在双滦立足、扎根、发展,把区域内的文化做活,提升双滦现代农业发展的文化休闲氛围。

6.9　现代农业发展支撑体系

1. 健全土地流转机制

在稳定完善以家庭联产承包责任制和统分结合的双层经营体制的基础上,根据组团园区发展实际和农业产业化经营的要求,在农民自愿的基础上,按照“明确所有权,稳定承包权,放活经营权”的原则,通过市场化的有效形式,促进土地资源的合理流动,使土地向园区集中,向农业产业化龙头企业集中,扩大农业生产经营规模,实现土地资源的优化配置。

2. 建立政府引导机制

发挥政府宏观指导和调控作用,通过产业政策、税收政策、财政政策等鼓励园区科技创新、成果转化，引导项目和产业向农业园区集中，实现产业聚集和经济集群发展。针对组团中重点园区发展需给予政策倾斜，一是完善园区水、电、气、道路、通信等基础设施建设作为政府公益支出的重点；二是从财政、税收、价格等方面建立、健全激励政策，引导龙头企业和科技型企业加大科技投入，不断增强企业的创新能力，建立、健全以企业为主体，产学研相结合的技术创新机制；三是建立科学的评价考核体系和激励机制，建立目标责任制，依据项目实施情况评出优劣，严格落实奖惩制度。对园区内发展较好的项目和有资质的企业予以重点支持和奖励，对未达标的项目和企业予以淘汰，确保园区项目的先进性。

3.积极拓展投融资渠道

利用财政、银行、基金、社会资本等多重渠道筹措建设基金。财政每年要从支农资金和农发基金中划出一块用作园区建设的周转金；区财政每年拿出一定资金作为农业创新、创客基金，通过基金引导，发挥引导作用；各级金融部门要积极支持园区建设，加大对农业科技园区的支持力度，每年新增贷款中划出一定比例专项用于园区建设；建立龙头企业贷款担保风险基金，由工商联牵头组建担保有限公司，市财政将注入一定比例的资金，龙头企业作为会员也要拿出一定数量资金用于担保有限公司的原始资本投入。

创新园区管理机制，鼓励发展农业产业投资公司、担保公司和资产管理公司。产业投资公司吸纳省、市、区等政策资金和社会资本对园区内产业进行投资；担保公司对园区内的基础设施建设、投资产业向银行等金融机构担保融资，资产管理公司对国有资产进行监管和增值管理；并以整区推动为平台，政府引导建立融资平台，努力拓展融资渠道，吸收社会资本为园区的建设和发展提供资金支持。

4.建立技术创新机制

鼓励高等院校和园区的科技合作，吸引知名农业高等院校、科研人员到双滦开展农业科学技术研究，试验、示范科研项目和最新成果，形成多元化科研投入机制，不断增强农业科技含量和可看性、示范性。鼓励支持企业采取多种形式合作建立农业科技研究与开发机构，支持企业承担各级政府下达的科技计划任务，对科技成果产业化项目、试验示范基础性建设，优先引导和支持企业承担。充分发挥需求拉力、政府推力、利益动力和竞争压力的作用，促进产业的发展。

5.加强人才引进和培训

建立灵活的机制，把培养人才和引进人才结合起来、同步进行。积极创造条件，利用紧邻北京的优势，引进一批知名的专家学者，鼓励科技人员技术入股，知识资本化入股等形式参与科技开发，建立以技术入股、参股为主的专家与企业、专家与农业经济合作组织、专家与农户的利益连接机制。同时采取有效措施，加强现有专业技术人员的继续教育与培训，并尽快改善生产第一线的科技人员的工作生活条件；设立“农业创客、创业奖”，大胆选拔和放手启用那些勇于开拓、善于经营、在实践中成长起来的技术人员，带动科技园区的发展。

6. 建立风险保障机制

通过产业保险等方式建立产业风险、高技术风险、特色产业市场风险等保障机制。规避产业经营的风险和使用高技术的风险，保证农业的稳步发展。

6.10　规划实施的保障措施

略。

第7章　百色“中国—东盟”农产品自由贸易示范园区——农业产业化发展支撑体系规划研究

7.1　发展背景

7.1.1　中国—东盟自贸区背景下百色农业发展的重大机遇

农业合作是中国—东盟自由贸易区十大重点合作领域之一，代表着中国与东盟的共同利益，是中国—东盟自贸区建设进程中最早受惠的领域，有着良好的基础。随着自贸区建设的日渐成熟和各项基础设施的完善，双边的农业合作正在进入快速发展的黄金期。

百色市作为面向东盟的重要桥头堡，战略区位重要。目前国家已从战略高度出发，明确支持在百色国家农业科技园区的基础上建立“中国—东盟农业合作示范区”，这给百色农业的发展带来巨大的发展机遇。尤其是2013年底开通的“百色-北京果蔬绿色专列”，既实现了中国南方与北方果蔬“互联互通”，又为推动中国与东盟农业贸易创造了良好条件，进一步促进了中国、广西与东盟的开放合作。

表7-1为中国与主要东盟国家农业合作主要领域。

表 7-1　中国与主要东盟国家农业合作主要领域

东盟国家	农业合作领域
文莱	热带水果、蔬菜和水稻种植以及近海养殖、生态旅游等
柬埔寨	橡胶、甘蔗等热带经济作物、水稻和蔬菜栽培、热带水果加工、农机具等
印度尼西亚	粮食作物、农业机械、园艺、多年生作物、农业企业管理、农业研究与开发、畜牧业及相关产业、种子业、生物技术等
老挝	果蔬新品种试验示范、农作物良种、农业生产资料、先进农业技术示范、农业技术培训、农业投资开发等
马来西亚	水果、热带经济作物、渔业、技术培训等
泰国	果蔬、热带水果、稻米粮食、海产品、农产品贸易、农业科技、培训等
缅甸	农机、杂交水稻、热带作物、渔业
菲律宾	水稻、水果、甘蔗、木薯、渔业等
新加坡	农业现代技术、农产品加工储运、人力资源开发、技术培训、农业投资开发
越南	种植、畜牧、水产养殖、林业、农产品加工、种子种苗、动植物疫病防控、农村能源与生态、农资、物流、农业投资开发、技术培训等

近几年，百色与东盟农产品贸易增长迅速，贸易额逐年增高(图 7-1)。2013年，百色市对东盟农产品贸易额为 13 031.29 万美元，同比增长 56.11%。2010—2013 年进出口的年均增速为 42.46%；其中出口 139.95 万美元，同比增长 342.5%，出口的主要商品为胡萝卜及萝卜、西瓜；进口 12 891.35 万美元，同比增长 55.02%，2010—2013 年进口的年均增速为 44.17%，进口的主要商品为火龙果、龙眼、荔枝、西瓜、红毛丹。

双边贸易的日益活跃为百色农业的发展提供了广阔的市场前景，尤其是零关税的实施将进一步促进对东盟出口蔬菜、水果、茶、花卉、动物产品、香料油等农产品的生产，这将不仅有利于促进本地优势农业的大发展，而且对于区域性优势农产品的生产，包括周边云贵地区、广西其他地市等都将产生积极的带动作用。

但同时，目前百色与东盟农产品贸易也存在一些严峻问题，主要包括：①贸易国家比较单一，目前只有越南一个国家。②主要通过异地口岸进出口，特别是进口品种全部为水果。由于百色目前没有进境水果指定口岸，农产品质量可追溯体系和质量责任追溯体系也不健全，也没有通过出入境检验检疫部门备案的农产品加工包装企业，所以百色与东盟贸易的农产品主要是通过凭祥口岸进出口。进出

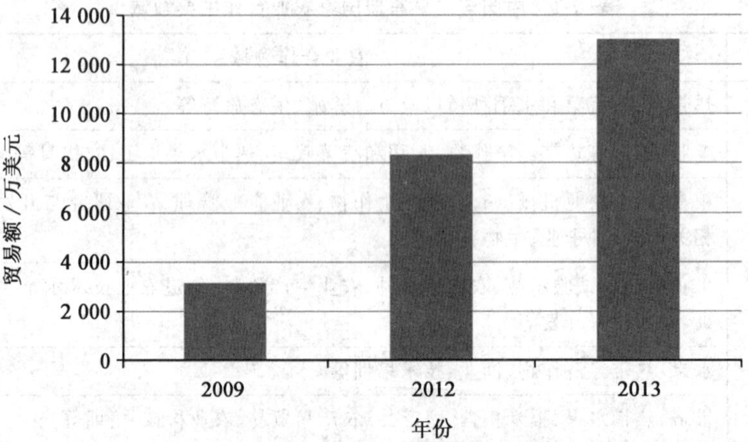

图 7-1 百色近年来与东盟农产品贸易情况

口呈明显逆差，农产品出口停滞不前。③百色对东盟农产品贸易呈明显逆差，进口远大于出口，主要原因是国家近年来加强了对农产品出口的监管，要求农产品出口必须建立健全质量可追溯体系和质量责任追溯体系。由于百色的农产品生产基本上为散户种养，没有大的农产品生产企业和生产协会组织可建立健全质量可追溯体系和质量责任追溯体系，致使近年来百色农产品出口特别是对东盟农产品出口停滞不前。这些问题的存在间接表明了建立规范化、规模化、标准化的农业产业化体系的重要性，也是自贸园区给百色农业带来的重大机遇。

7.1.2 百色农业在区域农业发展中的地位与作用

百色位于北部湾经济区的腹地、西江经济带的龙尾，农业资源富集，在区域农业发展全局中扮演着重要角色。在《全国热作产业发展第十二个五年规划》中，将右江河谷列为芒果重点区域布局；在《广西水果产业"十二五"规划》中，百色市芒果被列为优势区域；在《全国蔬菜产业发展规划（2011—2020 年）》中，列举的 580 个蔬菜产业重点县，按蔬菜生产面积、外销量和人均占有量由大到小排序筛选的全国蔬菜产业重点县中，田阳在广西排名第一，右江和田东分别排名第五和第六。特别是右江河谷秋冬种蔬菜商品化生产在全国独树一帜，成为广西最大的商品蔬菜基地，全国重要的南菜北运基地之一。

7.1.3 周边(云贵)农业发展格局与态势

百色市周边主要与云南的文山州和贵州的黔西南州相邻,三地山水相依,具有一定的生态连续性和气候一致性,农产品种类相近,具有一定的合作前景,有助于百色市整合周边资源,打造区域性优势农产品发展带和主产区,有力支撑自贸园区的持续发展。

近些年,文山州和黔西南州的农产品都呈现良好的发展态势,大宗农产品和特色农业发展迅猛。2013年,百色、文山、黔西南三州市的大宗农产品总产量达1 015.54万吨,其中果蔬产量达394.93万吨。云南文山州大宗农产品中蔬菜、水果、烤烟、三七、油料、甘蔗等农产品的总产量为53.06万吨,占三地的5.2%,其中果蔬产量为14.04万吨,占3.6%。黔西南州大宗农产品中蔬菜、水果、烤烟、中药材、油料、茶叶等农产品的总产量为139.64万吨左右,占13.8%,其中果蔬产量为128.8万吨,占32.6%。

因此,从2013年的发展情况看,百色的大宗产品产量、果蔬产量在三地中具有明显优势,但从表7-2中我们也发现文山州和黔西南州大宗农产品和特色产品多数呈较快增长态势,未来区域农业合作前景广阔。

表7-2 百色、文山、黔西南2013年主要农产品产量对比

农产品种类	产量/万吨			比上年增减的百分比/%		
	百色市	文山州	黔西南州	百色市	文山州	黔西南州
粮食	117.31	18.45	91.8	3.58	3.8	4.5
蔬菜	193.89	12.47	121.47	3.58	6.6	3.1
水果	58.2	1.57	7.33	15.94	74.6	−7.07
烤烟	1.79	0.79	5.18	6.61	−25.3	11.8
三七(田七)	—	0.27	—	—	2.3	—
油料	1.47	1.23	4.12	6.09	11.1	4.2
甘蔗	566.56	18.28	—	8.38	−0.9	—
中药材	—	—	1.05	—	—	29.4
茶叶	0.93	—	0.49	14.04	—	28.44

7.1.4 百色农业在百色经济发展中的战略地位

农业是百色重要的主导产业之一,2013 年百色第一产业增加值达到 148.76 亿元,占全市 GDP 的 18.5%,对经济增长的贡献率为 11.6%。农业仍是百色市经济发展的重要方向。

从图 7-2 和图 7-3 可以看出,近些年,百色农业发展迅速,平均每年增速约 10%,在 2010 年和 2011 年左右增速还达到 15%、20%以上。同时,农业增加值占 GDP 的比重一直在 20%左右,在百色国民经济中的地位举足轻重。

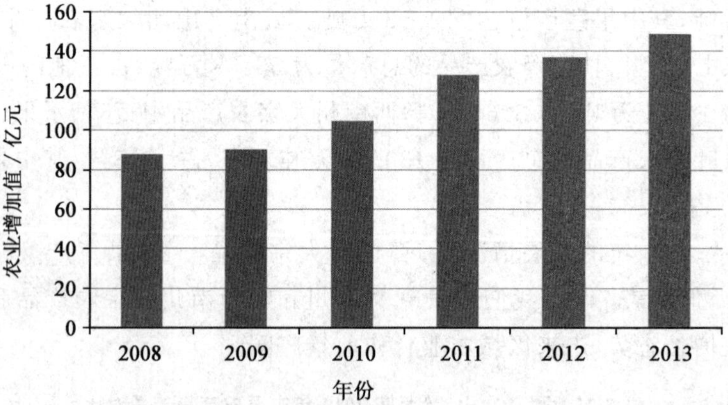

图 7-2 百色近几年农业增加值

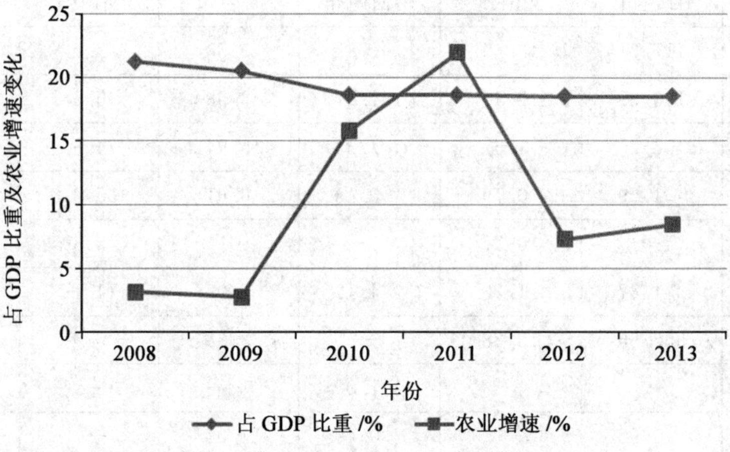

图 7-3 百色农业占 GDP 的比重及农业增速变化情况

目前，百色市拥有“中国芒果之乡”、“中国茶叶之乡”、“中国八渡笋之乡”、“中国茴油之乡”等诸多美誉。作为国家重要的“南菜北运”基地和中国—东盟现代农业示范区，随着中国—东盟农产品自贸园区的建设，百色农业将在百色市国民经济中的地位更加重要，并将进一步成为百色经济社会发展的重要推动力。

7.2　资源环境条件分析

百色优势农产品的生产离不开优越的资源环境条件，包括区位条件、自然环境条件、资源条件等。

7.2.1　区位交通条件分析

百色市位于广西西部，北与贵州接壤，西与云南毗邻，东与南宁市相连，南与越南交界，有国家一类口岸 2 个、二类口岸 1 个和 6 个边贸点，是大西南出海达边的“黄金走廊”。图 7-4 为百色市区位交通示意图。

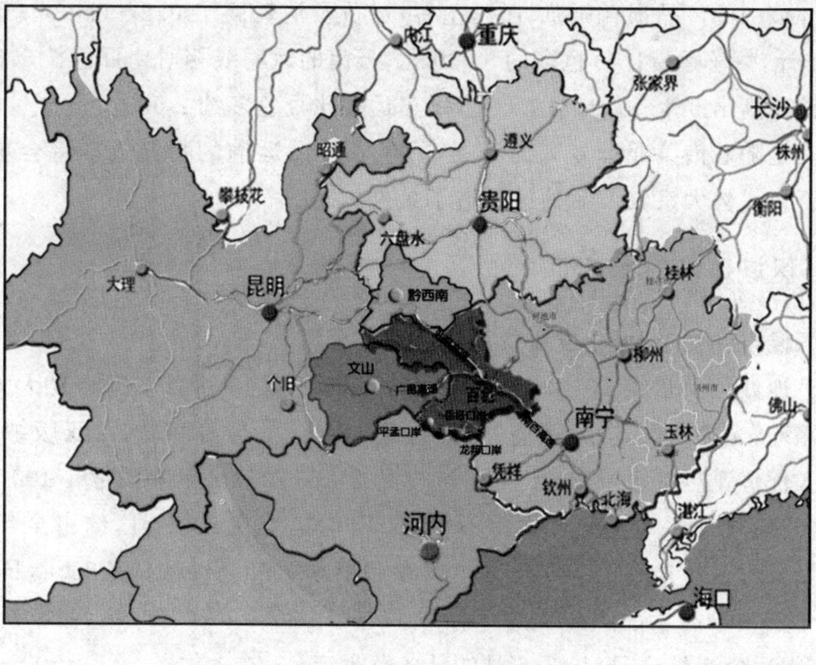

图 7-4　百色市区位交通示意图

1.枢纽优势渐显，有助于建设农产品集贸中心

作为中国与东盟双向开放的前沿阵地，百色市不仅有铁路、公路、高速等陆上交通与周边省市联结，而且拥有内河航运、航空等多种交通方式，这些共同构成了百色立体交通。随着“百色-北京”果蔬专列的开通，和“十三五”期间重要交通干线南昆增二线铁路、云桂高铁建成后，百色将集聚云南、贵州等热带亚热带地区特色农产品，尤其是在粮食、蔬菜、水果、甘蔗、茶叶等区域优势农产品领域，将进一步扩大百色的核心竞争优势，有利于促进百色在地区中形成国内南北农产品互补的重要中心和买东盟卖东盟的国际农产品集贸中心，百色农产品集贸枢纽地位将更加突出，百色市将会打造成为西南地区，乃至南亚热带地区重要的农产品交易贸易中心。

2.物流成本优势明显，有利于促进农产品外运

从公路运输的角度看，百色市蔬菜运至北京走京珠高速，经由南宁，沿桂林北上至武汉、长沙、郑州，而海南北运路径也要经由南宁，沿桂林北上，运距比百色市多600～1 000千米，且海南要跨海，跨海成本0.6元/千克。与百色市比，海南蔬菜在运输环节中的产品损耗增加10%左右，运费及消耗高出0.2～0.4元/千克，以30吨/车计，每车运费比百色多约5 000元；云南的运输线相对比百色长500千米，运费及消耗高出0.1～0.25元/千克，每车运费比百色多约2 500元。

尤其是随着南菜北运专列的开通，百色农产品运输的物流成本将会更低，这些都为百色优势大宗农产品外运创造了条件。

7.2.2 区域环境基本特征

1.气候条件优越，便于发展优质农产品集聚区

百色地处位于东经104°28′～107°54′、北纬22°51′～25°07′之间，夏天无台风，冬天无霜冻，光热雨量丰富，素有“天然温室”美誉，是与海南岛、西双版纳并列的全国三大优势亚热带区域，全市年平均气温21.5～22℃，年降雨量1 100～1 374毫米，高于全国年平均降雨量648毫米，降雨均集中在5—9月，约占全年75%。全市雨量开始在4月底至5月上旬，9月中旬雨季结束。相对湿度75%，日照时数1 635～1 878小时，大于10℃的年活动积温7 535～7 870℃，最冷月平均温度10℃，非常适合9月至翌年4—5月的秋冬菜生产。

优越的自然气候资源奠定了百色优势农产品，尤其是秋冬菜的高产基础，有

“大粮仓”“大菜园”“大果园”之称。区域年耕作复种指数在 3 以上，秋冬种蔬菜商品化生产在全国独树一帜，是全国重要的南菜北运生产基地之一。

2. **立体地形显著，造就多样化优势农产品产区**

百色市总面积 3.625 2 万平方千米，地形为南北高中间低，地势走向由西北向东南倾斜，属于典型的山区，在总面积中，山区占 95.4%（石山占 30%，土山占 65.4%），丘陵、平原仅占 4.6%（图 7-5）。

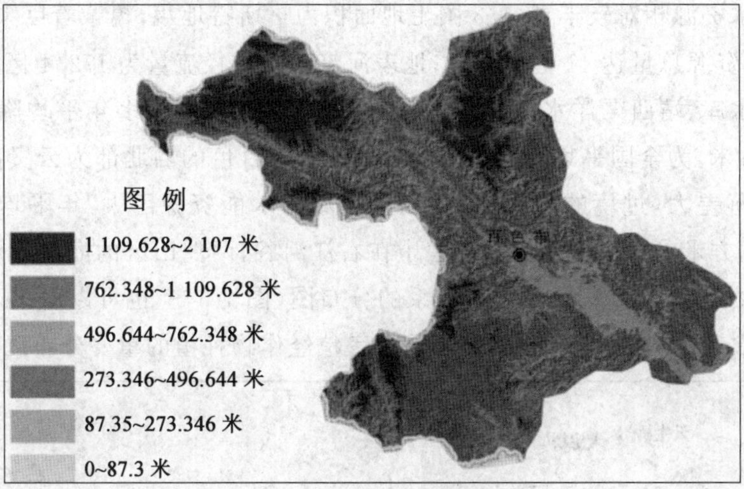

图 7-5　百色市地形图

由于地形地貌较为复杂，形成百色独特的立体气候，海拔从 100～2 000 米都有农业的耕作区，具有南方河谷平原、丘陵地带、石山区、高寒山区等代表性农业开发带，大宗农作物有粮食、糖料蔗、水果、蔬菜、桑蚕、烟叶、茶叶、中草药、木薯和食用菌等特色产业，同时生长着多种热带、亚热带以及温带作物，使百色成为地方特色农产品种类和品种繁多的生产区域，百色是全国特有的农业宝地。

7.2.3　水土资源基础条件

1. **土地资源**

百色土地总面积为 363 万公顷，可利用土地面积逾 269 万公顷。在土地总面积中，山地占 90.98%，台地和平原占 5.8%，耕地占 12.5%（约 680 万亩）。百色的耕地主要分布在右江河谷地区，该地区的粮食、蔬菜、水果等农作物实现规模化生产。

2. 森林资源

百色具有丰富的森林资源，到 2013 年底，森林覆盖率 66.62%，排全广西第一。植物资源 2 775 种，其中药用植物 1 200 多种，素有“土特产仓库”和“天然中药库”之称。林副产品产量居广西前列，桐油、茶油、玉桂、八角、茴油、云耳、八渡笋、茶叶、白毫茶、烤烟等产量多、品质好，是全国八角、茴油的主产区。

3. 水资源

百色水资源相对较丰富，1/3 国土地面积为喀斯特地貌，蕴藏着巨大的地下水系，地下水资源总量达 41 亿立方米；地表河流年平均径流量为 172.4 亿立方米，百色澄碧河水库、靖西渠洋水库等储水均为一级饮用水；全市多年平均降雨量约为 480 亿立方米，为全国平均降雨量的 2 倍多。由于百色的西北部为云贵高原余脉，境内河流落差大，过境的红水河、右江河流域的水能资源巨大，年平均水量约为 40.78 亿立方米。但由于水库主要集中在右江河谷，两翼山区的灌溉设施差，一定程度上制约了农业的发展。但从水系的分布图(图 7-6)上也可以看出，右江河谷是百色市农业生产的重要基地，尤其是大宗粮经作物种植的重要分布区。

图 7-6　百色市河流水系图

7.2.4　技术资源基础条件

依托百色国家农业科技园区，百色农业拥有较好的技术条件优势。百色国家农业科技园区是科技部等国家六部委2001年批准建立的全国首批21个国家农业科技园区（试点）之一，目前已基本建成了农村信息服务体系及科技培训基地和农产品加工产业化示范基地，形成了优质芒果产业化示范园、优质无公害蔬菜产业化示范园、优质高产香蕉产业化示范园、优质高产高糖甘蔗产业化示范园、优质种子种苗繁育示范园、特色畜禽水产养殖示范园等多个示范园区，建立了广西百色市现代农业技术研究推广中心、国家杂交水稻工程技术研究中心东盟分中心、广西食品农产品质量监督检验中心、“人才小高地”和博士后科研工作站等研发平台和人才洼地。百色市现代农业技术研究推广中心已被科技部列为中国面向东盟国家的“国际科技合作基地”，是科技部在广西设立的首个国际科技合作基地，是中国与东盟国家开展农业科技合作与交流的重要场所，已与越南等国家联合开展了“柑橘优势品种繁育及高效栽培关键技术研究”等合作项目。园区建立了中国—东盟农业科技合作与交流人才库、中国—东盟现代农业科技展示园、中国—东盟农业科技信息与物流中心、中国—东盟农业新技术新产品展示交易中心，每年还举办中国—东盟现代农业新技术新产品交易会等，已成为中国面向东盟农业合作交流的人才培养、技术培训、现代农业展示与示范基地，初步形成了多功能的区域科技合作与技术转移平台，为广西百色中国—东盟农产品自由贸易示范园建设打下了坚实的技术支撑基础。

7.3　农业产业发展现状分析

百色市面积较大，地形地貌多样，气候条件适宜，水土资源丰富，促使百色农业、农产品独树一帜，在区域农业发展中具有较大优势，不仅形成了众多较大规模的优势农产品生产基地，也造就了众多地域特色品牌。

目前，百色已经发展成为以优质粮、芒果、糖料蔗、秋冬菜、茶叶和中药材等优势产业为主的亚热带特色农业基地，全市共有“百色芒果”、“百色番茄”、凌云白毫茶、田林八渡笋、靖西大香糯、西林砂糖橘等6个国家“农产品地理标志保护产品”，拥有“中国芒果之乡”、“中国茶叶之乡”、“中国八渡笋之乡”、“中国茴油之乡”

的美誉。百色已成为广西乃至国家优质水稻和优良水果、蔬菜的生产基地，全国南菜北运基地，中国最大的芒果之乡和全国亚热带水果基地。

总体上看，百色农业产业已呈现规模化、基地化、集约化发展趋势。

7.3.1 农产品总体发展现状

1. 大宗农产品发展现状

百色农产品品类众多，包括粮食、蔬菜、甘蔗、芒果、香蕉、荔枝、龙眼、柑橘、八角、茶叶、烤烟、养殖、水产等产业。从产量统计的角度看，目前，百色年产能达到数十万吨级，甚至数百万吨级的大宗优势农产品主要包括粮食、甘蔗、蔬菜、水果及畜牧水产等(图 7-7)。

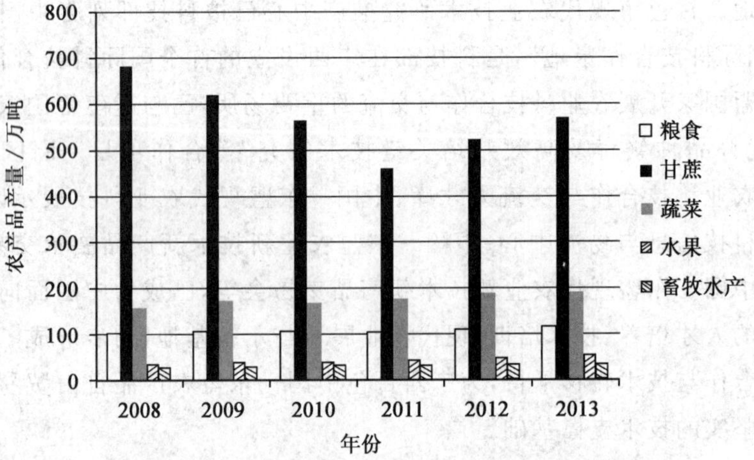

图 7-7 近年来百色大宗农产品产量变化图

数据来源：百色历年统计公报。

从图 7-7 中可以看出，甘蔗、蔬菜、粮食 3 类农产品产量占绝对优势，但甘蔗产量总体上呈现下降趋势，粮食产量总体基本稳定，蔬菜呈现逐年递增趋势。此外，水果、畜牧水产产量呈现出逐年递增趋势。这与近几年百色果蔬产品的大量外调需求存在相关关系，大大激发了本地农民种植蔬菜、水果的积极性。

2013 年，百色市大宗农产品中蔬菜、水果、烤烟、茶叶、油料、甘蔗等农产品的总产量为 822.84 万吨左右，其中果蔬产量为 252.09 万吨。

2013 年，百色秋冬农业开发总面积超过 300 万亩，其中秋冬菜面积 162 万亩。

蔬菜、水果、甘蔗、茶叶、中草药种植面积分别达到 183 万亩、166.9 万亩、153.1 万亩、36.6 万亩、25.7 万亩，桑蚕、烟叶产量分别为 18.7 万担、35.8 万担。

从图 7-8 主要大宗农产品种植面积变化也可以看出，粮食、甘蔗的种植面积最大，并且稳定性较大。蔬菜、果园种植面积次之，但呈现明显增长趋势，与产量变化趋势基本一致。

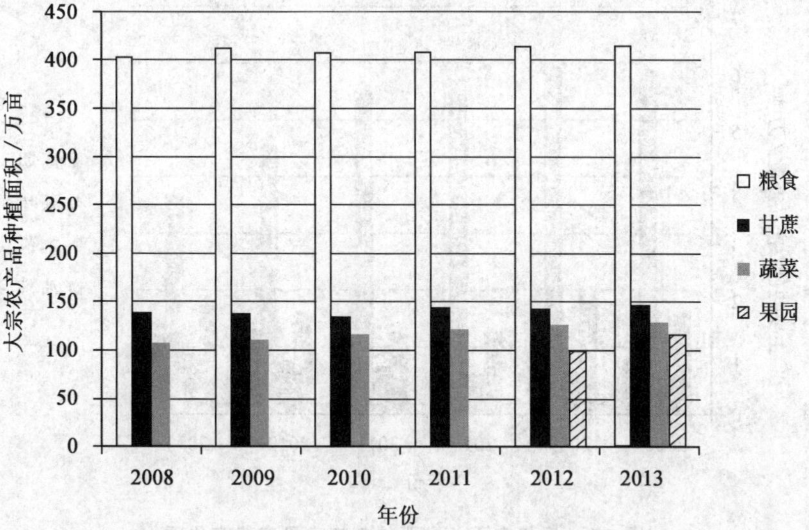

图 7-8　近年来百色主要大宗农产品种植面积变化图

数据来源：百色历年统计公报。

2012 年，粮食作物播种面积 415.13 万亩，产量 113.26 万吨，产值 23.21 亿元；蔬菜面积 174.8 万亩（含复种），产量 316.68 万吨，产值 44 亿元，其中秋冬种蔬菜面积 165.29 万亩，产量 300 万吨；水果面积 151.64 万亩，产量 74.64 万吨，产值 22.25 亿元，其中芒果面积 47.99 万亩，产量 20.59 万吨；糖料蔗 2011—2012 年榨季全市进厂 436.5 万吨，产值 21.83 亿元；茶叶总面积 33.64 万亩，投产面积 26 万亩，鲜茶产量 4.22 万吨，产值 2.87 亿元；桑园总面积 18.05 万亩，鲜茧产量 14.57 万担，产值 2.62 亿元；烟叶面积 15.39 万亩，产量 35 万担，产值 4 亿元；食用菌产量 3.6 万吨，产值 3.17 亿元；中草药 22.5 万亩，产量 2.36 万吨，产值 2.41 亿元。

2. 特色农产品发展现状

除了以上大宗农产品外，百色还有众多优势特色农产品（仅对具有连续统计数据的进行分析)，主要包括烤烟、木薯、茶叶、油料等，另外，如蚕桑、八角等也是百色特色农业产业。

从近几年的变化趋势上看，茶叶、油料近几年产量呈现逐年递增趋势，尤其是近3年增长速度较快。木薯产量呈现下降趋势，近3年下降速度较快。烤烟产量不稳定，近3年略有上升(图7-9)。

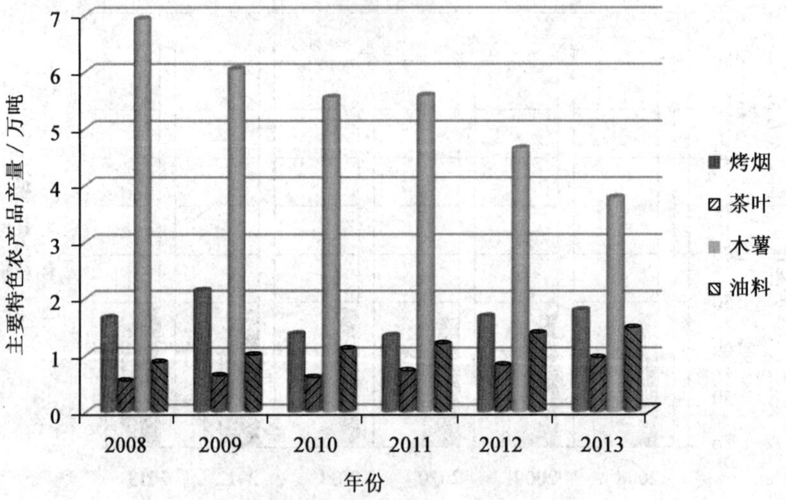

图7-9　近年来百色主要特色农产品产量变化图

数据来源：百色历年统计公报。

7.3.2　农产品总体布局现状

1.各区县主要优势农产品种植情况

百色共拥有12个区县，受地形地貌和气候条件影响，百色各区县基本上都拥有自身独特优势的农产品。

首先，比如百色六大地理标志产品所代表的凌云白毫茶、百色芒果、百色番茄、田林八渡笋、靖西大香糯、西林砂糖橘等。除此之外，靖西县的中药材，乐业县的有机农业，右江河谷四区县(右江区、田阳县、田东县、平果县)的芒果、蔬菜、粮食、甘蔗等，以及西林的林产品，那坡的蚕桑等都正在成为各区县的农业竞争优势产品。这也为百色优势农产品的布局优化和自贸园区的货源奠定了坚实基础。

从表 7-3 中可以看出，每个区县在农产品发展上都有不同的侧重，但粮食、蔬菜、水果、甘蔗等大宗农产品则在大部分区县都占较大比重。从表 7-3 中也基本能看出百色主要农产品的分布特征，比如右江河谷是粮食、果蔬、甘蔗的分布集中区；南部 3 县则除了粮食、果蔬、甘蔗外，还是烤烟、中药材、木薯的主要分布集中区；北部 5 县则主要是特色林产品为主，比如茶叶、八角、八渡笋等。

表 7-3　各区县主要农产品种植面积　　万亩

区县	粮食	甘蔗	水果	蔬菜	茶叶	板栗	蚕桑	八角	八渡笋	山茶油	芒果	桐油	木薯	中药材	烤烟
右江区		40	37					10		20	32				
田东县	38	40	10	28						12	12				
田阳县	38		20												
平果县	42	15	8.1												
田林县		18	10						26.8	21	10	60	2		
西林县			15	5	12							10			
隆林县	40		0.6				1							1.2	3.8
乐业县			0.8		10.9	10		11							
凌云县	22			1	10		6			3	5				
那坡县	26.1	0.3	2.28	9.9	0.2		4.9	32		11	0.7	0.47	2.74	1.41	
靖西县	80	20	5	15			5							10	8
德保县	43	9.4	10	12.5				34					3		3

数据来源：2013 年各区县统计数据，部分数据来源于地方十二五规划，2014 年政府工作报告等。

2.“一谷两翼”布局特征

总体上看，目前，百色主要农产品布局呈现出“一谷两翼”的布局特征，即大宗规模化农业产业化基地，尤其是果蔬等外运量较大的农产品主要分布在右江河谷一区三县；两翼即南部山区、北部山区特色农业基地，主要包括南部 3 县和北部 5 县山区。

1）右江河谷粮菜蔗果产业带

百色右江河谷有得天独厚的资源禀赋，东西长 130 千米，南北宽 20 千米的河谷地带，土地总面积3 400多平方千米，这里地势平坦，耕地集中连片，土壤肥沃，土地负载力强，是南亚热带作物的“宝地”之一。

右江河谷4县(区)发展种植反季节优质高产无公害蔬菜，其中田东县、田阳县和右江区成为《全国蔬菜产业发展规划(2011—2020年)》冬春供应蔬菜重点区域，目前已形成了以田阳县为中心的全国南菜北运基地，目前，秋冬季农业开发优势显著，以番茄、西葫芦、辣椒和豆角等为主的秋冬蔬菜成为南菜北运主导品种；另外，芒果和香蕉等亚热带水果也成为夏季北方回程车承运主要品种；右江区、田阳县和田东县是国家糖料蔗基地。此外，右江河谷还很适合优质奶牛、肉牛、肉羊养殖。

在右江河谷目前拥有广西唯一一家国家农业科技园区——广西百色国家农业科技园区。园区覆盖右江河谷的右江区、田阳、田东、平果4县(区)18个乡镇175个行政村。目前，该园区已建立1.5万亩芒果产业化示范园，1万亩无公害蔬菜产业化示范园，1万亩优质香蕉产业化示范园和2万亩优质高产高糖甘蔗示范园。建成了芒果、香蕉、蔬菜、甘蔗、烤烟、生姜、八角、玉桂、茶叶、板栗、核桃、山楂等一大批较大的农产品商品生产基地。目前，园区总体上形成了15.6万亩的优质芒果产业化示范园、15.2万亩的优质无公害蔬菜产业化示范园、7.7万亩的优质高产香蕉产业化示范园、8.1万亩的优质高产高糖甘蔗产业化示范园、1 220亩的优质种子种苗繁育示范园、560亩的特色畜禽水产养殖示范园。

以广西百色国家农业科技园区为主体，右江河谷还是中国—东盟(广西百色)现代农业合作示范区的主体区域，示范区总面积46.83万亩，未来将重点建设中国—东盟农业展示园、农产品物流园、农业科技创业与技术转移服务中心等“二园三中心”，打造水稻、蔬菜、芒果、甘蔗、香蕉等五大主要农业产业示范基地和生态农业循环经济示范基地，培育建设畜牧业、油茶、柑橘、中药材、能源农业等极具有发展潜力的产业示范基地。

因此，右江河谷在中国—东盟农产品自由贸易示范园区的建设中将处于核心地位，尤其大宗农产品贸易主要货源将来源于右江河谷。

2)南部山区菜果蔗烟桑产业带、北部山区茶果烟桑药产业带

南北两翼山区受地形影响，适合种植经济林，林产品丰富，除了南部的靖西县属于国家商品粮基地外，其他山区县大都不适合大规模种植粮食和蔬菜。图7-10为百色市农产品布局观状示意图。

图 7-10　百色市农产品布局现状示意图

总体上看，目前基本形成了：以德保县、西林县为主的柑橘产业区，其中西林为“中国砂糖橘之乡”；以德保、靖西、隆林等为主的烤烟产业区，成为全国优质烟区域划定的最适宜区和适宜区；以凌云、那坡、靖西、平果县为主的蚕业产业区，其中那坡县成为广西 5A 级蚕丝优质蚕茧基地；以凌云、乐业和西林县为主的茶叶产区，茶山终年云雾缭绕，自然生态环境得天独厚，很适宜优质茶叶的生产，其中凌云县、乐业县和西林县先后被评为“中国名茶之乡”；靖西、德保、西林等地方很适合中草药的生产；田林很适合速生造纸林、八渡笋的生产；德保、田林很适合八角的生产。

7.3.3　农产品外调情况

由于百色优势农产品产量较大，品质较好，作为全国重要的蔬菜基地，每年百色的果蔬产品的外调量都很大，尤其是自 2013 年 12 月 11 日开通百色—北京果蔬绿色专列之后，百色更加快了现代农业建设步伐，并加强了“南菜北运”品牌的建设力度。

百色农产品外调的产品主要是果蔬产品和肉类及水产品，以果蔬产品量最大。目前，百色市果蔬年产量达 400 万吨，百色果蔬产品年外调量超过 200 万吨，外调率在 50%以上，深受北方市场青睐。百色市山多地广，适合养殖高品质的猪、鸡、鸭、羊等绿色畜牧产品，2012 年全市肉类总产量 31.9 万吨，外调量 4.18 万吨，外调率 13.1%；水产品产量 12 万吨，外调量 3.5 万吨，外调率 29.2%。本次规划主要考察果蔬的外调情况。

1. 果蔬外调情况

目前，每年从 12 月下旬至次年 4 月底，随着右江河谷的冬菜开始上市，百色果蔬产品的外调正式进入高峰期。主要销往北京、天津、辽宁、吉林、黑龙江、陕西、内蒙古、河北、河南、江苏、山东、湖南、湖北、上海、浙江、四川、重庆等全国 200 多个大中城市及地区。

从外销的品种看，主要包括秋冬蔬（小番茄、西葫芦（黄瓜）、四季豆、辣椒）和水果（芒果、香蕉）等。其中，番茄等秋冬蔬菜约 100 万吨，汽运保持在 30 000 车（次）左右（每车约 30 吨）。

2. 果蔬专列情况

截至 2014 年 2 月 19 日，专列共开行 7 列，运输各类果蔬达到 7 000 吨，使用 245 节机械保温车厢，其中货物车厢 196 节，果蔬贸易总量达到 6 850 吨。其中香蕉 1 250 吨，西葫芦 970 吨，圣女果 680 吨，萝卜 550 吨，大蒜头 2 500 吨，洋葱 560 吨，紫薯 300 吨。

从货源看，香蕉的货源主要在百色右江河谷、南宁隆安县、云南文山州，东盟也有一部分。西葫芦和圣女果主要在百色田东和田阳。萝卜主要在百色和云南曲靖。大蒜头和洋葱主要在山东。紫薯主要在东盟。

7.3.4 优势农产品基本情况

从农产品种植趋势和农产品外调趋势看，结合本项目实际，我们仅对蔬菜、水果（重点芒果）、林产品、茶叶等优势农产品进行现状分析。其中蔬菜、水果都属于产业规模型农业，林产品、茶叶属于资源特色型农业，但是随着产量的提升和自贸园区的建设，未来可以随着交易量的增加逐步成为产业规模型农业。

1. 蔬菜产业情况

百色是广西最大的商品果蔬基地，也是全国重要的“南菜北运”基地之一。由于百色特殊的地理位置，光热条件优越，四季无冬，农作物一年三熟或四熟，特别是秋冬季节生产蔬菜可露天栽培，无须大棚等设施，生产成本低，因此百色果蔬生产规模仍然保持扩大的势头。目前，百色果蔬已成为缓解全国冬春淡季蔬菜供需矛盾、丰富果蔬品种、稳定鲜活农产品市场供应和价格的重要组成部分，是支撑百色农民收入的主要来源之一。

1)蔬菜生产情况

百色市栽培和野生的蔬菜品种共有864个，其中：栽培蔬菜品种666个，分属19科64个种，野生蔬菜品种有198个，分属45个科，但作为规模化商品蔬菜供应的有7大类近40个品种。

2012年，全市蔬菜种植面积174.2万亩(含复种)，产量311.6万吨，其中，全市秋冬菜种植面积165.286万亩，总产量301.305万吨，形成以叶菜类、茄果类为主打，瓜菜类、块根块茎类、豆类为补，葱蒜类、水生蔬菜类、甜糯玉米等为辅的产品结构格局。其中产量达10万吨以上的有7个品种，即大白菜、小番茄、大番茄、小白菜、萝卜、辣椒和大肉芥菜。

产量最大的是叶菜类，产量111.76万吨，以大、小白菜为主产品，主要供应本地及周边省市。其次是茄果类，产量111.27万吨，主要销往长江以北。其中，小番茄产量53.27万吨，大番茄产量32.83万吨。再次为瓜菜类，产量27.79万吨，以西葫芦、黄瓜为主产品。豆类产量21.59万吨，以四季豆、豆角为主产品。块根块茎类产量18.54万吨，以生姜、萝卜为主产品。葱蒜类和水生蔬菜类也呈零星种植，主打产品为香葱和莲藕。

2013年全市蔬菜种植191.48万亩(含复种)，其中春菜15.01万亩，夏菜12.07万亩，秋冬菜164.4万亩，产量达344.66万吨，总产值约54.79亿元，新增产值10.77亿元。秋冬菜种植面积保持全区第一的优势地位。

2)蔬菜种植优势

(1)露地栽培具有明显比较优势。目前百色市的番茄种植主要为露地栽培，不同于北方的设施栽培。每年早稻2月中下旬至3月中旬播种，3月下旬至4月移栽大田，7月收割，右江河谷番茄一般8月播种育苗，9月移栽大田，11月至翌年5月收获。在投资成本、番茄口感、用药量等方面都具有比较优势。

(2)具有档期优势，弥补了北方冬季蔬菜淡季。百色冬菜主要产品番茄在11月至翌年5月大量上市，上市时间持续180天，而海南1月至2月底上市，时间约

40天，档期优势十分明显。为缓解全国冬春淡季蔬菜供需矛盾、丰富品种和稳定价格发挥了十分重要的作用。

3)蔬菜主要布局

蔬菜生产逐步向优势产区集中，形成了"一带两区"的生产格局。

(1)右江河谷秋冬菜种植带。以右江河谷4县区的规模化秋冬菜生产(产业规模型)和中心城市"菜篮子"商品菜(都市消费型)蔬菜优势产业带，该区域蔬菜面积占全市蔬菜种植面积的61%；此外，该区域的中心城市城郊菜区，力争建成以速生叶菜、高档特需蔬菜、野生蔬菜为主的高标准蔬菜基地。田东县、田阳县和右江区被列为《全国蔬菜产业发展规划(2011—2020年)》华南与西南热区冬春蔬菜优势区域蔬菜产业重点县。而右江河谷两翼山区又具有"云贵高原夏秋蔬菜"的特点，所以河谷地区适宜发展冬春蔬菜，两翼山区皆适宜发展夏秋蔬菜，一年四季皆可生产供应商品蔬菜。目前，此区域已经涌现出了"田阳小番茄"、"田东甜椒"、右江区"福禄大肉芥菜"、"平果霸王花"等品牌，其中"田阳小番茄"已发展成为全国最大的小番茄生产基地并受到各地市场的青睐。

(2)北部高山夏秋蔬菜供应产区。以西林、隆林、凌云、乐业等为主的北部高山夏秋蔬菜供应产区。产品以绿叶类蔬菜为主，商品菜以竹笋、生姜为主要特色，"田林八渡笋"、"西林生姜"成为产业化程度比较高，具有国际市场竞争力的名特优蔬菜品种。

(3)南部石山区蔬菜种植区。以德保、靖西、那坡为主的南部山区特色菜种植区，是目前新兴的大白菜等叶菜类生产基地。出现了"靖西大肉姜"、"德保指天椒"等地方名牌产品。

2.水果产业情况

目前，全市已形成芒果、柑橘等优势产业集群，以火龙果、猕猴桃、桃、李等优势时令水果为辅的特色水果产业发展格局。

2013年，全市果园面积达到166.93万亩，比2012年果园面积151.62万亩增长了10.09%。全市水果总产量为80.80万吨，比2012年水果总产量74.64万吨增长了8.25%。全市实现水果总产值29.32亿元，比2012年水果总产值22.25亿元增长了31.79%。近两年，特色时令水果继续保持上升趋势。葡萄、火龙果、早熟桃、猕猴桃等时令特色水果新种面积达4.16万亩(表7-4)。

表7-4　2013年百色市各区县果园情况

县(区)	果园面积/万亩	投产面积/万亩	总产量/万吨	新种面积/万亩
合计	166.93	90.67	80.8	16.49
右江区	31.98	20.03	15.8	1.45
田阳县	28.77	17.35	17.62	3.44
田东县	29.47	16.03	23.33	1.4
平果县	7.42	5.32	4.47	1.23
德保县	10.47	4.13	1.98	1.25
靖西县	7.45	3.49	1.92	2.84
那坡县	1.5	0.63	0.6	0.45
凌云县	3.69	1.64	0.78	0.58
乐业县	11.4	2.64	1.06	0.61
田林县	11.65	8.09	2.72	1.43
隆林县	10.68	5.24	1.62	0.25
西林县	12.21	6	8.73	1.08

在区域上，百色形成了4个优势水果产业带：右江河谷芒果、香蕉产业带，西北部山区三林柑橘产业带，南部山区柑橘产业带，北部山区桃李观光产业带。其中右江区、田阳县和田东县为“中国芒果之乡”；西林县成为“中国砂糖橘之乡”。

3.芒果产业现状

芒果是百色最具代表性的水果，目前已有田东香芒地理标志产品，百色芒果也作为地域品牌正在申请地理标志产品。

1)总产量

2013年，全市芒果种植面积54万亩(全国地级市最大的芒果生产基地)，投产面积30万亩，年产量28万吨，全市芒果总产值达12亿元，按参与芒果开发的农户计，全市参与农户共有6.71万户，参与人数23.49万人，户均芒果面积6.55亩，2013年户均芒果收入18 137元，人均芒果纯收入3 108元，全市人均有芒果70千克，折合现金为人均311元。芒果产业已逐渐成为全市农民增收致富的主导产业。

芒果种植主要集中在：右江区14.27万亩，6.34万吨；田阳县23.12万亩，

13.25 万吨；田东县 15.27 万亩，7.9 万吨。三区县占全市种植面积的 97.52%，占全市总产量的 98.18%。

2)种植优势

百色芒果主要分布在右江河谷，右江河谷土壤呈土母质为第四纪红土发育而成的赤红壤、沙壤土、黄壤土，土层深厚、肥沃、耕性好，表土层有机质含量 1%～3%，全氮含量为 0.075%～2%，速效磷 5～10 毫克/千克，速效钾 50～150 毫克/千克；pH 5.5～7，气候、地理、土壤都适宜芒果的生长。

此外，百色市芒果成熟上市时间从 5 月下旬至 9 月下旬，上市时间正好是在海南芒果上市结束，云南、四川芒果未成熟上市期，独占全国芒果鲜果销售市场，果品远销北京、上海、广东、吉林等十几个省区和全国几十个大中城市，芒果果品供不应求。

3)早、中、晚熟比例

(1)早熟品种：台农 1 号、本地芒、青皮芒、红金煌、田阳香芒等。在 7 月上旬以前成熟，早熟品种面积约为 36.6 万亩，所占比例约为 67.82%，产量约为 18.34 万吨，所占比例约为 66.02%。

(2)中熟品种：金煌芒、红象牙、紫花芒、象牙 22、串芒、金穗芒等。在 7 月上旬至 8 月中旬成熟，中熟品种面积约为 12.3 万亩，所占比例约为 22.84%，产量约为 4.41 万吨，所占比例约为 15.86%。

(3)晚熟品种：桂热 82 号、桂热 10 号、凯特芒、红苹芒等。晚熟品种面积约为 5 万亩，所占比例约为 9.33%，产量约为 5.03 万吨，所占比例约为 18.12%。

4. 林产品(茶)

百色市现有经济林面积 32.6 万公顷，产量 64.5 万吨，经济林产值 19.83 亿元。其中经济林面积较大的有油茶 8.6 万公顷、八角 7.05 万公顷、板栗 2.62 万公顷、茶叶 2.4 万公顷、柑橘 0.88 万公顷、龙眼 0.39 万公顷、荔枝 0.26 万公顷、核桃 0.22 万公顷、桃 0.17 万公顷、梨 0.14 万公顷。

其中，茶叶种植面积近几年增长较快。百色为茶马古道重点驿站，现为广西最大的茶叶种植区——桂西凌云白毫茶区，其中凌云、乐业、西林 3 县相继被评为“全国重点产茶县”，3 县先后荣获“中国名茶之乡”称号，西林县荣获“2012 年度全国十大生态产茶县”殊荣，乐业县荣获“2014 年度全国十大生态产茶县”殊荣。凌云、乐业和西林等县茶园面积占全市的 90%以上，凌云白毫茶品种茶园面积占全市茶园总面积的 92%。凌云白毫茶于 1984 年被全国优良茶树品种审定委员会认定的第一批国家级良种(即:华茶 26 号“GSCT26”),该品种内含物丰富,适制性强,适制六大类茶(红茶、绿茶、黄茶、青茶、白茶、黑茶),产品以色翠、毫多、香醇、味浓、耐泡五大特色闻名,成为我国名茶中的新秀。在百色市茶叶加工产品结构中,绿茶产品约占总量的 75%,红茶占总量的 20%,其他茶类占总量的 5%;80% 的茶叶产品作为原料茶外销。百色茶叶种植面积变化情况见图 7-11。

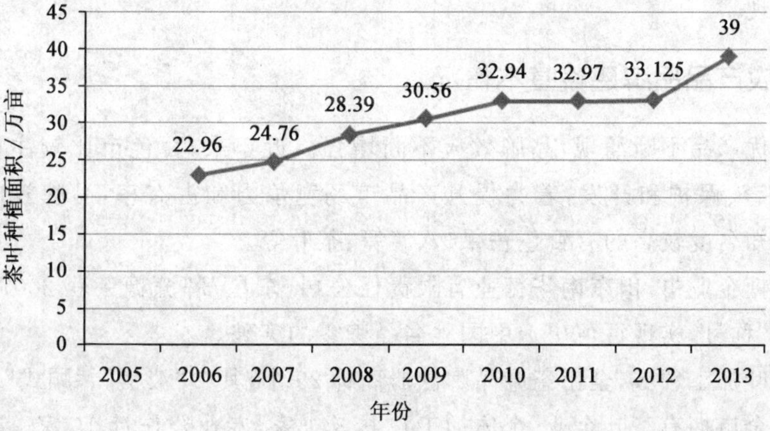

图 7-11　百色茶叶种植面积变化情况

7.3.5　农业产业组织基本情况

截至 2013 年底,全市农业产业化重点龙头企业 65 家,有 10 家企业荣获广西著名商标。年销售收入 118.87 亿元,联结带动农户 46 万余户。

2013 年底,全市农民专业合作社总量 1 212 家,其中:种植业 516 个占 42.6%、养殖业 465 个占 38.4%、林业 50 个占 4.1%、农机服务业 148 个占 12.2%、其他 33 个占 2.7%。有 45 家广西农民合作社示范社,1 家国家级示范社。

百色市已基本形成以制糖、造纸和茶叶加工为主导,以桑蚕、烟叶、油茶、八渡笋和药材加工为特色的区域农产品加工经营格局。加工领域不断拓展,产业链不断延伸,由过去种植粮食、蔬菜等为主的种植领域,逐步向制糖、造纸、茶叶、桑蚕、烟叶、八渡笋、生姜、水果、药材等大农业领域拓展。在产业链延长方面,通过引导企业积极参与国际认证体系,积极开拓国内外市场,完善产品质量,扩大农业产业化的市场规模，不断提升产业价值链。围绕着龙头企业的产业化建设，产业配套不断完善，产业链初步形成。

通过建立“公司＋基地＋农户”、“公司＋中介组织＋农户”、“公司＋合作社＋基地＋农户”等多种利益连接机制，不仅形成了相当规模的产品生产能力和技术服务能力，还形成了专业化生产、区域化布局，逐步形成了特色糖、纸浆（板）两大特色块状群，在繁荣地方经济，促进农民增收和转移农村剩余劳动力等方面的作用日益显现。

7.3.6 农产品品牌建设基本情况

名特优产品不断涌现，品牌效应不断增强。近年来，百色市比较注重名特优品牌的培育、保护和开发，着力提升产品市场竞争力和占有率，品牌效应日渐增强。其中知名度较高的有百色芒果、八渡笋、茶叶等。

在制糖企业中，田东南华糖业有限责任公司“东星”牌蔗糖荣获 2007 年“中国名牌产品”称号，实现百色史上中国驰名品牌零的突破。

在茶叶加工领域，全市茶叶品牌注册商标 29 个，其中“浪伏”、“顾式”为广西著名商标。全市拥有茶叶企业、个体加工户共 341 家，专业合作社 16 家。其中农业产业化龙头企业 15 家（国家级 1 家，省级 2 家，市级 12 家）。广西凌云浪伏茶业有限公司荣获农业产业化国家重点龙头企业称号，成为广西唯一获此荣誉的茶叶企业；广西八桂凌云茶业有限公司为 2014 年第一批通过认定的高新技术企业。

此外，田林县伟健药业有限公司生产的“伟健牌”产品获广西著名商标，“八渡笋”品牌享誉国内外，产品远销日本、东南亚等 20 多个国家和地区。

7.3.7 目前存在的主要问题

1. 缺乏区域农业顶层设计，农业优势发挥动力不足

总体上看，百色市农业发展拥有诸多比较优势和竞争优势，但仍存在一些问题，最突出的是缺乏区域农业发展的顶层设计，农业优势不能很好地统筹发挥。尽管在《全国热作产业发展第十二个五年规划》《全国蔬菜产业发展规划（2011—2020 年）》和《广西水果产业“十二五”规划》中，都把百色市列为农业果蔬的优势区域。

但这些只是把百色农业作为了全国和区域大农业中的一个组成部分，没有专门对百色区域优势农业做出综合规划和部署，以至于百色市，乃至我国西南地区优势农业不能很好发挥其优势，农业大市不能变成农业强市。作为中国—东盟农产品集散的重要中心地，百色市亟须自治区乃至国家层面出台相关的农业区域规划，明确百色作为我国亚热带最大果蔬产地的市场地位，确定农业生产的区域分工，有效利用农业资源，合理配置生产力，发挥亚热带优势，统筹安排农业开发和建设。

2.基础生产条件较差，产业、产品结构不合理

尽管百色农业具有得天独厚的发展条件，但产业立地条件较差，无法形成高效农业片区，导致面积大，产值小，总体排在广西末位。

特别是甘蔗、桑蚕和水果等产业立地条件80%以上在丘陵坡地中，灌溉条件差；受风、雨、冰雹、霜冻、洪涝、干旱等极端气候的影响，一年四季灾害不断，受自然灾害制约较大。全市有效灌溉面积162.68万亩，占总耕地面积的24%；全市农田基础条件较好集中在右江河谷，其核心区可作高效示范片的不到10万亩，仅占总耕地的1.5%。

以芒果为例，百色市80%以上的芒果园分布于山上，因为经济条件落后，果农对果园的资金投入不足，水电缺乏，基础设施差，抵抗自然灾害的能力低。另外，部分果农种植技术水平较低，果园管理粗放，新技术、新经验、新品种得不到很好推广和应用，造成低产果园面积大，经济效益低的现状。2013年，全市芒果低产果园面积达11万亩，占总面积的20.5%，直接影响了芒果产量和效益。

此外，百色主要的大宗农产品有粮食、水果、蔬菜、甘蔗等。近几年，茶叶、烟草、桑蚕也逐渐成规模，但只是在面积上形成规模，产量、质量和品牌滞后，存在平均亩产量低、产业“三品”认定基地所占的比例低、名特优品种更新能力不强等瓶颈。此外，在用地生产上，轮作模式单一，间套种比率低，土地利用率不高；在产业品种结构上，早、中、晚熟品种结构不合理，以芒果为例，比例约为7∶2∶1，表现为以早熟品种为主，中、晚熟品种缺乏，因此收获期过于集中，高峰期仅为2个多月，鲜果销售压力大，市场竞争力不够强，经济效益没有达到最高要求。

3.农产品加工转化率较低，企业竞争能力整体不强

百色的农产品加工业总体发展水平与世界先进水平相比还存在较大差距。百色除糖业外，其他农产品加工转化程度偏低，总体规模小，生产集中度不够，市场导向、产品加工、原料基地产业链尚未形成，市场流通体系和新型市场主体尚未有效建立，影响了产业链的对接。目前，百色市农产品加工企业基本是初级加工。粮油仅限于大米、食用油加工；蔬菜水产仅限于冷冻保鲜加工。

(1)蔬菜。由于预冷储备设施建设严重滞后，百色蔬菜采后商品化处理率一般约为30%，远低于发达区域的60%～70%。蔬菜深加工企业少，加工能力不足，加工技术设备落后，加工规模和经济不明显，未打造出有竞争力的加工产品品牌。由于蔬菜深加工程度低、附加值不高，导致百色蔬菜低水平过剩，结构性矛盾突出，缺乏竞争力。

(2)芒果。百色市芒果年加工量不到总产量的3%，而且仅限于农家作坊，加工设备简陋，配套技术落后，产品档次低，质量欠佳，市场竞争力不强、附加值低。芒果的采后处理、包装、保鲜等技术和设备十分落后，部分芒果采收后不经过任何处理和包装就上市，产品档次低，货架期短，卖价低，极大地影响了果农的经济效益。总体上看，芒果贮藏保鲜和深加工是芒果产业技术薄弱环节。芒果贮藏保鲜方面，做得好的常温保鲜为10～12天，在适当低温的情况下，最多也只能保鲜30天（货架期约3天），好果率均约为90%。

除蔬菜和芒果深加工水平不高外，再如百色市油桐面积目前已发展到100多万亩，年产桐籽6万多吨，但由于加工能力有限，每年有2万多吨桐籽外流。

农产品加工转化率较低直接对应的就是百色农产品加工企业竞争能力整体不强。农产品加工企业发展面临的主要问题包括：

(1)企业规模小。百色市仅糖、纸加工产品具有较强的市场竞争力外，绝大多数农产品加工企业不仅规模小，而且机械设备陈旧，生产工艺落后。除了田林山弘公司生产的八渡笋系列产品达到5万吨的规模，其他的如乐业刺梨汁、西林的姜晶等都没有形成规模。

(2)具有竞争优势和带动辐射力强的龙头企业不够多，虽然已有一批产品品牌，但知名度和影响力大的品牌还很少；部分企业虽按标准化生产，但没有自己的品牌，“卖自己的货，贴别人的牌”的现象比较普遍。

(3)质量检测、食品安全、质量认证等标准化体系还不能适应农产品加工业发展的需要。大多企业尚未建立“从田间到餐桌”的农产品全程质量控制体系，农产品质量安全控制体系尚不健全，安全检测技术滞后。

(4)农民专业合作经济组织和行业协会发展滞后，公益性社会化服务平台尚未形成。

(5)农产品物流基地核心设施建设普遍偏弱,主要体现在仓库保有量低、冷藏冷库容积小、保鲜冷库所占比例过低。

4.农产品生产布局乱,基地建设不适应产业化发展要求

百色农产品目前初步呈现出“一谷两翼”的总体布局,虽然也有重要农产品的发展规划,但并没有系统地针对优势农产品进行区域性布局规划,更没有分层次、多样化对农产品进行分类及其生产基地进行规划,导致农产品流通市场不能很好地布局建设,以至于现有的农业产业基地建设不能适应农业产业化的发展,更不能适应自贸园区和农产品集散中心的建设。

具体来说,主要存在以下问题:

(1)农产品品质不能满足加工需要,缺乏农产品加工业发展需要的专用、优质原料。农产品种植尽管品种多,质量好,特色较为明显,但大规模成片种植基地建设滞后,农产品加工业的发展缺乏足够的原料支撑,致使农产品加工业难以形成规模生产和品牌效应,难以做大做强。

(2)原料生产分散,规模化、标准化程度低,农产品加工企业原料采购成本较高。

(3)农产品加工企业与农户之间利益联结机制不完善,农产品加工业发展缺乏稳定可靠的原料保障。

(4)截至 2014 年 6 月,全市承包耕地流转 38 万亩,占承包耕地总面积的 12%,远远低于全国 27%的平均水平。这就造成农产品种植不能形成连片成区的发展,不能形成规模经营,同时加上企业与农户直接的利益联结机制不完善,很难形成稳定的农业产业基地,这也是影响自贸园区健康发展的重要核心因素之一。解决这一问题,既可以增大流转面积,也可以让企业与农户形成良好的利益联结机制。

7.4　总体思路与发展目标

作为自贸园区建设的重要支撑体系,本专题主要从农产品生产基地建设、农业产业组织和农产品打造等方面进行建设方案规划。从以上我们对现状的认识和了解,我们认为支撑体系建设应从以下方面展开:

(1)选择优势规模农业产业为重点,优化生产基地布局;研究产业链,打造优势龙头企业和农民合作经济组织;培育品牌,提高百色农产品的知名度。

(2)对于特色资源型农业产业,结合市场情况和发展潜力,稳定和拓展生产基地面积,着重从延长产业链、提高深加工率入手,打造特色产业龙头企业和地域特色品牌。

(3)结合交通、集散市场建设,逐步引导和吸引周边地市种植集散中心和自贸园区大宗贸易品种。

7.4.1 农业产业分类

为使本建设方案更加切合自贸园区建设的实际和有针对性,我们对百色农产品进行了如下分类,以便于有的放矢、重点突出。

1.秋冬菜和水果(产业规模型农业)

如果从大宗农产品交易的角度看,尤其是考虑到南菜北运的影响的话,最直接、最核心的农产品主要是果蔬,或者说是秋冬菜(番茄、西葫芦、四季豆、辣椒)和水果(芒果、香蕉等)。因此,秋冬菜和水果的布局问题将是我们重点考察的核心农业产业。

2.特色林果和特色林产品(资源特色型农业)

从百色农业的发展现状看,百色农业不仅有秋冬菜和芒果等,还有面积广大的特色林果和林产品,比如茶叶、砂糖橘、八渡笋、八角、油桐、蚕桑、中草药等。这些目前虽然没有大规模地作为南菜北运的重点品种,但由于其产量可观、品质较好,未来也可以在自贸园区内集散交易,因此,此类农产品也是我们考察的重点之一。

3.畜牧水产养殖(产业规模型和都市消费型农业)

近几年,百色的肉类产量及外调量,和水产的产量及外调量都有增加趋势,尤其是右江河谷的养殖业相对较发达,未来可以作为百色重要的农产品品牌之一重点打造,这也是我们着重考虑的方向之一。

4.粮食、甘蔗(国家战略型农业)

粮食和甘蔗在百色农业中的比重最大,无论是种植面积和产量都处于重要位置。如前所述,粮食面积和产量基本趋于稳定,但甘蔗略有下降。作为国家重要的商品粮基地和糖料基地,粮食和甘蔗属于国家战略型农业。尤其是粮食,基本上占的都是基本农田,种植区位不能随意变动,但甘蔗近几年受芒果等经济作物扩张的影响，面积有所下降。目前，各区县都对自身的粮食面积和产量做了规划上的控制，甘蔗虽然也有所规定，但仍存在种植面积下降风险。

本专题我们不重点对这两种国家战略型农业进行涉及，但不排除未来自贸园区或农产品交易中心也作为重要的商品粮和蔗糖交易中心。所以，在具体建设方案中会简单对粮食和糖料蔗的生产建设进行阐述。

7.4.2　优势产业发展思路

结合对百色农业产业分类，优势产业发展的总体思路是："稳定粮食生产安全供给；稳定甘蔗面积和产量，对于不适宜甘蔗生长的区域，有序推进退蔗还果；强化果蔬产业引领，做大做强茶、桑蚕、中药材和食用菌等特色优势产业，积极开发林下种养产业。"

在生产基地建设上实行：按照"优势产品区域化布局、生产基地标准化管理，产品经营产业化发展"的思路，逐步形成规模大小层次分明的生产基地布局体系和农产品生产经营体系，以点带面、连片成区发展。

(1)粮食产业重点为稳定种植面积和提高单位产出量，措施上强调扩大商品率高的高产值品种，并调优粮食品种结构，推广应用节本增效先进适用技术和间套种技术。

(2)甘蔗产业围绕"稳定种植面积、提高糖分含量、提高亩产量和提高糖产品综合利用"目标，措施上加强良种繁育体系和"吨糖田"产业园建设，优化传统和新兴产区区域布局，进一步深化食糖精深加工综合利用。

(3)蔬菜产业重点围绕百色市四季商品蔬菜生产供应基地建设，措施上巩固提升优势冬春供应蔬菜生产带，扩展南部春夏供应蔬菜生产带和拓展北部夏秋供应蔬菜生产带；并注重耕作模式调整、经营模式创新，以及蔬菜品牌提升等能力建设。

(4)水果产业重点是巩固右江河谷芒果、香蕉产业带，西北部山区三林(田林、西林、隆林)柑橘产业带，南部山区柑橘产业带和北部山区桃李产业带等4个水果产业带，优化芒果、柑橘和香蕉等传统优势产业结构调整，积极培育火龙果和猕猴桃等特色时令新兴水果产业，并强化果园基础设施、水果良种体系、重大病虫害防治体系和水果品牌建设。

(5)茶叶发展以产业、品牌综合能力提升为主题，措施上以"稳定基地、调整结构、提升品质，培育龙头、打造品牌、创建名牌、文化带动”为重点，进一步加强北部生态茶叶聚集区建设，着力创建百色茶叶品牌，加强品牌文化的打造和宣传，不断完善管理体系、科技和服务体系、良种繁育体系、市场流通体系和质量安全体系，进一步规范茶叶生产，提高茶叶品质和综合利用率，提高茶企精深加工能力，拓展市场，增强茶产业辐射带动能力，实现茶产业的优化升级和提高综合经济效益。

7.4.3 重点产业发展目标(供给视角)

结合自贸园区发展实际和从保障南菜北运货源的角度出发，本节我们将重点对蔬菜、水果、特色农业的发展目标进行规划。

1.总体目标

在稳定粮食生产的基础上，期望通过本规划，充分发挥百色地处“华南与西南热区冬春蔬菜优势区域”和“云贵高原夏秋蔬菜优势区域”过渡带的地理位置优势，特别是秋冬季蔬菜季节互补性好，生产成本低、产量高、品种多、品质好等生产能力强优势，结合百色市农产品流通市场建设和市场组织模式优化，努力在自贸园区和农产品集散中心的带动下，使百色成为以优质果蔬、特色农业和优质粮、蔗等优势产业为主的南亚热带现代农业产业基地，打造中国—东盟商品果蔬产业化样板区和大型南方果蔬主产品生产区。

(1)稳定粮食生产。稳定水稻和玉米等主要粮食作物面积，强化良种推广力度，提高单产；加大发展杂粮(豆类、薯类)间套种，增加复种指标；积极开发田东香、天宝香和靖西大香糯等地方特色优质米，保护和发展特色品牌；重点加强靖西和田阳国家粮源基地县建设，平果和田东市级粮源基地县建设。

(2)加强优势农业、特色农业基地建设。结合自贸园区建设，继续扩大果蔬产业规模，建设百色四季商品蔬菜基地，巩固和提升右江河谷芒果香蕉产业带、西部“三林”桃梨柑橘产业带、南部山区县柑橙产业带和北部桃李产业带等4个优势水果产业带，加快火龙果、葡萄、猕猴桃等地方特色水果发展；稳定蔗、茶、烟和木薯产业规模，大力提高单产和品质；积极开发林下种植产业，做大桑蚕、中药材、食用菌和花卉等特色新兴产业。

2.蔬菜产业发展目标

2013年百色市蔬菜种植191.48万亩(含复种)，其中春菜15.01万亩，夏菜12.07万亩，秋冬菜164.4万亩，产量344.66万吨。未来几年，随着“南菜北运”专列的开通和中国—东盟农产品自贸园区的建设，百色市的蔬菜种植面积仍有望扩大。

1)种植规模扩大的潜力

①有80万～100万亩未开发宜菜土地；②利用创新耕作模式可增加蔬菜面积30万亩，发展“烟-稻-菜”模式；③利用间(套)种可增加蔬菜面积38万～45万亩。因此，理论上百色市蔬菜总的可扩大面积150万～175万亩。按照目前发展速度，在2015年可突破200万亩，未来几年有望达到300万亩。

2)蔬菜单产提高的潜力

目前，百色蔬菜平均亩产只有1.8吨左右，通过改善生产条件，充分利用光温资源优势及各科研单位的智力支持，全市平均亩产有望达到2.6吨/亩。还有目前我市蔬菜以秋冬季为主，可加大夏秋蔬菜的开发，使一年四季蔬菜不断。照此计算，未来百色年产蔬菜有望突破700万吨。

3)提高蔬菜外调总量

目前，果蔬外调总量约200万吨，但在现有蔬菜面积中，商品化蔬菜基地外运蔬菜生产不足1/3，50万～60万亩，未来可扩大到80万～100万亩。外调总量可突破450万吨。

蔬菜是南菜北运的重要产品，也是未来自贸园区交易量最大的农产品之一，因此是保证专列持续运输和自贸园区正常运转的重要支撑。所以，蔬菜产业的发展目标是保证“四季供给”。目前，春菜和夏菜种植面积受水稻等粮食作物的种植影响较大，所以种植面积较少，未来应由右江河谷为主向南北两翼山区拓展，逐步扩大春菜和夏菜的种植面积。与此同时，进一步扩大秋冬菜的种植面积，优化“稻-菜”轮作模式，打造国家冬菜基地。

3.水果(芒果)产业发展目标

2013年，全市果园面积达到166.93万亩，总产量80.8万吨，其中芒果种植面积54万亩(投产面积30万亩，年产量28万吨)。根据规划，未来水果产业仍有较大发展潜力。

1)水果产业发展潜力和目标

目前，百色市水果产业呈现2个40%和3个60%的局面。

①还有40%的空地适合开发种植水果；在已种水果中，未投产面积占总面积40%；②在投产面积中，低产果园占60%；在生产的商品果中未进行商品化采后处

理占60%;在商品化采后处理的商品果中有60%没有品牌。

针对现状,根据规划,百色市将在未来几年着力挖掘水果产业潜力,着力开发“三边”。即路边、河边(湖边)、村边累计可开发长度近8万千米,按每5米种植一棵果树计算,“三边”两侧每千米可种400棵,相当于10亩的果园,8万千米即相当于80万亩,增长潜力非常可观。

如此,未来全市水果种植面积可扩大到250万亩,外调量可增至150万吨,主要包括芒果、香蕉、火龙果、红蜜桃、牛心李、夏橙和葡萄等南方特色时令水果。

2)芒果产业发展潜力及目标

百色市全国主要的芒果生产基地,芒果种植主要分布在右江河谷带乡镇。但目前多数乡镇仍有大量耕作条件差、种粮效益低的耕地和山地可整理出来发展芒果生产,可拓展面积40万~60万亩,其中包括符合退蔗条件的坡度25°以上的甘蔗地面积15万亩以上。

根据规划,到2016年,全市芒果面积将扩大到108万亩,实现投产果园面积50万亩,年产量达50万吨,产值28亿元;新增标准果园建设面积13万亩;实施低产果园改造面积10万亩。到2020年芒果年产量达到100万吨,稳定成为全国最大的芒果生产基地。

4.特色农业产业发展目标

特色农业是相对于蔬菜、芒果等大宗优势农业之外的,具有百色地域资源优势的农业。主要包括特色林果、特色林产品、特色养殖等。特色农业产业是百色农业的重要组成部分,也是未来自贸园区发展的重要支撑之一,是打造百色特色农业品牌的主导力量之一。尤其是,目前百色市森林覆盖率达65.6%,通过实施退蔗还林、百万亩竹子和低产林改造工程,百色市建设了笋材两用竹林、高产油茶示范林、优良乡土树种和珍贵树种栽培示范基地,为特色林果产业和林业产业发展奠定了坚实基础。

总体上,①要稳定甘蔗、茶叶、烟叶和木薯规模,通过大力提高单产和品质,到2020年,甘蔗稳定在145万亩,茶叶稳定在35万亩,烟叶达到25万亩,木薯达到33万亩。②巩固香蕉种植规模,扩大柑橙规模,稳定发展龙眼、荔枝等传统优势水果。③大力发展林下种植。用好林下土地资源和空间环境,假设能利用1/3面积,即1 000万亩左右,通过林下原生种源采集—组培—工厂化育苗—大量回植—封育2~3年—有计划采集,仿原态种植将形成丰富的土特产源,按每亩1 000元产值计算，可形成 100 亿元的大产业。

(1)茶叶。到 2020 年，全市茶园面积稳定在 35 万亩，其中采摘面积达到 30 万亩，鲜叶总产量 6 万吨。进一步提高茶叶综合利用率和精深加工能力，延长产业链，把百色建设成为知名的优质凌云白毫茶生产加工基地、茶叶流通集散地和桂西特色茶文化旅游休闲区。

(2)桑蚕。到 2015 年，投产面积达到 25 万亩，全市养蚕产量 28 万担，产值将达 6 亿元左右。

(3)中草药。继续大力实施“田七回家”工程，到 2015 年种植面积达到 5 万亩，产值 50 亿元，积极带动百色中草药百亿产业发展，建立以田七为主的中草药示范先行区。同时，依托靖西端午药市，努力将百色打造成为西南最大的中草药集散中心。

(4)特色养殖业。大力发展百色林下优质鸡(如七彩山鸡、凌云乌鸡、隆林菜花鸡等)，重点发展优质肉牛、肉羊、生猪、渔业等优势产业和以鸡、鸭、鹅、兔为主的“短、平、快”特色产业，以及龟鳖、蜜蜂等名特优产品养殖，积极发展大水面生态健康养殖。到 2015 年，牛、羊、猪年出栏量分别达 25 万头、58 万只、300 万头，肉兔养殖 50 万只，家禽养殖 3 亿羽以上；水产养殖面积达 26 万亩。

7.4.4　市场需求视角(情景假设法)

从重点农业产业的规划和潜力发展目标来看，单果蔬一项未来发展潜力将达到 800 万吨规模，加上特色农业，总产量可突破 1 000 万吨。如果再加上粮食和甘蔗等大宗农产品的话，百色未来农产品年总产量可达近 2 000 万吨。除去本地居民消费的农产品，果蔬每年外调量可达约 600 万吨，如果加上粮油交易和肉蛋禽渔交易，单纯的交易总量也可突破 1 000 万吨。因此，从农产品货源供给的角度看，百色农产品的产量从长期看基本可以保证自贸园区的正常运转。

1. 专列需求规模

截至 2014 年 2 月 19 日，专列共开 7 列，运输各类果蔬达到 7 000 吨，平均每列可以运输 1 000 吨，因此，假设专列的需求规模有以下集中情况：

(1)未来每天一列，全年可运输约 36 万吨。

(2)一周一列，全年可运输约 5 万吨。

(3)每 3 天一列，全年可运输约 12 万吨。

因此，从目前百色市的农产品产量及未来的外调潜力看，保证专列需求是没问题的。但存在两个关键问题，一是如何让农产品通过专列外调？二是如果保证全年四季不断的货源供应？第一个问题需要和完善的农产品市场流通体系和良好的基础设施做支撑，并配以在自贸园区交易的良好政策；第二个问题需要优化果蔬产品四季种植结构和肉蛋禽渔的供应，尤其是要增强蔬菜的四季不断供应，要做好同时期蔬菜、时令水果、肉类、水产品的合理搭配，同时要做好农产品冷藏库的建设配套。

2.自贸园区(农产品集散中心)交易规模

目前，百色市主要农产品流通主体有：广西田阳农副产品综合批发市场（年交易量 50 万～65 万吨，年交易额 15 亿元）、田阳古鼎香农批大市场（新开业，年交易量 3 万～5 万吨）、田东新亚东农产品批发市场（年交易量 5 万吨）、田阳县三雷老韦物流有限责任公司、百色壮乡河谷农业科技有限公司、百色恒惠南菜北运股份有限公司等。

但农产品总体交易量并不是很多，多数市场主体都是独立建立农产品基地或物流体系，没有形成百色农产品物流聚集优势。根据农产品供给总量，每年可用于交易的农产品总量，未来可达到近 1 000 万吨，初步估计，年交易额可达到 350 亿～400 亿元。

因此，期望能够通过自贸园区的建设，统筹建立百色国际农产品物流中心，辐射带动周边地市，打造我国西南最大的农产品集贸中心，突出跨区整合功能、高端集聚功能、国际展贸功能和民生保障功能。

7.5 总体布局与空间组织模式

随着中国—东盟农产品自由贸易示范园区的建设和百色南菜北运专列的正常运行，必将对百色农业的发展产生深远影响，无论从农产品产业结构上，或是农产品地域分工上，都会带来重大的战略机遇。

基于百色自然环境特征分析和农业产业现状分析，本章将在现有优势产区布局的基础上，结合未来发展趋势，对农业产业化的支撑体系，主要是生产布局进行总体谋划。按照农产品的产业规模和未来自贸园区、南菜北运的主打产品，本章将分层次对优势农产品主产区进行划分。

7.5.1　主要农产品集中度分析

结合以上章节我们对百色农业产业的分类，在谋划总体布局之前，我们先对主要优势农产品的绝对集中度指标进行分析，以此作为我们总体布局的现状基础支撑。

1.蔬菜产业

1)蔬菜产业总体布局情况

2013 年，百色市蔬菜种植面积 191.48 万亩，总产量 344.66 万吨。从集中度的角度看，右江河谷 4 区县以占全市 55.47%的蔬菜种植面积，生产了全市 60.72%的蔬菜产量(图 7-12)。

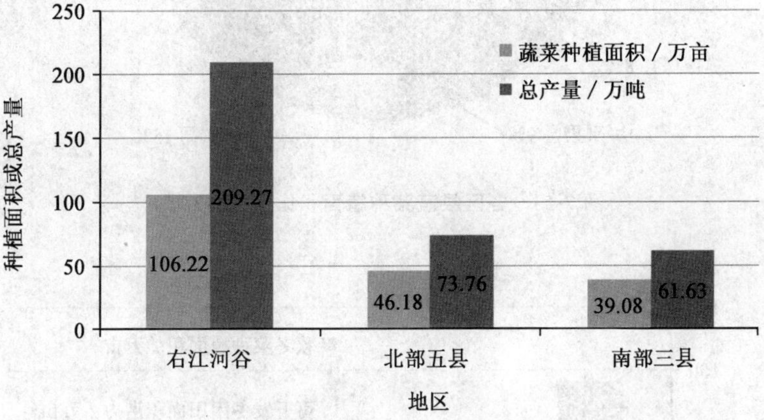

图 7-12　百色市蔬菜产业基本布局情况(2013 年)

因此，从总体上看，蔬菜产业主要分布在右江河谷 4 区县一带。从每个区县种植比例来看，除了右江河谷 4 区县排在前 4 位外，南部的靖西县和德保县也都占比 10%以上，分别达到 11.64%和 13.28%，也属于蔬菜产业的主产区之一(图 7-13)。

2)秋冬菜布局情况

但从秋冬菜的种植布局情况看，2013 年，全市秋冬菜的种植面积为 164.4 万亩，右江河谷 4 区县占比为 58.75%，从潜力来看，南部 3 县未来具有较大的挖掘潜力(图 7-14、图 7-15)。

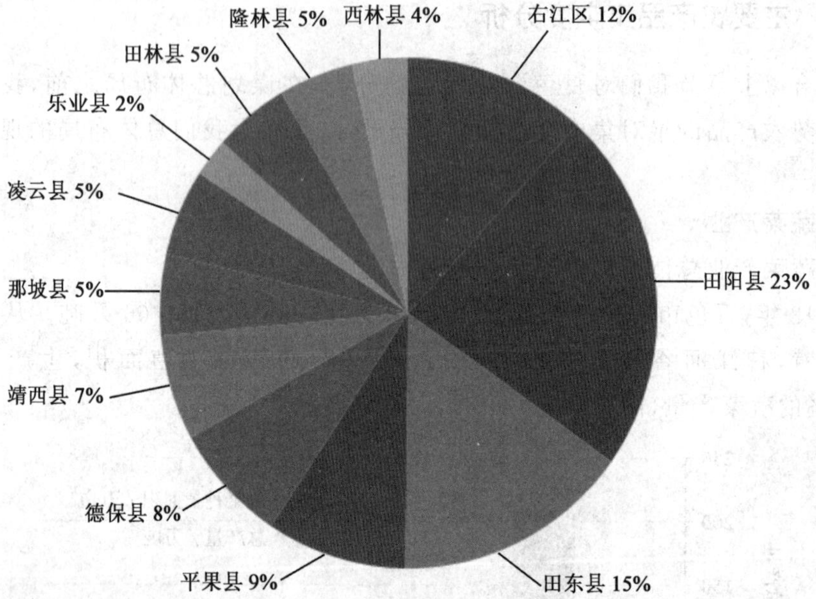

图 7-13　各区县蔬菜种植面积比例(2013 年)

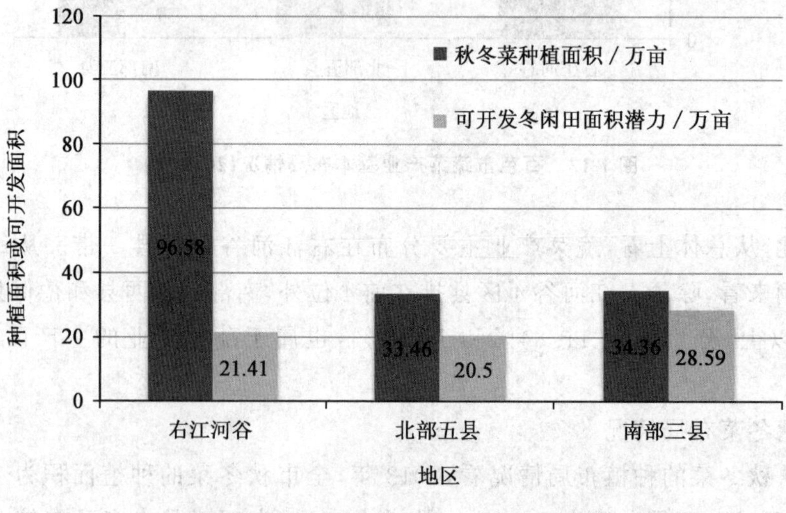

图 7-14　百色市秋冬菜种植面积(2013 年)和潜力分布示意图

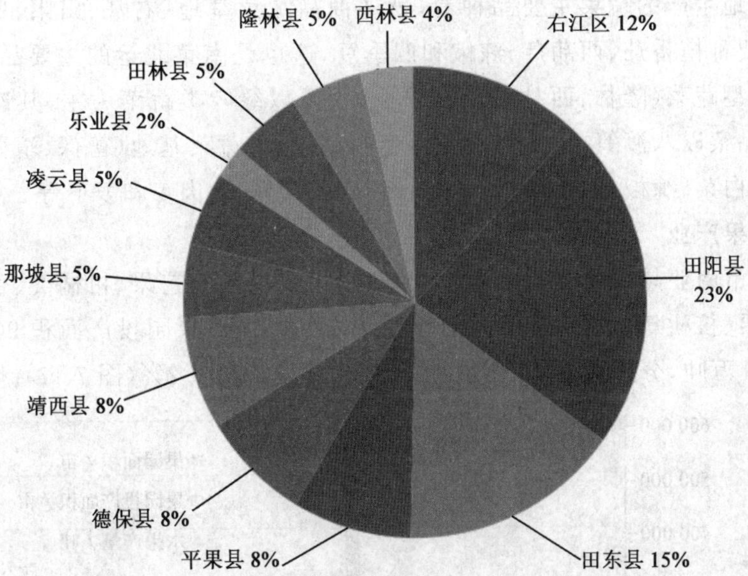

图 7-15　各区县秋冬菜种植面积比例示意图(2013 年)

3)商品蔬菜基地情况

从商品蔬菜基地的分布情况看,目前主要以秋冬菜基地为主,分布在右江河谷 4 区县和田林县,但从增长趋势上看,南部 3 县增长速度较快,2013 年较 2012 年增长速度达到 80.26%(图 7-16)。

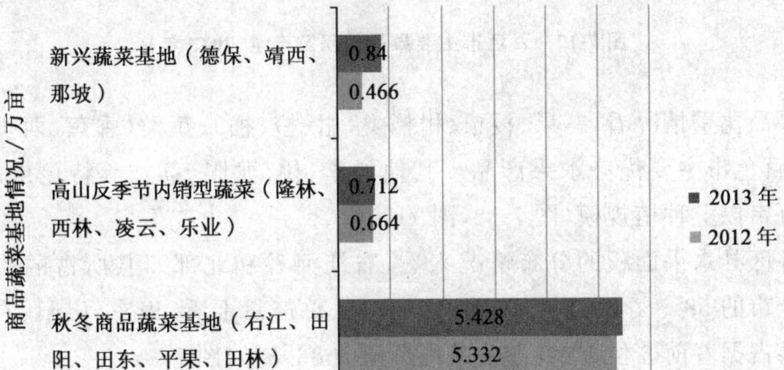

图 7-16　百色商品蔬菜基地分布情况

从基地生产的蔬菜主要品种看，秋冬商品蔬菜基地（右江、田阳、田东、平果、田林）主要种植番茄、西葫芦、辣椒和四季豆，这也是南菜北运的主要品种；高山反季节内销型蔬菜（隆林、西林、凌云、乐业）主要以绿叶类蔬菜为主，其次是瓜类和豆类，商品菜以八渡笋、生姜为主要特色产品；新兴蔬菜基地（德保、靖西、那坡）主要种植大白菜、辣椒、黑皮冬瓜、番茄、肉芥菜、莴笋、大肉姜和萝卜等。

2.水果产业

百色市南亚热带重要的果品生产基地，主要果品有芒果、柑橘类、蕉类、荔枝、龙眼、板栗、核桃等，2013 年果园面积约 166.93 万亩，果园投产面积 90.67 万亩，产量 80.8 万吨，分别比 2012 年增加 10.1%，5.1%和 8.2%（图 7-17）。

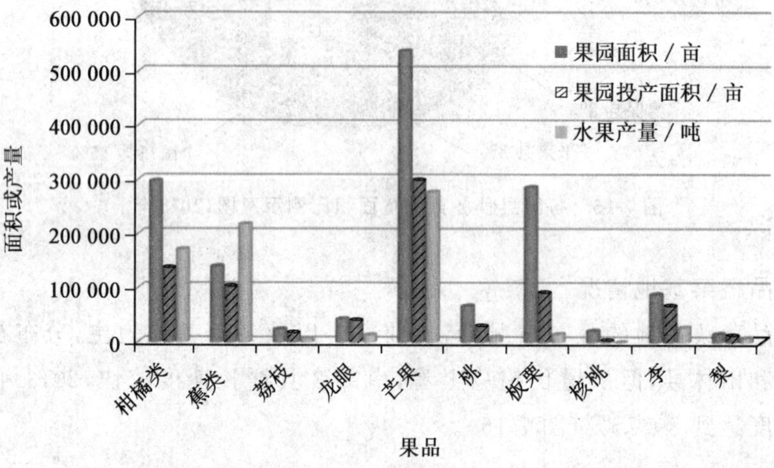

图 7-17　百色市主要果品面积及产量(2013 年)

从果品比重情况看，芒果、板栗、柑橘类（柑、橙、柚）、蕉类（香蕉、西贡蕉）占比最大，是百色市主要优势水果产品。其他如李、桃、龙眼、荔枝等特色果品在百色市也有万亩以上种植规模（图 7-18，图 7-19）。

从各区县水果面积的分布情况来看，右江河谷和北部 5 县所占的比重最大，分别占全市的 58.5%和 29.7%（图 7-20）。从总产量上看，田东、田阳、右江、西林和平果县占据着前 5 位，产量占全市总产量的 86.6%（图 7-21）。

因此，右江河谷地区是百色市水果的主要产区，同时，北部山区县也是百色特色水果的主要产区。

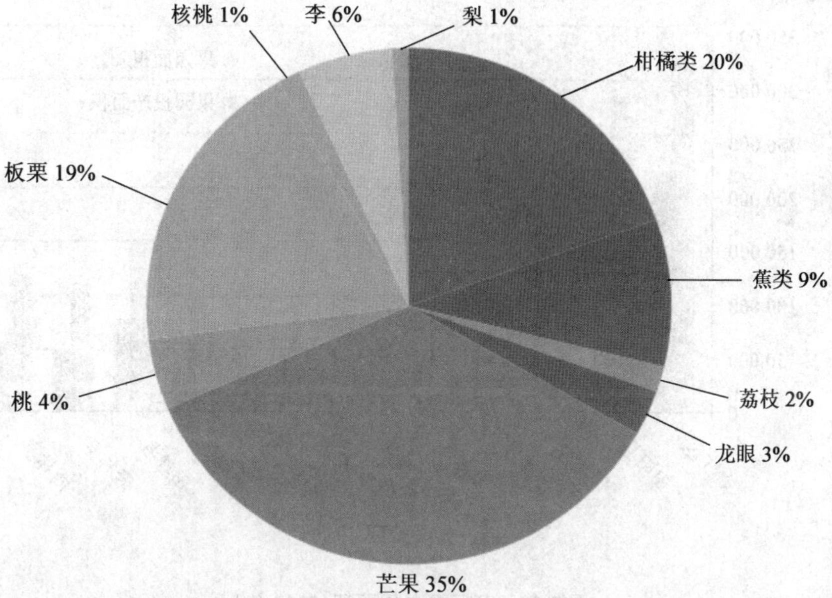

图 7-18　百色市主要果品面积比重(2013 年)

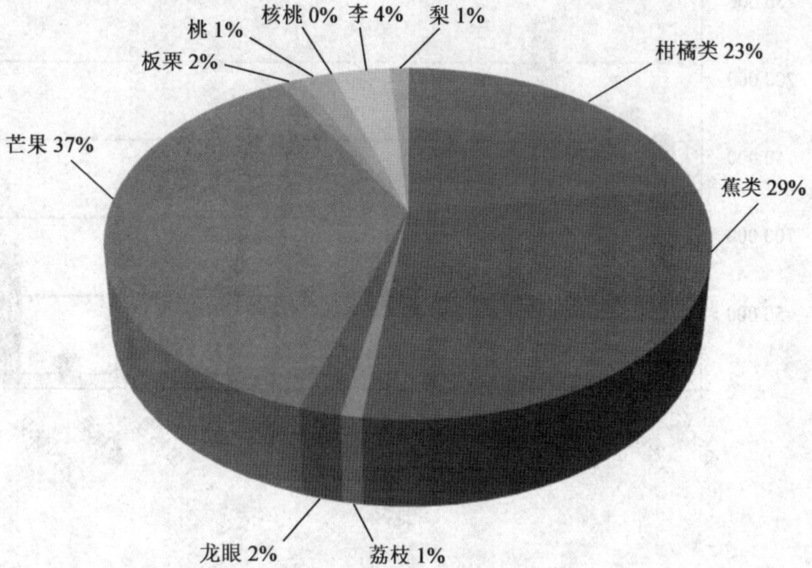

图 7-19　百色市主要果品产量比重(2013 年)

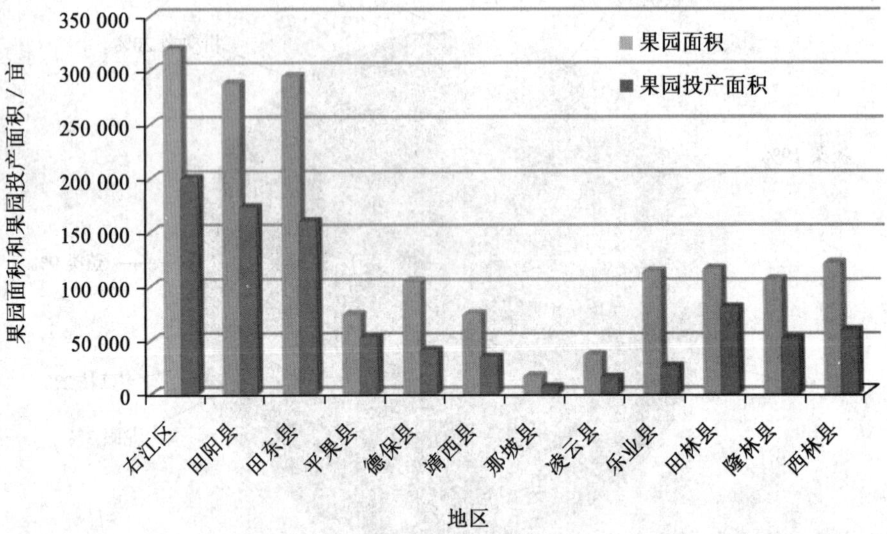

图 7-20　各区县果园面积(2013 年)

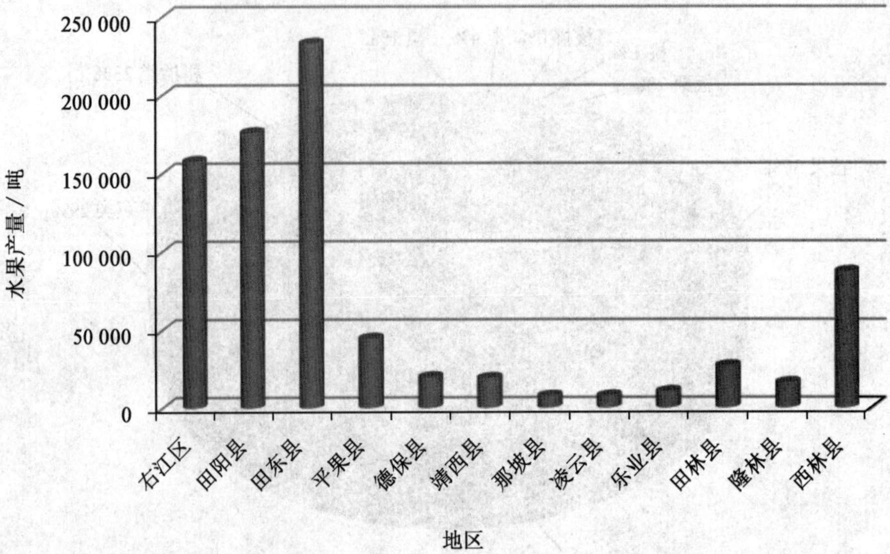

图 7-21　各区县水果产量(2013 年)

从各区县不同水果的分布情况看，百色市主要优势果品分布也具有一定特征。柑橘类、李子等在各个区县都有分布，但主要分布在右江河谷和北部山区；蕉类主要分布在右江河谷；芒果主要分布在右江河谷和北部山区；荔枝、龙眼、火龙果等主要热带水果也主要分布在右江河谷地区；核桃主要分布在北部 4 个县(除了凌云)；板栗主要分布在北部山区和右江河谷地区。表 7-5 为百色市各区县不同水果面积表(2013 年)。

表 7-5　百色市各区县不同水果面积表(2013 年)　　亩

区县	柑	橙	柚	香蕉	西贡蕉	荔枝	龙眼	芒果	李	板栗	核桃
右江区	28 284	11 378	4 356	5 540	3 500	17 721	20 390	142 690	14 470	30 700	
田阳县	2 000	2 443	780	25 010	100	1 010	1 110	231 139	630	3 410	
田东县	290	310	2 093	45 050	5 000	608	6 716	152 697	2 494	64 839	
平果县	6 592	3 961	4 745	4 738	2 867	2 266	11 411	400	5 319		
德保县	15 500	49 317	2 595			2 355	2 397		6 294	6 025	
靖西县	9 703	30 194	4 982			600	1 200		3 800		
那坡县	5 000	1 500	300	1 200	2 500	150		2 000	1 000		
凌云县	9 300	1 400	670					1 375	12 089	2 500	
乐业县	14 352	300	150					44	3 553	50 000	20 035
田林县	2 738	1 463	139	4 976		12	45	6 783	30 434	39 646	691
隆林县	2 209	4 042	1 357		5 810			243	4 337	69 143	802
西林县	64 753	4 127	4 350	250	250			750	4 120	20 350	160

3. 特色农业产业

从主要特色农产品的分布情况(图 7-22)看，油料作物、食用菌主要分布在北部 5 县，面积占全市总面积的 85.9%；桑蚕主要分布在南部 3 县和平果县、隆林县，5 县占全市总面积的 94.9%；茶叶主要分布在北部 5 县，占总面积的 95.8%，尤其集中在西林、凌云、乐业 3 县，3 县面积占全市总面积的 92.6%；中药材主要分布在北部和南部山区，德保、那坡、凌云、西林、隆林 5 县最多，占总面积的 63.3%；甘薯主要分布在那坡和右江区，占总面积的 60.9%。

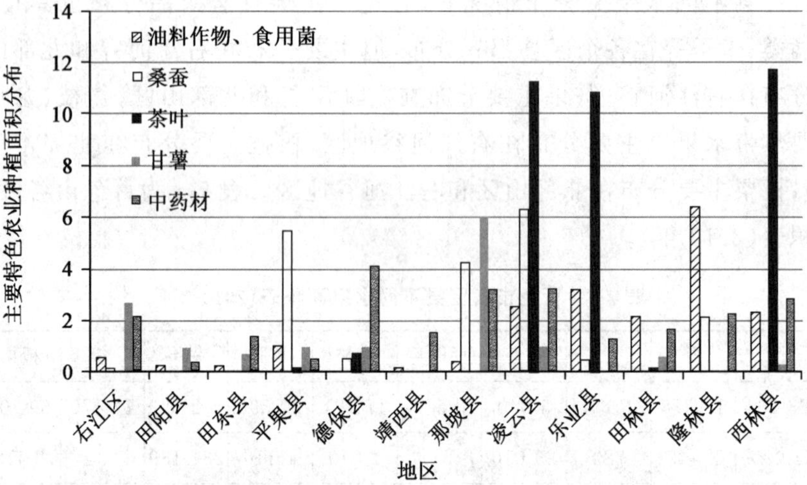

图 7-22　百色主要特色农业种植面积分布(2013 年)

4. 小结

从以上分析可以看出,百色主要农产品的分布特征表现在以下几点:

蔬菜产业主要分布在右江河谷地区,是百色蔬菜和秋冬菜的主产区。南部 3 县未来拥有较大的蔬菜发展潜力,尤其是秋冬菜。

水果产业主要分布在右江河谷和北部 5 县,其中热带亚热带鲜食果品主要分布在右江河谷地区,特色林果、干果主要分布在北部山区和南部山区县。

特色农业产业主要分布在北部山区县,南部山区县也有分布,右江河谷地区相对分布较少。

7.5.2　总体布局

布局的总体思路是:巩固基础、因地制宜、优化结构、放大优势、规模发展、特色提升。

建立库区、熔岩地区和边境地区等以水果为主的农业资源生态保护开发带,着力建设四季果园;以开发冬闲田、撂荒田为契机着力打造江河、铁路、公路沿线秋冬季农业开发带。

1. 一谷两翼五区多基地

结合百色市空间特征和农业资源禀赋,以及目前优势农产品的布局现状,总体布局为:“一谷、两翼、五区、多基地”。坚持优势资源向适宜区高度集中,并在沿江、沿高速路、沿铁路和沿二级公路建立高标准示范片,建设高效农业产业核心示范区,其总体布局规划示意图见图 7-23。

图 7-23　“一谷两翼五区多基地”总体布局规划示意图

1)一谷:右江河谷农业产业化示范区

主要包括右江区、田阳县、田东县、平果县和百色国家农业科技园区。

由以上分析可知,右江河谷是百色市重要的粮食基地、蔬菜(尤其南菜北运)基地、水果(芒果、柑橘类、蕉类、荔枝、龙眼、火龙果、葡萄等)基地、养殖基地和水产基地。是百色市最重要的农业产业化区域,也是支撑自贸园区发展的重要优势农产品生产、加工功能区。

右江河谷重点发展秋冬蔬菜、芒果和甘蔗,其中右江区重点扶持芒果、夏橙和甘蔗,田阳重点扶持芒果和番茄,田东重点扶持芒果、柑橘、火龙果、葡萄、香蕉和香米,平果重点扶持葡萄、火龙果和秋冬菜。

2)两翼:南部和北部高效特色农业发展示范区

南北两翼是百色市重要的特色农业、有机农业发展区,尤其是特色林业产业发展基地,干果、茶叶、林木产品、中药材、桑蚕、烟叶、林下经济、特色鲜食果品等都有较大面积分布。

南翼山区重点发展柑橙、烟草、中药材和桑蚕,谋划建设面向东盟和大西南中药材集散中心。其中德保重点扶持脐橙和优质稻,靖西重点扶持烟草、田七和大香糯,那坡重点扶持桑蚕、芒果、蜜柚和山豆根、板蓝根。

北翼山区重点发展茶叶、中药材、食用菌和砂糖橘,打造特色高效生态农业先行区。其中凌云重点扶持茶叶和桑蚕,乐业重点扶持高寒山区中药材和猕猴桃,田林重点扶持食用菌、八渡笋和水蜜桃,隆林重点扶持金银花和烟草,西林重点扶持砂糖橘和茶叶。

3)五区:五大产业示范区

即粮食产业示范区、蔬菜产业示范区、水果产业示范区、特色农业产业示范区和高效生态养殖产业示范区。五大产业示范区是自贸园区和农产品交易中心重要的功能支撑性农业产业。

4)多基地

多基地是指在五大产业示范区的基础上,通过因地制宜、巩固基础、放大优势而建立起来的多个优势农产品生产基地和加工基地。

精心打造水稻、蔬菜、芒果、甘蔗、香蕉等主要农业产业示范基地,培育建设畜牧业、油茶、柑橘、中药材、林下经济等极具有发展潜力的产业示范基地。

重点以骨干企业为龙头,建设一批符合国家安全食品标准的中药、果蔬、特色农产品(优质茶、山茶油、茴油)、桑蚕、畜禽等原料基地。

2.建设多层次现代农业布局体系

以五大产业示范区建设为统筹,以多基地建设为载体,建设多层次、多样化的现代农业产业布局体系,在支撑自贸园区建设的同时,促进百色市农业产业化提升优化发展。

1)粮食(水稻)产业示范区

以右江河谷为水稻一级产区,尤其是早稻和晚稻;南部地区为水稻次级产区,主要是晚稻;北部地区为重要补充,尤其是中稻。田东、靖西、田阳、平果4县为水稻主要产区。

2)蔬菜产业示范区

右江河谷为蔬菜产业的一级产区,南北山区为次级产区。田阳、田东、右江、平果、靖西、德保为蔬菜产业主要优势产区。右江、田阳、田东、平果、田林等县为秋冬菜一级产区,其他县为次级产区。重点扩展南部春夏供应蔬菜生产带,以德保、靖西和那坡县为中心,拓展北部夏秋供应蔬菜生产带。以隆林、西林、凌云和乐业县为中心。

3)水果产业示范区

百色水果果品种类较多,从总体上看,田东、田阳、右江、西林和平果县为水果一级产区,其他为次级产区。

从果品种类看,田阳、田东、右江是芒果的一级产区;田东、田阳是香蕉一级产区;西林、右江、田东、德保、乐业是柑橘一级产区;德保、靖西、右江是橙子一级产区;右江是荔枝一级产区;右江、田东、平果是龙眼一级产区;北部山区和右江、田东县是板栗一级产区;北部山区是核桃一级产区。

除以上规模水果的布局外,目前,百色市相关区县也在着力打造特色水果,如西林砂糖橘、乐业的猕猴桃等,也正在成为地方特色产区。

4)特色农业产业示范区

特色农业品类较多,从分布上看,主要以南北两翼山区为主。其中,凌云、乐业、西林、隆林为有机茶叶的一级产区;靖西、那坡、田林、隆林为中药材(田七)的一级产区;北翼山区是油料作物、食用菌的一级产区;南部 3 县和平果县、隆林县是桑蚕的一级产区。

同时,右江河谷田东县、田林县、右江区、田阳县是竹子产业的一级产区;南北两翼是林下经济(林禽、林菌、林药等)的主要产区。

5)高效生态养殖产业示范区

进一步做大林下鸡、生猪、渔业和草食动物四大优势产业,创建右江河谷现代水产畜牧产业示范区、南部山区特色畜禽产区及北部山区草食牧业生态渔业产区。

3.农产品加工业总体布局

根据百色的实际,百色要利用好特色农业资源优势,生产特色农业产品,可以进行以下规划:一是在田东、德保和靖西发展无公害标准化优质稻生产及加工产业;二是在右江河谷、德保和靖西发展名优特水果和时令水果生产及加工产业;三是在右江河谷、田林、德保发展速生林、八角、八渡笋等特色林业及加工业；四是在右江河谷、德保和靖西发展畜牧业及加工业；五是在右江河谷、德保和靖西发展甘蔗、烤烟、中草药等经济作物及加工业；六是在右江河谷发展蔬菜深加工产业；七是在靖西、那坡等边境县布局开展农产品进出口加工业。

具体来说，根据优势农产品深加工需求，主要布局百色工业园区（农产品加工区）、北部山区农特产加工区和南部特色农产品加工区。其中，主要在隆林、西林、凌云、乐业，凌云布局建设优质茶叶加工小区；在南部的德保、那坡等县发展“天保茴油”生产，布局建设茴油加工小区；田东建设山茶油加工小区、凌云新建茶油科技产业园项目；适度开发德保、田林、西林等保健药酒；在靖西、那坡等边境县依托口岸发展，建设农产品进出口加工业园区，打造面向东盟、连接内地的农产品综合加工贸易基地。

7.6 优势农产品生产基地建设方案

农产品生产基地建设是农业产业化发展的第一车间，也是支撑自贸园区发展的重要环节，处于整条产业链的前端，因此，加强农产品生产基地建设，必须做好布局优化和产品搭配问题，努力按照“四季蔬菜、四季水果、四季市场”的发展思路，重点做好优势农产品生产布局和错时种植方案，充分发挥百色市的农业资源优势，全力打造南亚热带现代农业产业基地和特色农业发展示范区。

优势农产品生产基地建设着重按照“区域化布局农产品生产优势区、标准化建设农产品生产（示范）基地”的总体思路，结合自贸园区功能定位，着重对“粮食和糖料蔗产业、蔬菜产业、芒果产业、茶叶产业、中药材产业、特色水果产业、特色林业产业、特色经济作物产业和畜牧水产养殖业”等九大优势农业产业进行重点生产基地建设。

根据不同产业的自身特点，每个产业的生产优势区和标准化示范基地所对应的规模大小不一样，具体结合实际情况而定。总体上，要围绕生产优势区，建设一批生产标准化示范基地，作为重点支持自贸园区发展的生产基地。

7.6.1 粮食和糖料蔗产业

1.粮食产业

粮食产业属于国家战略性产业，必须严守耕地红线，保证粮食面积基本稳定。

根据相关规划，粮食面积需稳定在 411 万亩、总产量在 114 万吨以上。2013 年粮食面积为 412.3 万亩，其中靖西、平果、德保、田东、田阳 5 县粮食种植面积最多，占全市的 56.9%，总产量占全市的 57.4%(图 7-24)。

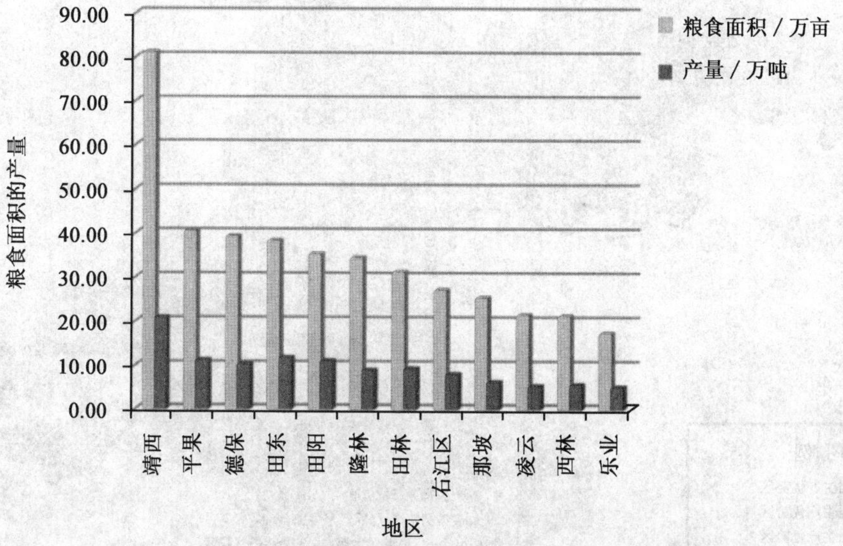

图 7-24　各区县粮食面积及产量(2013 年)

1)粮食生产优势区

重点在靖西、德保、田阳、田东、平果、隆林、田林、右江、那坡、凌云、西林、乐业建设“十二个粮食生产优势区”。其中靖西、德保、田阳、田东、平果 5 县为粮食一级产区。具体而言，右江河谷 4 区县为早稻生产优势区；隆林、靖西、德保、田林、那坡、乐业等县为中稻生产优势区；右江区、靖西、田东、平果、田阳、德保等县为晚稻生产优势区；乐业(有机米)、靖西(大香糯)、田东(香米)等县为特色稻米产业生产优势区。

2)标准化示范基地建设

①着重在田东、德保、靖西 3 县建立无公害标准化优质稻生产基地 40 万亩，其中田东县 15 万亩、德保县 10 万亩、靖西县 15 万亩。②在国家农业科技园区建设超级杂交水稻示范与制种基地，主要建设 100 亩高标准示范田、1 000 亩良种试验田和 2 万亩杂交水稻种子示范生产基地，未来在右江河谷建成 10 万亩超级稻制种基地。图 7-25 为粮食(水稻)产业生产优势区及生产基地建设示意图。

图 7-25　粮食(水稻)产业生产优势区及生产基地建设示意图

2. 糖料蔗产业

糖料蔗产业属于国家重要的战略物资，作为产糖大市，稳定甘蔗生产面积意义重大。根据规划，百色市糖料蔗种植面积要稳定在 155 万亩左右，总产达到 651 万吨以上。本规划着力继续巩固和优化产业优势重点区域，同时逐步调减其他非优势区域发展，通过优势产业结构调整，逐年减少种植面积，对不宜种植蔗区推行退蔗还林、退蔗还竹、退蔗还果等，逐步退出蔗糖业生产区域。

1)糖料蔗生产优势区

重点建设田东、右江、田阳、平果、田林、靖西、德保等"7 个糖料蔗生产优势区"。其中，右江河谷的右江区、田阳、田东、平果面积维持在 112 万亩，属于一级产区，要主攻单产及糖分含量水平的突破；德保、靖西、田林等面积维持 43 万亩，属于次级产区，着重开展以"提单产"为核心的旧基地产业升级建设。

要巩固和加强田东、田阳和右江区国家糖料基地，新增平果、田林、德保和靖西4个国家糖料蔗基地项目县建设。

2)标准化示范基地建设

①加强高产示范基地建设，采取基础设施建设和科技工程措施相结合，进行中低产蔗地改造，重点在右江河谷地区建设"吨糖田"50万亩。②重点在右江区建设30万亩糖料蔗高产稳产基地，积极开展蔗地坡改梯标准化建设，加强高产高糖甘蔗新良种种植基地建设，加快甘蔗品种更新换代，把右江区建设成为全国"双高"糖料生产基地。③重点在田林县六隆镇建设万亩"高产高糖"示范基地，辐射带动公路沿线的乐里、利周、旧州、潞城、定安、八渡、八桂、者苗等乡镇蔗糖生产基地建设，努力提高糖蔗单产和糖分，增强糖蔗生产能力。

7.6.2　蔬菜产业

利用百色蔬菜得天独厚的产地优势，集中力量，以蔬菜产业为核心，建设产前、产中、产后全产业链发展模式，打造百色国家蔬菜生产基地。重点打造田阳、田东、右江、平果、靖西、德保等"6个蔬菜生产优势区"。同时，建设右江、田阳、田东、平果、田林"5个秋冬菜生产优势区"；建设德保、靖西和那坡"3个春夏蔬菜生产优势区"；建设隆林、西林、凌云和乐业"4个夏秋蔬菜生产优势区"。

1.建设四季商品蔬菜基地

1)抓好档期，丰富品种

主攻从4月下旬到6月初，从9月初到11月初，近5个月内南方蔬菜等产品产出量极少，市场供应断货档期，规模化北运适销标准装易保鲜的特色商品蔬菜。同时，叶菜类、瓜菜类、块根块茎类、豆类以及葱蒜类等保鲜期在3天左右的品种也可北运，为北方市民提供更为丰富的品种。

图7-26为蔬菜产业生产优势区及生产基地建设示意图。

2)优化布局，扩大规模

在巩固右江河谷秋冬商品菜基地的同时，加快向南北两翼山区扩张，扩大春、夏和早秋商品蔬菜开发规模。

(1)提高复种指数，扩大冬菜基地面积。通过调整农业种植结构，改变种植模

图 7-26　蔬菜产业生产优势区及生产基地建设示意图

式，大力推广“稻-稻-菜”、“稻-菜-菜”“菜-菜-菜”等生产模式，充分利用冬闲田，提高复种指数（3～4）和间（套）种面积，千方百计稳定种植面积，推行规模化生产，扩大蔬菜种植规模到200万亩以上。

（2）发展高山冷凉夏秋蔬菜生产基地。隆林、西林、凌云、乐业等4县为高山冷凉气候区，夏季气温相对冷凉，昼夜温差大，利于夏菜生长，耕地面积占全市总耕地面积的37.6%。蔬菜产品以绿叶类蔬菜为主，其次是瓜类和豆类；商品菜以八渡笋、生姜为主要特色产品。该区域夏秋供应蔬菜在满足全市需求量和平抑物价方面起到积极作用，同时还能填补东南沿海蔬菜市场夏菜的空缺，缓解东南沿海地区部分蔬菜供应的“伏缺”。表7-6为四季商品蔬菜采收的主要品种和产量表。

表 7-6　四季商品蔬菜采收的主要品种和产量表

采收	主供品种	上市量/万吨	销售区域	保鲜期限/天
春收	番茄	50	北方城市、港澳和东盟国家	10～20
	辣椒	7	北方城市、港澳和东盟国家	3～5
	四季豆	9	北方城市、港澳和东盟国家	6～7
	西葫芦	8	北方城市、港澳和东盟国家	6～7
	大白菜	20	北方城市、港澳和东盟国家	3～5
	生姜	9	北方城市、港澳和东盟国家	7～10
夏收	大白菜	3	周边城市，以云南、贵州为主要销售市场	6～8
	青瓜	10	周边城市，以云南、贵州为主要销售市场	3～5
	南瓜	5	周边城市，以云南、贵州为主要销售市场	20～30
	西葫芦	4	周边城市，以云南、贵州为主要销售市场	6～7
	豆角	4	周边城市，以云南、贵州为主要销售市场	3～5
秋收	大白菜	5	周边城市，以云南、贵州为主要销售市场	6～7
	豆角	2	周边城市，以云南、贵州为主要销售市场	3～5
冬收	番茄	30	北方城市、港澳和东盟国家	10～20
	辣椒	6	北方城市、港澳和东盟国家	3～5
	四季豆	12	北方城市、港澳和东盟国家	6～7
	西葫芦	2	北方城市、港澳和东盟国家	6～7

(3)发展南部新兴蔬菜产区。靖西县和德保县充分利用烤烟育苗大棚暂闲时段发展现代高效蔬菜产业，并着力改革蔬菜的生产模式，采取调节蔬菜上市时间等措施，采用先进技术种植夏季小西红柿和夏季大叶菜，弥补了右江河谷每年夏季蔬菜上市短缺，在化解蔬菜市场风险的同时，辐射带动周边农户种植方式、技术的提升。目前靖西、德保和那坡等 3 县区已成为本市蔬菜产业新兴区，露地蔬菜品种主要有大白菜、辣椒、黑皮冬瓜、番茄、肉芥菜、莴笋、大肉姜和萝卜等。

2. 建设标准化蔬菜示范基地

核心区万亩标准化蔬菜高效产业化示范基地。在田阳至田东二级公路两旁，建立万亩标准化蔬菜高效产业化示范基地，其中，蔬菜良种繁育基地 100 亩、连片反季节蔬菜示范基地 5 000 亩、蔬菜标准化出口创汇示范基地 5 000 亩。重点引进、选育高产优质蔬菜新品种，开展优良新品种工厂化快速繁育；重点示范推广无公害栽培、反季节栽培和绿色植保技术，地膜覆盖、节水灌溉、土壤诊断配方施肥技术，商品化处理和精深加工技术。

建设三大蔬菜示范基地。①右江河谷以南宁至百色的二级公路和高速公路沿线为中心的蔬菜示范基地，种植面积145万亩；②德保县至靖西县的二级公路沿线为中心的绿叶蔬菜示范基地，种植面积62万亩；③田林县二级公路沿线为中心的食用菌和竹笋示范基地，种植面积23万亩。

推进蔬菜标准园建设。在三大蔬菜优势生产带的重点蔬菜基地规范化建设40个重点蔬菜专业村，着力打造100个蔬菜标准园。

3.区县特色蔬菜生产基地建设

右江无公害蔬菜基地建设。建设无公害蔬菜生产面积15万亩。

田林特色蔬菜示范基地建设。重点在利周乡爱善村、潞城乡营盘村、定安镇的渭密村、八桂乡的八修和六丹等村屯建立万亩指天椒高产种植示范基地；着重以乐里镇为核心，建设利周、潞城、旧州、六隆、八桂等乡镇番茄、辣椒、大白菜外调型商品蔬菜基地。

德保无公害蔬菜标准化种植示范基地建设。重点在城关、荣华、足荣、马隘、都安等乡镇建设无公害蔬菜生产5万亩。

靖西千亩连片无公害蔬菜示范基地建设。积极推广“烟－稻－菜”轮作模式，建设大白菜、肉芥菜、豆角、西红柿等无公害蔬菜基地，以新靖、新甲、化峒为中心，建立多个千亩连片无公害蔬菜示范基地，建成无公害蔬菜面积15万亩。在南部乡镇和边境一线发展以叶菜类为主的冬春商品蔬菜和以茄果瓜类为主的夏秋商品化无公害蔬菜基地建设。

乐业高山冷凉蔬菜示范基地建设。依托乐业优良的生态环境，充分利用秋冬季闲地，扩大建设同乐、逻沙、花坪等乡(镇)的高山蔬菜基地。

隆林特色蔬菜示范基地建设。着重在者浪、新州、平班等新州河谷建设早熟蔬菜基地；在德峨等高海拔地区建设高山特色蔬菜基地。

4.百色番茄生产基地建设规划

百色番茄是百色市最重要的商品蔬菜产品之一，全年4季都有生产，收获主要集中在春收和冬收。目前，百色番茄种植主要集中在右江河谷地区，南部的德保、靖西、那坡也有少量种植。2013年百色市番茄种植面积达到36.8万亩，总产量达 103 万吨，总产量占百色市四季商品蔬菜主要品类总产量的 30%，占四大秋冬菜（西红柿、辣椒、西葫芦、四季豆）总产量的 76.7%，番茄已成为百色农业的重要支柱产业。

加强以右江河谷为主产区的百色番茄种植基地建设。右江河谷地区番茄种植已有 30 多年的历史，番茄栽培已由传统的春种变为秋冬种，采收期正逢蔬菜淡季，市场价格稳定，经济效益较好。近年来右江河谷地区番茄生产取得了快速发展，品种越来越丰富，产量不断增加。2013 年右江河谷番茄种植面积达到 32.3 万亩，占总种植面积的 87.8%，产量达 101.5 万吨，占总产量的 98.5%。目前右江河谷地区栽培的番茄主要有大果型番茄和小果型番茄两大类，小果型番茄又分为红果、黄果和粉果 3 个类型，小果型番茄占右江河谷地区番茄种植面积的 70%左右，大果型约占 30%。

重点推动田州镇、百育镇、那满镇等地为核心产区的田阳小番茄基地建设，扩大种植面积，提高单产面积，打造百色番茄的核心产区。扩大右江区、田东县、平果县番茄种植面积，其中田东县和平果县着重以品种改造和提高单产为核心，提高番茄总产量。表 7-7 为 2013 年右江河谷地区各县区番茄生产情况。

表 7-7　2013 年右江河谷地区各县区番茄生产情况

产地	种植面积/万亩	产量/万吨	单产/（吨/亩）
右江区	2.7	12.83	4.75
田阳县	24.1	72.39	3.00
田东县	3.1	10.19	3.29
平果县	2.3	6.12	2.66
总计	32.2	101.53	

数据来源：邓立宝等，广西百色市右江河谷地区番茄产业现状及发展对策，安徽农业科学，2014，42(31)。

推动两翼山区番茄示范基地建设。目前，百色各区县基本都有番茄种植基地，除右江河谷外，两翼山区的番茄种植已开始蓬勃发展，尤其凭借其春夏季气候优势，春夏番茄栽培也开始迅速发展，逐渐带动全市形成了番茄四季商品化栽培示范基地。重点推动南部那坡、靖西、德保 3 县番茄基地建设，加强北部山区县高山冷凉气候条件下的番茄种植技术推广。加强实用育苗技术的推广，北部山区秋冬茬在 7 月下旬播种，南部山区春茬在 2 月上中旬播种，秋茬在 7 月下旬播。

7.6.3 芒果产业

芒果产业是百色市的重要特色农业，也是具有特色地域标识的农业品牌，2014 年百色市委市政府决定做大做强做优百色芒果产业，提出百色市百万亩芒果产业规划，并出台文件，计划用 3 年时间将全市芒果面积从目前的 54 万亩扩大到 108 万亩的规模，实现年芒果产业 50 万吨的目标。

目前，芒果主产区主要集中在右江河谷的右江区、田阳县和田东县，3 县种植面积占全市总面积的 97.7%，产量占全市的 98.9%。同时，凌云、田林、西林等适宜扩展芒果种植的区域目前也正在扩大芒果种植面积，田林还计划到 2016 年全县芒果发展到 10 万亩，使之成为全县水果产业的龙头产业。图 7-27 为芒果产业生产优势区及生产基地建设示意图。

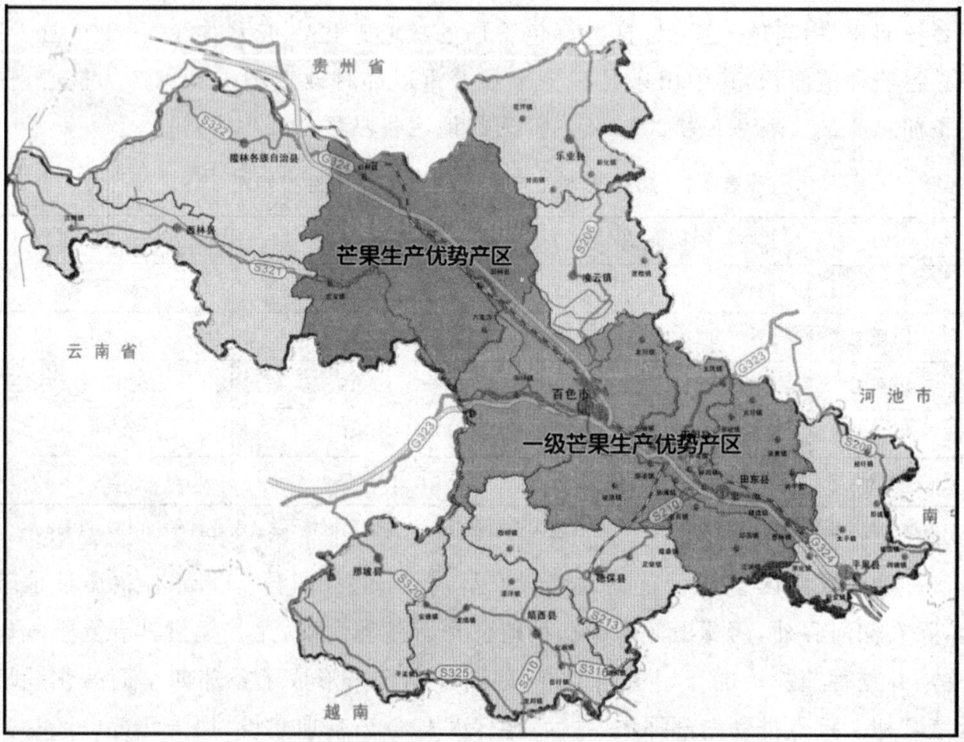

图 7-27　芒果产业生产优势区及生产基地建设示意图

1.生产优势区拓展建设

重点建设右江区、田阳县、田东县、田林“4个芒果生产优势区”，其中右江区、田阳县、田东县是一级产区。

同时，坡耕地退耕还果工程和实施“两扩”工程，努力打造全国最大芒果基地。

凡25℃以上的坡耕地，特别是右江河两岸、高速公路两旁、二级公路两边、铁路两旁的坡耕地，纳入种植芒果的重点区域。

至2015年，在现芒果主产区的右江区、田阳县、田东县等区3县进行芒果扩种15.33万亩；在非现主产区，选择土壤、气候与右江河谷相似，可适宜芒果生长的田林县(乐里、潞城、八渡)，西林县(那劳、普合)，凌云县(伶站)等县、乡(镇)进行芒果扩种1.38万亩。

田林县芒果生产优势区建设。将全县600米以下低海拔且交通便利乡镇列入适宜种植地带，进行分类种植开发。一类区为乐里镇、潞城乡、旧州镇、定安镇，区域内乡镇种植面积各7 000亩以上；二类区为八桂瑶族乡、六隆镇、八渡瑶族乡、百乐乡，区域内种植面积各5 000亩以上；三类区为利周瑶族乡、者苗乡、那比乡，区域内种植面积各2 000亩以上。

2.标准化示范基地建设

百里芒果标准化生产示范基地。以田阳县百育镇为中心，在田阳县至田东县二级公路两旁建设百里芒果标准化生产示范基地，重点引进、选育一批芒果新品种，建设田东县祥周镇新州村和田阳县田州镇东江村千亩连片的芒果标准化果园，示范推广芒果标准化生产技术、商品化处理技术、深加工和废弃物综合利用技术，开展产地认证和产品认证，建立芒果标准化生产和质量安全监测体系。

右江果园节水灌溉标准化示范园建设。在四塘镇、龙景街道、永乐镇、阳圩镇各建立1个1 000亩的果园节水灌溉标准化示范园。同时通过科学水肥管理，使芒果园的产量从无灌溉条件的平均亩产1 000千克提高到有灌溉条件的平均亩产2 000千克以上。

田林县芒果标准化示范基地建设。①建设县级示范园。建立县级芒果生产示范园4个，其中在乐里镇建立1个500亩连片标准示范园，在潞城瑶族乡建立2个各2 000亩连片芒果新种示范园，在旧州镇建立1个200亩的新种示范园。②建设乡镇示范园。在定安、六隆、百乐、八桂4个乡镇各建立1个规模为100亩以上连片新种中晚熟品种示范园。

7.6.4 茶叶产业

茶叶是百色的特色产业之一，是“中国茶叶之乡”。2014 年种植面积达到 36.63 万亩，未来要把百色建设成为凌云白毫茶良种繁育基地、茶流通集散地、优质凌云白毫茶生产加工基地和桂西特色茶文化旅游休闲区。到 2020 年，全市茶园面积稳定在 35 万亩，其中采摘面积达到 30 万亩，鲜叶总产量 6 万吨，茶叶总产值 6 亿元。

1.百色优势茶产业聚集区建设

百色目前已逐步形成凌云—乐业—西林—隆林—田林北部高山生态茶区、德保—靖西—那坡南部边关茶区、右江区—平果县的河谷茶园 3 个茶区的区域格局，其中北部高山生态茶区为凌云白毫茶种植聚集区，它的面积和产量均占全市的 90%以上。因此，要着重建设凌云—乐业—西林—隆林-田林北部高山生态优势产茶区，着力提高“三品”茶园(即无公害茶园、绿色茶园和有机茶园)的比重，大力开发夏秋茶，发展中高档茶，加快发展茶叶精制、精深加工，打造百色优势茶产业聚集区。

2.茶叶标准化基地建设

凌云茶叶示范基地建设。改造现有低产茶园，提纯复壮凌云白毫茶品种，选育高产、优质、抗性强的凌云白毫茶无性系品种，实现品种茶园的升级，打造 10 万亩优质高效茶叶基地，力争 2020 年“三品”茶园面积达到 10 万亩以上。

乐业茶叶示范基地建设。继续实施低产茶园改造，创新传统茶叶加工工艺，逐步完善茶叶产品质量可追溯系统建设，建成广西优质有机茶示范区。

西林茶叶示范基地建设。着手低产茶园改造，提高茶园单产，引进茶叶加工先进设备和新工艺，提高茶叶产量和产品品质。

隆林优质茶叶示范基地建设。在革步、德峨等乡镇发展有机茶叶基地 1 万亩，进一步对该县野生茶资源进行保护和开发利用。

7.6.5 中药材产业

百色有野生天然中药材 1 000 余种，素有“天然中药库”之称，中药材产值居全广西前茅，2013 年种植面积约 25 万亩。要充分发挥百色适合中草药材种植的地理气候优势，在发展何首乌、山豆根、罗汉果、田七、青蒿草等中草药材种植基地的基础上，扶持或引进有壮医特色的中医制药企业，积极开发中成药、中药饮片、中药提取及生物制药产品，推动中药材产业化发展，打造在广西甚至全国都有影响力的“壮药市场”。

1. 中药材生产优势区

重点建设靖西、那坡、德保、凌云、乐业、田林、西林等“7 个中药材生产优势区”，种植田七、青蒿素、罗汉果、杜仲、金银花、板蓝根、首乌、黄芩、桔梗、当归、茯苓、白术、石斛、扶芳藤、红花等品种，按品种分别建立药材种植基地。

2. 标准化生产示范基地

中药材产业合作示范基地。开展中国与东盟地道药材的种质资源、良种繁育、种子种苗质量标准、规范化种植技术、中药材标准化生产加工和利用农作物废弃物提取中药有效成分的示范与推广，在田阳县百育镇建立 1 000 亩中药材良种选育、快速繁育、高效种植、深加工与综合利用一体化示范基地。

田林中草药出口示范基地。建设高海拔山区田七、何首乌、千斤拔、砂仁、金银花、杜仲等中草药出口基地。按照专业化、规模化、标准化、品牌化的发展要求，重点建设乐里、定安 2 个育苗示范基地，培育黄栀子、何首乌、淮山、板蓝根等品种；建设潞城 GAP 标准化药材生产示范基地，发展黄栀子、板蓝根、林下种植何首乌等中草药材；引进淮山“定向栽培”技术，发展淮山生产。到 2015 年，中草药种植面积达到 5 000 亩以上，其中黄栀子 2 000 亩、板蓝根 2 000 亩、淮山 1 000 亩。

靖西中药材生产示范基地。推广田七、山豆根、罗汉果、金银花、何首乌等传统中药材种植，引进扩大迷迭香等市场前景广、经济价值高的名贵中药材种植。积极建设中国西南中草药集散地，到 2015 年，各类中药材种植总面积达到 10 万亩。在全县 19 个乡镇可利用的山地、坡地大力推广种植优良中药材品种，扩大种植规模，建设专业批发市场，振兴中草药产业。

乐业中药材生产示范基地。重点在甘田、逻沙、同乐、花坪等乡镇重点发展金银花、龙胆草等高寒山区名贵木、草本中药材，在新化、幼平、逻西、雅长等乡镇重点发展莪术、黄精等亚热带名贵木草本中药材。

凌云万亩中草药种植基地。新种十大功劳 5 200 亩、扶芳藤 3 000 亩、田七 1 000 亩。

隆林金银花等名贵中药材基地。以丫杈、天生桥镇为中心，在丫杈、者保、天生桥等石山地区，建设金银花等名贵中药材基地。

那坡中药材生产示范基地。以增加农民收入为切入点，重点在城厢、坡荷、龙合等乡（镇）重点发展中草药材山豆根 5 000 亩以上，田七 2 000 亩；在城厢、德隆、百合、平孟等乡（镇）重点发展中草药板蓝根面积 5 000 亩以上；在平孟、德隆、百省、百都等乡（镇）发展姜黄种植 5 000 亩以上。

7.6.6 特色水果产业

除了芒果，百色市还有众多南亚热带水果。目前在全市已经形成了“4 个水果优势生产区”：①右江河谷芒果、香蕉生产优势区，以发展和壮大芒果及香蕉产业为主；②西部三林（田林、西林、隆林）柑橘生产优势区，以发展椪柑、砂糖橘等品种为主，以西林县发展砂糖橘为代表；③南部山区县柑橙生产优势区，以椪柑、脐橙等品种为主，以德保县脐橙为代表；④北部桃李生产优势区，以猕猴桃、核桃、桃、李等品种为主。

图 7-28 为特色水果产业生产优势区及生产基地建设示意图。

1.柑橘生产示范基地

重点加快推进夏橙发展，利用夏橙特晚熟特性，抢占新鲜水果淡季市场，到 2015 年柑橘发展到 28 万亩。

建设优质柑橙生产基地：主要布局在北部山区的乐业、西林、隆林、田林县和南部山区的那坡、德保县等 6 个县，发展规模达到 25 万亩。其中北部山区的乐业、西林、隆林、田林 4 县共 20 万亩，以发展优质柑橘为主.重点发展砂糖橘、天草橙、夏橙等品种为主导产品。南部山区的那坡、德保两县共 5 万亩，以发展美国脐橙为主。

右江河谷柑橘生产基地：重点在右江、田东、平果三县区建设 8 万亩柑橘生产基地，以夏橙和砂糖桔为主。在右江区百城街道办事处建立 1 000 亩连片柑橘标准果园，重点建设园路和水利设施，加快现代柑橘生产技术成果的转化，推广整形修剪、疏花疏果、保花保果、草生栽培、黄龙病防控、柑橘商品化处理与营销技术。

2.香蕉生产示范基地

香蕉主要布局在右江河谷地区，现有种植面积约 8.5 万亩。

重点发展反季节香蕉和优质香蕉：主攻 2 月至 8 月应市春植蕉和 9 月至翌年 1 月的正造蕉（夏植蕉），春植蕉比例为 80%，夏植蕉 20%。将香蕉发展成为百色市继芒果、蔬菜、甘蔗之后的又一支柱产业，成为我国主要的优质高产的香蕉商品

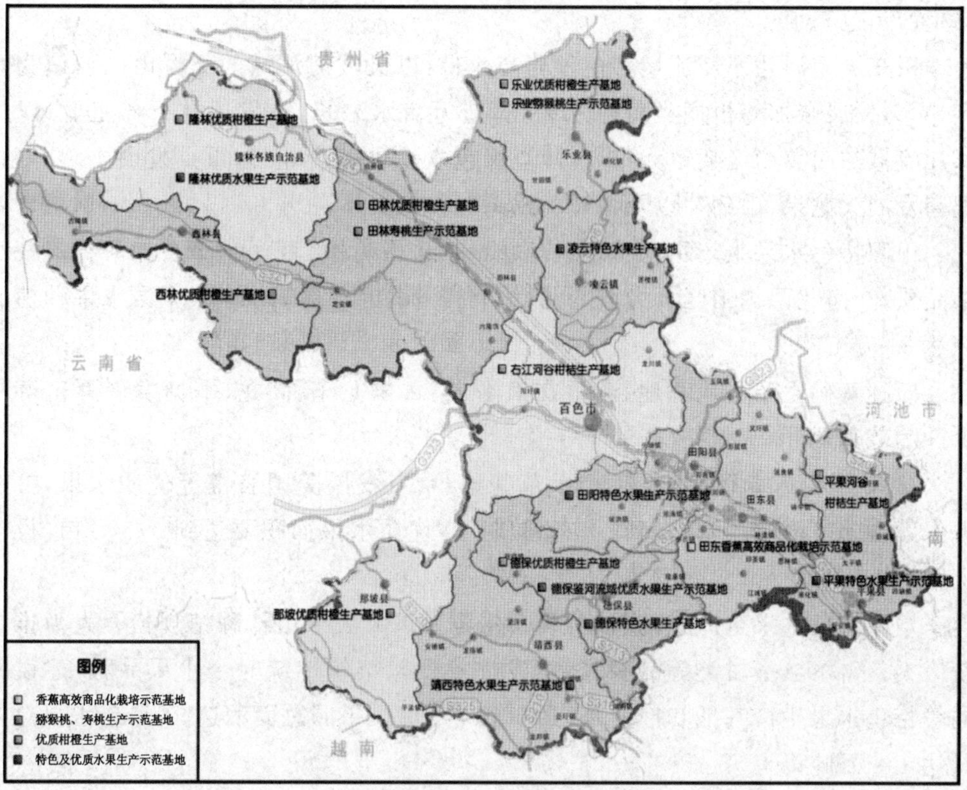

图 7-28　特色水果产业生产优势区及生产基地建设示意图

化生产基地之一。

建设香蕉高效商品化栽培示范基地：重点在田东县祥周镇建立 3 000 亩连片香蕉标准果园，带动田东 10 万亩香蕉种植。大力引进、选育高产优质香蕉新品种，推广示范选用优良健康良种，建立香蕉无病毒苗木繁育基地，推行香蕉良种良法产业化与高效生态安全栽培技术，提高香蕉的产量、商品性和竞争力。

3.县域特色水果生产示范基地

乐业猕猴桃生产示范基地：目前乐业县猕猴桃种植面积达到 8 400 亩，主要品种为乐业红心猕猴桃和乐金猕猴桃，投产面积 3 500 亩，年产值 6 000 万元。主要分布在同乐镇上岗村、六为村、常仁村、武称村；甘田镇四合村、达道村；逻沙乡塘英村、逻瓦村、仁龙村、山洲村。规划在同乐镇六为、常仁、上岗、刷把、武称等村适宜村屯开发种植猕猴桃，力争达到 10 000 亩以上，把乐业建成广西优质猕猴桃出口生产示范基地。

田东灵岐河达寒江流域特色种养产业带：以灵岐河流域的北翼山区乡镇为重点，大力发展蜜柚等柑橘类特色水果，打造万亩水果长廊，发展林下养殖业；以达寒江流域的南翼山区乡镇为重点，建立绿色立体种养产业带，重点发展土鸡养殖，配套发展火龙果、山葡萄以及柑橘类水果种植。

田阳特色水果生产示范基地：提高田州镇、头塘镇、百育镇等右江河谷一带水果品质，在南北两翼山区大力发展油桃、肚橙等特色水果，2015 年全县水果种植面积达 31 万亩。

田林寿桃生产示范基地：着重在浪平乡、百乐龙车、高龙、平塘发展万亩寿桃生产示范基地。

德保鉴河流域优质水果生产示范基地：重点发展美国脐橙等优质水果，打造德保无害化脐橙生产基地，到“十二五”期末，优质水果面积要达到 9.5 万亩，投产 4 万亩以上。

靖西特色水果生产示范基地：巩固并努力扩大大果山楂种植规模。大力推广脐橙类、蜜橘类、蜜柑类等品种，适当发展桃、李、梨等传统时令水果品种，建设柑橘等特色水果生产基地和产业带，到 2015 年，优质果园总面积达 5 万亩，水果总产量达 1.5 万吨以上。

隆林优质水果生产示范基地：着重在丫杈、者保、平班、沙梨、者浪、新州、德峨、蛇场、隆或、克长等乡镇建设西贡蕉、柑橘、西瓜、果蔗、草莓、梨、核桃等优质水果基地。

除此之外，平果县以葡萄、火龙果为主的特色水果生产示范基地；德保县发展以三华李为特色的水果生产基地；凌云县发展以牛心李为特色的水果生产基地。

7.6.7 特色林业产业

2013 年百色市森林覆盖率达到 66.62%，林木资源丰富，林业经济发展潜力巨大。要大力发展林业经济及林下经济，推广林一果、林一草、林一花、林一菜、林一菌、林一药等模式林下种植业；推广林一禽、林一畜、林一蜂等模式林下养殖业。积极发展具有市场竞争力强的优质高产乡土树种，建立以油桐、八角（茴油）、芒果、荔枝、龙眼、油茶、板栗、笋用竹等为主的商品经济林基地，努力扩大木本药材类和森林食品类的种植规模。

1.特色林业产业生产优势区

根据自然、经济、社会条件和资源分布特点，将全市林业产业发展分为“三个生产优势区”：山原生态产业区、沿边特色产业区和右江河谷产业集群带。

山原生态产业区：包括田林、隆林、西林、乐业和凌云等 5 个县，该区域地处云贵高原的边缘，以发展木材加工、家具制造及油茶、油桐、茶叶加工为主，大力发展杉木、松树、珍贵乡土树种大径材、花卉、林下经济(种植)。

右江河谷产业集群带：以人造板、制浆造纸、家具、油茶等林产品加工为主，大力发展竹子等原料林基地、芒果等优质果木林基地。

沿边特色产业区：包括德保、靖西、那坡等 3 个县，该区域地处中越边境地区，丰富的动植物特有种资源为该区发展特色经济奠定了基础，景观独特的喀斯特地貌又为该区域提供了丰富的生态旅游资源。该区域发展以八角精深加工、中药材加工为主，积极开展林产品边境贸易、生态旅游及跨国边境旅游，构建特色鲜明、面向东南亚的产业经济区。

图 7-29 为特色林业产业生产优势区及生产基地建设示意图。

在此基础上，田林、乐业、田东、凌云 4 县重点发展油桐、油茶；隆林、田东、乐业 3 县重点发展优质板栗、优质核桃；右江区及那坡、凌云、田林、德保 4 县重点发展八角；八渡笋主要布局在田林、西林两县和右江区。花卉重点布局在右江区及田阳、田东、平果、德保、靖西、田林等县。

2.油茶生产示范基地

百色是广西重要的山茶油基地。因茶油特有的低碘值不易变质，对人体有益的油酸含量居各种植物油之冠，且不含胆固醇，可抑制和预防心脑血管疾病，其脂肪酸的构成与橄榄油十分相似，被誉为“东方橄榄油”。目前种植面积 128 万亩，精炼山茶油产品远销国外。

油茶高产高效示范基地：在田东县、田阳县、右江区共建立 1 000 亩油茶高产高效示范基地，重点开展优良油茶高产试验示范、低效油茶林改造示范、油茶优良品种繁育苗圃建设、油茶深加工等。

右江油茶生产基地建设：到 2015 年，全区油茶种植面积达 20 万亩。重点在龙川、汪甸、阳圩等乡镇发展优质油茶林基地 3 万亩。

田东油茶生产基地建设：到 2015 年，山油茶达 12 万亩以上。

田林油茶生产基地建设：全县山油茶种植面积 21 万亩，重点在潞城、者苗、平

图 7-29 特色林业产业生产优势区及生产基地建设示意图

塘、旧州、八桂、六隆、八渡等乡镇建立油茶基地。“十二五”期间，新增高产优质油茶新品种造林 10 万亩，年均造林 2 万亩，油茶低产林改造 1.5 万亩。到“十二五”期末，全县油茶林面积达 35 万亩以上，实现年产油茶籽 4 万吨，产茶油 1 万吨。

凌云油茶生产基地建设：打造 10 万亩优质高效油茶基地，在每个乡镇打造 1 个 500 亩以上的油茶示范基地。

隆林油茶生产基地建设：重点在岩茶、介廷等土山地区乡镇布局优质油茶基地 20 万亩。在沙梨、平班、者保、者浪、新州、岩茶、介廷等土山地区建设优质油茶基地。

3. 八渡笋(竹)生产示范基地

集约经营竹子(笋)基地，重点右江河谷一带发展用材竹及田林、西林、隆林、乐业、平果一带重点发展笋用竹。

1)八渡笋生产示范基地建设

八渡笋是田林县著名的土特产品,清代曾列为贡品。八渡笋以脆嫩无渣、美味可口、营养丰富而深受人们青睐,它富含糖类、蛋白质、维生素、微量元素等,具有减肥、降压、降低胆固醇,增进食欲等功效,是宴席上的美味佳肴。八渡笋生产主要分布在田林、右江区、西林三县(区),八渡笋种植面积已达 46 万亩,其中田林 35 万亩,右江区 5 万亩,西林 6 万亩。笋可鲜食,亦可加工成干笋片、笋丝、酸笋、发酵笋、清水笋等系列产品,畅销国内市场及日本、东南亚地区。

田林笋材兼用竹子基地建设:坚持种竹先行、科技兴笋,巩固和发展全球最大的优质八渡笋原料基地。积极开发和选育优质高产竹种,重点对六隆 20 万亩八渡笋竹低产林抚育和改造,采用配方施肥,主攻单产,提高种植管理的科技含量,提高竹笋品质。建立以旧州镇、潞城乡和八渡乡为核心区,辐射带动各乡镇的笋材兼用竹子基地。

2)竹子种植基地建设

重点在德保、隆林、田东建设数万亩竹子生产基地。

4.其他特色林业产业生产示范基地

板栗生产示范基地建设:重点在乐业县逻西、甘田、同乐、新化和逻沙乡建设 10 万亩生产基地。在隆林县沙梨、平班等乡镇建设优质板栗林 15 万亩。

核桃生产示范基地建设:重点以乐业、凌云、田林、隆林大力种植核桃,与河池市核桃种植区连片。其中,以乐业薄壳核桃种植为重点,在逻沙乡、花坪镇、同乐镇、甘田镇种植万亩核桃基地。

八角生产示范基地建设:重点在右江汪甸、阳圩、大楞、泮水等乡镇发展优质八角林基地 1.5 万亩,实施八角低改 5 万亩,到 2015 年,八角种植面积达 10 万亩。在乐业县甘田、逻沙、新化、幼平、逻西等乡镇建设 11 万亩生产基地。

油桐生产示范基地建设:百色是广西最大的桐油生产基地,其桐籽加工出来的桐油油质好,广泛用于工业、航空及工业防腐剂等。百色市油桐种植面积已达 100 多万亩,年产桐籽 6 万吨,可加工桐油 1.5 万多吨,桐油占全广西产量的 50%以上。百色市共有 20 多家桐油加工厂(其中供销社系统 8 家),桐油产品免检出口。重点在田林建设 60 万亩油桐生产优势区,在西林建设 10 万亩油桐生产优势区。

木薯生产示范基地建设:重点在田林建设 2 万亩木薯生产基地,在德保建设 3 万亩木薯生产基地。

7.6.8 特色经济作物

1.桑蚕生产示范基地

重点建设右江区、田阳、田东、平果、德保、靖西、那坡、凌云、乐业、隆林等“10个桑蚕生产优势区”和20万亩桑蚕茧生产基地，其中靖西、那坡、凌云、隆林为一级产区。到2015年，建设4个5万亩以上的桑蚕生产重点县，4个8万担县、4个产量万担乡镇和37个产量千担村基地。

1)优质原料茧生产基地县建设

重点支持那坡、凌云建设蚕业标准化综合示范县。到2015年，全市建成10个相对连片的优质桑茧生产示范区县，形成以凌云、那坡、平果、靖西4个5万亩以上的桑蚕生产重点县，隆林1个3万亩以上，乐业、德保2个1万亩以上桑蚕生产示范县，右江区、田阳、田东、田林等县适当分布的发展格局。在凌云、那坡、靖西、平果、德保、乐业等石山区域发展生态桑园5万亩，构建茶桑、果桑、牧桑等桑蚕原料茧生产基地。

2)建设10万亩“万元桑园”生产基地

在全市大力推广实施桑蚕“万元桑园”工程，重点布局在平果、靖西、那坡、凌云、隆林5个县。重点推广“桑一蚕＋食用菌＋间套种(桑叶养殖)”桑园综合生产模式。

2.烤烟生产示范基地

靖西全国现代烟草农业示范基地建设：以建设整县推进现代烟草农业示范县和国家烟叶标准化生产示范县为抓手，重点推进新靖片区和化峒、地州片区现代烟草农业单元示范点建设，在新靖、地州、化峒、新甲、同德、壬庄、禄峒等12个乡镇重点扶持建立整村优质烤烟生产基地。推广整村连片种植模式，到2015年，烟草年种植面积稳定在8万亩左右，收购烟叶22万担以上。

凌云优质烤烟种植基地：大力推广优质烤烟生产示范及烟叶-水稻、烟叶-玉米轮作等生产模式，扩大种植面积，到2015年全县烤烟种植面积达到1万亩以上，产量2.3万担以上。

隆林优质烤烟种植基地：重点在隆或、蛇场、德峨、岩茶、克长、介廷等南部乡镇建设优质烟叶基地。到2015年，全县建成优质烟叶基地5万亩。

德保优质烤烟种植基地：发展优质烤烟，2015年烤烟种植面积发展到5万亩，年产量 16 万担。

3.油菜生产示范基地

重点在隆林、乐业、凌云、西林、田林、靖西、那坡、德保、右江等区县建设“9 个油菜生产优势区”。

图 7-30 为特色经济作物生产优势区及生产基地建设示意图。

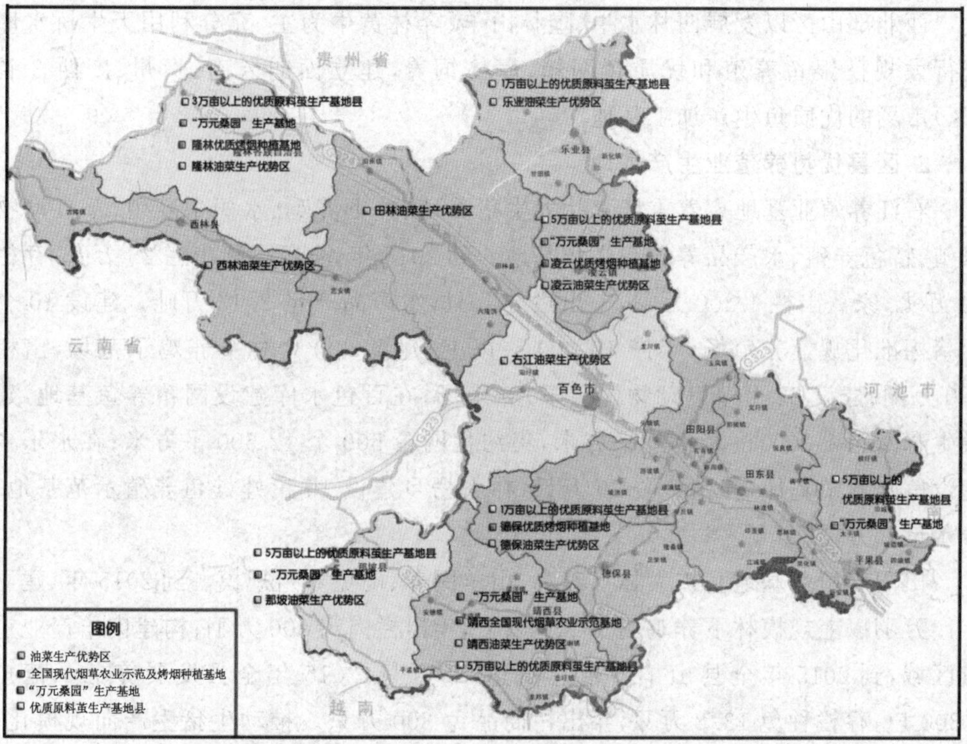

图 7-30　特色经济作物生产优势区及生产基地建设示意图

7.6.9　畜牧水产养殖业

1.生产优势区

右江河谷 4 区县以发展肉牛、奶牛、肉羊为主，同时大力发展生猪生产，并根据市场需要发展特色品种养殖，形成以畜禽标准化规模养殖和立体养殖、特色养殖为主体的生产格局。

南部山区德保、靖西、那坡等 3 县以开发优质肉牛、肉羊为主，建立优质肉牛、肉羊产业带，积极开展生猪生产，发展优质家禽（地方优质土鸡、大麻鸭）等庭院经济，利用自然流动水体，发展流水养鱼鱼，实施特色品种的保护与开发利用。

北部石山区则要充分挖掘利用现有和潜在资源进行肉牛、肉羊的育肥，提高当地牛羊肉质和出栏效率，在稳定生猪生产的基础上，积极发展鹅、兔和蜂蜜生产。

西北部山区以发展西林水牛、隆林山羊、隆林黄牛为主，充分利用天生桥水库进行大规模银鱼养殖和优质鱼网箱、库体饲养，建立面向云南、贵州、广西3省（区）市场的优质鱼生产加工基地。

2.区县优势养殖业生产基地

右江养殖业基地。着重培育壮大生猪养殖、林下养鸡、水奶牛养殖、草食动物养殖、特色养殖、水产品养殖等生产基地。到2015年，全区生猪出栏25万头，存栏24万头，家禽出栏1 200万羽，羊出栏8万只，水产品产量2.13万吨。建设10个生猪标准化规模养殖场，年产10 000头以上；建设300个林下养鸡示范场，出栏800万羽；建设25个草食动物（牛、羊）养殖场；在百色水库建设网箱养鱼基地，建设生态网箱1 000个30 000平方米，集约化网箱500个12 500平方米；在永乐乡建设龟鳖养殖基地，养殖龟鳖50万只；在大楞乡建设10亩娃娃鱼养殖示范基地，养殖量5万尾。

田阳养殖业基地。扩大林下养鸡、山羊圈养、肉兔养殖规模。到2015年，建立年产万羽以上规模林下养鸡场500个以上，年出栏肉鸡800万羽；构建肉羊产业重点区域，到2015年全县山羊养殖总量达15万只；2015年全县发展养兔示范户2 300户，存栏种兔13.8万只，年出栏商品兔300万只。推动生猪生产向规模化、集约化方向发展，促进生猪良种繁育、生猪养殖、有机农业协调发展，2015年生猪出栏量50万头。发展肉牛产业，建设种牛繁育、肉牛育肥、优质牧草饲料生产基地。发展池塘养鱼、库汉养鱼，以那吉航运枢纽、鱼梁航运枢纽田阳段为主发展大水面养殖。到2015年，水产畜牧业产值占大农业比例达40%。

以田州、百育、头塘、那满、坡洪、玉凤为肉鸡主要养殖集中区，以南部石山区和北部丘陵地区乡镇为肉兔、山羊等草食动物养殖集中区。

田东养殖业基地。大力发展规模化养殖，林下养鸡力争出栏肉鸡1 800万羽以上，生猪出栏38.9万头以上。大力发展七里香猪、野香猪、田东香鸭、作登瑶鸡、思林丁香鸡等特色养殖，重点打造右江河谷养殖长廊。到2015年，全县生猪养殖

65万头，肉牛2.5万头、肉羊8万头、家禽2 000万羽，网箱养鱼6.5万平方米。

平果养殖业基地。突出猪牛羊兔，稳定鸡鸭鱼，大力提升规模养殖、生态养殖、科技养殖水平，打响平果绿色养殖品牌。重点在马头、新安、太平、四塘、旧城、榜圩、同老、坡造、果化等乡镇大力发展猪、牛、羊的规模化、标准化和良种化养殖；养殖业要以加快发展草食动物为主，大力发展圈养山羊、种草养兔、肉牛育肥等；发展集约化网箱渔业养殖。

德保养殖业基地。到2015年，建成生猪标准化规模养殖场（小区）30个以上，实现年出栏肉猪6万头；建成年出栏肉禽5 000羽以上规模养殖场（户）500个，实现年出栏肉禽600万羽；建成年出栏肉羊100只以上规模养殖场（户）200个，实现年出栏肉羊2万只；建成年出栏肉兔1 000只以上规模养殖场（户）200个，实现年出栏肉兔20万只。在城关、马隘、那甲、燕峒、巴头等5个乡（镇）巩固和发展现有的矮马保种基地，到2015年存栏标准种马800匹。在燕峒乡那美村建成德保矮马保护场，存栏标准种马200匹。在那甲乡建立德保黑猪保种场，保护和开发德保黑猪资源。到2015年，发展水产养殖总面积5 650亩，推广网箱养鱼50箱1 250平方米，实现年产水产品1 750吨。

西林养殖业基地。大力发展林下养殖产业，着力抓好畜牧水产养殖基地建设，到2015年，全县力争生猪出栏15万头以上，牛3万头以上，羊4万只以上，家禽1 500万只（羽）以上，林下养鸡1 000万羽以上，西林麻鸭养殖300万只。提高水产品质量和效益以及促进水产业经济总量，改善渔业水域生态环境建设，在现有养殖面积的基础上进一步调整、优化和提高，使全县渔业生产向质量型和效益型发展，到2015年，全县水产品总量达5万吨以上，渔业产值达2.15亿元以上。

靖西养殖业基地。重点支持发展一批千头以上规模养猪企业和百头以上的养猪大户，积极申报无公害产品认证，建设外销型肉猪产销基地，拓展周边地区市场，到2015年，出栏生猪突破50万头。通过果园、林地套养，扶持一批10万羽以上规模养鸡企业和1万羽以上养鸡专业户，辐射带动全县养鸡业发展，至2015年，出栏肉鸡1 000万羽以上，生态土鸡10万羽以上。积极发展鸭、鹅、鸽等养殖，建立靖西大麻鸭种苗繁育基地，打造靖西大麻鸭品牌。充分开发利用丰富的草山资源，适度发展奶牛、肉牛、山羊和家兔等养殖。充分利用邕蒙、朋怀等水库和其他水面资源，积极调整淡水养殖品种结构，引进优良品种和先进养殖技术，引导推动水产业逐步向规模化、特色化、生态化方向发展。到2015年，畜牧业肉类总产量达

3.6万吨,水产品产量6 500吨以上。

乐业养殖业基地。重点建设以雅长、幼平等乡镇为主的水产养殖产业带和以甘田、新化、同乐等乡镇为主的畜牧养殖产业带。

凌云养殖业基地。大力提高优质瘦肉型猪为主的生猪生产,2015年,全县生猪存栏量达12万头、出栏量达15万头。大力发展以养鸡为主的林下养殖业,着重抓好凌云乌鸡的保护、开发和利用,建立原产地核心区种源保护,积极申报地理标志产品。2015年,全县家禽出栏量200万羽以上。大力发展牛、山羊、肉兔、鹅等草食畜禽养殖,利用实施巩固退耕还林成果后续产业发展机遇,实施万只山羊、万只肉兔及万羽肉鹅养殖项目,2015年,全县山羊饲养量8.5万只,出栏4.6万只,肉兔出栏量4.1万只,肉鹅出栏量3万羽。

隆林养殖业基地。重点在天生桥库区发展库区生态水产养殖,重点在山区乡镇养殖黑山羊,重点在土山地区养殖黄牛。在革步、金钟山、猪场、德峨、蛇场、岩茶、介廷、隆或、克长、平班、新州建设牛羊养殖基地;在平班、者保、天生桥、革步、金钟山建设名优水产品基地。

建成桂滇黔边优质畜禽水产品生产基地:依托"隆林黄牛"、"隆林黑山羊"等岭南地区优良品种,大力发展特色养殖业,以扶持养殖大户为突破口,推进规模化、集约化、标准化养殖,努力打造生态、绿色品牌。适度发展鸡、鸭、鹅、兔、养蜂等"短、平、快"养殖,大力推广林下养殖,拓宽农民增收渠道。充分利用天生桥、平班库区大水面,发展名优水产养殖。到2015年,实现猪、牛、羊年出栏量分别达到33万头、3.5万头、13万只,家禽规模养殖达200万羽以上,肉类产量达3万吨,水产养殖面积达到6万亩,水产品产量达3万吨。

7.6.10 果蔬错时种植优化思路

以提高耕地复种指数和保持自贸园区(农产品交易中心)、百色—北京果蔬专列果蔬周年均衡供应为目标,结合百色市各区县特点和农作物生长周期,进行错时种植建设优化,努力实现四季蔬菜、四季水果均衡供应。

1.保障果蔬专列周年均衡供应

百色市全年果蔬生产计划主要是:从11月份至次年5月份以秋冬菜为主,从5—10月份以芒果、香蕉和火龙果为主,其中从9—10月份夏菜为辅。要加强从4月下旬到6月初,从9月初到11月初,近5个月的市场供应断货档期,发挥百色果蔬优势，其中，4—5月以大葱、辣椒、黄瓜、豆角等蔬菜为主，5—6月份和8—10月份以香蕉为主，并在8—9月份以芒果为辅，以及9—10月份以夏菜为辅。

调查显示，从每年4月下旬到6月初，从9月初到11月初，北京和北方市场上供应的主要品种有红香蕉、特早熟水蜜桃、哈密瓜、番荔枝、荔枝、夏橙、枇杷、木瓜、杨梅、菠萝、海南荔枝、火龙果、黄皮、桑葚、番石榴、李、西瓜、桃、香瓜、柠檬、莲雾、油梨、无花果、四季蜜芒、枣、苹果、梨、板栗、柿子、核桃、香蕉等近30多个品种，其中不少为百色本地宜种水果品种以及周边地区主要水果品种，这为百色有目标地去生产或组织水果提供了依据。其中百色芒果和香蕉从5—10月份上市量为32.45万吨，其中芒果24.47万吨，香蕉7.98万吨，通过熟期调整，可均衡供应。

2.芒果错时种植思路

百色芒果品种丰富，产量较大。主要栽培的品种有：台农1号芒、红象牙芒、金煌芒、桂热芒82号(桂七芒)、贵妃芒。其中，早熟品种为台农1号芒、本地芒、青皮芒、红金煌芒、田阳香芒等，在7月上旬以前上市；中熟品种为桂热芒82号(桂七芒)、金煌芒、红象牙、紫花芒、象牙22号、串芒、金穗芒等，在7月中旬到8月中旬之间上市；晚熟品种为桂热芒10号、凯特芒等，在8月下旬之后上市。要通过挑战早、中、晚熟品种种植比例，保障市场均衡供应。

总体思路是：以市场为导向，结合低产园改造和新种扩种，适当降低早熟品种的比例，增加中、晚熟品种比例，力争到2016年将芒果早、中、晚熟品种比例从目前的7∶2∶1调整到5∶3∶2的合理比例。到2020年，努力使全市早、中、晚熟芒果品种达到4∶3∶3的合理比例，逐步优化百色市芒果品种结构，使百色市芒果上市期从5月中旬至10月中旬，其中，上市高峰期从目前的2个月延长到4个月(即5月中旬至9月中旬)，进一步延长百色市芒果上市期，解决芒果集中上市造成鲜果销售压力的问题，提高百色市芒果市场竞争力和经济效益。

3.蔬菜错时种植思路

百色蔬菜生产皆为露地栽培，是充分利用自然的光、温、水、肥等条件，按照传统耕作模式进行生产的产品。秋冬蔬菜露地栽培在百色仍是顺季生产，跟温带反季节生产不一样，在自然状态下生长的作物，其外观、口感等品质上都很自然。

总体思路是：着重从耕作制度和产品结构上进行改变，提高耕地复种指数，努力提高到3—4或以上。在耕作制度上，把单纯的一年两熟水稻调整为“稻-稻-菜、瓜-瓜-菜、菜-稻-菜、菜-菜-菜-菜”等，变一年两熟为一年三熟、一年四熟，使蔬菜由冬菜向4个季节发展。在产品结构上,根据市场需求发展高产优质而耐贮运,适加工的良种,如西红柿、黄瓜、大肉苦瓜、黑皮冬瓜、四季豆等品种。

种植时间的差异以小番茄为例,北方蔬菜,每年早稻2月中、下旬至3月中旬播种,3月下旬至4月份移栽大田,7月份开始收获;而百色右江河谷番茄秋种8月份播种育苗,9月份移栽大田,11月份开始收获;冬种10月份播种育苗,11月份移栽大田,翌年1月份开始收获;从11月份至翌年4月份为收获期,上市高峰期为12月到翌年3月底,每天供应量可达上万吨。

7.6.11 农产品质量安全保障体系建设

优势农产品生产基地是支撑百色农业产业化发展,尤其是支撑自贸园区建设和农产品交易中心建设的重要基础保障。因此,必须从源头上加强农产品的质量安全建设,要努力把生产基地建设成为百色优势农产品的第一生产车间。

百色市自然生态环境优越,工厂密度少,土壤、水、气受工业污染程度低,农业污染少,且水资源丰富,水质较好,被列为全国重点生态功能区,农产品质量优良。在此基础上,要着重加强以下措施,以保障农产品质量安全。

1.加强农业科技驱动,引领区域农业发展

着重依托百色国家农业科技园区,面向产业需求和市场需求,着眼长远发展,超前部署农业前沿生产技术,力争在南亚热带农业科技前沿领域占有重要位置,建成辐射东南亚的区域农业科技创新中心和优质农产品生产基地。要把增产增效并重、良种良法配套、农机农艺结合、生产生态协调作为基本要求,促进农业技术集成化、劳动过程机械化、生产经营信息化,构建适应高产、优质、高效、生态、安全农业发展要求的技术体系。

(1)加快推进前沿农业技术研究和应用推广。着重在农业生物技术、信息技术、精准农业技术等方面推广一批科技创新成果,抢占区域现代农业科技制高点。着力在良种培育、节本降耗、节水灌溉、农机装备、新型肥药、疫病防控、加工贮运、循环农业等方面推广一批重大实用技术成果。

(2)大力推进现代农业产业技术体系建设。探索以产业需求为导向、以农产品为单元、以产业链为主线、以农业综合科技园区为基点的新型农业科技资源组合模式,及时发现和解决生产中的技术难题,充分发挥技术创新、试验示范、辐射带动的积极作用。如可引进我国台湾先进农业生产技术延长百色水果上市时节等。

重点加快农业技术转移和成果转化，加强农业知识产权保护，建设面向东盟的南亚热带农业技术交易市场，推动中国—东盟农业要素深化合作。尤其要加强与邻近越南的农业科技合作，增强农业科技成果输出和引入，保障区域农产品优质、高效生产。

鼓励龙头企业、农业园区承担国家、省区各类科技项目，增强科技创新能力。积极培育以企业为主导的农业产业技术创新战略联盟，发展涉农新兴产业。

2.加强标准化示范基地建设

大力推进农业标准化整体示范创建，不断扩大蔬菜、水果、茶叶等优势农产品标准园、畜禽标准化规模化养殖场、水产健康养殖示范场（三园两场）的建设比例和规模。加强“三品一标”证后监管，严把认证质量审核关，建立健全退出机制。

目前，百色市无公害农产品、绿色食品、有机农产品基地认证突破200万亩，其中有机农产品基地4.74万亩，排全广西第一位。“三品”认证茶园面积共15.71万亩，乐业县绿色食品生产基地认证0.65万亩，乐业县成为全国5个有机农业示范县之一。在此基础上，要加快优势产品及其基地标准化建设，扶持建立一批与国际质量标准接轨、通过国际质量认证的优势农产品出口生产、加工基地。

(1)建立农产品质量标准化体系。重点建立香米、芒果、西红柿、香葱、茶油、香猪、林下鸡、麻鸭、黑山羊等地方特色产品标准体系。推行“统一基地规划、统一种苗供应、统一技术标准”的“三统一”经营模式，在生产、采收、加工、上市等环节形成质量控制标准体系和管理制度。

(2)加快标准化进程。坚持“政府主导、行业推进、企业自律”的推进模式，在大力推广国家、自治区标准的基础上，重点在农产品优势生产区（示范基地）推广农业标准化技术，建立一批现代农业综合技术集成示范片和示范区。到2015年，实现无公害创建面积占总面积55%，绿色食品认定面积占总面积25%，有机农产品认定面积占总面积10%。养殖业实现生猪、肉鸡、肉牛、肉羊、肉兔、水产等优势品种标准化生产覆盖率达到50%。

(3)推广生态农业循环经济合作示范基地建设。大力宣传生态农业循环经济理念，结合广西生态文明示范区建设，开展间套种、立体种养等多种高效生态农业循环经济模式示范；重点在右江河谷建立生态农业循环经济合作示范基地，建设芒果、蔬菜、甘蔗、水稻等农作物废弃物循环利用、沼气循环的示范基地，开展生态农业循环经济合作示范。

3.建立农产品质量安全检测体系

完善市级农产品质量安全检测中心，加快建设县级农产品质量安全检测中心和基层农产品质量安全流动工作站，由地方政府牵头，农业、高速公路管理局相互配合，在百色市范围内实行农产品物流质量检测放行制度，杜绝高毒、高残留农药和假冒伪劣农资产品流入市场。

重点加强专列农产品质量监管系统工程建设。①所有进京专列果蔬采摘前必须由当地农产品质量安全监管服务机构到基地检测，合格并获得辖区内区县或乡镇检测机构出具合格的检测报告方可采收贮存转运；②要求组织货源的企业或公司要投入经费建立检测室，在运京果蔬采收完毕，进入冷库前，由农业局、企业或公司对每批次蔬菜、水果重新进行抽样农残检测，并做好相关记录，出具检测证明；③在国家抽样标准的基础上，加强样品抽检密度，提高检测量；④加强与北京市农残检测部门的技术交流，百色派检测人员赴北京学习，在检测设备、仪器和药品及技术标准等方面与运达地保持一致，统一农残检测技术标准。

4.建立农产品质量安全监测体系

(1)建立和执行蔬菜产品质量追溯制度。从生产环节、流通环节等实现“从田头到餐桌”的全程质量监控，确保蔬菜产品安全。

(2)开展以农业遥感产业监测、农产品供求信息公共网络、农产品质量安全二维码溯源技术等前沿技术应用管理服务。目前百色已成立了农业遥感站，开展了芒果、水稻、甘蔗和桑蚕产业本底调查，并常年对地面水稻样方进行动态监测。谋划实施百色农业遥感蔬菜监测项目，设置地面样方动态监测点，建设蔬菜遥感生产指挥中心。

(3)充分发挥广西百色国家现代农业科技园区的带动辐射作用。建立更高水平的现代农业产业新产品新技术研发、引进、试验、推广服务体系。按照无公害要求，加大投入，严密监测生态农业环境质量和农产品质量安全，切实达到生态农业发展的环境条件和农产品种植管护条件。建设农业气象生态环境监测系统，实现对粮食、水果、有机茶、中草药、食用菌、桑蚕、花卉苗木、茶油、林下鸡、生猪、肉牛、肉羊、鱼等优势特色产业的有效监测，确保提供安全可靠的农产品。

7.7　农业生产组织培养方案

略。

7.8　区域农产品品牌建设方案

品牌是市场、消费者对一个产品或地域的公认的评价，是地区、企业产品质量、发展理念的具体象征。一个成功的品牌对于地区、企业发展来说具有巨大的推动作用。百色农产品品牌的建设思路是：以百色产地形象的创立和宣传为核心，统一百色农业标识，统一品牌对外宣传，着力构建基于百色产地形象的区域优质农产品品牌体系，并在此基础上，通过壮大农业产业化经营主体，推动企业自身产品品牌的塑造和宣传，全力打造百色农业良好的市场印象。

7.8.1　构建以地理标志产品为核心的产地认知形象

地理标志产品是指产自特定地域，所具有的质量、声誉或其他特性本质上取决于该产地的自然因素和人文因素，经审核批准以地理名称进行命名的产品。因此，地理标志产品是对产地形象认知的重要抓手和突破口，也是最容易促使消费者认可的区域农产品品牌。

1.百色地理标志产品体系

目前，百色市共拥有“凌云白毫茶、田东香芒、田林八渡笋、靖西大香糯、西林砂糖橘”等5个地理标志产品。要继续加大申报力度，努力把“百色芒果”、“百色柑橘”、“百色茶叶”、“百色蔬菜（小番茄）”、“百色林下鸡”等具有全市域特色的优势农产品申报为地理标志产品，加大产品品牌的对外宣传。同时，在农产品生产优势区和标准化示范基地建设的基础上，加快谋划地理标志产品保护基地范围。

2.助推百色农业竞争力提升

现代农业发展的基本趋势是“四化”：标准化、组织化、产业化、品牌化，四者是一个有机整体。

品牌化是前面三化的表面特征和重要体现，标准化生产大大提高劳动生产率，产业化大大提高单位面积产量，提高了效益，组织化生产使农业现代化、分工更加精细。而要实现组织化、产业化、标准化，只有以品牌化为核心，才能真正带动高品质带来的高效益，最终才能带来农业比较效益的提高和农民更快增收。地理标志产品正是通过这几个产业属性对区域农业发展产生影响的。

地理标志产品不仅能够表明该产品产自特定的地域，还能够表明该产品经由特别的工艺生产，并经历特别的质量控制而具有特殊的品质及特色。地理标志产品，为百色区域内某种产品被认知提供了一个信誉先导，为相关企业实施品牌战略构建了一个“高位平台”。但同时必须认识到，在这样一个平台上，“高位”的优势对某个企业及其产品不是绝对和垄断性的。企业仍然需要实施地理标志保护产品的品牌战略，同时需要技术与营销的支持，才能在竞争中“脱颖而出”，成为共同享有某地理标志保护或具有某地理标志名称标志使用资格产品中的“名牌”。

地理标志产品的产业化经营必须要走品牌化经营的道路，这是地理标志产品产业发展可持续性的基础。地理标志产品可以通过品牌化经营促进围绕地理标志产品的相关深加工产业得到发展，使他们的发展也同样得到地理标志产品品牌的辐射效应，从而壮大边缘产业的竞争力，促进企业发展，带动农民增收。

7.8.2 打造区域特色农产品品牌体系

1. 打造区域特色农产品品牌

图 7-31 为百色区域特色农产品品牌产品分布示意图。

从百色市域层面，着力打造百色芒果、百色香蕉、百色脐橙、百色夏橙、百色蔬菜、百色林下鸡等特色品牌。

对于各区县来说，要充分发挥产业优势、区域优势和特色优势，依靠科技进步，提升农产品科技含量，增加附加值，注重质量安全，打造具有区县特色的“原产地品牌、生态品牌、特色品牌、省部和国家级品牌”等特色农产品品牌。

田东可以重点打造芒果、香米、香蕉、油茶、蔬菜、食糖、纸以及畜禽产品等特色优势农业品牌；德保要做大做强烟叶、香米以及畜禽产品等优势农业品牌；西林要着力打造“西林砂糖橘”、“西林有机茶”、“西林麻鸭”、“宫保鸡”等一批地理标志品牌和特色产业品牌；乐业要以猕猴桃、核桃、板栗、八角、油茶、白凤桃、兰花、刺梨、茶叶、水稻、中药材等为重点，大力培育有机、无公害、绿色、生态型农产品品牌；隆林要全面打响“隆林黑山羊”、“隆林黄牛”、“隆林菜花鸡”品牌、“隆林山茶油”系列产品品牌、“隆林有机茶”品牌、“隆林特色水产品”品牌，“隆林美食”品牌，

图 7-31 百色区域特色农产品品牌产品分布示意图

创建优质生态蕉、优质米、高山蜂蜜等品牌。

2. 重点推进“百色番茄”、“百色芒果”区域品牌建设

1)“百色番茄”区域品牌建设

着重从“田阳小番茄”入手,推动百色番茄地理标志产品申请认证。率先从内部开始严格生产基地认证,严格统一按照《地理标志管理办法》来操作。按照绿色、有机标准出台《百色番茄生产技术规程》,统一种植品种、统一生产技术、统一供肥供药、统一病虫防治。

加大宣传力度,统一商标形象。通过电视、报纸、网站、培训、传单等多种形式,强化舆论宣传,让“百色番茄”有身份、有牌子、有品质,健康安全等观念深入人心。上市零售的百色番茄都粘贴带百色番茄商标标识和绿色农产品标识,通过标识可以查到这颗番茄的生产单位、生产地点、生产流程和产品质量检测结果等信息,增强百色番茄的权威性和公信力,体现“百色番茄”优越的文化地域特色和生产管理环境等先进理念。

广辟销售渠道。每年举办“百色番茄节”，邀请各类媒体、职能部门、经销商能在每年的“百色番茄节”期间来百色市洽谈观摩；不断拓宽国内外销售渠道，打造重点面向东盟的百色番茄海外市场。

2)“百色芒果”区域品牌建设

强化“百色芒果”地理标志产品原产地保护认证工作。由农业、工商、质监部门分别牵头负责向对应上级部门申请“百色芒果”的“农产品地理标志登记”、“中国地理标志”产品证明商标、“地理标志保护产品”的区域品牌认证工作。

加快“三品认证”工作。重点推动右江、田阳、田东、田林等区县2016年年底前通过无公害芒果产品认证。

统一“百色芒果”区域品牌标识。凡在百色辖区内生产的芒果，营销时，产品外包装必须统一使用“百色芒果”字样作为区域品牌标识。

开展“百色芒果”品牌宣传推介。每年分别在省会以上城市举行宣传推介活动，广泛宣传“百色芒果”区域品牌，提升“百色芒果”品牌形象和市场地位，扩大“百色芒果”品牌的知名度和影响力。

7.8.3 推动农产品市场营销

农产品市场营销是一个跨越产前计划和产后销售整个过程的经营活动。百色农产品发展面临着严峻的市场营销压力和品牌建设压力。

1.树立两个认识

从系统的角度看，农产品市场营销包含两个关键问题：

首先必须加强产地的品牌化宣传。这项工作必须由百色市政府及相关产业主管部门系统谋划。

处理好产前的品种安排和市场的对接关系。目前，百色市的农业生产和市场之间的联系还不够紧密，农业产业结构调整需要与市场密切对接，提高成效。农业的发展不仅是种养品种的调整，或单单扩大农业生产基地增加规模，而且包含了一个区域与各类市场关系的调整问题，必须要用市场流通的规模化带动农业生产的规模化，用市场的需求促进农业的产业结构优化，解决农产品的卖难现象。

2.综合构建农产品营销渠道

农产品受到季节时令、产品保质期、地域条件等多种因素的影响，进入市场的渠道和方式也有所不同。大致主要包括以下 7 种渠道(图 7-32)。

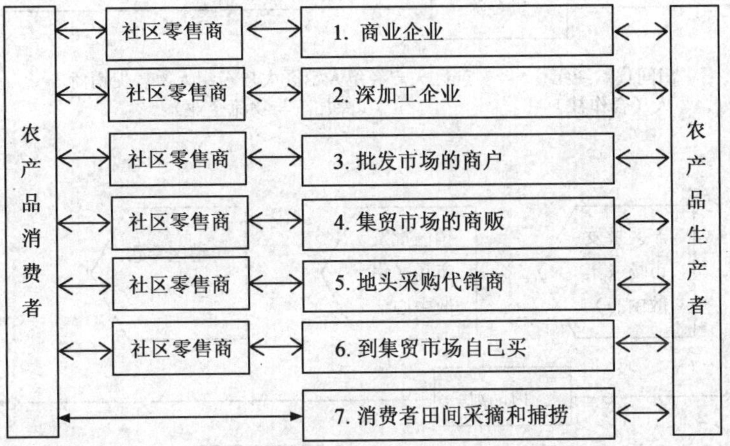

图 7-32　农产品的营销渠道

来源:卢勇著.现代农业产业设计　经营与管理.北京:中国农业大学出版社,2009。

对于农产品的生产来说,以上 7 种渠道既可以复合使用也可以单独使用,其主要的取舍在于产品的特性、消费方式和自身的价值取向。因此,不仅农产品生产基地要多层次、多样化建设,农产品的市场营销也要根据优势农产品、特色农产品的特性,根据价值挖掘的深浅,选取多样化、多层次的市场营销手段。

3.打通营销通道

营销通道是一个连接生产者与消费者的渠道,即“从田间到餐桌”的过程。营销通道的建设关键是搭建农产品生产与农产品消费之间的桥梁,即农产品市场流通组织。

(1)完善通道平台。主要包括产区批发市场(集散中心)、销区批发市场(集散中心)和销区零售卖场。

(2)扩大营销主体。营销主体分别有田间代购经纪人(包括合作社等)、产区大户经纪人(包括大型合作社及加工物流企业)、销区大户经纪人(包括销区储藏和加工分销商)、销区零售卖场。

通道的营销主体主要由农产品经纪人、合作社、农产品的加工分销企业和零售卖场主体组成。

图 7-33 为农产品营销通道构成。

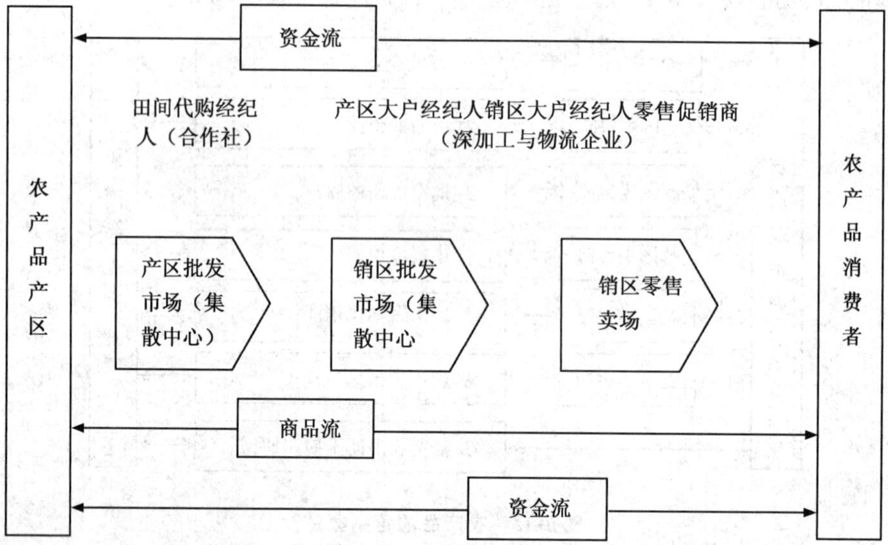

图 7-33　农产品营销通道构成

来源：卢勇著. 现代农业产业设计　经营与管理. 北京：中国农业大学出版社，2009。

7.9　百色—东盟农业合作开发建议方案

农业合作中国—东盟自由贸易区建设进程中最早受惠的领域，随着中国—东盟自由贸易区的建成，双方农业合作由简单的农产品贸易扩展到种植业、畜牧业、水产养殖业、林业、农产品加工、动物疫病防疫、农村能源与生态环境保护等多个领域，合作方式涵盖人力资源开发、农业科技交流、试验示范、农产品贸易、农业投资开发等诸多方面。

百色作为全国亚热带农副产品的重要生产基地，与东盟国家山水相连，其农业生产环境条件与东盟相似，生态环境优良，具有立体气候，农业特别是亚热带农业资源丰富，且拥有不同的农业开发带，可同时生长多种热带、亚热带及温带作物，使百色成为地方特色明显、农产品种类繁多的生产区域，并在农业发展模式、农业科技等方面与东盟各国既有明显的共性，又有很强的互补性，这为百色和东盟的农业合作开发提供了广阔天地。

近年来，百色市以国家农业科技园区建设为载体，积极建设“中国—东盟（广西百色)现代农业合作示范区”,成为中国与东盟开展农业科技合作与交流的前沿阵地,并被科技部设立为面向东盟国家的国际科技合作基地,目前,示范区正致力于打造成为中国—东盟农业科技交流合作先行区、区域性国际农业合作大基地。

7.9.1　推动形成面向东盟的农业国际化发展格局

在东盟十国中,除了新加坡外,基本上都是传统的亚热带农业国。其中,越南、泰国、缅甸是世界三大谷仓,从地域和自然资源上看该3国与百色的农业生产条件较为相似;而马来西亚、菲律宾和印度尼西亚主要是热带经济作物的生产国,贸易和合作的互补性较强。

泰国:作为世界著名的大米生产国和出口国,农产品是泰国外汇收入的主要来源之一。泰国的主要作物有稻米、玉米、橡胶、甘蔗、绿豆、麻、烟草、咖啡豆、棉花、棕油、椰子等,而水产品、畜产品、水果、蔬菜及花卉植物已日益成为泰国农业的重要支柱,其中稻米出口居世界第一位。

马来西亚:以经济作物为主,主要有油棕、橡胶、热带水果等,盛产热带林木,渔业以近海捕捞为主。动植物油脂产量极高,出口量大,是我国最大的棕榈油进口来源国。

印度尼西亚:渔业及森林资源丰富,农业人口众多。棕榈油、橡胶和胡椒的产量均居世界第二;咖啡产量居世界第四;可可产量居世界第二。

菲律宾:农业在菲律宾经济中占有十分重要的位置,全国有一半的劳动力在从事农业生产活动。近年来重点发展水稻、玉米与畜牧、椰子、甘蔗、水产品、咖啡与特色作物等六大农产品,与我国农业互补性较强。

越南:越南的农业人口约占总人口的75%,农林渔业总产值占国民收入的20%左右,属于传统的农业国家。粮食作物有稻米、玉米、马铃薯、番薯和木薯等,经济作物包括咖啡、橡胶、腰果、茶叶、花生、蚕丝等。

缅甸:农业占缅甸国民生产总值的60%左右,农业劳动力约占全国总就业人口的64%。主要出口的农作物为水稻、豆类、棉花、棉花、橡胶、水产品和林产品。

柬埔寨:农业人口约为总人口的85%,农业为国民经济的第一大支柱产业。农业生产水平低下,土地单产极低,粮食尚不能满足自给。主要农产品有稻谷、玉米、豆类、薯类等,经济作物有橡胶、胡椒、烟草等。水产资源丰富,有较好的发展前景。

老挝:农业人口约占全国总人口的90%,处于比较原始的农业生产状态。农作物主要有水稻、玉米、薯类、咖啡、烟叶、花生、棉花等。

新加坡:农业资源少,生产量少,农业在国民经济中所占比例不到1%。主要有园艺种植、家禽饲养、水产和蔬菜种植,蔬菜几乎全部需要进口。

文莱:农业占国民生产总值的2%,90%的食品依赖进口,仅种植少量水稻、橡胶、胡椒、椰子、木瓜等作物和热带水果。

百色市地处我国华南、西南、东盟三者的接合部,是南贵昆经济区的中心,是中国西南通向北部湾地区和沿海乃至东盟的物流大通道与交通枢纽,是中国与东盟双向开放的前沿。加上百色农业在我国热带亚热带区域中的重要地位,加强与东盟的农业合作开发是百色农业的重要使命和责任。要努力通过区域农业产业化生产基地的发展布局,在提高自身农业基础的同时,不断推动外向型农业发展,加快农业的国际交流与合作,推动形成辐射周边、面向东盟的农业国际化发展格局,助推百色建设“大型南方果蔬主产品生产区”目标的实现。

7.9.2 百色—东盟农业合作开发的基本框架

结合现状基础,今后一段时期,要大力加强与东盟国家农业资源合作开发,大力推动农业技术、农产品贸易、农业投资开发和农业人才交流等方面与东盟的合作。重点在农业合作平台建设、农产品贸易、农业科技合作与技术转移、农业产业投资与开发、农产品加工等5个方面作为百色与东盟农业合作开发的重要内容。

1.农业合作平台载体建设

加快完善广西百色国家农业科技园区建设,突出田阳核心区主导地位。加快完善农业科技园区在农业科技创新、农产品集散与贸易、农产品展览与洽谈、人才培训与交流、农业示范等功能,着重开展中国—东盟区域优势特色农业、信息农业、种源农业、生态农业、能源农业、观光休闲农业、农产品质量安全检测与认证、农业科技培训等合作示范,努力建成中国—东盟现代农业展示基地、科技成果转化基地、农产品加工出口与商贸物流基地、区域性农业科技研发基地、良种苗木繁育基地和农业信息合作交流平台,成为带动和支撑广西现代农业发展与辐射大西南的战略高地,成为中国—东盟农业高效务实合作的创新基地和核心平台。

另外,重点在农产品生产优势区加强与东盟的农业合作,引进新品种,在科技、育种、示范等方面加强合作开发;在边境地区,着重加强口岸贸易基础设施建设及沿边农产品进出口园区建设。

2.农产品贸易合作

充分发挥口岸优势和区域农产品物流枢纽优势，加强与东盟国家的农产品贸易。以互补性为原则，推动本地柑橘、蔬菜等优势农产品出口，并不断发挥南菜北运和北菜南运的集散优势，可与陕西、山西等内陆省市合作，输出苹果等优质农产品。同时，不断加强与缅甸、老挝、越南、泰国等国家合作，进口热带水果、水产品、优质大米和畜产品，向东盟国家出口蔬菜、水果、饲料、种子、化肥、农药、农机具等农用生产资料。

3.农业科技合作与技术转移

农业科技合作是百色—东盟农业合作开发的重要内容，通过各种形式加强在农业技术方面的交流与沟通。总体上看，新加坡、文莱农产品加工技术先进，泰国、菲律宾等国家的热带水果加工生产技术发达，但是，百色及广西等国内一些地区在农业技术方面优于东盟国家，尤其是在种植技术、良种培育技术（尤其是杂交水稻技术）、动物疫病防控技术等方面有比较优势，可加强双方合作与交流。

重点基于广西百色国家农业科技园区核心区，建设国家农业科技城，建设国际种业科技园区，打造面向东盟国家的国际科技合作基地和国外智力引进基地。

(1)加快推进中国—东盟技术转移中心建设。加强与东盟国家科技管理部门，以及广西、北京、上海等国内重点技术转移机构的联系，共同为百色与东盟国家间开展农业科技合作与技术转移提供服务和支撑。

(2)推动对东盟国家农业科技合作与技术转移。通过举办国际科技会展、技术供需洽谈、技术项目推介、科技交流研讨、国际技术培训等活动，推动与东盟国家在特色农业方面开展科技合作与技术转移工作。建立农业多学科的中国—东盟（百色）农业科技博士后科研工作站、中国－东盟（百色）农业科技国际培训基地、热带亚热带现代农业科技国际论坛（常规化）。

(3)构建面向东盟国家的农业合作示范和技术转移服务的项目实施载体。重点建设面向东盟的现代农业展示园、现代农业生物种苗繁育基地、特色农作物产业化示范基地、农产品加工集中区等国际科技合作基地，培养农业科技合作国际化人才，提升对东盟国家的科技合作能力；加强与越南、老挝、柬埔寨等国家的企业或相关机构合作，在境外合作建立农业科技示范基地，开展品种示范、技术推广和人员培训，推广应用我国农业适用技术和优良品种。

(4)推动共建联合实验室(联合研究中心)。与东盟国家的企业或相关机构合作,联合开展关键技术研发与产业化,建立中国－东盟农业科技联合实验室、亚热带特色植物种质源基因库、农业试验研究基地以及中国—东盟农业科技交流信息网等。

4.农业产业投资与开发

坚持“走出去”和“引进来”战略,既鼓励企业“走出去”,同时也鼓励东盟的企业到百色来投资。

发挥百色在杂交水稻、苗种繁殖、节水农业、疫病防治、综合养殖、水土保持和自然生态环境保护等方面的优势,积极开展与东盟国家的农业技术交流与合作。依托科技和资金优势换取农业资源,鼓励企业在东盟国家建立生产基地,投资开发农业原料粗加工,做强做大农产品精深加工,不断延伸农业产业链。

5.农产品加工合作

着重加强果蔬加工、油料加工、畜禽产品深加工、特色农产品加工、林产品加工等方面与东盟国家的合作。培育农产品加工龙头企业,推进高新技术在农产品加工上的应用。着重加快培育具有国际竞争力的农业经营主体,广泛吸引国内、区内民间资本和国外资本参与,提升农产品技术含量,增加产品附加值,鼓励各种所有制企业进入农产品加工贸易领域,鼓励现有外贸企业与农业生产、加工企业联合与合作,鼓励农业企业、农产品加工和贸易企业通过资产重组,形成面向东盟农业合作的大企业、大粮商、大果商、大畜牧商和大食品加工商。

7.9.3 百色—东盟农业合作开发的项目方向

(1)热带水果合作与开发项目。周边国家有大量宜林荒山荒地,百色可组织有实力的企业到这些国家购租宜林荒山,规模化开发种植西柚、柑橘、荔枝、龙眼等热带水果,满足省内和国内市场需求。

(2)特色绿色(有机)蔬菜种植项目。新加坡、马来西亚、文莱等国对蔬菜的需求量较大,大量依靠进口,泰国、越南等国家对温带蔬菜也有一定的市场需求。百色应发挥四季盛产蔬菜和国家南菜北运基地的优势,依托中国—东盟农产品集散中心建设,建设面对东盟出口的蔬菜生产基地,提高加工冷藏保鲜技术,改善运输装备条件,不断扩大对东盟市场的出口份额。

(3)农业科技示范项目。百色相对越南、老挝、柬埔寨、缅甸等国,在农业种植技术、养殖技术、良种繁育技术、农业生物开发技术、农业病虫害综合防治技术、农业科技培训推广等方面具有比较优势，可在与东盟国家接壤的边境地区建立农业特色产业园区和科技示范园区，形成具有竞争力的边境口岸农业产业支撑体系和农产品（商品）进出口（加工）基地。通过边境农业特色园区和科技示范区的示范作用，提升与东盟国家农业合作的层次。

（4）林产业和林产品开发加工项目。邻近东盟国家有丰富的森林木材资源，但采伐加工技术水平较低。根据国内市场对木材的需求量较大的情况，百色的木材加工企业要主动走出去与这些国家合作办厂，采取种伐结合的开发模式，投资购买或租赁林场山林进行开发经营；在确保生态平衡的前提下，开发利用越南、老挝、柬埔寨、缅甸的森林资源，发展林产业工业、木材加工业、竹产业，以及橡胶、食品、生物药品的加工业，提高木材产品加工的附加值和经济效益。

（5）科技交流与培训项目。一是开展农业科技人才培训合作，建设中国面向东盟国家的农业技术培训基地。二是开展先进的农业技术交流，重点在农林畜果的良种培育、种养殖技术推广以及病虫害防治技术的研究应用方面加强交流合作。三是合作开展动植物疫病疫情监督和控制，防止动植物疫病跨国传播。四是开展作物资源种质的考察、收集、评估、保存和利用合作，促进各方生物资源的保护与持续利用。五是开展农业生物多样性和农业生态系统的合作保护研究。

7.10 保障措施

略。

第 8 章　建三江地区稻谷产业发展规划（2011—2020 年）

8.1　规划总则

8.1.1　规划范围

规划区域为黑龙江省农垦总局建三江管局属下的全部区域，规划总面积 1.24 万平方千米。

规划区由 15 个农场组成：七星、前进、大兴、创业、洪河、前锋、八五九、胜利、勤得利、青龙山、红卫、前哨、二道河、鸭绿河、浓江。

8.1.2　规划期限

2011—2020 年。

近期：2011—2013 年；

中期：2014—2018 年；

远期：2019—2020 年。

8.1.3 规划依据

《国家粮食安全中长期规划纲要》;

《全国主体功能区规划》;

《产业结构调整指导目录》国家发展和改革委员会(2011年本);

《黑龙江国民经济和社会发展"十二五"规划》;

《建三江管局十二五经济与社会发展规划》。

8.2 国内外稻谷产业发展趋势

8.2.1 世界稻谷供需变化及主要发展模式

1.世界稻谷分布

稻谷是世界上生产最为广泛的农作物,除南极洲外各大洲均有种植。稻谷种植生产具有相对集中性和区域性特点,主要集中在亚洲地区,湄公河流域、红河流域、恒河流域等地。据2009—2010年度统计,全球稻谷年产量为6.97亿吨,其中亚洲6.3亿吨,约占全球总产量的90%,在世界稻谷生产中处于绝对主导地位;非洲和美洲各占5%左右;而欧洲和大洋洲的比重很小,总共才占0.5%左右。由此可见,亚洲稻谷的生产供给左右着全球稻谷市场。就世界稻谷生产国来说,中国产量占世界产量的30%左右,居世界第一位,其次是印度、印度尼西亚、越南、泰国、缅甸、菲律宾等国家,主要稻谷生产国情况及空间分布如图8-1、图8-2所示。

2.世界稻谷生产

世界水稻生产主要有两个特点:一是生产集中度高。世界水稻主产区集中在亚洲,种植面积前10位的国家有9个分布在亚洲。其中,印度、中国、印度尼西亚、孟加拉国和泰国的水稻播种面积均在1 000万公顷以上,面积总和达10 664万公顷,占世界水稻种植面积的68.9%。二是品质差异明显。如以出口稻米著称的泰国、巴基斯坦将稻米品质放在首位,其稻米生产全过程均实行严格的质量控制,并在全球树立了良好的信誉和口碑,泰国出口的稻米中,高质量稻米占45%左右;印度虽然平均单产低,但也一直将稻米品质作为品种选育的首要目标;日本的大米生产注重大米的口感和外观;中国水稻生产则以高产为第一目标,重视水稻单产

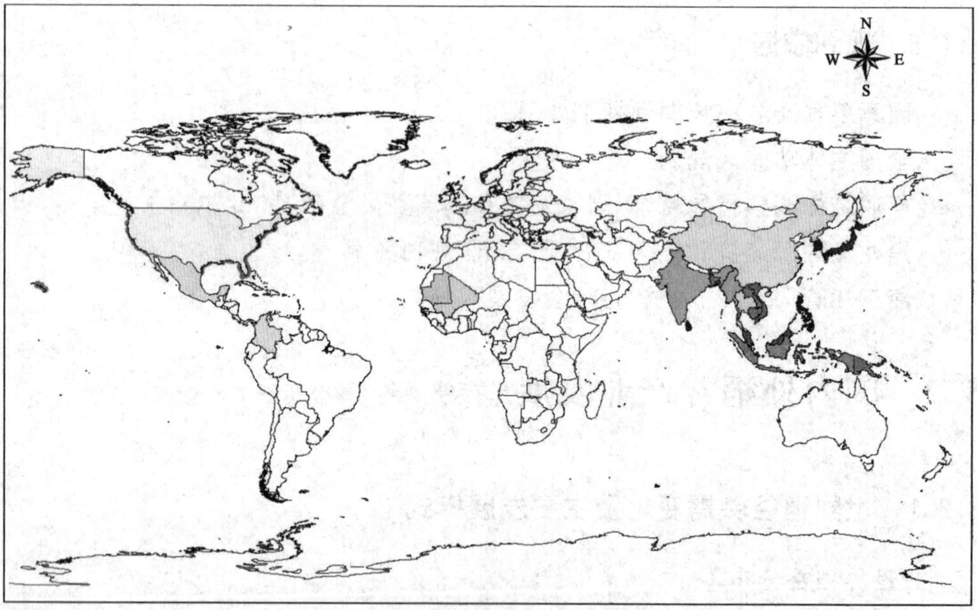

图 8-1　世界稻谷种植空间分布

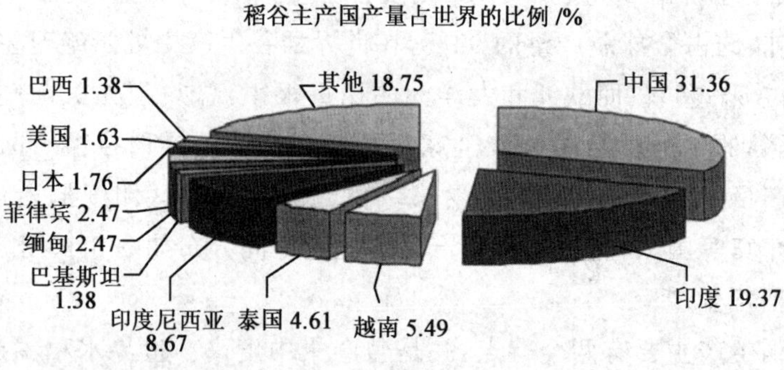

图 8-2　稻谷主要生产国

资料来源:FAO 官网:http://www.fao.org/。

的提高。

近几年,世界稻谷种植面积总体及产量均呈现出上升趋势(图 8-3),由 2005 年的 15 500 万公顷增长到 2010 的 15 900 万公顷,增长了大约 2.7%,这是国际稻谷价格拉动和各国政府减少饥饿努力的推动共同作用的结果。稻谷产量由 2005

年的 63 200 万吨增加到 2010 年的 69 800 万吨，增加了大约 10.38%，增长幅度比面积增长幅度还要大。图 8-3 中面积和产量两条折线斜率的较大差异，表明了种植面积和产量呈不同比例的增长，这些增长与单产量变化和每年的气候影响有关。由于 2010 年稻谷价格上涨，部分国家增加了种植面积，由于 2010 年初干旱影响到东南亚、中国及俄罗斯等国家，预计 2011 年世界稻谷的产量大约在 68 000 万吨左右。

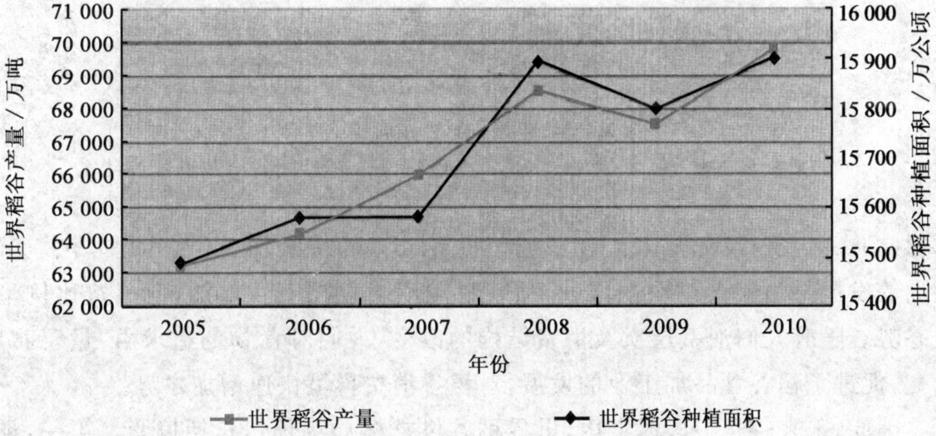

图 8-3　近年来世界稻谷种植面积及产量分布

资料来源：美国农业部网站：http://www.usda.gov/。

3.世界稻谷消费

目前，全球 30 多亿人以稻谷为主食，稻谷的"食用消费比"在三大粮食作物中也是最大的。近年来全球消费及库存出现了较大的反差(图 8-4)，全球稻谷消费量在世界人口逐渐增加、人均费量提高以及其他需求强劲的局面下保持增长，从 2001－2002 年的 41 320 万吨到 2009—2010 年的 45 390 万吨(图 8-4)；而全球的库存近 10 年来呈现出先下降后上升的趋势(图 8-4)。2003—2007 年，由于受自然灾害影响，粮食产量下滑，为了保证使用消费，各国政府只能动用库存来保障稻谷的供给，维护社会的安全。

近年来世界稻谷消费及库存情况见图 8-4。

稻谷经过加工后得到大米和米糠，大米是多数国家和地区人民的主食，稻谷消费中食用消费占 80%以上，同时也是一些食品加工业的原料；米糠中含有较多

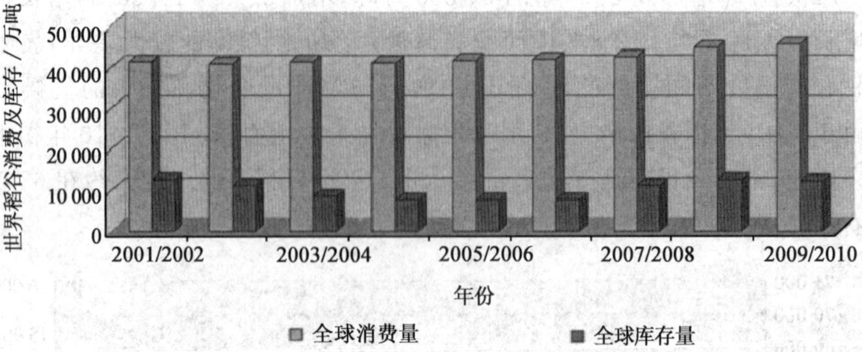

图 8-4　近年来世界稻谷消费及库存

资料来源：杨子刚，王文坤，郭庆海. 世界主要粮食作物市场供求分析. 调研世界，2011.5。

的粗脂肪、粗蛋白及无氮抽出物。迫于世界人口的持续增长，尤其是非洲、美洲、亚洲等发展中国家人口快速增长，稻谷食用消费也在不断增加，但消费比例呈稳定态势。随着人们消费层次及消费结构的改变，人们对食物的追求由"量"到"质"转变，促进了稻谷食品加工业的发展，对稻谷消费量呈快速增加之势。

因此，未来较长一段时期内，世界稻谷供求格局将仍然长期偏紧。第一，稻谷生产区主要集中在亚洲，相比发达国家，这些地区的生产水平相对较低，抗灾害的能力较弱，稻谷生产的风险偏大，而大米消费却随人口增长而不断增加，特别是2011 年初，包括中国、越南、泰国在内的稻谷主产国受干旱灾害，对早稻的影响比较大，全球供给难免出现减少。第二，2010 年来在全球通货膨胀影响下，包括稻谷在内的农产品价格上涨，由于各收购主体对稻谷价格上涨的预期，国际上的热钱又更多流入农产品市场，促使需求将持续上涨，将进一步加剧全球稻谷供求紧张的局势，抽空了稻谷价格下跌的空间，给稻谷价格坚挺提供了支持。

2010 年 6 月中旬，经合组织和联合国粮农组织联合发表了《2010—2019 年农业展望》报告，对未来 10 年世界主要粮油产品供需情况进行了预测。该报告认为，世界经济正在逐步恢复，必将导致全球农产品需求不断增长。未来 10 年间，全球主要农产品生产预计将逐步增长，能够满足不断扩大的需求；随着收入和人口不断增加，以及城市化程度不断提高，发展中国家和新兴国家预计将成为促进全球农产品消费需求不断增长的最主要因素；随着世界经济逐步恢复导致原油价格不断上涨，主要农产品价格不但难以降至以前的低水平，反而逐步上涨。经预测,2010—2019 年间,全球小麦、大米和粗粮产量年均增长率预计分别为 1.1%、1%和 1.6%;全球小麦、大米和粗粮消费量年均增长率预计分别为 1.2%、1.1%和 1.5%。

综上,尽管全球的稻谷产量近年来增幅不大,但随着世界人口的增加以及饲料和工业加工的发展,对稻谷的需求也在不断上涨,世界稻谷的供求正由"供求宽松"到"供求趋紧"方向发展。

4.稻谷产业主要发展模式

由前述可知,亚洲稻谷产量约占全球总量的 90%。从贸易的角度,东盟和中国、日本、韩国大米出口量约占世界大米出口总量的一半以上,其中泰国是世界最大的大米出口国,出口量占世界大米出口量的近 1/3,中国、日本和韩国出口量较少。稻米主产国的资源禀赋、基本国情及这样的产销格局,在世界上形成了两种稻谷产业发展的主要模式。

1)泰国模式

"泰国模式"的特点是以大米生产为主,大米加工产品生产为辅的发展模式。

相关数据表明,从泰国出口的大米价值上来看,大米占 92%,而大米加工产品只占 8%。"泰国模式"把优质高端大米做到了极致,2009 年,随着国际米价的迅速攀升,泰国 100%B 级大米 FOB 报价达到了 650 美元/吨,高出越南、巴基斯坦等大米出口国价格近 20%~60%。在中国市场上,目前,泰国香米的价格也要高出国内普通高端大米价格。

大米是泰国的主食也是泰国主要的经济作物。泰国全国农民五 560 万户,种大米的有 370 万户,占农户总数的 66%。种大米面积年平均 5 600 万~5 800 万莱(1 莱=2.5 亩),年生产 2 800 万~3 000 万吨,年生产价值 1 800 亿~2 000 亿泰铢,既是农民主要的经济来源,也是国家重要的出口商品,年平均给国家带来的外汇约 800 亿~1 000 亿泰铢。这可体现出大米对泰国人的重要性,大米不仅是国家利益的重要组成部分,更犹如泰国人的生命。

因此,"泰国模式"下更加注重稻谷传统产业链的发展,即在发展优质食味大米方面,力求精致、卓越以及品牌的市场营销。

2)日韩模式

"日韩模式"的特点是充分依托先进稻米生产加工技术和不断扩大的稻米精深加工产品需求,不断在精深加工上开拓稻谷新产品,提高稻米副产品附加值的模式。

由于日本、韩国等国家，耕地面积较小，粮食自给率较低，因此，这些国家比较注重稻米的精深加工，以获取稻米产值最大化。“日韩模式”国家都具有较高的稻米精深加工技术和设备，稻谷深加工产品体系丰富，稻谷产业链得到了较好的延伸（图 8-5，图 8-6）。

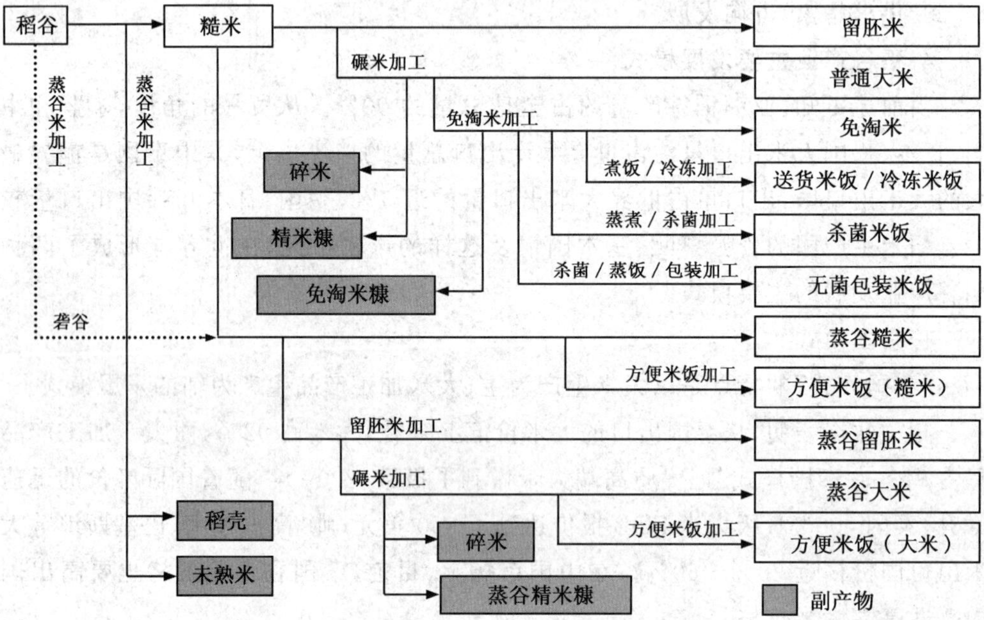

图 8-5　日本碾米工厂的高附加值产品产业链

8.2.2　我国稻谷产业现状及问题

1.稻米生产与消费

我国是世界上最大的稻米生产国，水稻是我国种植面积最大、单产最高、总产最多、品种最复杂的粮食作物，水稻生产的发展在我国粮食生产中占有举足轻重的地位。2010 年我国稻谷产量达 1.987 亿吨，约占世界总产量的 30%，占我国粮食总产量的 2/5，我国水稻单位面积产量是世界平均水平的 1.6 倍。同时，我国也是世界上最大的稻米消费国。2010 年，我国谷物总产量为 4.44 亿吨，其中稻谷总产量约占 45%，约有 8 亿人是以稻米为主食的，每年直接食用稻米及其制品耗用

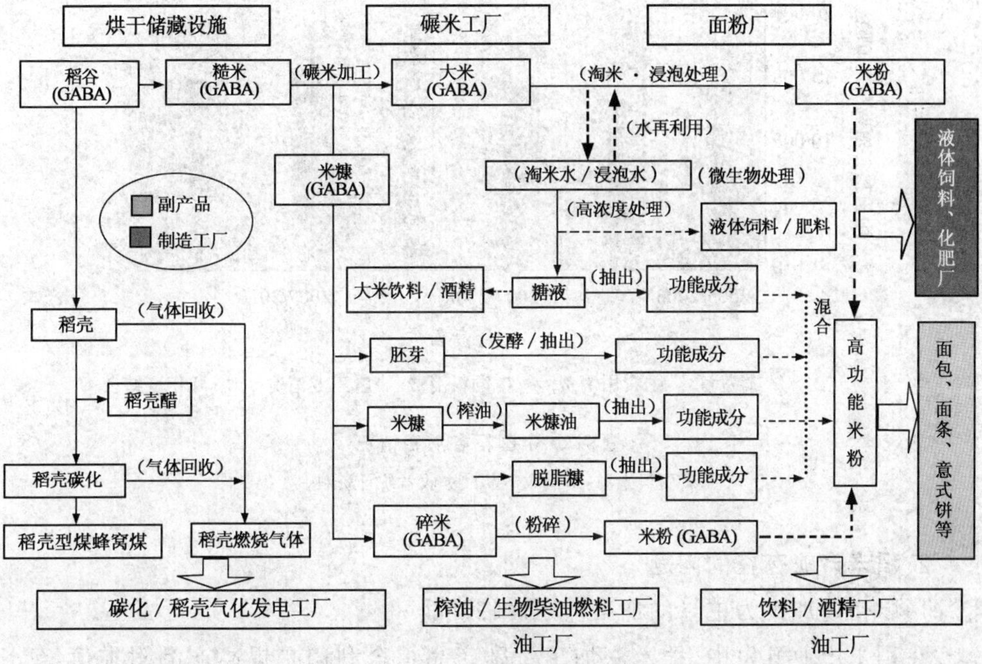

图 8-6　日本功能性米粉加工厂产业链

稻米 1.3 亿～1.4 亿吨。可以说稻米及其制品的消费市场是我国最大、最稳定的粮食消费市场之一。稻谷供求总量和品种结构的平衡对全国粮食供求结构平衡具有举足轻重的意义。

在目前的稻米消费中，口粮消费占我国稻谷消费的 86%，人均每年食用稻米 91 千克，除西北、华北和东北大部分地区以外，稻米是我国 60%人口的主食，约占城乡居民口粮消费的 65%。近年来，虽然中国人口出生率呈下降趋势，但由于人口基数大，每年人口增加量依然为 1 000 万人左右，消费量呈上升趋势；其他消费在个别年份有小幅波动，但总体上呈稳定态势(图 8-7)。

但作为口粮消费的大米附加值低，增值有限。我国稻谷加工和深加工现状已落后于周边稻谷生产区国家，而米糠等副产品资源的利用率极低，大部分用做饲料，只有少量是用来提取米糠油。发达国家对水稻初加工仅占 20%，深加工为 80%。而我国初加工却占 80%，深加工仅为 20%。

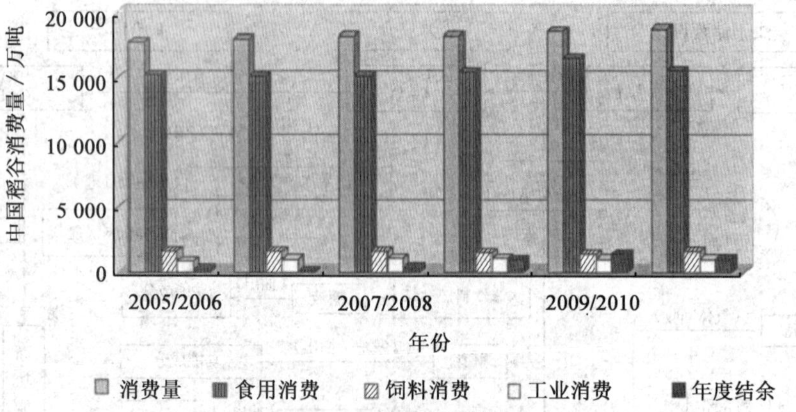

图 8-7　中国稻谷消费情况

资料来源：中国农产品成本收益统计资料。

2. 稻米产业存在的问题

1)以初级加工为主导的加工体系面临挑战

在稻米产业开发中，稻米深加工及副产品综合利用是提高产品附加值，延长稻米加工产业链条的关键。然而，多年来由于我国人口基数对粮食需求的压力以及国内的稻米深加工技术落后，致使目前大部分稻米加工企业仍处在满足基本食用需要的碾磨加工阶段，稻米加工产业存在着技术长期不变，加工技术落后，产品质量不高等一系列问题。同时，稻米转化的多样化、专业化与食品保健、医药化工等工业生产需求尚有很大距离，稻米资源深加工率以及加工工艺和技术与国外发达国家相比差距很大。目前，除少数大型粮油加工龙头企业外，大多数稻米加工企业缺乏深加工技术和设备，在稻壳发电、米糠油、米蛋白、水稻秸秆的开发利用上未实现规模化生产，副产品综合利用程度和产品附加值低，极大地压缩了稻米加工企业的利润空间，也降低了企业的市场竞争力。

以米制主食品工业化生产为例，我国 13 亿人口中有 7 亿以大米为主食，全国年平均口粮消费大米 1.19 亿吨。对于习惯米食的消费者而言，方便米饭、方便米线比方便面更具吸引力。但是工业化生产的米制品所占市场的份额却很少。以方便米饭为例，目前我国一线城市年人均消费量仅为 0.08 盒，日本 1999 年全国年人均消费量就达到约 10 盒(2.1 千克)。可见，我国目前米制主食品工业化生产薄弱，这也是制约稻谷加工产业链延伸的主要因素。

目前稻谷加工的主产品仅为大米,留胚米、发芽糙米、蒸谷米、营养强化米等产量极少。米制主食品专用米、酿酒专用米等新产品还处于研发阶段。而美国每年用于酿造业和食品加工业的大米占年大米总消耗量的 40%以上,日本每年用于酿造和食品加工业的大米占全年大米消费量的 20%左右,目前我国大米的工业转化率只 5%左右,与稻米消费成熟市场的差距较大。

2)资本约束与技术瓶颈成为稻谷产业深加工的主要障碍

稻谷综合利用虽然前景诱人,而资金和技术实力却是小企业难以迈过的两道坎。益海佳木斯粮油工业有限公司总经理吴志华说:“产能只有几十吨的小厂不可能投入大量资金对稻谷进行综合利用。”以益海佳木斯的稻壳发电项目为例,累计投入已经超过 2 000 万元。

稻谷深加工技术装备落后。近些年,我国也开发出一些深加工国产设备,由于基础薄弱,技术含量低,自动控制系统与工艺流程设计和机械制造脱节,产品性能稳定性和成套性差,精度和自动化程度不高。而在引进国外先进设备时,重视硬件,忽视软件,消化吸收和自主创新不够,技术开发投入不足,产品缺乏自己的特色。产品结构不合理并且调整缓慢,大型设备、技术含量高的设备少,低附加值、低水平的产品多,设备稳定性及耐用性与国际先进产品有差距。再有粮油深加工的科技开发和研究力量分散,科研经费短缺,科技资源配置不尽合理。一方面,基础性技术研究不被重视,技术储备缺乏;另一方面,企业自主开发创新能力差,能够实施产业化的科技成果不多。

3)产业集中度低引发恶性竞争,且无法达到规模经济

目前,在我国稻米产业中,从行业结构上看,粮油资源粗加工多,深加工少;从产品结构看,产品品种花色少、档次低、包装差,产品更新换代慢,低水平上扩张,高档产品生产能力不足,低档产品生产能力过剩,产品结构不能适应市场需求变化;从规模结构上看,由于粮食生产分散,标准化、规模化程度低,粮油加工企业规模小,粮油资源加工集中利用度不够高,具有较强竞争力的大型名牌企业或企业集团为数不多。

到 2009 年底,我国粮食加工规模企业 11 700 个,其中大米加工厂 7 698 家,年产能 10 万吨大米以上的企业约 130 家,而日处理 100 吨以下的为 5 023 个,占总数 65.34%。可见,小型企业数量之多,而且布局分散,导致米糠、米粞等稻谷加工副产物资源分散,难于有效开展副产物综合利用。全国稻谷加工产能利用率一直

处于48%以下，一半以上的产能量空置，浪费极大，比小麦粉、食用植物油加工业产能利用率低。与国际上超过70%的产能利用率相比，更处于较低水平。

4)稻谷精深加工产品的市场接受度较低

在技术成熟的环节可以推出稻谷深加工的各类产品，但是产品如何被消费市场所接纳是一个需要着重考虑的问题。如何引导消费需求，形成消费习惯，打造产品品牌是一个重要的营销策略。纵览现在稻谷深加工市场，一些产品市场规模较小，企业在引进相关生产线、上项目方面缺乏激励；一些产品替代品多，缺乏不可替代性的绝对优势。在成本并不占很大优势的情况下，如何在本已饱和的市场中同各大有较强品牌知名度的企业竞争，赢得市场一席之地是企业面临的现实挑战(典型的如稻壳板建材，技术较成熟，但是由于成本不占优势，一直没有能够推广开，产业化水平较低)；部分高端产品附加值高，但要引导消费需要，培养消费习惯需要较长的时间和巨额的资金投人，远非单个企业所能承受，这种情况下，市场培育还未成熟，也极大地限制了稻谷产品的综合利用。

8.2.3 我国稻米产业发展趋势

1.消费需求结构变化总体趋势

稻谷是我国单产最高、稳定性最好、总产最多的粮食作物。《国家粮食安全中长期发展规划》的预测显示，我国稻谷需求在未来呈现增长趋势，但从增幅来看，2005—2020年按0.91%的幅度增长，2010—2020年按0.80%的幅度增加，总的来说，未来若干年内我国稻谷需求的增长幅度较小。

表8-1表明我国消费需求呈平稳增长态势。国内人口每年增长1 000万人，人口增加促使稻米口粮消费需求增加，口粮消费需求呈刚性增长。但由于生活水平提高，我国的人均口粮消费呈下降趋势，按0.62%的速度递减，特别是农村口粮消费水平继续下降，使得人口增长用粮基本抵消了因人均口粮消费水平下降而减少的量。因此，口粮消费水平基本趋于平稳。另外，食品工业等转化用粮继续保持快速增长，使得工业用粮在未来呈现上升趋势。稻米消费需求增长主要是受到食品工业用粮的拉动，国家对酿酒降低增值税征收，促使稻米酿造转化加快。米粉、味精等用粮保持平稳增长态势；玉米价格居高不下，导致农民饲料用粮主要是普通稻谷，其饲喂用量有所增加。

表 8-1　2010 年和 2020 年我国粮食消费需求预测

年份	粮食消费总量/亿吨	人均消费量/千克	消费量(按种类分)/亿吨						消费量(按用途分)/亿吨			
			谷物	稻谷	小麦	玉米	大豆	其他	口粮消费	饲料用粮	工业用粮	种子用粮
1995	4.528	374	4.034	1.826	1.069	0.973	0.192	0.303	2.801	0.120	0.400	0.128
2000	4.770	377	4.143	1.813	1.051	1.162	0.236	0.392	2.697	1.448	0.505	0.121
2005	4.978	380	4.214	1.837	1.005	1.269	0.406	0.358	2.666	1.585	0.610	0.117
2007	5.125	388	4.310	1.825	0.995	1.380	0.445	0.370	3.645	1.715	0.650	0.115
2010	5.250	389	4.410	1.845	0.990	1.475	0.480	0.360	2.585	1.870	0.680	0.115
2020	5.725	395	4.775	1.885	0.980	1.810	0.590	0.360	2.475	2.355	0.780	0.115
2005—2020 年平均增长率/%	1.07	0.47	0.91	0.09	−0.29	3.05	3.41	0.14	−0.62	3.36	2.20	−0.26
2010—2020 年平均增长率/%	0.87	0.15	0.80	0.21	−0.10	2.07	2.08	—	−0.43	2.33	1.38	—

注:数据来自《国家粮食安全中长期发展规划》。

2.优质大米市场份额快速提升

大米这个传统的市场正在悄然发生着变化。传统市场的不断蜕变，滋生了高端大米的生存土壤，越来越多的高档大米出现在市场上，优质大米市场份额正在快速提升。

案例的启示：2007 年 7 月底，日本"越光"牌大米进入中国市场，在北京和上海的日资超市销售，每千克售价 99 元，价格约为国内普通大米的 20～30 倍。不管其作为"政治米"，还是天价的噱头，已经足够让新闻媒体兴奋的了。铺天盖地的不花钱广告，使"越光大米"快速出了名。不仅很多有钱的人在购买，而且普通人也去尝鲜，由此拉开了大米走向高端市场的序幕。"美裕大米"是继"越光大米"之后，异军突起于高端市场的国产品牌，近两年高端米每千克售价也达到上百元，采取直销特供的模式，免费送货上门的美裕大米，实现了从"田间"到"餐桌"的零环节。"越光大米"和"美裕大米"的出现，将传统的大米拉向了高端，引发了大米的营销从价格战走向价值战。

消费分析：随着经济发展和人民生活水平的不断提高，使高端米国内市场容量逐年增大。食品消费已由温饱型向优质型转变，有利于人们健康的无污染、安全、优质营养的绿色食品越来越受到青睐。国内人均收入持续增加，购买力水平也随之持续提高，消费能力持续增强，使人们对大米的消费也不再仅限于白米饭，各种品牌的绿色稻米、有机稻米纷纷推向市场，同时提供了各种功能米、米粉及各种风味的菜泡饭、盖浇饭等米制品，增加了市场供给、丰富了人们的生活。近年来，绿色稻米生产加工企业在水稻生产、市场营销、企业形象的打造等方面都有所创新和突破，成功地将一个个安全、健康、营养的绿色稻米品牌打造成稻米精品、稻米极品，卖出更高的价格，大大提高了绿色稻米的附加值。有调查显示，当前人们对主食的摄入量比 10 年前减少了 20%左右，对蛋白质和蔬菜等的摄入量提高了 20%～50%。人们对主食稻米的需求，正在由数量型向质量食味型转变。不一样的大米有不一样的价格，而良好的利润空间，才有可能保证产品的品质和品牌的建立。高端大米的市场潜力和发展空间正在日益彰显。因此将大米定位在高端市场，无疑是一条新出路。

3.坚持深加工与循环经济理念

深加工和循环经济理念对于稻谷产业来说是相辅相成的。坚持循环经济理念，即以稻谷产业加工为中心节点，产业链向上游稻谷种子、生产、收购等各流程延伸，同时向仓储、物流、交易等下游拓展，实现加工、物流、粮食产业化为一体，农场、科研为一体，通过循环经济理念的导入，逐步推动稻谷产业全产业链的打造，从上端的种子培育到下游的品牌打造、销售渠道构造实现一体化的运营，实现从“田间到餐桌”的贯通。不断延伸产业链，带动相关产业的蓬勃发展。

稻米的深加工和综合利用主要是对稻米加工的主副产品进行进一步的充分利用，使稻米资源得到有效的利用和极大的增值。稻谷全身皆是宝，可通过深加工和科学合理的综合利用使之增值。稻谷除提供人们主食大米之外，还可转化为营养丰富、生理功能卓越的健康食品原料，为现代文明病的预防和治疗提供了新资源，又可转化为优质廉价的医药、化工等工业原料。

世界各国都非常重视稻米生产和深加工技术与设备的研究与开发。美国和日本是世界上对稻米深加工和副产品综合利用最先进的国家。日本、美国等国的粮食加工产值比在3∶1以上，而我国目前只有0.5∶1左右；发达国家粮食产品加工程度都在90%以上，而我国只有20%～30%；我国每年有3 200多万吨稻壳、1 400多万吨米糠、1 700多万吨碎米、100多万吨谷物胚处于初加工阶段，资源未得到充分开发和利用，产品的加工水平和附加值还相当低，因此，我国稻米产业发展既有良好的发展空间，同时又任重而道远。

稻谷深加工是粮食再生产过程中的重要环节，是粮食产业链条中的重要组成部分，是关系国计民生的重要产业，在国民经济和国家粮食安全中具有重要的地位和作用。有专家表示，随着我国居民膳食结构的进一步改善，我国的稻谷加工业必将进一步加大技术升级的力度。今后要着重发展优质稻谷精加工，重视加工过程的精碾、调质、成品整理等技术的开发与应用，大力开发米糠等副产品制油等多种用途，向高出米率、精米、特种米、碎米深加工、大米添加剂及稻壳、米糠综合利用等系列产品方向发展扶持合理规模企业发展。我国目前一些米制品的食品行业尽管生产的产品质量、技术、加工能力都可以和国外一些发达国家相比，但是自主开发产品能力比较差，产业水平有比较大的差距，特别是深加工方面距离更大。

稻米是我国最为重要的一种生物资源，对其进行深度加工，高效转化，得到合理、有效全面利用，延长产业链，提高生产资源利用度，大幅提高稻米加工业与农业产值的比值，对于国计民生、持续发展至关重要。实施产业化技术使稻米通过深加工高效增值，可使我国从稻米生产大国向稻米生产强国转变，从低效农业向高效农业转变，是促进可持续发展的有效举措，必将成为我国农业经济和农村发展新的增长点。

4.休闲食品加工成为重要方向

休闲食品其实也是快速消费品的一类，是在人们闲暇、休息时所吃的食品。最贴切的解释是吃着玩的食品。主要分类有：干果，膨化食品，糖果，肉制食品等。随着生活水平的提高，休闲食品一直是深受广大人民群众喜爱的食品。走进超市，就会看到薯片、薯条、虾条、雪饼、果脯、话梅、花生、松子、杏仁、开心果、鱼片、肉干、五香炸肉等休闲食品。休闲食品正在逐渐升格成为百姓日常的必需消费品，随着经济的发展和消费水平的提高，消费者对于休闲食品数量和品质的需求不断增长。

近年来，休闲食品市场规模呈几何级的速度增长，高出食品市场平均增长率20个百分点。需求不断提升，稻米产品的个性要求也在不断增强。在经济社会发展的新阶段，稻米消费者对稻米休闲食品的需求更多的是考虑“营养、可口、安全、健康”。因此，满足消费者对稻米产品的新需求，丰富稻米产品的个性，应成为增强稻米加工业核心竞争力的重要手段。

8.2.4 稻谷产业特征及产品体系

1.稻谷产业特征

(1)水稻不管是现在还是未来将一如既往是世界上重要的粮食作物，人口的增长和土地资源的锐减，将加大对稻谷的需求，稻谷产业涉及粮食安全及国家安全。稻谷大米的传统加工业虽然薄利且附加值低下，但却是稻谷产业之本，以后相当一段时间仍会沿袭稻谷大米加工为主线的传统加工继续发展。加大稻谷产业链各环节及其节点的附加产品循环经济综合利用，是稻谷产品增值的基础。

(2)稻谷传统加工产业投资小，产业技术门槛低，劳动力需求不大，技术要求不高的共性特征，为中小企业及民营企业留下了较多的生存和竞争空间，形成国企、外企和民营企业并存的多元化经济结构。以后相当一段时间内，三足鼎立的趋势不会改变，稻谷初加工和精深加工并存、传统习俗利用和循环经济综合利用并存的局面也不会改变。

(3)目前国内外稻谷初级精加工的技术基本成熟，谷壳、米糠、碎米、秸秆综合加工利用产业链已形成，为什么精深加工的规模、市场和加工品种发展迟缓？究其原因,一是经济价值在进行成本收益的衡量之后,收益小于成本故自然淘汰;二是精细加工提取医药生物化工的高端产品的技术尚未成熟,限制了稻谷高端产品的批量化生产;三是目前有较多的其他原料产品可以取代稻谷附加产品(米蛋白、米糠油等),唯一性和不可替代性的缺失限制了稻谷附加产品的精深加工品种生产,以及高科技含量产品的研制。

2.稻谷加工层次

据统计,稻谷加工成大米的过程中,产生的稻壳、碎米、米糠和米胚等副产品的重量约占稻谷重量的40%。我国每年水稻产量在1.8亿～1.9亿吨,每年会产出3 200多万吨稻谷,1 400多万吨米糠,1 700多万吨碎米,100多万吨谷物胚。

稻谷的产后加工利用,主要是开发稻米资源,加以合理有效利用,提高其转化率,创造高的价值。从系统工程学来看,它包含粗加工和深加工两个方面,共3个层次:粗加工、精加工和深加工。

粗加工也称常规加工,是稻谷加工的最初形式,即把原料稻谷加工为成品大米的过程。精加工是在粗加工的基础上,进一步强化分级、精选提纯,它应用分级碾米、喷湿碾米、水热处理、精磨上光、涂膜上光、调治、喷吸、静吸等工序,加工成免淘洗类米品。稻米深加工是以大米、糙米、碎米、米糠、米胚、稻壳等为原料,采用物理、化学、生化等技术,加工转化成各种产品,提升稻谷资源的有效利用和高增值。图8-8为稻谷产业链。

3.加工产品体系

稻米是人类赖以生存和发展的基本食物,加工100千克稻谷,其中有60～65千克主产品(大米),其余为35～40千克副产品(稻壳、碎米、米糠和米胚),在这些副产品中,其中15～20千克具有食用价值,经过生物科技工艺精深加工后,可以得到多种高附加值产品。据世界发达国家稻米深加工全利用经验表明,稻谷加工前后的产值比可由1∶1.2提高到1∶4,增值近4倍。

稻谷粗加工后可带来4种产物,即大米、碎米、米糠、稻壳。大米是人们一日三餐的主食;碎米可以加工食品,如米粉、米酒、高果糖浆、米淀粉、米蛋白等;米糠可以制油;稻壳可以发电(或产生蒸汽),为碾米、食品加工、制油提供能源;食品加工和米糠制油产生的糟、粕,可做饲料,发展畜禽生产;稻壳燃烧的灰烬和畜禽的粪便又可做肥料还田,反哺农业,使粮食产区稻米加工走循环经济发展的道路。

稻米深加工是以大米、糙米、碎米、米糠、精白米糠(糊粉层蛋白)、米胚等为原

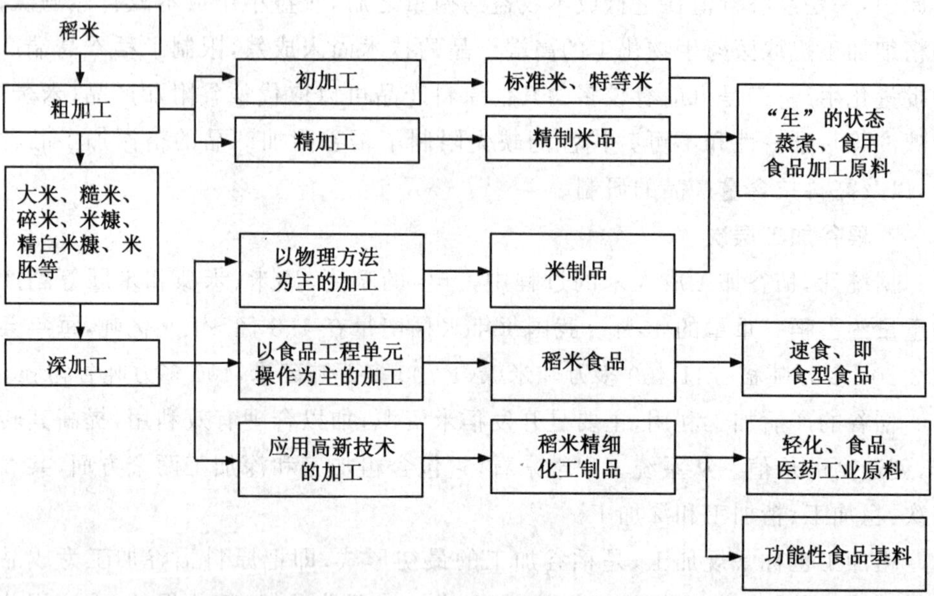

图 8-8　稻谷产业链

料，采用物理、化学、生化等技术加工转化的各类产品。使用的原材料是食用大米加工产生的节碎米、米糠、稻壳等，经过深加工可以获得淀粉糖类、蛋白粉类和米糠油类产品。这些产品市场处于成长期，市场价格高，前景好。

目前已知水稻精深加工品种种类很多，如日本水稻综合加工产品达 300 余种，美国、欧洲达 1 000 余种。稻谷精深加工产品主要有：发芽糙米、精洁米、免洗米、蒸谷米、胚芽米、营养强化米等；米糠可制取米糠油、保健食品、营养素，以及医药、精细化工、日用化工等系列产品。

稻米精深加工制品主要集中在日本、中国和东南亚一些国家，稻谷（米）及其加工制品国际年贸易额达 500 亿美元。

1）米制品

米制品是以稻米为主要原料加工的一类食品，主要包括专用大米粉、米制挤压食品（方便米线、沙河粉等）、米制蒸煮食品（方便米饭、米粥、米发糕、粽子、汤丸、糍粑、年糕等）、米制烘烤食品（大米锅巴等）、米制膨化食品（雪米饼、爆米花等）、米制发酵食品（米酒、米醋、米饮料等）以及由稻米衍生的产品（果葡糖浆、味精、抗性淀粉等)。

2)米饮料

米饮料主要包括稻米营养饮料及米胚、米乳饮料等。

稻米营养饮料是糙米或大米经蒸煮发酵而成的一类天然营养保健型饮料,有液体(主要是乳浊液)和固体(经过真空浓缩干燥后的)两种形式。含有对人体健康的有益的微生物,生理活性较高,兼有营养、保健和风味独特的功效。

天然米胚芽饮料是以新鲜米胚芽为原料,采用浸泡、胶磨、分离等工序生产的一种具有营养保健功能的植物蛋白饮料;它色泽乳白,具有谷物的清香,富含蛋白质、脂肪以及维生素 E、维生素 A、维生素 B_1、维生素 B_2 和矿物元素镁、锌等。

米乳饮料是以大米和糙米混合作为原料经过焦糖化处理、酶水解和分离均质调配等工艺生产的,具有糙米的丰富营养和谷物烘焙的香味,是一种独具特色的大米饮料。

3)米淀粉

大米淀粉是指以大米为原料制取的淀粉制品,同时可以生产米蛋白,下脚料为淀粉糟。大米淀粉颗粒细致、有棱角,具有很好的附着性,可使制品表明光洁平滑,并能很好地吸附碱性色素,用于照相纸、拷贝用感光纸、彩印等各种特殊用纸的填料、涂料以及食品、药品等。大米淀粉糖是利用大米淀粉原料生产的糖品,主要有葡萄糖浆、结晶葡萄糖、麦芽糊精、麦芽糖、果葡糖浆、结晶果糖、糖醇及各类功能性低聚糖。

大米淀粉还是一种新的脂肪替代物,原因是糊化淀粉具有温和、光滑,类似奶油的口感以及易涂抹开的特性,且由于淀粉颗粒均匀,可作为均质脂肪小球体,因而具有脂肪口感。由于腊质米淀粉除了有类似脂肪的性质外,还具有极好的冷冻——解冻稳定性,因此可作为脂肪替代物用于冷冻甜点心和冷冻正餐的肉汁,以及无脂肪奶酪、无脂肪冰淇淋、无脂肪人造奶油、沙司和凉拌菜调味料等。

4)米蛋白

生产大米淀粉时的副产品——大米蛋白,是公认的谷类蛋白中的最佳产品之一,其营养价值高于小麦蛋白,且第一限制性氨基酸——赖氨酸含量高于其他谷类;其氨基酸组成合理,生物价和蛋白质效用比率在谷类中也是最高。这些特性使得大米蛋白非常适于做婴儿以及其他特殊人群的食品。目前大米蛋白除了直接用作高蛋白饲料外,还可加工成酱油、高蛋白米粉、蛋白饮料、蛋白胨和蛋白发泡粉；也可直接水解得到容易消化吸收的氨基酸营养液，用于保健品、调味品、化妆品及洗涤用品等。

米糠蛋白，是米糠经提取米糠油后进一步开发而来的。虽其蛋白含量较大豆饼粕、花生饼粕低，但作为世界第一大农作物的副产品来说，其产量还是不容忽视的。米糠蛋白具有同大米蛋白类似的特性及功能，是一种营养价值很高的植物蛋白，最大的优点——低过敏性。但在天然状态下，它与米糠中的植酸、半纤维素等结合在一起，妨碍其消化吸收。为此，需将其从天然状态中提取出来以增加它的利用价值。

5)米糠油

据不完全统计，迄今为止，有关米糠深加工的专利有 50 多件，以米糠为原料开发出来的产品更是有上百种之多，产品主要集中在食品、日化和医药三大行业中。米糠油中不仅含有 80%以上的亚油酸等不饱和脂肪酸，而且还含有丰富的谷维素、维生素、磷脂和植物甾醇。因此，米糠油是一种保健性食用油，其营养价值超过豆油、菜籽油等。

6)米胚芽

稻米胚芽富含 *r*-氨基丁酸(GABA)，近年来，对 GABA 研究已经成为国外，尤其是日本研究的热点。现已证明稻米胚芽中的 GABA 具有多种生理功能，如降血压、肾功能活性化、肝功能活性化、预防肥胖、促进乙醇代谢及消臭等作用。最新的研究表明，它还有精神安定作用和抑制大肠癌等其他生理功能。

7)稻米壳

稻壳的深度开发应用领域相当广泛。它的初级产品不仅可作为食用菌的培养基料，用作能源发电、纤维板和糠醛的生产等，而且深加工后还可生产出利于环保和健康的快餐盒、美容化妆品等诸多食品、化工用品。稻壳含有丰富的森质素、戊聚糖和二氧化硅等成分，是制备白炭黑、活性炭和高模数硅酸钾的良好原料。以稻壳为原料生产的活性炭，不仅成本低，而且杂质少，特别适用于食品工业；稻壳中的硅在一定条件下煅烧，可以形成多孔性的无定形二氧化硅微粒，具有很大的吸收表面和活性，可作为多种载体或高级复合材料的原料。

4.国内外稻谷产业关联产品表

稻谷产业关联产品具体见表 8-2。

表 8-2　稻谷产业关联产品表

类型	产品方向		备注
大米生产	普米、精米、碎米		泰国大米有长颗粒白米、泰国茉莉香米、泰国蒸米
			日本大米有减农药·减化肥米、有机米、新形质米(低谷蛋白米、低变因原米、巨大胚芽米、有色米等)
米制食品	米粉、米制挤压食品	方便米线、沙河粉等	日本目前有免淘米、冷冻米饭、无菌包装米、干燥米饭、功能性米粉等产品
	米制蒸煮食品	蒸谷米、方便米饭、米粥、米发糕、粽子、汤丸、糍粑、年糕等	
	米制烘烤食品	大米锅巴	
	米制膨化食品	雪米饼、爆米花等休闲食品	
	米制发酵食品	米酒、米醋、稻米营养饮料及米胚、米乳饮料等	
	发芽糙米		
米淀粉	葡萄糖浆、结晶葡萄糖、麦芽糊精、麦芽糖、果葡糖浆、结晶果糖、糖醇及各类功能性低聚糖		关联产品有婴儿食品、冰淇淋、酸乳酪、脂肪替代品等
米蛋白	高蛋白饲料、酱油、高蛋白米粉、蛋白饮料、蛋白胨和蛋白发泡粉		
米糠食品	米糠油、米糠营养素、营养饮料和营养纤维、米糠多糖、米糠神经酰胺、米糠抗癌 IP6 保健品等		
米糠为原料的医药产品	菲丁、植酸、肌醇、谷维素、谷固醇,维生素 B、维生素 E、28 烷醇、30 烷醇和植物甾醇等		
米糠为原料的日化产品	美容化妆用品,如香皂、香波、润肤露、婴儿爽身粉等		
糠粕	饲料		米糠粕是优质的饲料原料,可直接用于家禽饲养,也可作为饲料添加剂

续表 8-2

类型	产品方向	备注
稻壳	稻壳发电	日本一些企业利用稻壳制造出的香波、香皂、化妆水及化妆品；此外，日本对稻壳的利用研究在土壤改良、空气净化、育苗培土、二氧化硅等方面
	食用菌培养基	
	糠醛	
	纤维板等建材产品	
	白炭黑、活性炭	

8.3 稻谷产业价值链与要素链分析

据世界发达国家稻米深加工利用经验表明，稻谷加工前后的产值比可由 1∶1.1 提高到 1∶4，增值近 4 倍，稻米精深加工制品主要集中在日本、中国和东南亚一些国家，稻谷（米）及其加工制品国际年贸易额达 500 亿美元。稻米精深加工使用的原材料是食用大米加工产生的节碎米、米糠、稻壳等，经过深加工可以获得淀粉糖类、蛋白粉类和米糠油类产品等。这些产品市场处于成长期，市场价格高，市场前景好。

长期以来，我国稻米加工仅处于一种满足口粮大米需求的初级加工状态，有效利用率只有 60%～65%，副产品深加工利用极少，资源综合利用水平低。随着稻米精深加工技术和工艺的不断创新发展，食用大米加工产生的节碎米、米糠、稻壳等经过深加工可以获得淀粉糖类、蛋白粉类和米糠油类产品等。这些产品市场处于成长期，市场价格高，市场前景好。

结合以上分析目前，国内稻米及其副产品深加工主要产品分类如图 8-9 所示。

根据世界各国稻米精深加工的一般经验，稻米精深加工产业链及产品结构示意图见图 8-10。

稻谷加工业是粮食再生产过程中的重要环节，是粮食产业链条中的重要组成部分，是关系国计民生的重要产业，在国民经济和国家粮食安全中具有重要的地位和作用。稻谷加工业既是传统产业，又是朝阳产业，它与人类一同永存。无论未来的科学技术如何先进，都不可能取消稻谷加工业，而只能是促进其提高和发展。

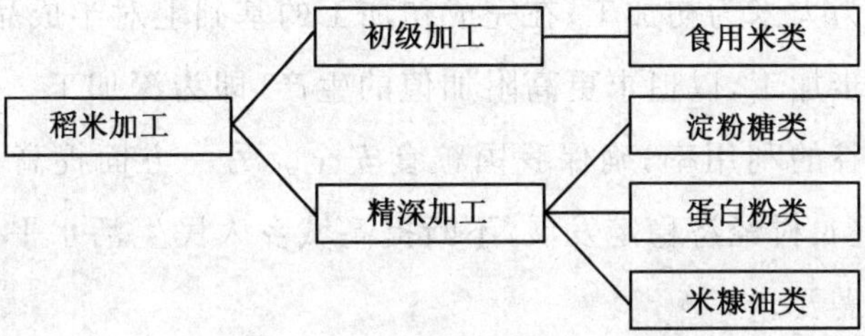

图 8-9　稻谷产业链简图

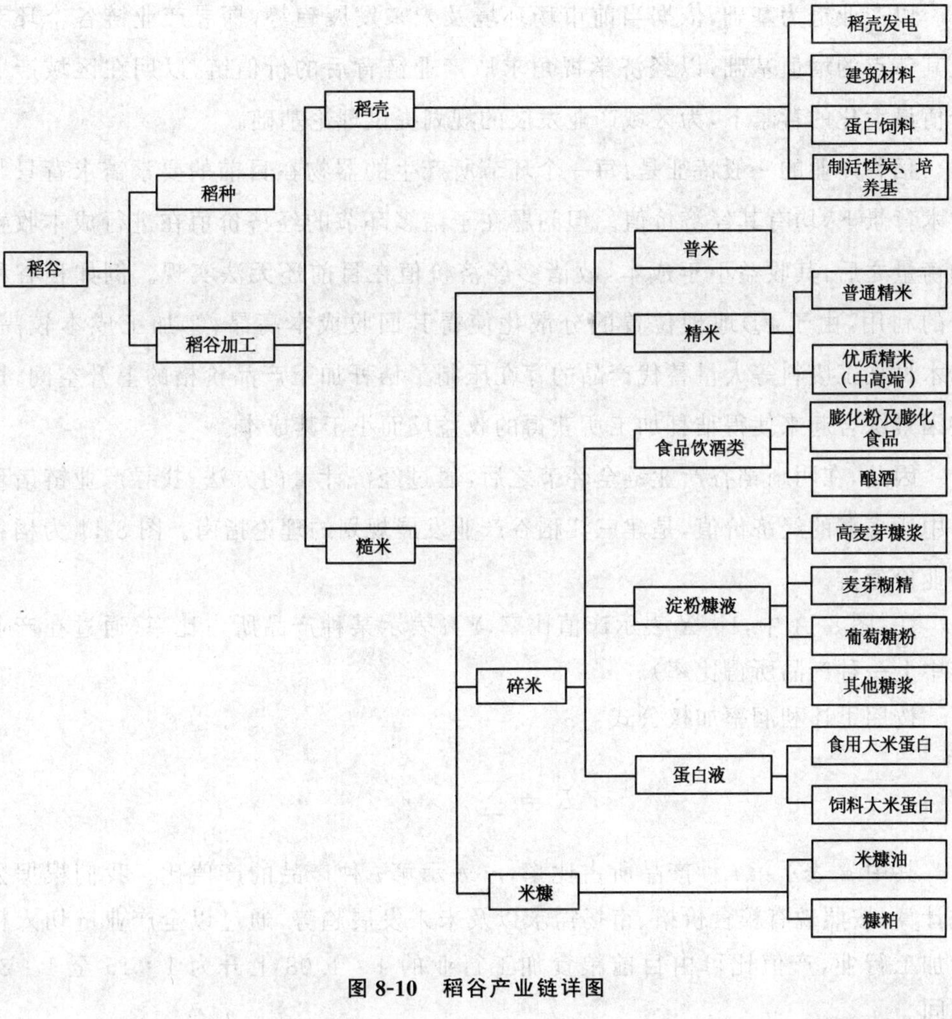

图 8-10　稻谷产业链详图

将稻谷加工为大米为初加工；在完成初加工的基础上对半成品（糙米）或成品（大米）进行进一步加工，以追求更高附加值的生产，即为深加工。通过深加工，一方面可以提高稻谷的利用率，确保我国粮食安全。另一方面提高大米附加值，增加农民收入，促进农村经济稳定发展，不断提高城乡人民生活水平，满足城乡居民不同消费层次的需要。

8.3.1 稻谷产业价值链

以产业链为基础，依据当前市场环境及未来发展趋势，探寻产业链各个环节及其节点的增值基础，以经济学视角求取产业链背后的价值链，以期在区域产业价值最大化的背景下，为区域产业发展的规划提供理论基础。

稻谷产业的一般特征是：每一个环节所产生的器物在目前的要素需求背景与技术背景下，均有其经济价值。但问题在于诸多环节的经济价值在进行成本收益的衡量之后，其收益小于成本，故诸多经济价值在目前还无法实现。例如稻谷秸秆的利用，由于：①地理位置的分散化使得其回收成本高昂；②加工成本较高；③木材加工废料等大量替代产品的存在压制了秸秆加工产品价格的上升空间，这些因素综合起来使得秸秆加工所获得的收益反而小于其成本。

因此，在明晰稻谷产业链全环节之后，通过经济计量的方法，找寻产业链诸环节中所蕴藏的经济价值，是建三江稻谷产业发展规划的理论指南。图 8-11 为稻谷产业价值链。

注：图 8-11 中，1∶X 表示产值比率，Y%表示某种产品所占比率（通过在产业链中上一种产品所得比率）。

按照下述利润率加权公式：

$$R = \sum_{i=0}^{n} s_i \times r_i$$

其中 s_i 表示第 i 种产品所占比率，r_i 表示第 i 种产品的产值比。我们根据公式计算，按照现有粮食价格、市场需求以及未来发展趋势，通过以全产业链切入粮食加工行业，产值比可由目前粮食加工行业的 1∶1.08 上升为 1∶15 至 1∶30 之间。

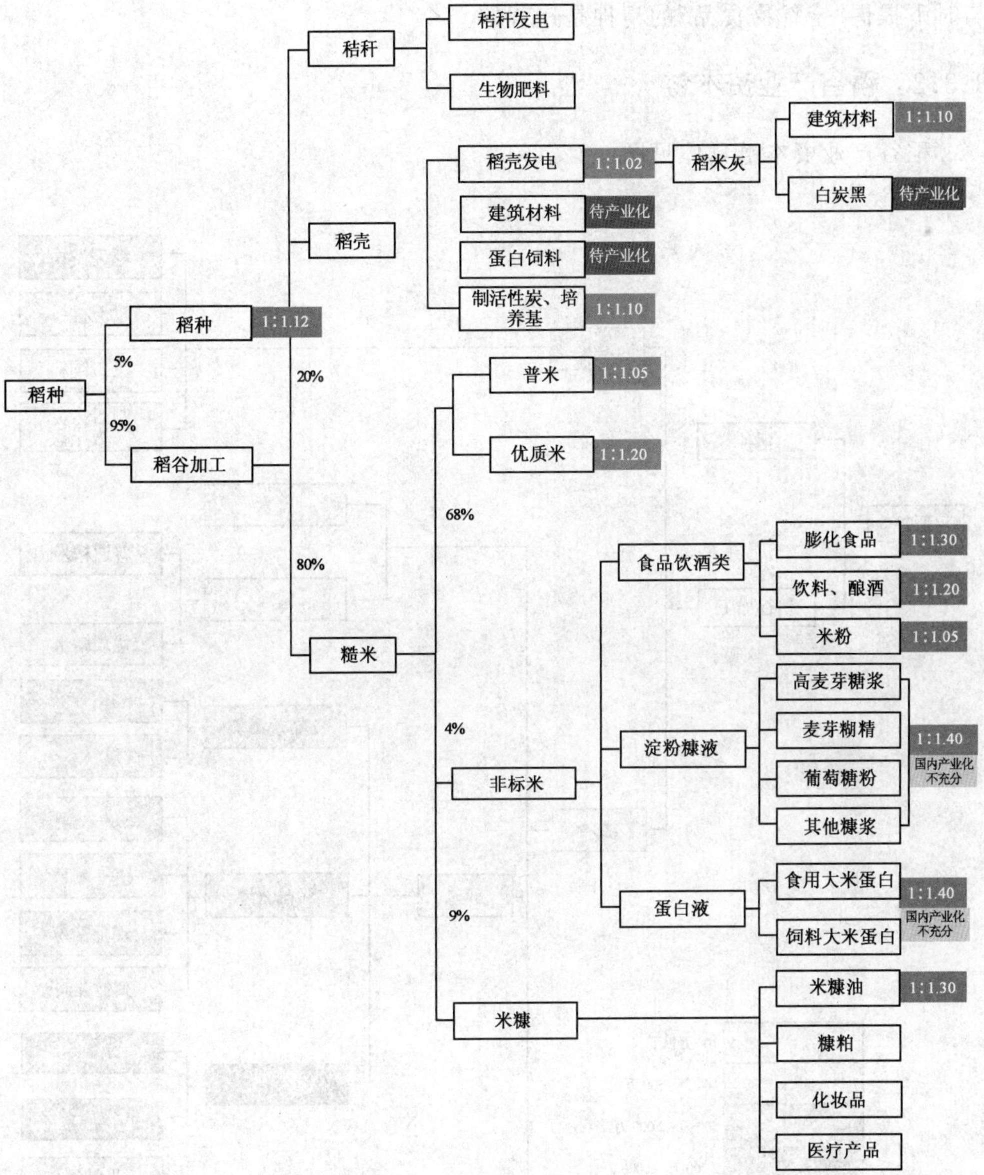

图 8-11　稻谷产业价值链

需要指出的是,不应提“精深加工”。“精加工”易产生误解,导致生产厂家过分追求产品的“精、细、白”,不仅使稻谷中营养素流失,而且也浪费粮食资源。这与时下提倡“全谷物食品”的精神是违背的。

8.3.2 稻谷产业资本链

稻谷产业资本链具体见图 8-12。

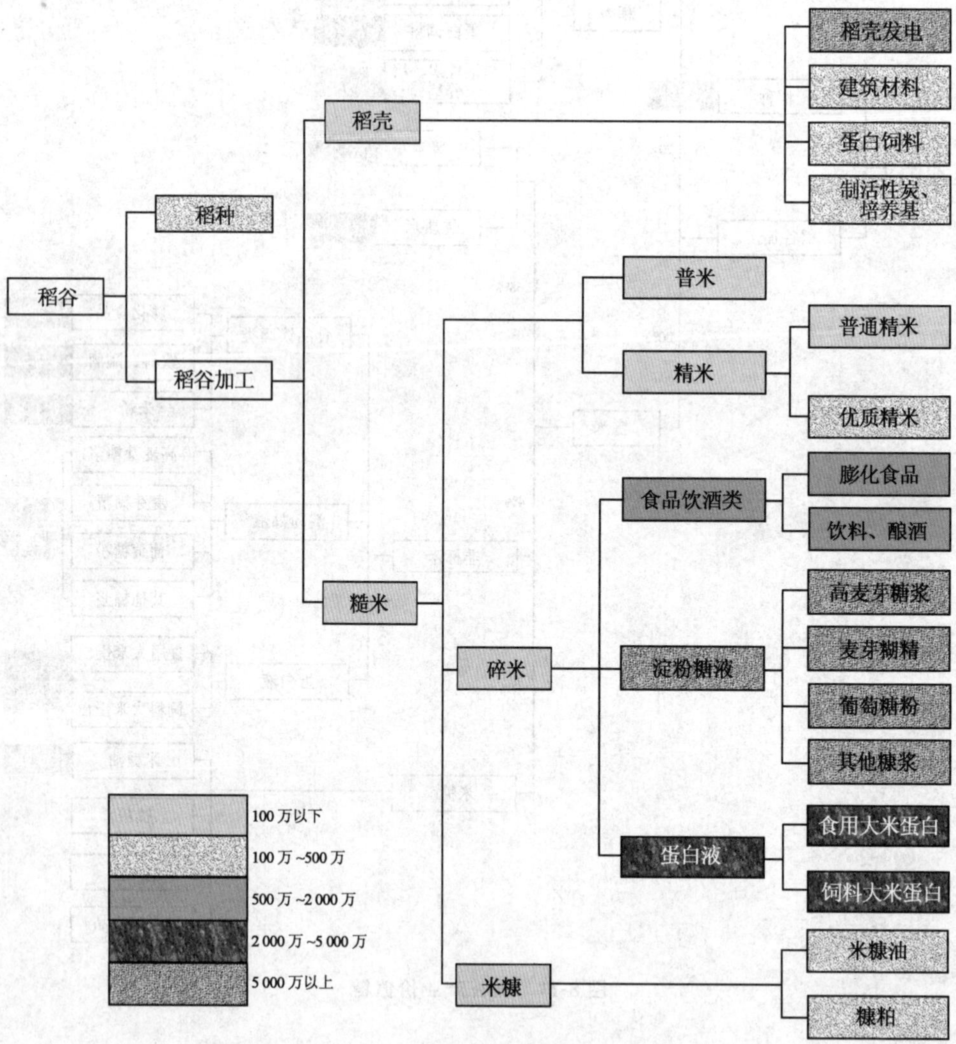

图 8-12　稻谷产业资本链

稻谷产业加工资本链的一般特征是:①技术密集度低。从图8-12可以看到,任何单一的产业链均可以低于5 000万元人民币的投资达到规模经济水平,全产业群可以3亿～4亿元人民币的投资达到规模经济水平。尤其是在稻谷传统加工行业,投资额低于100万元的加工厂仍旧是我国大米加工行业的主要企业,这部分企业数量仍旧占据较大部分。②流动资金的密集度大大高于固定资产的密集度。以年产30万吨大米的稻谷加工园而言,固定资产投资额为4亿～5亿元人民币左右,但全年所需流动资金则为10亿元人民币,流动资金占据比例大大高于固定资产投资额。

稻谷加工行业资本"大进大出",但留下来的资本少,故资本积累速度低。而精深加工行业虽有高利润率,但国内市场培育仍处起步阶段;且诸多技术由于国家在粮食精深加工行业的科研投入不够等诸多原因,仍旧存在一定壁垒。

8.3.3　稻谷产业技术链

稻谷产业技术链(图8-13)的一般特征为:中间加工过程以及部分深加工产品没有技术难度,但在稻种培育与开发、部分深加工产品具有较高技术难度。尤其是在附加值较高的具有医学用途的淀粉糖类、可受到国际市场认可的米糠油技术等,具有较高技术壁垒。

稻谷加工散、小、乱,产业技术门槛低给人的错觉是稻谷加工及精深加工产业并不具有技术壁垒。但事实却是精深加工部分的诸多产品的国内技术仍不成熟,无法被国际市场认可,这也是稻谷精深加工产品国内市场仍旧处于培育阶段的原因之一。

8.3.4　稻谷产业人力资源链

稻谷加工行业人力资源链的一般特征为:①所需劳动力少。从原谷生产到传统加工、精深加工,稻谷行业所需劳动力逐步减少,机械化水平较高。以年产30万吨大米的稻谷加工园而论,管理人员、技术人员与普通工人200～300人即可实现正常的生产经营。②稻谷加工行业目前人力资源瓶颈为营销人才与技术

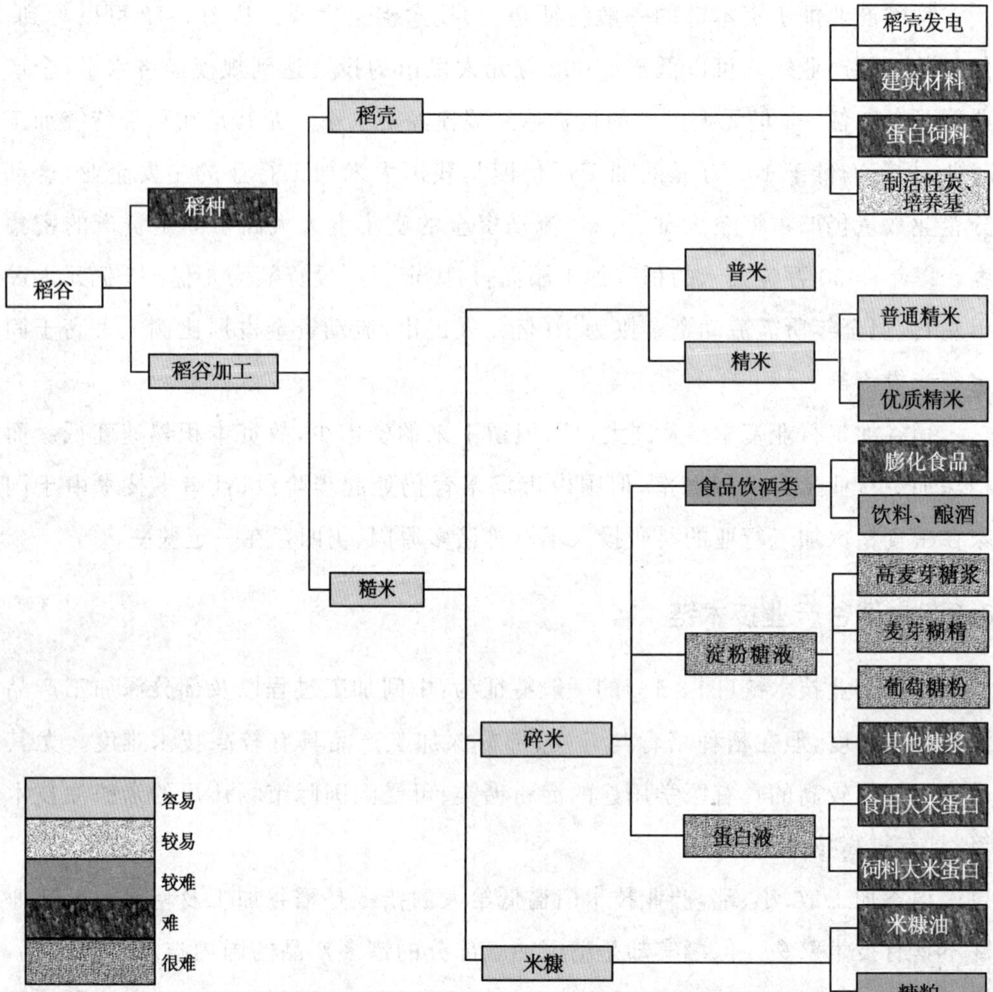

图 8-13　稻谷产业技术链

研发人员。尤其是营销人才，稻谷传统加工的市场份额开拓与精深加工行业的市场培育均需要大量优秀营销人才。但目前稻谷加工行业对营销人才的吸引力不够。

8.4　建三江地区稻谷产业发展背景

8.4.1　自然地理条件

1. 地理区位

黑龙江省农垦总局建三江管局位于富锦、同江、抚远、饶河两市两县交界处的三江平原腹地，系黑龙江、松花江、乌苏里江汇流的河间地带，隔黑龙江、乌苏里江与俄罗斯相望，界江国境线长达 230 千米。区域南北相距约 153.1 千米，东西相距 153.0 千米，占整个黑龙江省垦区面积的 22%，人口约 20 多万人。

建三江分局下辖 15 个大型机械化国有农场和 1 个洪河自然保护区，156 个管理区，501 个作业站。拥有勤得利、东安 2 个码头，毗邻富锦、同江、饶河、抚远 4 个国家级一类陆路口岸，福前铁路、前抚铁路、佳抚公路横贯，建虎高速公路过境，通信便捷。图 8-14 为建三江区位图。

2. 自然环境条件

(1)气候。建三江分局气候属中温带大陆性季风气候区，年平均气温 2.1℃。无霜期 122～150 天，年降水量 500～600 毫米。多年平均年水面蒸发量 600 毫米。全年日照时数 2 323～2 600 小时，大于 10℃有效积温 2 400～2 898℃。

(2)地形地貌。建三江分局地处三江平原东部，地势西南向东北部倾斜，除少数山地丘陵区，绝大部分是低平原沼泽地带。北部和东南部有部分山地丘陵，海拔高程 100～626 米。其余大部分为低平原沼泽地，海拔高程在 37～100 米，占全分局总面积的 90%，地面自然坡降为 1/5 000～1/12 000。图 8-15 为建三江地形地貌。

(3)土壤。境内土壤类型分为白浆土、沼泽土、草甸土、暗棕壤四大土类，其中耕地土壤主要为白浆土，占总面积的 56%。建三江地处世界闻名的三大黑土带，境内有 20 多万公顷的湿地。

(4)水文及水文地质。境内拥有黑龙江和乌苏里江两大水系，河流纵横，水资源总量 279.54 亿立方米。地下水埋深 3～6 米。富水性强，单井涌水量 1 000～3 000 立方米/天。地下水调节储量为 14 亿立方米，可开采量 11 亿立方米。地下水质为重碳酸钙型水及重碳酸钙钠型水，属软硬的弱酸性低矿化淡水。

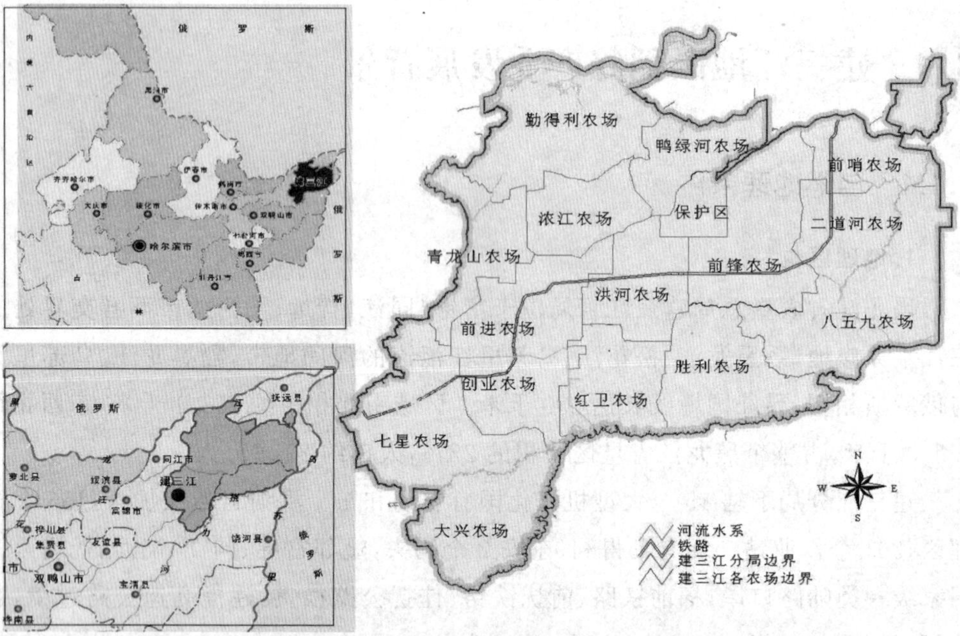

图 8-14 建三江区位图

图 8-15 建三江地形地貌

(5)植被。境内属于三江平原植被区,植被种类丰富,山丘地带生长森林植被群落,平原区植被有沼柳、苔草等,低洼地及沼泽地植被有芦苇及水生植物。

建三江气候、水、土地等自然资源条件形成了水稻、豆类及其他经济作物的最佳生长区带,而现代大农业的科技进步,推动了高纬寒地大面积水稻的规模生产。目前建三江粮食商品率已达 95%以上,被国家批准为绿色食品生产基地,认定为"中国绿色大豆水稻之乡"、"中国绿色米都";被联合国工业发展组织绿色产业专家委员会批准为建三江国际绿色产业示范区。

8.4.2　宏观经济现状

略。

8.4.3　社会发展现状

略。

8.4.4　优势、劣势、机遇与挑战分析

1. 优势分析

(1)现代大农业集约生产的规模优势。与南方分散化的小农经济背景下的水稻种植不同,甚至与东北其他地区水稻种植也具有明显区别的是,建三江垦区水稻种植完全依照现代农业耕种方法,已形成以"机械化、统一化、规模化"为主要特征的、成熟的现代大农业体系。建三江分局规模化程度高,粮食生产、加工、销售整体功能关联紧密,具有发展现代化农业特别是绿色产业的优越条件和独特优势。①土地规模化优势:土地平坦辽阔,耕地集中连片,三江环绕,水田比重大,土质肥沃,土地资源丰富,占农垦总局土地面积的 21.83%。是黑龙江垦区土地资源最大的一个管局。2010 年种植优质绿色水稻 864.44 万亩,产量达 501.9 万吨,水稻产量占建三江分局粮食总产的 83.0%,占黑龙江垦区水稻产量的 30.0%,是全国最大的水稻种植基地,国家和省重要商品粮基地之一。②优质稻种规范化优势:规范选种育苗,从源头保证了品种的纯正,保护了优质绿色大米质量和品牌信誉。③稻谷原粮产量的比较优势:全局水稻面积占耕地面积的 80%,人均 50 亩耕地且 90%以上水稻耕作;亩产和总产不断攀升,2010 年单产 600 多千克,总产超过 600 万吨;建三江周边的两市两县,"十一五"期间,水稻面积 200 多万亩,"十二五"

末，将达到水稻面积500多万亩，总产量800万吨。三江地区丰富的稻谷粮源，为建三江成为稻谷原粮集散地成为可能的同时，也奠定了稻谷深加工上规模上效益的基础。④机械化大农业集约生产的最大效益优势：建三江稻谷生产组织化程度高，全局形成了生产管理和服务功能完善的农业科研、开发和推广服务体系，农业机械化率达到96%，标准化生产，规范化管理，以及农场联体辐射周边县市的服务，有利于稻谷产业链的延伸和发展，获取利益最大化。

水稻规模种植带来了两个无可比拟的优势：①为大型稻谷加工工业奠定了原料基础。②种植环节的规模优势使得“原粮运至稻谷加工厂的交易成本”降到了最低。图8-16为建三江土地利用图。

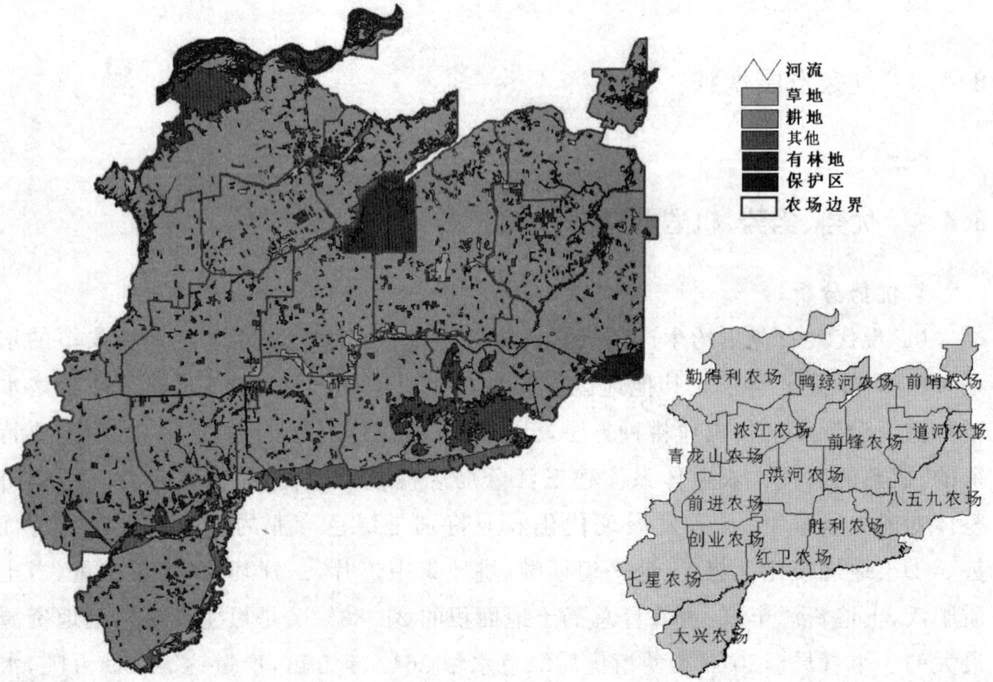

图8-16　建三江土地利用图

(2)独特的生态优势(绿色大米之都)：建三江分局是垦区开发时间最晚的地区，至今仍保持着其他地区不可比拟的得天独厚的生态环境，有国家级和省级4个低湿地自然保护区，整个区域内土壤无污染，水质清洁度高，为绿色产业建设提供了宝贵的环境条件。尤其在当前食品安全备受关注的大背景下，打造绿色稻谷品牌，能够获得更高的品牌溢价。经过 30 多年的快速经济发展历程，目前公众的饮食消费已逐步由温饱型向健康型转变。随着这一消费群体的不断扩大，建三江绿色大米地位将得到进一步提高。

(3)组织结构及管理优势：完善的组织结构和半军事化的管理模式，土地统一管理，粮食的市场化运作等模式，为三江地区稻谷产业发展提供了良好的组织保障。

(4)文化优势："北大荒"精神下的移民文化系统具有其独特的开放性、包容性、进取性以及改革性。以清末"闯关东"的山东移民为先导，北大荒先后容纳了王震统帅下的 10 万大军，20 世纪 60 年代末 70 年代初的支边青年和知识青年，以及 20 世纪 90 年代后为稻谷种植发展而吸引的外地移民。100 年来，北大荒由上述具备进取心与开拓心的移民一砖一瓦、一锹一铲的在极其艰苦的环境下构建了北大荒初步繁荣的今天，他们所遗留下的不仅仅是万亩良田以及中国粮仓之美誉，更为重要的遗留财富是艰苦朴素环境下不懈奋斗的作风、敢于开拓创新的传统等一系列特征所构成的、具有典型移民文化特征的北大荒精神。

世界各个地区由移民占据主导地位的区域，像美国、加拿大、中国深圳、中国台湾、新加坡等，由于其能够在没有精神包袱的前提下最大程度上吸纳外部技术经验、资本，加上自身优越的禀赋，从而能够在区域竞争中占据领先位置。建三江人所具有的这种"北大荒"精神，必将成为其实现跨越、超越、卓越发展的不竭动力。

(5)资本累计优势：10 年稻谷种植所留下的资本积累为稻谷进一步精深加工奠定了必要的资本基础。由建三江管局与公众的财务数据显示，10 多年的稻谷种植的的确确为三江人民的资本积累打下了雄厚的基础。与东北其他地区、中国中部及西部区域经济发展的要素瓶颈不同的是，建三江的资本要素并不那么缺乏。尤其是精深加工工业发展的起步阶段，建三江的政府资本和民间资本均能提供"有所作为"的空间。那么剩下的问题就是：如何以现有的政府资本，辅以民间资本池，撬动更多的外部资本注入，实现建三江稻谷产业的再次腾飞？

2.劣势分析

(1)稻谷产业的工业基础薄弱、产业体系尚未完全成型：目前建三江的 424 家企业中，规模以上(500 万元以上)企业 233 家，年销售额 3 000 万元以上的有 99 家，主要加工大米、砖瓦制造、机械制造。稻谷加工企业多为原稻加工生产的初级传统加工企业，且加工能力有限。稻谷产业上下游相互衔接的产业集群尚未形成，稻谷精深加工和循环综合利用的产业体系也未形成。建三江年产稻谷600万吨，但现有加工能力仅达350万吨，对周边县市原粮稻谷没有吸附集聚的效能，杂而多的小规模稻谷加工企业缺乏引领带动的龙头，技术、资金、人才等方面的局限决定了三江稻谷加工的初级性，品牌打造也因此受到很大的局限。

(2)品牌建设不足：建三江经过多年发展，品牌建设已经有了长足的进步，但是品牌价值并未能充分反映其内在价值，三江地区稻米的美誉度、知名度还有待进一步提升。其次优质不能实现真正优价，就难以刺激优质稻米生产。必须要通过品牌建设，打造三江知名品牌。打造的绿色稻谷品牌转化为实际经济效益。

(3)物流运输成为稻谷产业链发展的瓶颈：建三江地处黑龙江、松花江、乌苏里江汇流的三江平原腹地，周边与人口稀少的俄罗斯边境相邻，有如下特征：①偏居一隅；②建三江铁路建设滞后；③公路建设在黑龙江全省的公路网布局中并不具有战略意义；④无空港；⑤地处内陆无海港。特殊的地理区位、商品交易市场的缺失及较为单一的物产，使得其物流运输成为其未来稻谷精深加工及其他产业发展的瓶颈之一。

3.机遇分析

(1)国家加大对粮食安全和食品安全的监管力度的政策导向和系列措施，国家新增500亿千克粮食和黑龙江省建设500亿千克粮食产能工程，给建三江稻谷产业规模发展及品牌知名度提升带来极大的契机，建三江应该针对国家大政方针，积极包装项目获取国家政策支持。

(2)建三江经济开发区的成立和建设，为稻谷产业市场机制下的资源配置、经济要素空间集聚和流动提供了一个良好的平台，经开区财税收入的留存为建三江稻谷产业的发展提供了主观能动性。经济行为若不能与经济行为的结果相匹配，则不可能在经济学意义上触动经济行为的产生。建三江经开区虽成立较早，但经开区企业的财税收入贡献给地方，而建三江管局则承担着经开区建设与管理的职能。经济行为与经济行为的结果错位，使得建三江经开区在成立以来，就没有经济学意义上的触动经济发展行为产生的动力机制。2010年，黑龙江省政府对建三江经开区政策的调整，是经开区在未来若干年得以不断发展的主观动力基础。

(3)边境贸易市场将成为建三江潜在的稻谷产业大市场。建三江分局有230千米长的界江，隔黑龙江、乌苏里江与俄罗斯相望，并拥有勤得利、东安等两个江岸码头,毗邻富锦、饶河、同江、抚远4个大型口岸,具有明显的地缘优势。现分局洪河、浓江等5个农场在俄罗斯开发种植耕地21万亩,每年对俄贸易728万美元。抚远口岸距70万人口的远东第一大城市哈巴罗夫斯克仅65千米。建三江可依托边境贸易来促进稻谷精深加工产业市场的发育,进而刺激周边物流发展。从长远来看,随着中俄统一市场命题的不断推进,俄罗斯西南地区有可能将成为俄罗斯新的经济增长极。与此相对应的是,中国东北地区有可能在要素流动的意义上与俄罗斯西南地区构成如美国和加拿大边境城市圈(五大湖附近)同样性质的经济体。

(4)市场消费需求的不断变革为建三江稻谷产业提供了巨大发展动力。随着我国经济的快速发展和人民收入的日益提高,我国稻米消费呈现两个转变:①由温饱型向健康型转变、对绿色稻米的要求进一步增加;②由大米消费向大米精深加工产品方向的转变,对稻米的精深加工提出要求。这两个转变的过程中,大米的质量和品牌影响力日趋凸显,也给三江优质绿色大米市场开拓和扩展带来巨大生机。

4.挑战分析

(1)工业积淀不充分。回顾北大荒百年历程进程,其产业本质为由传统农业向现代大农业转型的过程。这一历史进程中,找不到多少工业化的影子。100年过去,建三江现代化大农业已步入成熟期。如何在现代大农业的基础上向现代化精深加工工业延伸,是百年北大荒所面临的新挑战。在这个挑战中,即由农业社会向现代工业社会(工业占据一定比例)转型中,最核心的挑战则是"没有工业发展经验的地区如何在最短的时间内补充各类软性要素,构筑起现代精深加工工业的知识储备。"

(2)体制机制的复杂性,如何规避体制劣势,甚至将其转化为优势,是建三江稻谷产业发展的第二个挑战。农垦长期以来承担着企业办社会的职能,但由于国家行政管理机制的复杂,农垦作为企业无法纳入当地政府的社会经济发展,不仅国家政策或地方政府在此形成断层,农场和县区的经济优势不能互补。

(3)人才的挑战。三江地区劳动力匮乏,随着劳动力成本的增加,雇工难问题是未来三江发展面临的挑战;各种精深加工技术的引进也必将带来对相关领域专业人才的大量需求,依靠自身培养在短时期内难以满足这一缺口,而是否能够吸引足够的人力资源,也是面临的挑战。

8.5 战略定位与发展目标

8.5.1 战略定位

目前,黑龙江省委省政府及黑龙江农垦总局,已经对建三江有了明确的定位,建三江要实现三大主体功能区,现代化大农业核心功能区、现代农业综合配套改革专项试验区和绿色稻米产业核心区,进而成为现代化大农业核心经济区;建三江的发展重点就是优质粳稻的加工产业。以上级政府定位为基础,我们认为,建三江稻米产业在2011—2020年乃至更长一段时间内的定位为:

(1)产业地位定位。打造成具有区域主导能力、具备全国影响力的粳稻种植、加工、贸易、研发"四个中心"。

(2)产品定位。以"绿色"、"有机"大米为基础,进一步提升寒地水稻品质,同时按照投资回报率比较,围绕稻米产业链精深加工全面展开。

(3)对建三江地区的贡献定位。稻米产业链及其关联产业集合要成为建三江地区具备全国核心竞争力的主导产业,从而为建三江地区成长为"中国东北部与俄罗斯西南经济圈"中重要的次增长极城市奠定产业基础。

8.5.2 发展目标

根据建三江"十二五"规划,"十二五"期间建三江水稻加工量要实现400万吨,销售收入超百亿元。同时根据建三江"十二五"农业规划生产目标,2011年建三江水稻面积将达到920万亩,单产610千克,总产561.6万吨;2015年水稻面积将达到969.3万亩,单产675千克,总产654.2万吨。

以建三江功能定位为准绳,为建三江"十二五"规划数据为依据,以建三江地区资源禀赋为基础,通过对宏观经济状况及外围市场的研究后,制定建三江稻谷产业规划发展目标体系如下:

——总体目标:

围绕"三区"、"四中心"的战略部署,发展的总体目标为:

(1)继续增加水稻种植面积,增加水稻单产,增加水稻产量,为建设国家级现代化大农业核心功能区提供支撑。

(2)建立绿色、有机稻谷生产质量监控体系，确保产品安全、生态安全，以提高稻米综合效益促进和谐发展为目标，充分运用先进农业科学技术、先进工业装备和先进管理理念，遵守循环经济理念，把标准化贯穿到绿色稻米的整个链条中，健全生态、生产、经济三者协调统一的绿色稻米产业发展的综合体系，努力建设国家级绿色稻米产业核心区。

(3)逐步构建起以优质大米生产、米糠油生产、稻壳发电、米淀粉、米粉等高附加值产品为核心的稻谷产业产品体系，以全国 20 家大型稻工企业为目标，建设一批科技含量高，产业链条长，带动能力强的水稻精深加工项目，"十二五"末加工能力稳定在 50 亿千克，为建设全国粳稻加工中心提供支撑。

(4)以绿色优质水稻为载体，以国家级食品院校为技术依托，以"提升原谷品质"和"稻米精深加工技术"为两条主线，建设水稻大米精深加工研发中心，引领稻谷精深加工产业发展。

——具体目标：

总体目标的细分为 130-1-10-5-2 目标工程。

(1)130 亿斤(1 斤＝0.5 千克)：到 2015 年，优质粳稻产量达到 130 亿斤。

(2)1 个 300 亿元产业：到 2015 年，通过精深加工与传统加工两条腿走路，建三江稻米产业链生产总值要达到 300 亿元，创税 60 亿元。

(3)10 个稻米加工园：到 2015 年，通过整合、新建，建成 10 个稻米加工园，其中 5 个达到 30 万吨级以上，同时具备传统加工与精深加工能力，打造稻米精深加工产业带。

(4)5 个全国稻米产业知名品牌：在普通大米、优质大米以及精深加工食品等领域，创设 5 个具有全国影响力的品牌。

(5)2 类市场实体：建立黑龙江北部地区稻米中转市场和资本交易市场。两类市场园区争取交易量过 200 亿元；在稻米中间品市场上形成单项上市品种的定价权力。

8.5.3　发展思路

找准定位、明确目标之后，在稻米产业发展策略上走出条什么样的路径，才能确保四个中心与三区建设目标的实现，从而使得稻米产业链及其关联产业具备次增长极推动力量，促使建三江地区成为"中国东北部与俄罗斯西南经济圈"重要经济城市的定位得以实现？我们认为，建三江稻谷产业在应该遵循如下总体发展思路：

1. 抓整合、上规模，提高产业集聚能力

从前述分析可知，稻谷精深加工产业必须建构在规模生产的基础上，否则精深加工的诸多产品如米糠油、米蛋白、稻壳发电等产品均无法实现规模经济水平。

以目前500万吨原粮生产能力，建三江稻谷产业应该建立10个年加工能力为30万吨左右大米的稻米加工企业，其中5个稻谷加工企业具备全产业链的精深加工水平。

以建三江目前140多家稻米加工企业的数量而论，建三江管局应该采取各种引导措施，如大型企业并购、中小企业联合等途径，实现稻米加工企业的规模经济生产水平。同时，对于新上项目，设置规模门槛，一般而言，低于30万吨初步加工生产能力的稻谷加工项目不应继续获批。

2. 将“技术创新”作为精深加工的突破口

稻谷精深加工在国内的发展呈现两个特征：①起步晚。国内稻米精深加工主要起步于近几年。②稻谷精深加工最大的瓶颈不是资本、劳动力等要素，而是技术。目前我国资本追逐投资机会的现象表明，利润率能够稳定在15%的项目不缺资本。而稻谷精深加工产品一旦能够把市场打开，某些产品的利润率可达100%以上。实际上目前稻谷精深加工产品如米糠油、米蛋白、米饮料等产品，之所以很难赚钱，固然有市场培育的问题，但实际上最大的问题还是技术不成熟，不能够被国际、国内市场接受。米糠油在日、韩是非常成熟的产品，每斤可达40元人民币。但是国产米糠油无法销往日本和韩国，原因就在于他们对我们的技术不认可，认为品质达不到要求。

针对以上两个特征，我们认为：①建三江稻谷精深加工现在起步为时不晚。在某种程度上，现在起步反而能够较少花费市场培育成本，时机正合适。②建三江稻谷精深加工产业若要有所作为，为建三江经济持续、稳定、快速增长做出贡献，技术是关键。因此，建三江在目前并不具备技术研发实力以及在短期内也无法提高技术实力的基础上，可行的途径有两条：①通过与国际上顶尖的稻谷精深加工企业合作，通过各种方式实现技术引进。这一条路比较快，但有一定难度（政策问题，目前的人才储备是否能够有能力和此类企业合作等）。②与国内顶尖科研院所合作，进行科研攻关。由于国家对于粮食精深加工的科研支持极为有限，故国内粮食精深加工的科学研究一直停留在较低水平上。建三江可与江南大学等科研机构合作,进行科研攻关。由于国内专门致力于水稻研究的科研部门、大专院校不多,故此举存在时间周期长、研究成果不显著等风险。建三江若能通过技术引进或技术合作的方式实现稻谷精深加工技术的跨越式进步,辅以三江绿色水稻的大规模生产产量,必将能够以领骑衫之誉引领我国粮食精深加工市场。

3.释放体制机制活力,构建高效管理团队

正如在对建三江 SWOT 分析中提到的两点:①如何有效地利用体制机制的复杂性,规避体制劣势,放大体制优势。②如何在最短的时间内实现由农业社会和工业社会转型过程中所需要的知识储备。既原先主要从事农业生产及管理的人,怎样在最短的时间内完成向工业管理及招商引资角色的转型。

首先要做到统一认识,统一思想,要把打造稻谷产业高端产业链作为团队的奋斗目标。其次要敢于改变和创新,要善于用新思维、新管理来面对在由农业社会向工业社会转变中存在的问题。第三要善于借势和顺势,紧密抓住国内外稻谷产业链上最新技术进展,能够通过招商引资和资本运作扩大发展的乘数效应。

8.5.4　建三江发展模式

1.以传统加工为基础,做好"提质"与"品牌"两大文章

对于稻谷产业而言,传统加工是基础,即稻谷的主要用途是用来作为口粮,而不是作为精深加工的原料。精深加工的原料主要来自于除大米外的副产品,如稻壳、米糠、碎米等。就目前的市场情况而言,稻米加工厂的主要产品或利润来源仍然是传统加工部分。就目前全球稻米消费供需基本平衡,但供给偏紧且这一趋势在未来若干年仍旧不会改变的客观情况来看,市场将通过价格机制的调整使得大米的主要利润来源仍旧为传统加工部分。尤其是精深加工在国内仍处于起步阶段,诸多产品还处于市场培育与市场引导阶段的情况下,传统加工就更不能放松,要通过传统加工使之成为"现金牛",用以支持精深加工产业的逐步推进。

因此,建三江稻谷产业在土地资源无法继续扩充的前提下,要实现稻米传统加工产业的持续增长,必须从两个方面着手:一是做好"提质"文章,加大资金投入,促进技术创新,千方百计提高寒地水稻品质;二是做好"品牌"文章,要进一步利用好国民稻米消费由"温饱型"向"健康型"转变的契机,打好"绿色牌"、"有机牌"。在品牌建设上要以全国粳稻种植中心的大气魄,做好品牌文章。

2.传统加工与精深加工两条腿走路

目前国内稻谷产业加工的格局是:传统加工为上游,其无用废料则成为精深加工的原料,属于下游产业,构筑起整个稻谷产业链的核心部分。就目前现状而言,国内稻谷精深加工还处在市场培育与市场引导阶段,无法为整个稻米产业链提供较大利润空间,但就稻米消费成熟市场如日本、韩国,以及中国市场的发展趋势而言,精深加工属于朝阳产业。

由此,我们定义稻谷加工产业中传统加工部分为"现金牛"部分,能够产生持续的收益,为整个产业的持续健康发展提供资本保障;精深加工部分属于"成长性"产业,它代表着建三江地区未来的希望。

就建三江现状和特点,我们认为建三江应该要奉行传统加工和精深加工并进的双轨运行模式,传统产业发展可以走"泰国模式",精深加工产业应该取"日韩模式"。以建三江目前年产 500 万吨原谷的生产能力而言,具备将"泰国模式"和"日韩模式"结合起来的资源基础,即可以走传统标米生产与稻谷精深加工并重的路线。

我们还认为,传统加工部分在创造现金流的同时,不断"提质"并获得品牌溢价,而精深加工产业可在传统加工产业的辅助下不断成长,继而构成建三江稻谷产业链可持续增长的基石,可望成长为具备全国核心竞争力的地区性主导产业。

8.6 稻谷产业发展基本策略与招商路线

根据建三江"十二五"规划:"十二五"期间建三江将做大做强以水稻深加工为中轴的产业化体系,规划到 2015 年,水稻加工量实现 400 万吨,销售收入超百亿元;并提出将尽快做强优质粳稻米的产品开发,增加优质水稻加工附加值,加快农业产业化步伐,加快产业体系的构建;加大力度推动水稻加工产业升级,紧紧围绕米糠油生产、稻壳发电、稻草中密度板、稻草造纸、米淀粉、米粉等高附加值产品,建设一批科技含量高,产业链条长,带动能力强的水稻精深加工项目,加快水稻加工产业战略升级步伐。同时充分发挥再生秸秆资源优势,在生物质秸秆发电、风力发电、稻草板开发生产、稻草灰利用、秸秆生物汽柴油等项目上加大开发力度。基本上为稻谷产业的发展指出了方向。

结合 8.5 节我们对稻谷产品体系和产业价值链的分析,我们认为稻谷产业发展策略可以从原谷加工这一环节展开。

8.6.1　稻壳的综合利用

稻壳是稻谷加工后的主要副产品之一，占稻谷重量的 20%左右。目前我国稻壳的综合利用水平较低，在有些企业甚至已经成为一大污染源，合理利用稻壳使其变废为宝有着重要的意义。

稻壳的深度开发应用领域相当广泛。它的初级产品不仅可作为食用菌的培养基，做建筑材料和蛋白饲料；稻壳还能用来发电，每吨稻壳发出的热量几乎是每吨标准煤的 3 倍。深加工后稻壳还可生产出利于环保和健康的快餐盒、美容化妆品等诸多食品、化工用品。此外，稻壳含有丰富的森质素、戊聚糖和二氧化硅等成分，是制备白炭黑、活性炭和高模数硅酸钾的良好原料。以稻壳为原料生产的活性炭，不仅成本低，而且杂质少，特别适用于食品工业；稻壳中的硅在一定条件下煅烧，可以形成多孔性的无定形二氧化硅微粒，具有很大的吸收表面和活性，可作为多种载体或高级复合材料的原料。如高模数硅酸钾，可用于电视荧光屏粉、高温涂料黏合剂、洗涤剂、还原染料、防炎剂、高级陶瓷涂料的生产。

由于稻壳中不含使单晶硅中毒的元素如砷、氟等，所以它可能是制造太阳能电池的最佳原材料。目前，美国、挪威、印度、巴西、法国和意大利等国从稻壳制取的高纯硅，用于集成电路和太阳能电池。

1. 稻壳发电

但从产业化的角度，目前，稻壳深加工和深度利用比较成熟的方向主要是稻壳发电和制取活性炭及培养基。鉴于技术限制，我国在稻壳中元素的深度提取方面还不成熟，产业化成本较高，因此，建议建三江利用稻壳进行生物质能发电。

目前稻壳发电总括起来有两种：①利用气化技术、分离技术，将稻壳通过煤气发生炉产生煤气；②基本上与小型煤火电站普遍采用的路线相同，特点在于燃料采用稻壳。我国早在 20 世纪 60 年代初开展了这方面的研究，技术产品还曾出口到发展中国家，一度取得了较大进展。2009 年 4 月，总投资 2 340 万元的北大荒米业稻壳替代燃煤供热项目正式通过国家有关部门审批。这是国内首家获得国家发改委批准的利用稻壳烘干领域的 CDM 项目。作为国际最早将稻壳纯燃应用制米行业的企业，利用稻壳替代燃煤减少二氧化碳的节能减排项目，每年可减排二氧化碳 15 万吨，消耗稻壳 11.4 万吨，节约煤能源 8 万吨，仅燃料一项年可节约资金 5 200 万元左右。

建三江目前每年可生产稻谷约 500 万吨，可获得稻壳约 500×95%×20%=95(万吨)，换算成可产生的热量，可折合标煤约 95×3=285(万吨)。一吨煤大约可发 2 500 度电，共可发 285×2 500=71.25(亿度)电，可获得近 50 亿元的收入。当然这是理论上的数值。

2.稻壳灰的利用

稻壳灰是稻壳燃烧后剩下的灰烬，为稻壳质量的 20%。由于灰尘粒径很小，易被烟气带走污染环境，因此稻壳锅炉被限制建在市区外使用，一般要采用干法或湿法处理，降低灰尘以满足环保要求。利用稻壳灰制成的产品很多，主要可分为因其比表面积大(50～100 $米^2$/克)所具有的吸附性利用和高含量硅(稻壳完全燃烧后主要成分是二氧化硅，含量为 94%～96%)的利用两大类。

稻壳灰作吸附剂。各种金属离子如镉、铜、铅、锰、汞等以及砷、磷等有毒离子对环境污染和人类生活的危害非常大，如何处理是一个亟须解决的问题。有关研究表明，稻壳灰对这些有毒物质具有极好的吸附作用，在 300℃下加热所得到的稻壳灰有特殊的硅醇集团和氧化态的碳集团，可吸收金和硫脉的复合物，是一种吸附金和硫脲的复合物的新方法。稻壳灰和活性炭对金的最大吸附量分别为 21.12 毫克/克和 33.27 毫克/克，而对硫脉的吸附量分别为 0.072 毫克/克和 0.377 毫克/克。

理论上，建三江每年可产生稻壳灰约 95×20%=19(万吨)，具有较丰富的生产活性炭的原来。可作为建三江未来的一个发展方向进行考虑。

此外，稻壳还可以用来做白炭黑、建筑材料和蛋白饲料，但由于产业化程度较低，对产业技术的要求较高，因此，可暂不考虑。

8.6.2 糙米的深加工

糙米的深加工从产业链的前端看主要有标米、非标米和米糠 3 种副产品，然后每种副产品后有更深层次的副产品可以延伸。

1.标米生产

标米可分为普米和精米，占糙米的 68%左右。标米是建三江稻谷加工的主要产品，同时也是一段时期内建三江在稻谷上的主要收入来源，因此，必须充分重视标米生产。在发展策略上要处理好普米生产和精米生产的关系问题。

优质食味大米是稻谷加工产业的重要经济增长点。截至 2010 年,日处理稻谷 100 吨以上碾米企业加工量占总加工量的比例达到 45%以上,标准一等以上大米占总量 90%左右,优质品牌化的大米供应量占全国城镇大米年消费总量的 15%~20%。随着人们生活水平的不断提高,人们对优质精米的需求还会进一步加大。

由于精米的口味和价值都远高于普米,因此,精米的发展路线是中高端消费群体,在今后的发展中要着重以品牌和品质为其发展主线,开发优质食味大米产品,抢占国内外高端米市场。

普米适合大众消费群体,因此,应继续加强普米的生产规模,提高大米产量。

2. 食品饮酒类产品生产

非标米即碎米是糙米深加工后的主要副产品之一。目前,在其深加工利用方面主要有食品饮酒类、淀粉糖液类和蛋白液类 3 种发展方向。这 3 种深加工产品的附加值最高,但大部分产品的国内产业化水平较低,并且对技术设备的要求较高,这是制约国内稻米深加工的重要瓶颈。但在米制品食品生产方面,目前已形成了较成熟的市场体系。

1)米粉生产

米粉是以大米为原料,经过浸泡、粉碎或磨浆、蒸料、挤丝等工序制成的细条状的米制品。在我国南方的粤、桂、闽、湘等地称为米粉,在云、贵、川等地称为米线。米粉在米制品中占有重要的地位,它的特点是质地柔韧、晶莹透明、口感滑爽,有多种食法。2010 年我国米粉(米线)产量为 55.4 万吨,比 2009 年增加了 13.4 万吨,增幅 32%,已成为米制食品中发展最快的品种。

2)休闲食品生产

主要指干食和即食食品,如茶点、膨化食品等。目前国内做得较好的米制休闲食品主要有旺旺雪饼、旺旺仙贝、旺旺小小酥等,已经得到了广大消费者的认同。

3)快餐快食食品生产

主要是快食米饭系列,主要针对一些白领或野外工作者,即不便于做饭,时间较紧的人们。目前国外的快食食品较多,主要有干式方便米饭、高温杀菌米饭、超高压营养米饭、冷冻米饭、米粉面包(在日本、欧美国家比较受欢迎)等。

4)蒸谷米生产

蒸谷米是国际贸易新品种。是以稻谷为原料,经清理、浸泡、蒸煮、烘干等加工生产的大米制品,是一种健康食品和营养大米。

5)米乳饮料生产

类似于我国有几千年历史的豆浆、稀饭,采用营养丰富的大米、糙米及五谷杂粮制成的谷物代餐饮料,有米乳、薏米浓浆、黑米浓浆等,不仅营养丰富,可替代豆浆等早餐液态主食,还可成为旅行、旅游的理想代餐食品。其工业化生产水平远远高于传统的豆浆等液态食品。目前在国内市场上只有少数几个发达城市有少量的米乳饮料销售,但大多是韩国的产品,价格昂贵,难以为普通消费者接受。而国内市场上还没有国产的米乳饮料产品,这为本产品的开发提供了广阔的市场空间。因此,米乳饮料具有很高的商品附加值和良好的市场潜力,是大米综合开发利用的一个很好的方向,将大大提高稻米的附加值。但是由于替代产品较多且消费者认可度尚待观察,上马此类项目应慎重。

6)酿酒

酿酒是大米深加工的重要方向之一,可利用碎米和普米进行酿酒加工。

7)发芽糙米生产

发芽糙米是指糙米经过发芽至适当芽长的芽体,主要是由幼芽和带皮层的胚乳两部分构成。发芽糙米在糙米发芽过程中能增加维生素和 γ-氨基酸含量,降低球蛋白,增加谷蛋白。糙米发芽是在一定温度的水中浸泡,发芽后 0.5～1.0 毫米长,使糙米活性化,其营养价值为原糙米数倍,发芽后使人体原来不能消化的糙米营养成分也能被有效消化吸收。特别是其 γ-氨基丁酸量是白米的 5 倍,较糙米高出 3 倍多。富含 γ-氨基丁酸的发芽糙米具有改善脑血流通、调整血压、镇静神经、减少中性脂肪等作用。且发芽糙米还含有能抑制脯氨酰内肽酶产生的与脑功能有关肽(神经传递物质)分解亢进的有效成分,从而能预防神经细胞性痴呆症(包括中老年痴呆症等)。

20 世纪日本研究开发成功世界首创发芽糙米,并且已经产业化、商品化。发芽糙米与糙米相比,其生理活性具有明显的优势,被誉为“营养丸”、“神龙米”、“元气米”,难得的是糙米经过发芽后,组织软化,炊煮方便(方法与白米一样),特别是将它与精米混合后炊煮而成的米饭,食感与大米饭无异,但其营养价值高于普通大米。因此,发芽糙米一上市,即为消费者所认可。

科学家预言,发芽糙米将成为 21 世纪新的主食资源。建三江可作为未来稻米深加工的一个重要方面进行考虑。

3.米淀粉产品生产

淀粉是大米的主要成分,含量达 90%以上。大米(碎米)经浸泡、粉碎、筛分、蛋白分离、洗涤、精制、干燥等工序后,便制得米淀粉。米淀粉颗粒呈多角形,粒径为 3～8 微米,是谷物淀粉颗粒中最小的一种。

1)产品特征

大米淀粉因其突出的功能成为世界关注的新产品,米淀粉因其颗粒细小,其颗粒为玉米淀粉的 1/5、口感柔滑、渗透力强、风味自然、无过敏、抗压性强、冻融稳定、凝胶特性等在食品中有越来越广泛的用途,例如:婴儿食品、冰淇淋、酸乳酪、脂肪替代品等。其关键技术为淀粉和蛋白的分离及如何提高淀粉的得率和米蛋白的回收、改性技术。

2)市场分析

虽然淀粉工业的三大原料是玉米、小麦和马铃薯,米淀粉只占 13%,不到玉米的一半,但是米淀粉却因其独特的性能和用途,具有很好的市场前景。

目前国际市场上对蛋白质含量低于 5%的高纯度米淀粉需求量较大。米淀粉颗粒非常小,在 8～30 微米之间,且粒度均匀。糊化的米淀粉吸水快,质构非常柔滑似奶油,具有脂肪的口感,且容易涂抹。蜡质米淀粉除了有类似脂肪的性质外,还具有极好的冷冻解冻稳定性,可防止冷冻过程中的脱水收缩,所以世界发达国家应用生物技术氢米淀粉转化为无油脂肪的高新技术。新脂肪替代物十分适合加工酸奶和部分替代奶油的乳制品,它具有奶油的外观及口感,通过不同含量的调配,可加工成供人造奶油生产的加氢油脂。此外,还可作为沙司和烹调用增稠剂、冷冻甜点心和冷冻正餐的肉汁、糖果的糖衣和药片的赋形剂、衣服上浆剂、纸和照相纸的粉末。

美国农业部南部研究中心研究开发的改进米淀粉新产品 Ricemic 是以大米粉为原料,先经过分离蛋白质,然后再用加热和酶处理工艺加工成 100%延缓消化以及 50%加快消化和 50%延迟消化的改性米淀粉制品。改性米淀粉经临床应用证明,可有效改善糖负荷,将成为一种糖尿病患者的新食品。

美国路易斯安那州南部研究中心(SRRC)已经发明了一种以大米为基质的抗性淀粉产品。抗性淀粉在消化道中不被消化,适合于肥胖和糖尿病患者食用。它不像一般纤维成分会吸收大量水分，当添加于低水分产品时不影响其口感，也不改变食物风味，可作为低热量的食物添加剂。多孔淀粉是将天然淀粉经过酶解处理后，形成的一种蜂窝状多孔载体。由于其表面具有很多伸向淀粉中心的小孔，因而有良好的性能，可用作药剂、香料、色素、活性物质的吸附载体，广泛应用于医药、化工和食品等工业。目前国外已经有此类商业产品出现。

比利时 A&B Ingredients 公司生产的一种微粒子米淀粉，其特征是具有清爽的味道、奶油样的组织结构、低过敏性以及较高的热稳定性。它们是以由蜡质种和非蜡质种两个品种大米加工成的改性米和预凝胶化米为原料，制成的改性米淀粉。目前国外大米蛋白的产品很多，有不同的蛋白质含量、性能和用途。米淀粉加工的副产品米渣是提取大米蛋白质的最好原料，运用不同的提取手段可以得到不同蛋白质含量和不同性能的产品，一般作为营养补充剂用于食品，蛋白质含量较低的一般用于宠物饲料、小牛饮用乳等。此外，大米蛋白还可应用于日化行业中，如用于洗发水，作为天然发泡剂和增稠剂。

抗性淀粉和微孔淀粉的开发，是淀粉研究领域的崭新课题。应用抗性淀粉作为食物原、配料时，除提供多种健康功能外，且可作为低热量的食物添加剂。微孔淀粉是将天然淀粉经过酶解处理后，形成的一种蜂窝状多孔性淀粉载体。由于其表面具有很多伸向淀粉粒中心的小孔，因而具有良好的吸附性能，可用作功能性物质（如药剂、香料、色素、保健物质）的吸附载体，广泛应用于医药、化工和食品等工业。

米淀粉制取脂肪替代物生产工艺技术及淀粉基脂肪替代物功能改性技术，是应用生物技术把米淀粉转化为无油脂肪的高新技术。新脂肪替代物十分适合加工酸奶、部分替代奶油的乳制品。它具有奶油的外观及口感，通过不同含量的调配，可加工成供人造奶油生产的加氢油脂。

我国每年有 1 500 万名新生婴儿和 5 000 多万名的糖尿病患者的食品消费群体，如及时将我国积压的大量稻米加以开发制成多功能淀粉、新脂肪替代物及低过敏性食品等产品，不仅可使我国的相关科研紧跟国际前沿，而且仅国内的婴儿和糖尿病患者就有 6 500 万人群的广阔市场，利用前景非常乐观。

但米淀粉目前在国内的产业化水平尚不充分，对产业技术的要求也较高，因此上马此类项目应慎重考虑。

4.米蛋白产品生产

目前，国外大米蛋白的研发已是稻米深加工的重要方向，有不同的蛋白质含量、性质和用途的产品。碎米、籼米以及米淀粉加工的副产品——米渣，都是提取大米蛋白质的原料。大米中的蛋白质是已知谷物中营养价值最高的，与鱼虾相近，容易为人体吸收，过敏性低，是一种优质的植物蛋白资源。所以目前大米蛋白的开发和生产已成为谷物蛋白领域的研究热点，目前大米蛋白质含量大于 90%的产品的国际贸易价每吨为人民币 3 万元左右，比大豆分离蛋白的价格高 40%。

(1)产品特征。大米蛋白作为一种优质的谷物蛋白，其氨基酸组成较为平衡，在食品工业中有着广泛的用途。运用不同的提取手段可以得到不同蛋白质含量和不同性能的产品，一般作为营养补充剂用于食品的是蛋白质含量 80%以上并具有很好营养功能。含量为 40%～70%大米蛋白一般用于宠物食品、小猪饲料、小牛饮用乳等。除此之外，大米蛋白还有在日化行业中的应用，如用于洗发水，作为天然发泡和增稠剂。

一般主要以稻米加工副产品——碎米为原料联合生产大米，分离蛋白和大米淀粉。其中大米蛋白产品纯度可达到 70%以上，是一种高营养品质的粉末。作为蛋白质补充剂可添加自己喜爱的各种食品中，具有高营养、易消化、低过敏和风味温和的特点，非常适合儿童、老人和病人。另外，该产品能值低，是蛋白质中能值最低的，成人作为蛋白质补充，不用担心摄入过多能量。在全国城市具有很好的市场前景。

(2)市场分析。大米蛋白的品质是公认的谷类蛋白中的市场分析最佳者，大米蛋白的营养价值高于小麦蛋白质，其第一限制性氨基酸赖氨酸含量高于其他谷类，其氨基酸配比较为合理，与其他谷类蛋白相比，生物价(BV)和蛋白质效用比率(PER)更高。大米蛋白的最大特点是其低过敏性，这使得它非常适合作为婴儿或是特殊人群的蛋白补充剂。而成为世界蛋白市场上的宠儿，每吨可达 3 万元的高价。大米蛋白还可加工成酱油，蛋白饮料，蛋白胨和蛋白发泡粉，若将它水解成短肽或氨基酸后，则可以制营养价值更高的氨基酸营养液，而进一步用于保健饮料、调味品、化妆品及洗涤剂等。

米蛋白产品附加值较高，但目前在国内的产业化水平还不充分，对技术的要求也较高，上马此类项目应慎重。

5.米糠油生产

米糠占稻米总重的 6%～8%，素有稻米的“天然营养宝库”之称，其中蛋白为 16%～18%，脂肪 15%～17%(其中 80%以上是不饱和脂肪酸)，膳食纤维 30%～

40%,同时含有丰富的 r-谷维醇和生育三烯酚等生物活性物质。因此,米糠是一种极具开发潜力的高附加值资源。

目前,世界发达国家把米糠资源作为开发米糠油和健康食品的原料。米糠中脂肪含量较高,一般在16%~17%,是一种营养价值很高的油脂,其中不饱和的油酸和亚油酸含量高达60%~80%,同时还含有较其他油脂为多的生育酚及生育三烯酚、谷维素和植物街醇等几十种抗氧化剂。日本国立营养卫生试验所对不同食用油脂对人体血清胆固醇的影响做了研究,证明米糠油脂是一种健康营养油脂,它对于降低血清胆固醇、防治心血管疾病的效果与玉米胚芽油的效果一样。目前日本制备米糠油技术在世界处领先水平。

同时,米糠油是一种保健性食用油,其营养价值超过豆油、菜籽油等。美国心脏学会在专项报告中指出:"米糠油能确实有效地缓解心脏和脑疾患,其有效性表现在可降低血中低密度胆固醇的浓度,使高密度胆固醇有所上升。"研究表明,食用米糠油一周后人体血清胆固醇可下降17%。近年来,米糠油畅销欧美市场,其售价在花生油、豆油等传统植物油之上,颇受消费者青睐。稻米生产大国泰国有40%以上的米糠用来制取米糠油,作为烹调用油。在日本,脱脂米糠的价格高于全脂米糠,这样的市场机制非常有利于米糠制油工业的发展。

1)米糠活性物质二十八醇和三十醇

米糠油中含蜡3%~4%,米糠蜡主要由高级脂肪醇酯组成,酯经过分解转化处理可以获得具有生物活性的功能性物质二十八碳醇和三十碳醇。米糠活性物质二十八醇和三十醇是FDA认可的功能性添加剂,可以改善运动耐力调节脂肪代谢和降低胆固醇。可广泛应用于功能性食品、各种营养补助品、医药、化妆品、高档饲料中,其市场份额也不断扩大。众多的实验证实:它具有使人增强体力、精力和耐力;提高应激能力和反应灵敏性;提高机体代谢率、改善心肌营养;提高机体氧利用率、降低血清胆固醇和甘油三酯含量;降低收缩期血压等功能。

二十八碳醇为主要配料的功能食品在美国、日本等国家十分风靡,国际市场上的价格大约每千克1 000美元。但有关二十八碳醇功能性的研究以及功能食品的开发在我们国家还是空白,市场前景非常广阔,经济效益十分显著。

2)γ-氨基丁酸(GABA)

γ-氨基丁酸是广泛分布于动植物中的一种非蛋白质氨基酸,具有多种生理功能。主要包括:心血管调节作用;神经营养作用;促进生长激素分泌的作用;抗衰老作用等。作为一种具有多种生理功能的活性因子,GABA 在美国、日本等国家已广泛用于营养补充剂和功能食品中。而我国在这方面的研究尚处于起步阶段,有待发展和提高。

稻米加工副产品米胚芽和米糠因其谷氨酸脱羧酶活性高、原料来源广和成本低廉而成为制备 GABA 的首选原料,因此利用米糠中天然存在的内源性谷氨酸脱羧酶,通过生物技术生产高 GABA 含量的具有调节血压等多种生理功能的米糠健康食品或食品配料,是米糠增值转化的又一崭新的途径,每吨 r-氨基丁酸(GABA)的售价在 4 万～5 万元,可以使米糠增值 10 倍以上。

6.**糠粕生产**

米糠粕是用膨化浸出法生产米糠油的副产品。米糠粕是优质的饲料原料,可直接用于家禽饲养,也可作为饲料添加剂。米糠粕富含较高的蛋白质、粗纤维、矿物质等物质,同时含维生素 B、维生素 E 及钾、硅、氨基酸等营养元素。国外市场已经开发利用大米油糠几十年,市场体系构筑比较完善。而我国市场开发较晚,大米油糠供应量还不充足,但社会需求逐年增加,大米油糠的销售市场将会供不应求。具体原因如下:

(1)养殖业经过长达 3 年的低谷已日渐复苏,市场需求逐渐加大。

(2)自 2007 年下半年开始,包括玉米、豆粕等所有的饲料原料都在一路暴涨,导致饲料生产企业和养殖企业都在改配方和寻找物实价廉的产品——米糠粕来替代。米糠粕从它的营养指标、适口性及性价比上看都是首选的产品。

(3)米糠粕又是在市场上刚刚被南北方饲料养殖企业认可的原料,它可替代多种饲料原料,并可降低成本。

(4)黑、吉、辽三省的饲料生产企业 800 多家,月加工 5 000 吨的企业在 50 家左右。月加工在 2 000 吨以上的 100 多家。根据生产规模,每家企业日需米糠粕在 5～50 吨。三省日需米糠粕在 7 500～25 000 吨。而三省的总生产能力不足 4 500 吨,全国的市场需求缺口更大。

8.6.3　招商路线

针对建三江稻谷产业发展的实际情况和未来发展趋势,今后可走“产业链招商”模式,即针对稻谷优势产业链、产业链中的补缺环节进行重点招商,通过产业链上的龙头企业来对稻谷加工上下游企业实施沿稻谷价值链的整合和建立稳定的合作关系。

稻谷产业是建三江的绝对优势产业，今后在产业发展必须走全产业链模式，以实现产业的优化升级。在稻谷产业招商上，要按照产业、产业链发展、扩张的重点和补缺方向，研究、编制产业、产业链招商选资目录，大力开展产业链招商，改革招商引资模式，以经济开发区、工业园区、龙头企业为主体，实施园区招商和产业集群招商，开展有针对性的项目推介和项目洽谈。

1.建立特色产业链招商目录，进行定向招商

根据我们对稻谷产业链分析的结果，并结合区域产业发展规划，建立稻谷产业链招商目录。重点引进那些既是在招商目录内拟引进的企业，又符合本区域稻谷产业链规划的企业；对虽不在产业链之内，但是可以做产业链延伸的，即与稻谷产业相关的关联性企业，可为其设计产业链延伸招商。

1)产业链重点招商领域

大米生产：含普米和精米；稻壳综合利用：包括稻壳发电和稻壳灰利用等，米制食品，酿酒，米淀粉，米蛋白，米糠油，糠粕。

2)定向招商对象

(1)企业类型：一是重点面向处理能力在200～400吨/天、400吨/天以上的企业进行重点招商；二是面向国内外知名的食品加工企业，尤其是食品、饮料、酿酒等行业的大型国有、民营企业集团进行招商，如中粮等。

(2)地区选择。主要面向东北本地、长江中下游地区、日本、韩国、泰国及东南亚稻谷重点生产地区进行招商。

2.招商措施

(1)突出精确招商。注重稻谷产业市场和客户细分，锁定目标区域、目标产业和目标企业，变四面出击为精准定位、定向突破，提高招商的针对性、精确性和实效性。

(2)注重招商选资。在坚持大中小项目一起上的同时，应更加注重招商选资，优先引进“4高1好”的稻谷精深加工项目(产业集群度高、资源利用效率高、财税贡献率高、社会就业率高和市场前景好)。

(3)突出引进战略投资者。在内外资项目一起抓的同时，更加注重引进央企、大型国企、民营企业以及世界500强等战略投资者，积极谋求稻谷及相关产业长期稳定、互利互惠的战略合作。

(4)资金、技术、人才、智力、管理齐头并进。在千方百计上项目引资金的同时,更加注重招商引智,下大力引进先进的管理经验、技术设备、工艺流程、经营理念、营销网络、研发中心和高端人才等,优化完善建三江稻谷产业的技术结构、产品结构和人才结构,使产业重点向附加值高的研发和营销两端发展。

(5)注重发挥企业、园区招商主体作用。在充分发挥政府和产业部门招商引资积极性的同时,更加注重发挥企业主体作用、园区载体作用和市场配置作用。

8.7　战略性支撑平台

8.7.1　配套政策

配套政策主要用于解决建三江稻谷产业发展过程中的发展劣势和面临的挑战,同时巩固其已经形成的优势,并抓住面临的机遇。

1. 产业政策

目前,建三江稻谷产业的工业基础比较薄弱,意味着其作为一个产业在产业体系的构建上尚未完成,因此,从稻谷产业体系构建的角度出发,建三江应积极出台能够促使这一目标实现的产业发展政策。产业发展政策包括相应的土地政策和财税政策,以及科技创新引导政策等。

对于建三江来说,由于是农垦,既具有企业的性质,又具有政府的性质,因此,在产业发展政策方面,既是政策的制定者,又是政策的执行者或受益者。①从政府的角度看,产业政策主要包括产业业态的引导和产业优惠措施的制定,对于建三江来说,产业业态引导,重点关注前文分析的处于产业链高端的一些业态和发展方向,建立产品引导库;产业优惠措施包括土地政策、财税政策优惠等,对于那些既符合产业业态引导原则,又符合招商对象特征的企业,要大力给予优惠政策。②从企业的角度看,要出台一些政策,能够吸引本行业的关键技术来建三江产业化,既能提升建三江稻谷产业的技术水平,又能延伸稻谷产业链发展,起到"引凤"的目的。

2. 体制改革政策

由于农垦的特殊性,建三江存在多头的行政隶属关系,管理体制和运行机制特殊,长期无法纳入当地政府的社会经济发展,不仅国家政策或地方政府在此形成断层，农场和县区的经济优势业不能形成互补。因此，影响建三江稻谷产业发展的最大障碍之一就是体制机制问题，为此，建三江可率先探索某种机制进行创新，努力促进产业的发展和影响力。

在体制机制改革问题上，首先要坚持最基本的底线，即尽量维护和扩大多方的共同利益，减小利益间的摩擦，在国家大的法律框架内，可以率先进行试验示范。从长远来看，农垦融入地方，并与地方进行合作发展是区域发展的趋势。农垦具有较强的整合优势和技术优势，能够形成较统一的发展模式、品牌和快速的发展效果，这往往也是地方政府希望看到的。

因此，建三江可以通过稻谷产业发展和相应的产业聚集区建设，与地方政府形成发展共同体，并以此建立农垦—地方综合发展改革试验区，通过产业的发展和城乡统筹，积极形成相应的发展经验，待时机成熟后，可向上级政府申报范围更广的改革试验区。

8.7.2 保障措施

保障措施主要用来保障稻谷产业的发展定位和发展目标能够顺利实现，起到重要的支撑性作用。

1. 生产保障

继续加强稻谷种植力度，保证产量稳产稳增。通过有效利用耕地，并积极进行耕地储备，保证一定数量的耕地基数，以满足国家对粮食安全的需求。同时通过研发，努力提高面积单产，采用双措施保障粳稻产量稳产稳增目标。

2. 技术保障

无论是自助研发或是引进吸收再消化，技术始终都是影响稻谷产业链发展的重要因素。建议农垦和地方政府共同设立稻谷加工技术研发专项资金，鼓励大型加工企业与科研院所横向联合，在水稻加工技术、工艺以及副产品综合利用方面开展深入研究，延长稻谷加工业的产业链，增加产品的附加值。同时，积极出台相应的人才政策，吸引高技术人才和管理人才来建三江建功立业。

3. 品牌保障

“绿色”、“有机”大米，高品质的寒地水稻品牌是建三江水稻产业的重要品牌形象，因此必须建立起一个能够有效保障建三江稻谷产品品牌的保障机制。可从建立完善的质量监管体系入手,进一步通过农垦和地方政府的合作,加大对稻谷产品对外宣传的指导和管理力度,严把稻米种植、加工、销售各个环节质量关,从根本上保证建三江稻谷产品的安全。

4. 物流保障

物流运输是建三江稻谷产业发展的重要瓶颈,但为建设具有区域主导能力、具备全国影响力的粳稻种植、加工、贸易、研发"四个中心",必须打通物流运输大动脉。要从铁路、公路、航空港等多渠道寻求支持和建设,不能让物流成为建三江稻谷产业发展的制约和束缚。

8.7.3　稻谷产业链投融资平台建设

资金是影响建三江稻谷产业链发展的重要制约因素之一,为稻谷产业链的发展谋求充足的资本供给,是实现建三江稻谷产业跨越式发展的关键所在。

1. 融资方式

融资方式可以分为内部融资和外部融资。内部融资包括财政预算划拨和以财税、减缩成本为特征的开源节流等方式融资。外部融资主要包括发行股票和债券的直接融资方式,贷款等间接融资以及重大项目融资等方式。

2. 建立企业投融资服务平台

重点通过稻谷产业链上的关键企业保险服务、辅助企业上市、提供风险投资基金服务、提供知识产权、股权质押融资服务等方式,协助关键企业进行投融资。同时,也可设置产业引导和产业投资基金作为招商引资的配套政策,通过与高端产业招商引资项目对接,以扶持稻谷产业向高端和纵深发展。产业引导基金是为处于产业化初期的项目提供启动和推进资金,产业投资基金是建三江自身进行产业投资的载体,其投资对象多元化。

8.8　重大项目储备

通过以上对稻谷产业链相关产品的剖析,结合建三江发展实际,我们认为建三江可在稻谷产业上做以下重大项目储备(表 8-3)。

表 8-3　重大项目储备表

序号	项目名称	建设规模	产品	收益
近期项目				
1	稻壳发电项目	15 万千瓦(总装)	电	6 亿元
2	大米产能扩充项目	13 万吨/年	普米、精米	5 亿元
3	米制食品加工项目	100 万包/天	便捷米饭、米粉、休闲膨化食品	5 亿元
4	大米酿酒项目	1 万吨/年	米酒、白酒	2 亿～5 亿元
5	糠粕生产项目	5 000 吨/月	饲料	800 万元/月
中期项目				
6	稻壳灰制活性炭项目	1 万吨/年	活性炭	2 000 万元
7	稻壳型材生产项目	10 万立方米/年	稻壳板、快餐盒等	1 亿元
8	米淀粉制取项目	1 万吨/年	米淀粉	1 亿元
9	米糠油生产项目	1 万吨/年	米糠油	1 亿元
远期项目				
10	发芽糙米生产项目	2 万吨/年	发芽糙米	3 亿元
11	米蛋白生产项目	5 000 吨/年	米蛋白	1.5 亿元
12	稻壳生产木糖、低聚糖及酒精项目	500 吨/年	木糖、低聚糖及酒精	3 亿元

注：近期：2011—2013 年；中期：2014—2018 年；远期：2019—2020 年。收益为相应产值估算值。部分项目可以根据相关技术产业化情况，适当进行顺序上的调整。每个项目投资前必须单独做可行性研究报告。

第9章 郑州市黄河农场现代都市生态农业示范园规划设计

9.1 规划总则

9.1.1 规划位置

项目地位于河南省郑州市中牟县万滩镇东8千米处，紧邻雁鸣湖景区(图9-1)。

图9-1 项目位置示意图

9.1.2 规划范围及期限

项目地位于中牟县万滩镇东 8 千米处,隶属郑州市农委,是一个以种植、养殖为主的国有中型农垦企业。项目规划土地面积 3 135 亩,占地范围如图 9-2 所示,东西宽约 1 600 米,南北常约 1 700 米(图 9-2)。

项目建设周期为 3 年,即从 2014 年 12 月始至 2016 年 12 月完成项目建设。

图 9-2 规划范围

9.1.3 规划原则

(1)生态性。项目建设将强调保护该区生物多样性,维持农场生态系统平衡,注重保护与发展区域乡土作物,节制引用外来物种。同时,农垦公园建设运营要以生态、绿色、节能为理念,采用生态节能技术和环保生产生活方式,营造空气清新、环境宜人的生产、生活与休闲空间。

(2)经济性。农垦公园以农业(渔业、蔬菜、花卉、苗木)生产为基础,延伸发展农副产品加工、农业休闲服务业等产业,以求构建系统完善、运行良好的农业经济产业链。但构建农业产业链需要一定的基础建设资金、项目建设资金与发展资金,为此,项目规划设计充分考虑就地取材、就近利用、节能高效以及项目的预期经济收益。

(3)文化性。文化性是农垦公园发展的生命力和灵魂,是塑造黄河农场特色,提升竞争力的关键。农垦公园·黄河壹号依托其资源属性和环境特征,深挖黄河农场农垦文化,并融合农业高科技文化、生态休闲文化、农耕文化及地域文化,以现代高科技和文化创意为手段,塑造具有自身独特文化特色的集聚田园文化、湿地文化、农垦文化、农耕文化、民俗文化的文化性农垦公园。

(4)景观性。项目建设充分依托黄河农场本底自然资源和生态环境优势,充分尊重农场社会文化和人文特色,着重塑造农场田园生态景观(包括田园艺术景观、花卉与果蔬创意景观)、生态湿地景观(包括鱼塘景观、浅滩景观和湖泊景观)和农场人文景观(包括农垦文化景观、农业高科技栽培与生态技术展示、社区文化氛围等)。

(5)参与性。除农业生产和基础加工外,农垦公园将结合自身资源情况与市场需求特征,发展具有趣味性和参与性的农业观光类、科普教育类、文化体验类、休闲度假类等旅游产品,策划设计具有互动性、鼓励性的旅游活动和旅游线路,为农场带来更多的经济效益和社会效益。

9.1.4 规划依据

1.相关法律法规

《中华人民共和国国民经济和社会发展第十二个五年规划纲要》;

《农业科技发展"十二五"规划》;

《特色农产品区域布局规划(2006—2015)》;

《国务院关于支持河南省加快建设中原经济区的指导意见》;

《河南省国民经济和社会发展第十二个五年规划纲要》;

《中原城市群总体发展规划纲要(2006—2020)》;

《郑州市国民经济和社会发展第十二个五年规划》;

《中牟县国民经济和社会发展第十二个五年规划》;

《无公害农产品生产技术规范》等,建设单位提供的有关基础资料及实际情况。

2.相关的技术规范

《土地开发整理项目规划设计规范》(TD/T 1012—2000);

《土地开发整理项目验收规程》(TD/T 1013—2000);

《道路工程制图标准》(GB 50162—1992);

《灌溉与排水工程设计规范》(GB 50288—1999);

《水利水电工程制图标准》(SL 73—1995);

《沟道防渗工程技术规范》(L 18—1991);

《水土保持综合治理技术规范》(GB/T 16453.1—16453.6—1996);

《节水灌溉技术规范》(部颁 SL 207—98);

《公路桥涵通用规范》(JTJ 021—89);

《建筑物荷载设计规范》(DL 5077—1997)。

9.2 基础分析

9.2.1 项目背景

为解决农场人多地少、农场增收乏力和未来持续发展问题,农场计划全面整合一分场现有设施蔬菜、水产养殖和无公害莲菜种植等产业优势,按照高效、安全、生态、休闲的目标,建设一个以现代农业生产为基础,以黄河农垦文化为特色,兼具农业示范、农业科普、农事体验、休闲度假等功能的占地 3 135 亩的现代都市生态农业示范园。

9.2.2 区位条件

项目用地位于郑州市东、郑州市黄河农场一分场。北靠黄河,南临连霍高速,西与郑州市区隔京港澳高速相望。

项目地处在郑汴一体的中间地带,距离郑州市区和开封市区都在半小时车程范围内。

9.2.3 建设条件分析

(1)处于郑汴半小时交通圈的优越区位。项目区位于中牟县万滩镇境内,北依雁鸣湖,南临连霍高速,规划中的新 107 国道从南部沿线穿过,外部交通便利,可达性强。项目区处于郑汴一体化的中心地带,距郑东新区 28 千米,距开封 30 千米,距中牟县城 25 千米,均在其半小时交通圈范围内。

(2)郑汴两大热点旅游城市形成的浓郁休闲消费氛围。项目区处于郑汴两大旅游市场的连接地带,也是连接郑汴的重要交通过境地。郑汴两个旅游城市已形成的浓郁旅游休闲氛围不仅会感染带动该区及其周边的休闲消费,也可以激发培养该区旅游业的发展。在这种形式下,黄河农场蓄势而发,依托自身优势乘机发展旅游业,必然能够取得突破性进展。

(3)沉淀有深厚而独特的黄河农垦文化。黄河农垦文化是在特定的历史环境下,积极进取、奋发向上的黄河农场人以其顽强的意识勇于承担、奉献祖国的热情,推进黄河"北大荒"向"米粮仓"转变的积极实践中形成的。"艰苦奋斗、勇于开拓"的农垦精神正是农垦文化的核心,也是支撑黄河农场生存与发展的精神支柱。弘扬黄河农垦文化,传承农垦精神,是农场发展的重要宗旨。有效挖掘利用黄河农垦文化形成主题文化产品体系,将是黄河农场的竞争力所在。

(4)拥有良好的农业发展基础和场地条件。项目区自然生态条件良好、生物多样性丰富、生态系统比较完整;区内场地开阔,地势相对平坦,并有一定的规划建设用地,开发条件良好。拥有国有农场的发展背景,农业发展基础良好,已形成规模水产养殖、设施蔬菜种植和无公害莲菜种植等产业,为项目区发展有机农业、生态农业、休闲农业奠定了前提条件。

9.2.4　旅游资源分析

(1)鱼塘自然景观项目区所在地一分场是黄河农场水产养殖的主产区域,目前拥有鱼池面积 450 亩,是农业部评定的"水产健康养殖基地"。以渔业健康养殖为核心,鱼塘依地势而建,连片开发,塘与塘及塘周边,芦苇、茅草掩映其中,塘边栈道、木屋别有一番田园怡情风味。未来可开发观光、垂钓、摄影、餐饮、购物等旅游项目。

(2)现代设施农业资源项目区所在地现有蔬菜温室大棚 92 个,整体经营状况良好,但大棚质量有待提升,棚区环境需要整治。通过引进农业新品种和有机农业栽培技术,融合现代农业创意、休闲文化,以主题化、功能化、科技化为原则,绿化美化温室大棚外部景观,在提供有机蔬菜、瓜果的同时,延伸发展农业科技观光、农业科普、自助采摘、农业创意 DIY、购物等旅游项目。

(3)黄河农垦文化资源始建于 1954 年的郑州市黄河农场,是国有农场发展的典范,是中原大地上的一颗璀璨明珠。它是特定历史时期人们不畏艰险、开疆扩土、辛勤奉献的时代符号。它见证了河南有名的“北大荒”变成远近闻名的“米粮仓”，见证了农场人开拓进取、勇于拼搏、奋发向上的精神。在改革开放和市场经济大发展的今天，更需要发扬这种不畏艰险、开拓进取、勇于奉献、奋发向上的“农垦精神”。黄河农垦文化资源依托载体有老式农具（如犁、锄头、镰刀等），农机（如拖拉机）、机械，农场老房子及生活用品，农场志、老照片、农场人回忆录等资料，农场组织与管理方式等。

周边旅游资源：

项目区周边拥有郑东新区龙湖、龙子湖，中牟绿博园、方特、金如意影视基地、省农业高新科技园、东湖度假村、国家农业公园以及雁鸣湖景区等旅游项目，形成了良好的旅游休闲氛围，但同时也使得农场面临着相应的旅游市场竞争。

因此，区别周边旅游环境的农垦主题公园可以更好地与周边景区景点互补。图 9-3 为项目周边旅游资源分布示意图。

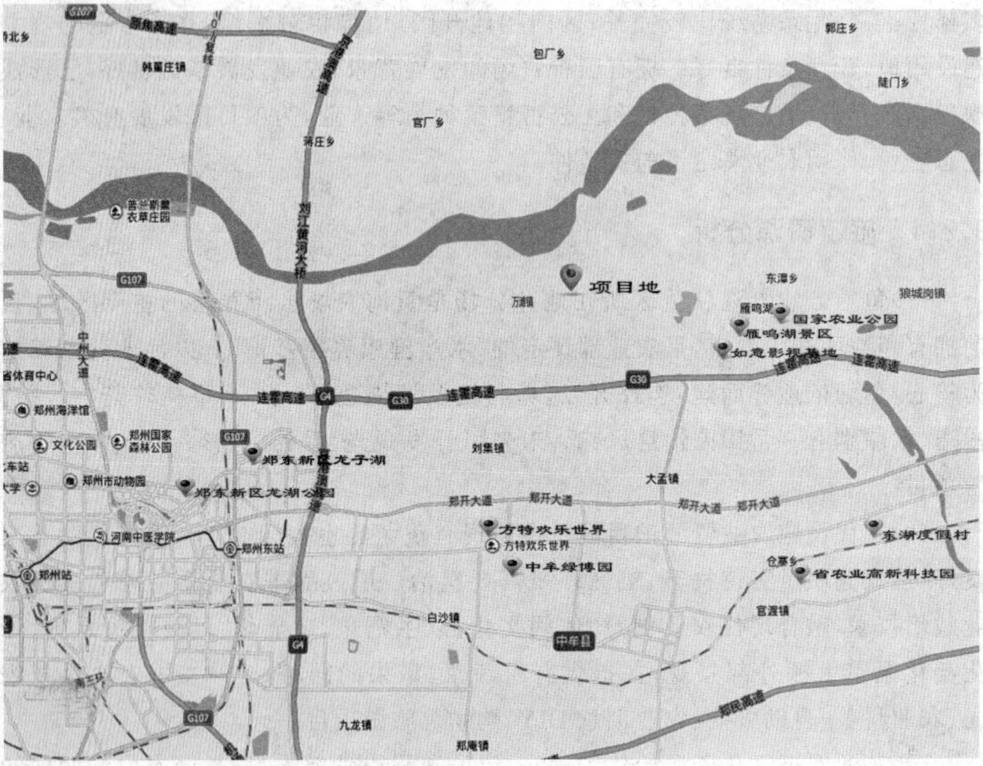

图 9-3　项目周边旅游资源分布示意图

9.2.5　农场现状分析

1.现有的建筑面积

(1)建筑面积:69 500 平方米;

(2)性质:住宅 69 000 平方米,办公 500 平方米;

(3)总建筑占地面积:150 亩;

(4)小学建筑面积:1 500 平方米。

2.现有水利市政条件

园区内排水自成体系,雨水经排水系统从场东侧排出;污水源于生活区,经每户一座约 3 立方米的化肥池沉淀后,从暗沟流入排水渠。现需建一座生态净化湿地。

3.电力、电信、热力条件

1)①电力:现有变压器 1 000 伏安;

②机井:41 眼及配套;

③低压线路:14 000 米。

2)电信:网通、移动等通信全覆盖(社会及时给予保障)。

3)热力:无。

4.现有道路

主要道路有水泥路和土路,水泥道路 4.5 米宽,7 500 米长。

现状分析见图 9-4。

总体而言,农场的用地条件,适宜农业旅游开发:

(1)地势平缓,利于建设;

(2)居住地,农田,水系相对比较集中,利于进行项目布局;

(3)水体较多,能够形成完整的水系,优化旅游氛围;

(4)道路条件有待提升,可结合项目建设,完善基础设施条件。

图 9-5 为现状环境图。

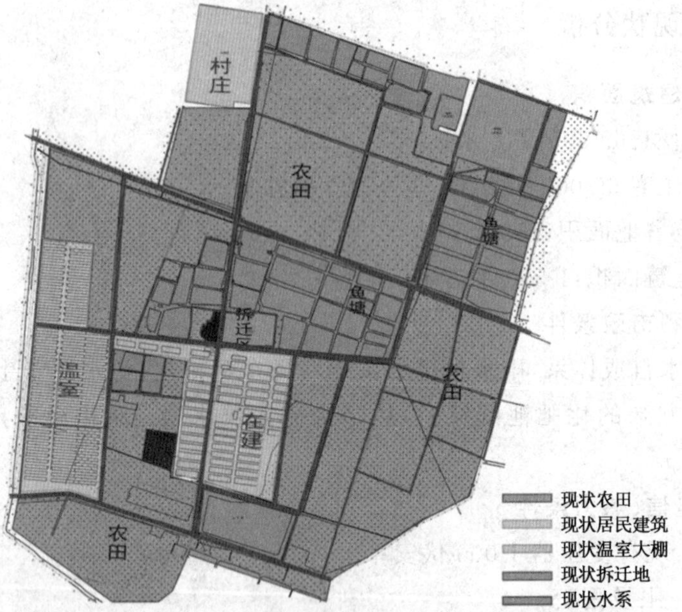

图 9-4　现状分析图

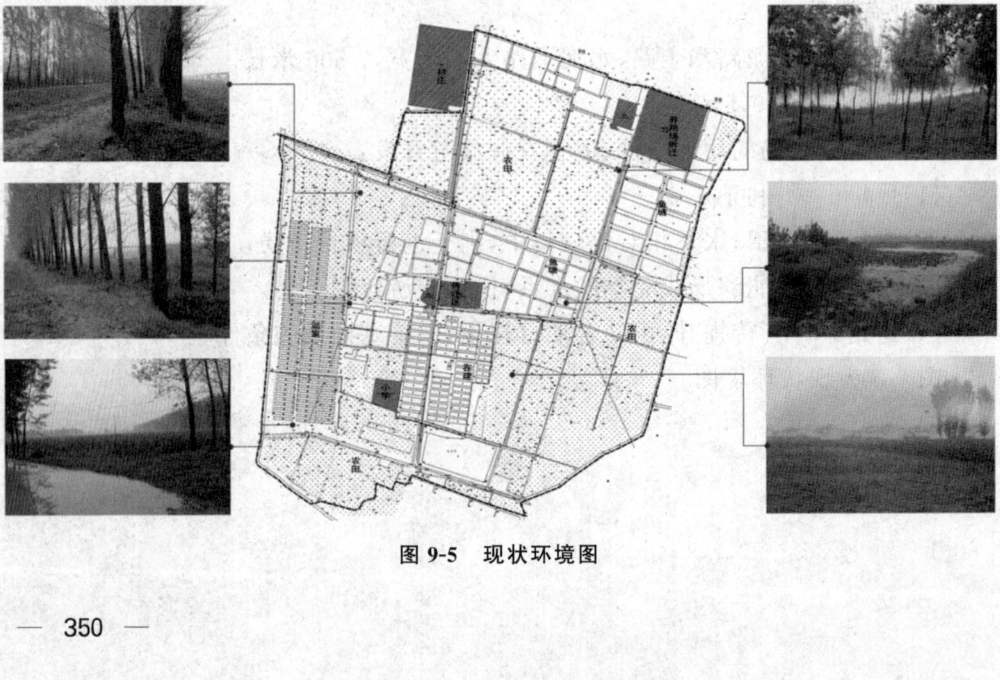

图 9-5　现状环境图

9.3 市场分析

9.3.1 市场供求分析

(1)有机与绿色农产品需求分析。据相关统计,有机农产品如果达到供需平衡则其产量比重需达到总农产品生产的80%×26%=20.8%,而目前我国有机农产品常量还不到0.2%。由此,今后长时期内有机农产品都将处于供不应求的状态。但是前提是严格符合国家生产标准的有机农产品。

(2)乡村与农业旅游产品需求分析。预计到2016年,郑州中心城区常住人口将超过600万人,是一个巨大的潜在乡村旅游客源市场。根据河南省旅游局统计资料表明,河南省城镇居民一日游愿意承担费用100元以下的占总调查人口的29.44%,100～200元的占43.51%,200～300元的占14.11%。目前,河南省乡村旅游价位普遍较低,适应居民的消费水平,省内城镇居民乡村旅游消费市场已基本形成。

9.3.2 客源群体消费特征

(1)青少年学生。在强调素质教育的今天,乡村俨然已经作为一个教育学生的大课堂,一部百科全书,能够使学生从中认识自然,认识历史,认识呈现关系,确立学生正确的价值观念。

(2)家庭、亲子。长期生活在城市当中的家庭,在感官上厌倦了城市钢筋水泥的景观建筑,对自然和乡村产生向往之情。同时,由于都市快节奏的生活方式,多数家庭的家长和孩子在沟通交流和情感互动上存在不足。因此,很多家庭选择利用双休假期去体验有别于城市景观的乡村自然风光,并借此机会,增加家长与孩子之间的沟通交流,增进亲子关系。

(3)城市白领。“5+2”和“6+1”(多数)的生活模式,使城市白领族长期处在快节奏的紧张工作生活中,饱受亚健康、职业病的困扰,多数城市白领渴望寻找一个释放身心、舒缓压力的场所。此外,该类人群通常有着较为稳定的经济收入,具备一定休闲娱乐的消费能力,对旅游环境、产品质量和服务水平要求较高。所以,项目开发要充分考虑周末白领特殊休闲需求,不断提升产品质量和服务水平。

(4)中老年。中老年群因其大多年轻时来自农村,或者在特殊历史时期有在农村生活过一段时间的经历,往往在心理上存在着农村或农业情结。曾经的经历与回忆,使得中老年消费群体更加关注农村的发展变化,更加熟悉农作物的生产加工,更加喜好乡村事物和田园风光的感受体验,因而应在项目后期开展中增加以吸引中老年消费群体为导向的相关活动。

9.3.3 市场优劣势

(1)使用先进农业科技,培育农业良品和精品。项目将紧跟农产品市场需求,以现代农业无公害、有机栽培技术引进和新品种培育为导向,积极培育绿色、有机、无公害农产品,为市民提供安全、健康、绿色的农产品。

(2)功能复合、价值再造、良性运转的农业综合体。项目区建成,将形成以农业为基础,集合有机农业生产、农产品保鲜与初加工、农业休闲、创意文化体验等功能的,产业体系完善,生态系统运行良好,社会效益明显的现代农业综合体。

(3)区位交通带来的近客源市场优势。项目区位于郑汴两大旅游市场的连接带,距离郑东新区28千米,距离开封30千米,距离中牟县城25千米。交通道路方面,该区北依雁鸣湖,南临连霍高速,外部交通十分便利。区位与交通的便利,使得项目区受益于郑汴两地已经形成的浓郁旅游氛围,一方面吸引大量城市居民至此乡村旅游,另一方面带动感染周边居民的休闲消费,更可激发培养该区旅游业的发展。

(4)以农垦文化为主题的创意农业旅游产品。农垦文化是以特殊历史时期为时代背景,艰苦创业的一代人所形成的"艰苦奋斗、勇于开拓"的群体精神,是激励后辈的文化财富。项目区创新开发的农垦文化主题旅游产品,以传承农垦地域文化,弘扬农垦时代精神为特殊文化资源,可与周边乡村与农业旅游区形成比较优势。

9.4　战略定位

9.4.1　总体定位

以“黄河风、农垦情”为主题；

以农场特有的黄河生态农业风光为基调；

融合农场自然环境、农业景观和人文风貌；

塑造具有农垦情怀的黄河生态农业公园。

9.4.2　目标定位

以农场渔业生产、设施蔬菜产业为基础；

以市场需求为导向；

通过引进农业高科技、深掘农场历史文化及地域文化，放大农场原有农业生产功能；

通过产业项目建设、创意景观设计及主体功能完善。

将农场打造成为以农业生产为基础，以黄河农垦文化为主题的集有机蔬菜生产与加工、精品鲤鱼与莲菜生产、生态农业观光与科普教育、农垦文化体验、田园休闲度假于一体的现代都市生态农业示范园。

9.4.3　形象定位

农垦公园·黄河壹号。

9.4.4　功能定位

功能定位分析见图9-6。

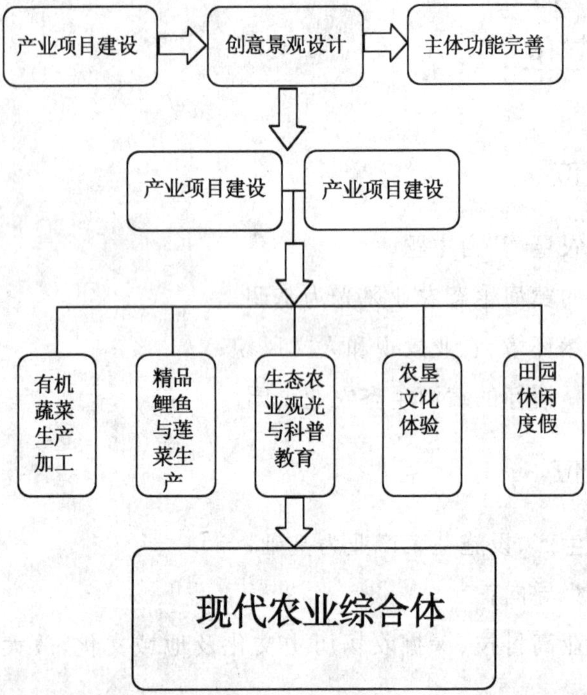

图 9-6　功能定位分析图

9.5　总体规划

9.5.1　规划理念及规划原则

(1)因地制宜、科学规划。项目建设应充分考虑农场原有农业生产的资源基础和环境状况,因地制宜,合理规划区内的道路、水、电等基础设施建设,休闲配套设施建设以及休闲产业项目建设。所规划建设产业项目和配套设施的建设标准和风格必须与农场所处地区的自然与人文景观相协调。同时,开发出的农副产品和旅游精品必须具有当地农业和文化特色。

(2)培育精品、塑造品牌。农场应以生态农业模式作为园区农业生产的整体布局方式,培植具有生命力的生态旅游型观光农业精品。发挥农场已有的生产优势，引进农业新品种、新技术，采用有机农业栽培和种植方式生产无公害蔬菜、果品，积极申请无公害、绿色、有机农产品认证，形成农垦公园标识产品，塑造"绿色、安全、生态"的生态农业精品品牌。

(3)功能复合，突出主题。农垦公园以农业生产为基础，以文化、休闲为媒介延伸为农业观光、农事体验、科普教育、餐饮、购物、休闲娱乐、乡村度假等功能。体现为农场生态农业多元功能的复合和每一主题产品的多功能复合。无论是哪种功能复合，主题必须明确。如整个农垦公园是以农垦文化为主题的生态农业，其中包含有鲤鱼主题、莲菜主题、设施蔬菜主题、花卉苗木主题等，每个分主题都由相应的功能构成，但主题明确。

(4)利益兼顾，协调发展。农垦公园建设以生态学理论作指导思想，采用生态学原理、环境技术、生物技术和现代管理机制，使整个农场形成一个良性循环的农业生态系统。经过科学规划建设的农垦公园是以生态农业的科学设计来实现其生态效益；以现代有机农业栽培与高科技生产技术的应用，以及创意农业休闲模式的导入实现农垦公园的经济效益；以一、二、三产融合推进农场产业结构调整升级，以产业项目引进带动社会就业实现其社会效益。兼顾生态效益、经济效益、社会效益三者统一，建立生态、经济、社会协调发展的农垦公园。

9.5.2 指导思想

以农场渔业生产、设施蔬菜产业为基础；以市场需求为导向；

通过引进农业高科技、深掘农场历史文化及地域文化，放大农场烟油农业生产功能，发展高科技农业、景观农业、休闲农业和文化农业；

拓展生态保护、农业示范、科普教育、农业观光、文化体验、休闲娱乐等功能，不断充实生态农业内容。

9.5.3 设计思路

尊重场地原有肌理，在梳理现状的空间的基础上，规划路网和地块，使其，满足功能的衔接、景观美学设计、游览线路设计以及项目分期开发需要，按照项目内与外、主与次、闹与静适度分离原则，通过景观营造、功能梳理，形成以环园主路和穿插居民区主路为空间布局的"田"字形骨架，以此为核心，外部形成不同主题的绿色田园基质。

依托于整个园区基础田园基质和生产布局，以滨水栈道外部串联园区核心水产养殖区，形成“跳跃的鲤鱼”形状，对应其南部入口“左山”、“右水”的门景，最终从整体空间上形成“鲤鱼跃龙门”的景观意向。而“鲤鱼跃龙门”的核心支撑则是以原农场职工居住区为载体的农垦文化。

图 9-7 为规划构思示意图。

图 9-7 规划构思示意图

9.5.4 规划总平面

总用地面积：221 公顷；

总建筑面积：28 200 平方米(新建)；

入口景观区：29.6 公顷；

休闲服务区：56.5 公顷；

有机蔬菜区：35.8 公顷；

有机莲菜区：36.1 公顷；

精品鲤鱼区：31 公顷；

珍果奇木区：32 公顷。

项目布局示意图见图 9-8，图 9-9 为规划鸟瞰图。

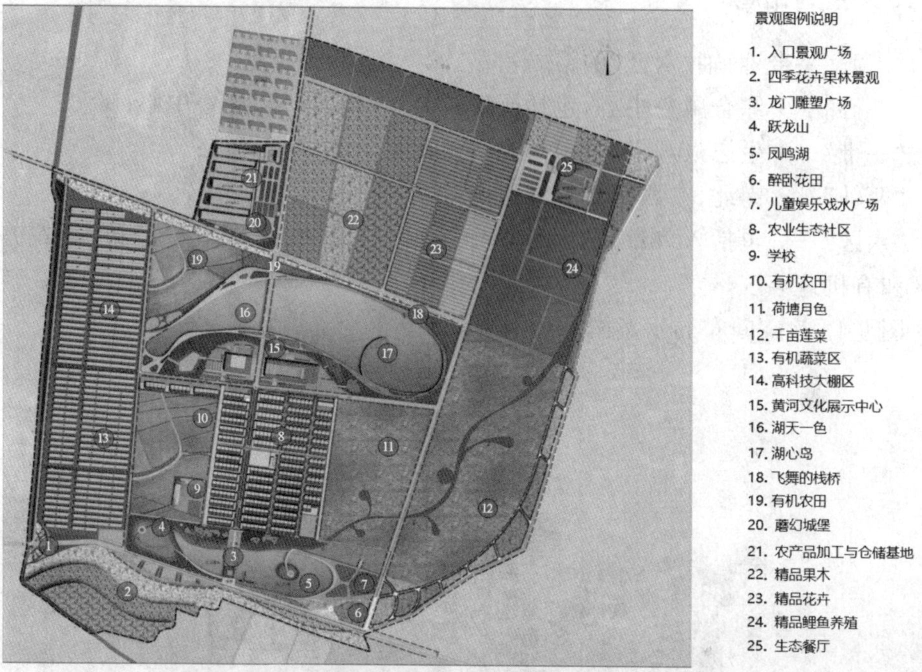

图 9-8　项目布局示意图

图 9-9　规划鸟瞰图

9.5.5 空间布局

“一心、一带、两轴、六区”的格局：

“一心”——综合服务中心，包括园区接待、咨询、宣传、销售中心；

“一带”——生态景观带，沿东部沟渠至南部道路的景观带；

“两轴”——南北、东西两点景观道路轴线；

“六区”——包括入口景观区、休闲服务区、精品鲤鱼区、有机蔬菜区、花卉果木区和有机莲菜区。

图 9-10 为空间布局示意图。

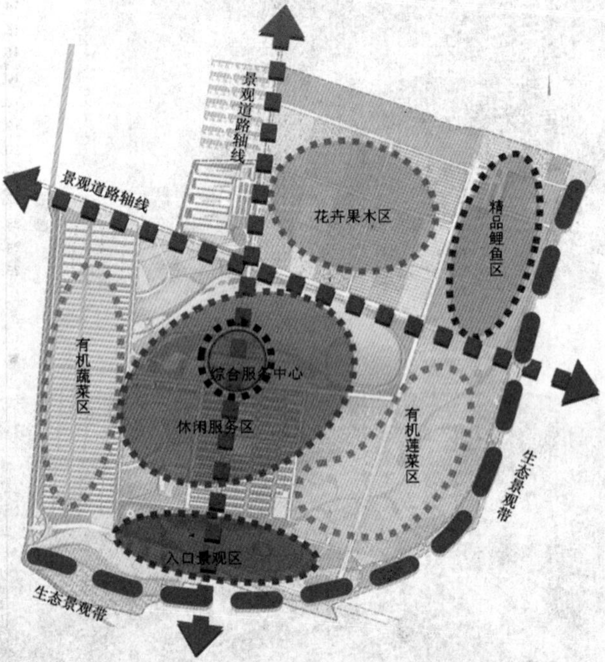

图 9-10 空间布局示意图

9.5.6 功能分区

入口景观区是引景区、园区的窗口，位于园区南部入口，包括沿景观大道的两侧。

休闲服务区是农垦公园的核心功能区，位于现农场中部。

精品鲤鱼区位于现农场东北，未来将是郑州市良种黄河鲤鱼培育中心。

有机蔬菜区位于现农场西部温室大棚区及其北部。

有机莲菜区位于现农场东部，主要以莲菜生产、观光休闲、摄影写生为主要功能。

花卉果木区位于现农场北部，主要发展林果采摘、珍贵苗木观赏、花卉观光等休闲项目，主要项目建设有珍果林和香草园。图 9-11 为功能分区图。

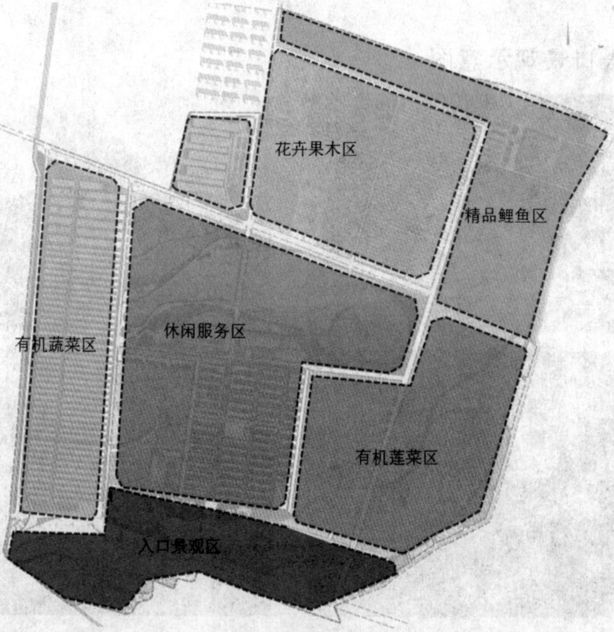

图 9-11 功能分区图

9.6 分区规划

9.6.1 入口景观区

入口景观区是引景区、园区的窗口，位于园区南部入口，包括沿景观大道的两侧。以生态观光、休闲娱乐为主要功能，主要项目建设有景观花田、生态停车场、景观广场、亲子乐园等项目。

规划特色：

■ 田园风光，生态廊道

曲水绿廊；

嬉水空间；

休闲绿廊。

■ 人工景观与自然景观的结合

繁茂景观；

古典园林；

大地景观。

图 9-12 为入口景观示意图。

图 9-12　入口景观示意图

9.6.2　休闲服务区

该区是农垦公园的核心功能区，位于现农场中部，包括鱼塘区、职工在建社区、拆迁区以及部分农用地。规划以职工居住、游客接待、休闲娱乐、渔业生产等功能为主，主要项目建设有游客服务中心、农垦博物馆、黄河供销社、知青食堂、文化客栈、社区康乐中心、渔乐园、鱼情酒吧、水上咖啡屋等休闲服务项目，以及鲤鱼培育区与五谷试验田。

规划特色：

■ 传承地域文化，再造农场繁华

地域文化；

农事体验；

黄河风情。

■ 场地记忆与创意农耕的有机融合

时代交融；

农垦景观；

创意农业。

图 9-13 为空中栈道示意图，图 9-14 为创意农业景观示意图，图 9-15 为农产品展销展示。

图 9-13　空中栈道示意图

图 9-14　创意农业景观示意图

图 9-15　农产品展销展示

9.6.3　精品鲤鱼区

该区是重要产业区之一，位于现农场东北，未来将是郑州市良种黄河鲤鱼培育中心。主要发展精品鲤鱼培育、生态养殖示范以及部分休闲娱乐，主要项目设置有精品鲤鱼培育基地（含保护站）、绿色餐厅、DIY 工坊、特种养殖园、烧烤区、生态停车场、生态厕所和次入口大门。

规划特色：

■ 生态渔业，野趣乐园

精品鲤鱼养殖；

鱼田观光；

科普益智；

精品培育。

■ 绿野河畔，鱼味无穷

趣味全感体验；

静心垂钓；

亲手制作；

健康美味。

图 9-16 为生态鱼餐厅示意图，图 9-17 为手工作坊示意图。

图 9-16　生态鱼餐厅示意图

酒作坊

酒作坊

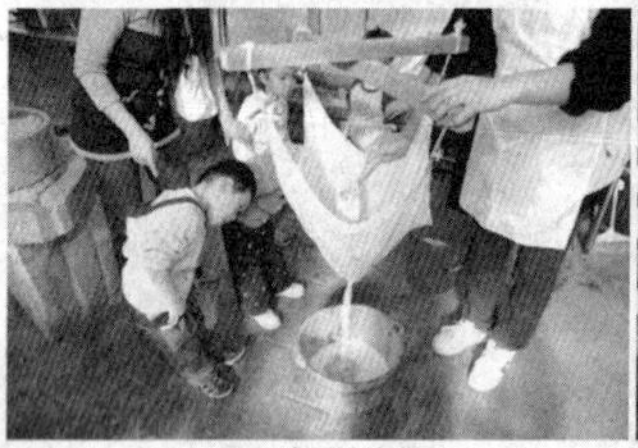

豆腐制作

豆腐制作

传统造纸

图 9-17　手工作坊示意图

9.6.4　有机蔬菜区

该区是重要产业区之一，位于现农场西部温室大棚区及其北部，为提升建设项目。规划发展有机蔬果种植、特种花卉与苗木培育以及农产品保鲜等，辅助发展农业科普、休闲采摘、创意体验、认养认购等休闲项目，主要项目建设有温室大棚、农业科普廊道、蔬菜保鲜库等。

规划特色：

■ 绿色食品，果香弥漫

特色生产；

果蔬采摘；

种植基地。

■ 休闲娱乐与健康饮食的最佳组合

寓教于行；

科普游玩；

美味健康。

图 9-18 为温室大棚示意图。

图 9-18　温室大棚示意图

9.6.5 有机莲菜区

该区为重要产业区之一，位于现农场东部，主要以莲菜生产、观光休闲、摄影写生为主要功能。区内主要项目建设有莲菜田改造、景观廊道、景观桥和芙蓉阁。

规划特色：

■ 荷塘漫步，闻香食味

荷塘月色；

荷园清风；

莲叶蔓蔓。

■ 湿地踏野，湖光美田

莲菜基地；

水上栈道；

亲水休闲。

图 9-19 为荷塘休闲景观示意图。

图 9-19 荷塘休闲景观示意图

9.6.6　花卉果木区

该区位于农场北部，为新建项目，为果树、花卉种植区，主要发展林果采摘、珍贵苗木观赏、花卉观光等休闲项目，主要项目建设有奇木苑、珍果林、香草园、花卉集市等项目。

规划特色：

■ 珍木异果，荟萃奇葩

花田景观；

烂漫花海；

如画仙境。

■ 花卉香草与鲜果林木的浪漫共旅

香氛基地；

果香四溢；

花香满园。

图 9-20 为花果产业延伸示意图。

图 9-20　花果产业延伸示意图

9.7 专项规划

9.7.1 种植规划

1. 规划设计原则

1)地带性原则

农垦公园绿化景观设计立足郑州,突出中原地域特征,植物种植也应充分体现中原植物地域特征,通过植物种植与地形、水系、建筑、园林艺术小品等的有机结合,充分展现当地的地域性自然景观和人文景观特征。构造以本地植物为主体,外来引进且经多年驯化能够在本地良好生长的植物为辅,同时与精品展示植物相结合的植物选择模式,体现新时代下农垦公园的地域文化特色。

2)群落性原则

合理的植物群落重要的是能创造出适合人类生存的生态环境。它应具有吸音除尘、降解毒物、调节温湿度及防灾等生态效应。在设计中结合区域植物群落的特点组合搭配植物,使园区的植物种植尽快形成乡土植物群落,适应园区的气候环境。

3)艺术性原则

选择和配置园林植物要符合景观艺术要求。完美的植物景观必须具备科学性与艺术性两方面的高度统一,既满足植物与环境在生态适应上的统一,又要通过艺术构图原理体现出植物个体及群体的形式美及人们欣赏时所产生的意境美。

2. 种植设计控制

滨水种植设计控制见表9-1。路线种植设计控制见表9-2。

表9-1　滨水种植设计控制表

	所在区域	景观类型	景观效果	景观构成	植物使用
1	中心湖滨水种植区	大水面 滨水氯化 水生植物观赏	开敞型 半开敞型	水面,两侧绿化	睡莲、荷花、菖蒲、水生美人蕉、鸢尾等水生植物
2	湿地生态植物区	水生湿生植物观赏	半开敞	水面、两侧绿化	芦苇、香蒲、菖蒲等水生植物

表 9-2　路线种植设计控制表

	所在区域	景观效果	景观构成	植物使用
1	主入口景观大轴线	开阔壮观，色彩明快	大树＋花坛＋大面积铺装广场	法桐
2	辅入口景观大轴线	导向性明显，大气、绿廊	两侧高大整齐的乔木＋修剪花灌木	榉树，广玉兰
3	内环滨水环路	滨水景观型	单一行道树	垂柳或者枫杨

3. 种植意向

种植品种选择意向见图 9-21。

图 9-21　种植品种选择意向图

9.7.2　竖向规划

竖向规划见图 9-22。

园区场地竖向设计综合农垦公园的各项特点，将道路系统与排灌水系统综合设计，保证交通高效便捷的同时，满足各个种植地块的排灌水需求。

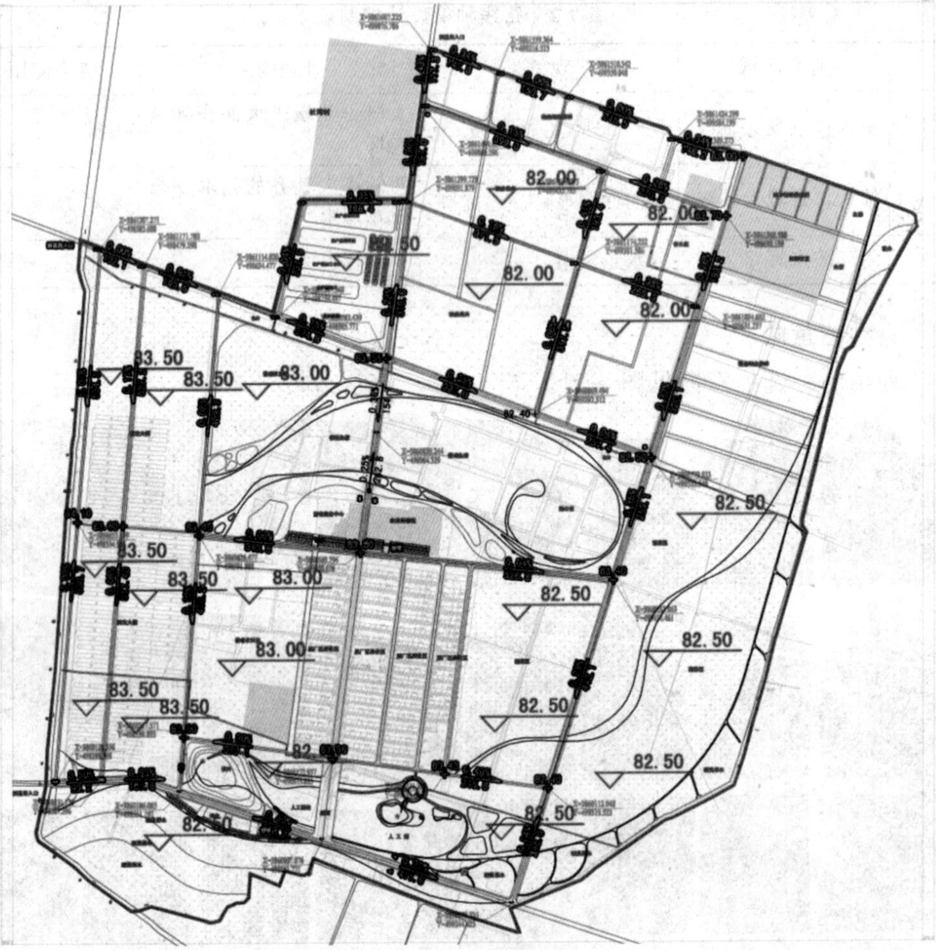

图 9-22 竖向规划图

9.7.3 绿地系统规划

我们以观光农业园的景观内容、游览项目应以农业观光、田园体验为主导，并以此为基础和摹本，加以丰富，形成多样化、立体化的景观游览体系。绿地系统规划见图 9-23。

图 9-23　绿地系统规划图

9.7.4　道路铺装规划

图 9-24 为游径意向图。图 9-25 为铺装材质意向图。

图 9-24 游径意向图

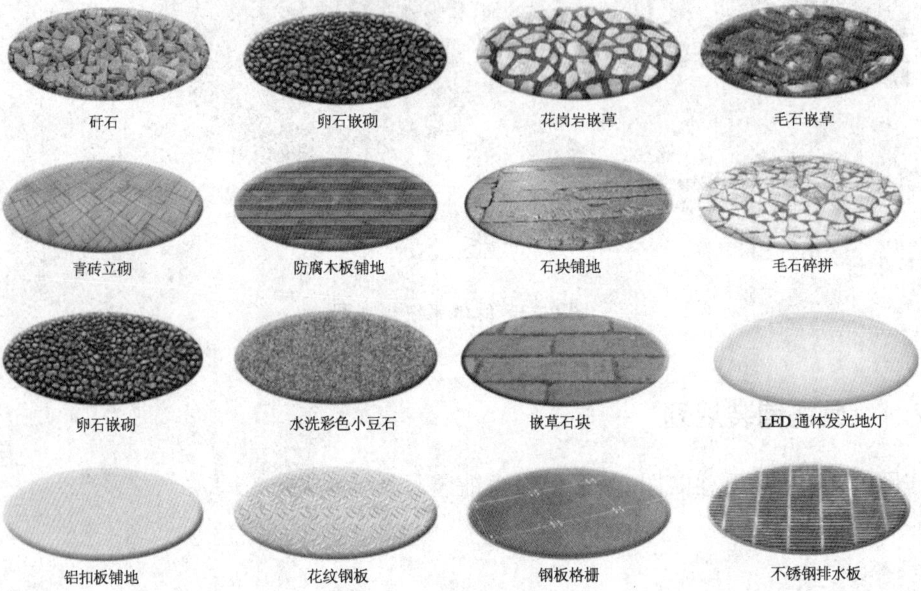

图 9-25 铺装材质意向图

9.7.5　景观构筑物

图 9-26 为景观构筑物示意图。

图 9-26　景观构筑物示意图

9.7.6　生态节能技术

园区建设应用先进的生态环保技术，既保证原有良好的生态环境，同时减少园区运行费用，节约能源。图 9-27 为雨水收集湿地系统示意图。

1. 园区能源供需情况

园区主要消耗能源是水和电，其中水源来自地下水和黄河引水，由水泵直接抽取，因而水消耗最终以电能形式进行计算。目前园区电力设施齐全，能有效供应其区内的生活用电和农业生产用电，而园区采用节水、节能技术后，对电能、水能的利用量比传统农业种植与水产养殖要小，因而园区建成后能高标准、高质量地保证园区的生活用电和农业生产用电。

2. 园区节能措施

按照国务院发布的《节约能源管理暂行条例》和《中华人民共和国节约能源

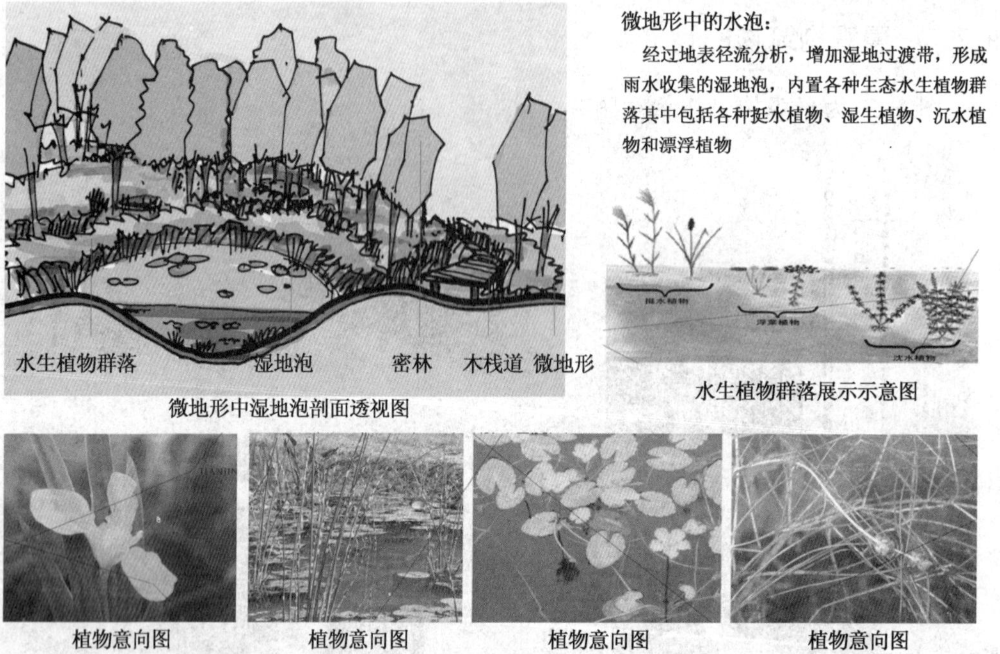

图 9-27　雨水收集湿地系统示意图

法》的精神和要求，制定园区的能源管理规定和考核标准，实施节约与开发并举，把节约放在首位的能源发展战略。提高节能意识和环保意识，制定相应的节能减排奖惩措施，促使员工素质和资源利用意识的共同提高。

加强对园区农业生产与生活中的水、电的管理，采用生态循环模式，加大水、电能源的利用效率和循环利用。园区采用节水节能型水产方式。如种植节水型莲藕，比天然池塘莲藕种植节水 60%～70%；采用滴灌节水技术种植设施蔬菜，可有效节约水肥 60%～70%；使用节水节能型设施水产养殖技术，采用余热回收系统，能节省 1/3 的能源，采用生物技术净化水质，能节约水资源，保护水环境。

在园区项目工程的节能设计方面，使用新工艺、新技术，减少电力和输送过程中的能耗；所有机械、电气设备、用电设备等均采用国家高效节能设备，如选用节能灯具，设置声控自熄开关；工程建设因地制宜，部分材料考虑就地取材，如农用类景观小品、乡土座椅、老屋、已有步游道等；在总体工程布局上，将公用工程和辅助生产系统尽量布置在负荷中心，如变配电室尽可能靠近负荷中心，以减少管线长度，降低能耗。

9.8　管线工程

略。

9.9　四大体系规划

9.9.1　路网体系

园内规划设计三级路网关系：以计一条 16 米宽主干道引导进入主入口，园内以 8 米宽和 6 米宽的次干道为主，再配以 2 米宽的人行栈道，联系园区内部各个部分。

图 9-28 为路网体系规划图，图 9-29 为道路断面示意图。

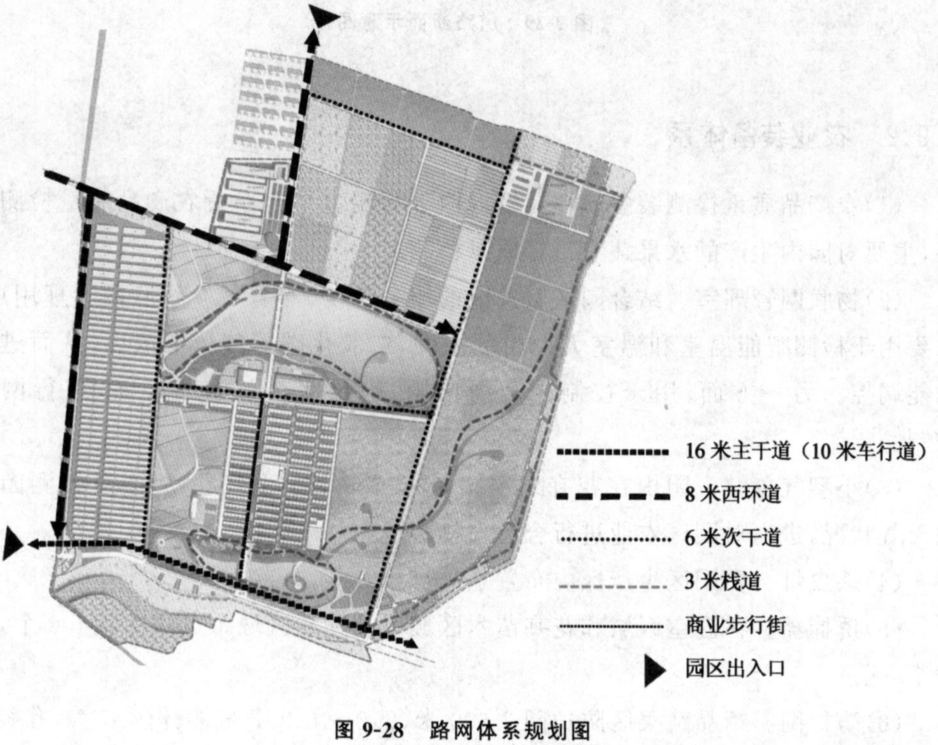

图 9-28　路网体系规划图

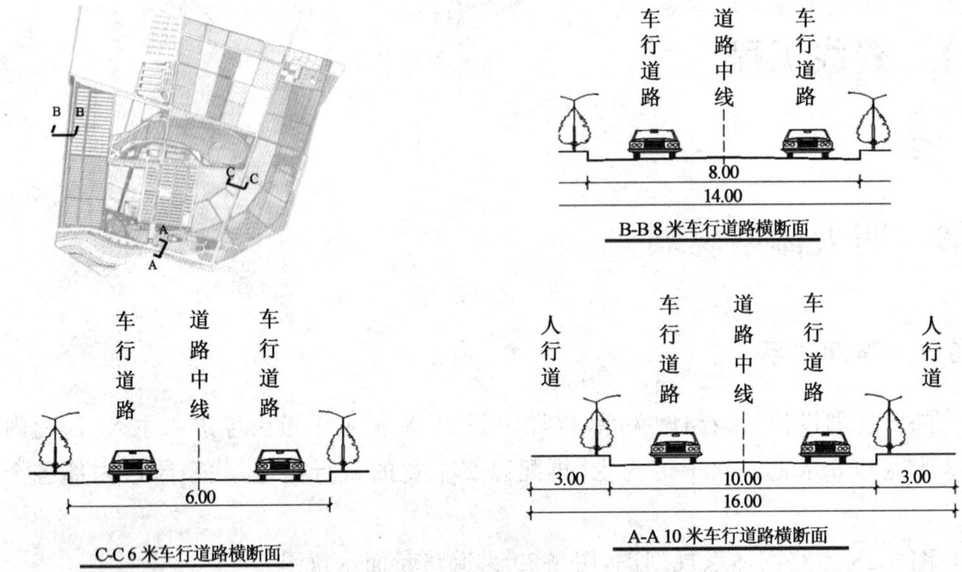

图 9-29　道路断面示意图

9.9.2　农业装备体系

(1)农产品质量检测装备。在园区内西部与温室结合布置农产品质量检测装备,主要对园内生产的水果蔬菜进行质量检测。

(2)物联网管理室。结合园区服务区的服务用房,布置一个物联网管理用房,主要用于检测智能温室和温室大棚内的温度,二氧化碳等气体的浓度,从而进行智能调控。另一方面,用于控制园区内苗圃,水果蔬菜的滴灌设备,进行网络控制。

(3)小型气象站。园内在花卉果木区域布置一个小型气象站,主要检测园内的天气状况,进而对园区农业进行合理安排。

(4)杀虫灯。在园区生产区内布置杀虫灯 400 盏,每盏 15 瓦。

(5)诱捕器。在温室区域和花卉苗木区域以及莲菜区域布置诱捕器 400 个,每盏 15 瓦。

(6)防护网。精品蔬菜区防护网 2 600 米,2.0～4.0 毫米镀锌丝 8×8 孔径 2 米高斜纹编织。

表 9-3 为主要农业装备建设工程表。

表 9-3　主要农业装备建设工程表

农业装备建设工程	单位	数量	技术要求	备注
杀虫灯	盏	400	15 瓦	型号待定
诱捕器	个	400	15 瓦	
精品蔬菜区防护网	米	2 400	2.0～4.0 毫米镀锌丝 8×8 孔径 2 米高斜纹编织	

9.9.3　休闲农业体系

(1)入口景观。入口景观是引景区、园区的窗口，位于园区南部入口，包括沿景观大道的两侧。以生态观光、休闲娱乐为主要功能，主要项目建设有景观花田、生态停车场、景观广场、亲子游乐园等项目。

(2)农垦文化演绎。农垦文化的演艺是农垦公园的核心功能区，所在场地包括鱼塘区、职工在建社区、拆迁区以及部分农用地。规划中以职工居住、游客接待、休闲娱乐、渔业生产等功能为主，主要项目建设有游客服务中心、农垦博物馆、黄河供销社、知青食堂、文化客栈、社区康乐中心、渔乐园、鱼情酒吧、水上咖啡屋等休闲服务项目，以及鲤鱼培育区与五谷试验田。农垦博物馆主要以实物、模型、图片、文字等形式陈列介绍中原传统农垦文化，初次之外园区各处设置景观小品展示犁、锄、耧、耙、镰刀、石磙、石磨、杆秤、升、斗等一系列具有代表性的农具作为互动设施。

(3)餐饮住宿。餐饮住宿体系是园区主要产业之一，在规划中在步行街，生态鱼塘，花卉观赏，水果采摘等区域设置了绿色餐厅、DIY 工坊、特种养殖园、烧烤区、生态停车场、生态厕所等，满足园区职工和游客的需要。

(4)农产品种植。农产品种植是农场主要收入来源，位于现农场西部温室大棚区及其北部，为提升建设项目。规划发展有机蔬果种植、特种花卉与苗木培育以及农产品保鲜等，辅助发展农业科普、休闲采摘、创意体验、认养认购等休闲项目，主要项目建设有温室大棚、农业科普廊道、蔬菜保鲜库等。

(5)休闲娱乐。农场的南部和滨水区域为园区的主要休闲组团所在处，花田景观、休闲栈道、滨水游步道、亲水平台、休闲座椅等分布在园区。

图 9-30 为园区休闲农业体系示意图。

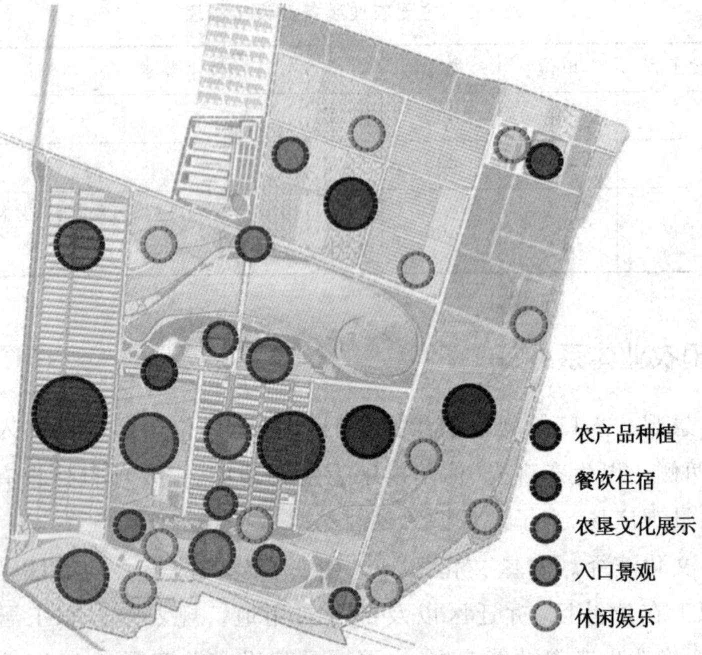

图 9-30 为园区休闲农业体系示意图

9.9.4 生态环保体系

根据环卫设施布置原则及用地的实际使用需求，园区内设置 1 个占地约 200 平方米的小型垃圾处理站；根据人流量、场地功能及大小，在主要道路两侧、休闲及接待服务区内设立垃圾收集点若干；公共厕所 7 处。

图 9-31 为园区环保规划示意图。

9.10 组织管理与实施保障

略。

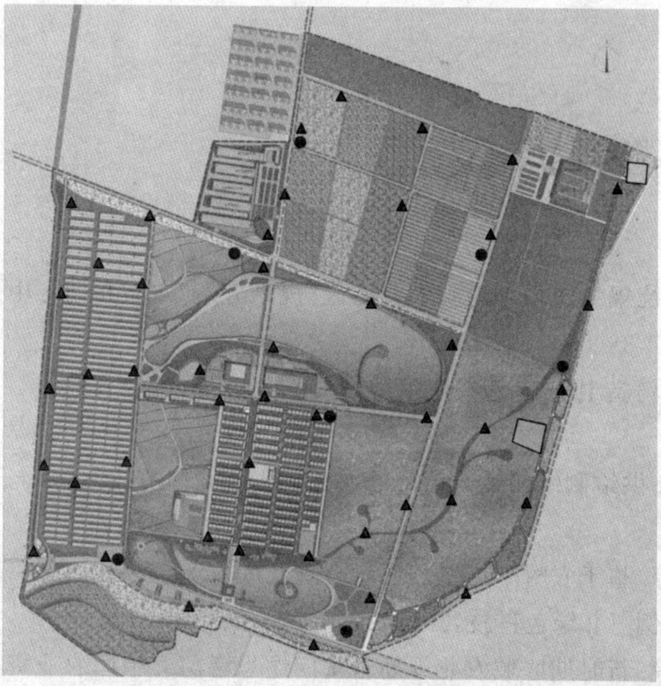

图 9-31　园区环保规划示意图

9.11　投资效益分析

略。

参考文献

[1] 吴思齐,吴永常.中国传统规划布局理论与农业园区"规划五纲"之辨析[J].中国农业资源与区划,2017,38(05):161-166.

[2] 张正河.讲好品牌故事,铸造县域特色农业品牌[J].人民论坛,2017(S1):84-85.

[3] 顾莉萍,毛翔飞,付海英.供给侧结构性改革中的农业规划优化[J].决策咨询,2017(02):23-25.

[4] 李萌,柴多梅,白春明,等.基于农村一二三产业融合理念的农业园区规划——以中牟国家农业公园为例[J].绿色科技,2016(24):149-151.

[5] 罗其友,高明杰,张萌,等.新时期区域农业规划若干问题思考[J].中国农业资源与区划,2016,37(11):1-6.

[6] 关鑫.农业规划区内主导产业优选方法集成研究[D].中国农业科学院,2016.

[7] 曾丹.环境承载力分析法在农业园区规划环评中的应用研究[D].四川农业大学,2016.

[8] 顾春焕.农业园区规划思路与方法研究[J].北京农业,2016(04):91-92.

[9] 吴松芹.因地制宜在观光农业园区规划中的应用[J].北京农业,2015(31):162-163.

[10] 张正河.对中国农业现代化有哪些新判断[J].人民论坛,2015(30):31-32.

[11] 王健,张正河.空间布局应依据资源禀赋和发展水平[J].农业工程技术,2015(29):27.

[12] 贺丽洁.小城镇都市农业规划编制初探[J].国际城市规划,2015,30(03):91-96.

[13] 刘熠.专项性现代农业园区规划设计研究[D].西北农林科技大学,2015.

[14] 陈昭宇.区域现代农业规划的方法体系研究[J].福建农业,2015(04):17-18.

[15] 李强,徐宝树,高岩.都市农业规划编制规范与标准(区(县)、村镇)初探[J].上海交通大学学报(农业科学版),2015,33(01):74-80.

[16] 张正河.国家意志下农业现代化的出路[N].上海证券报,2015-01-29(A01).
[17] 信军.农业园区规划编制内容初探[J].中国农业资源与区划,2014,35(05):117-122.
[18] 阙怡,王昊谒.大城市都市农业规划模式探析:以成都市为例[J].安徽农业科学,2014,42(17):5537-5540.
[19] 詹雷.四川盆中丘陵区休闲农业园区规划研究[D].四川农业大学,2014.
[20] 张坤.观光农业园区道路系统规划与评价研究[D].西南大学,2014.
[21] 王风雪.现代农业园区规划前后景观格局研究[D].南京农业大学,2014.
[22] 冯春芬.城郊型现代农业园区规划设计研究[D].南京农业大学,2014.
[23] 张正河.坚定不移走中国特色农业现代化道路——学习习近平总书记系列重要讲话体会之三十七[J].前线,2014(04):46-48.
[24] 赵蕊,姚祎,肖新.新农村生态农业园区规划问题透视[J].赤峰学院学报(自然科学版),2013,29(22):58-59.
[25] 赵之枫.基于互动理念的现代农业园区规划研究[J].城市规划,2013(11):34-38.
[26] 张海姣,张正河.城镇化与县域经济的相关性[J].华南农业大学学报(社会科学版),2013,12(03):18-24.
[27] 张婷,朱军.生态农庄设计规划初探——以内江永安现代农业园区为例[J].生态经济,2013(01):192-195.
[28] 胥智.都市近郊型生态农业园区规划研究[D].四川农业大学,2012.
[29] 周婷婷.区域性现代农业园区体系发展规划研究[D].安徽农业大学,2012.
[30] 高伟.现代农业园区规划理论与实践探讨[D].四川农业大学,2012.
[31] 周蕊,崔晋波,皮竟,等.现代观光农业园区发展与规划研究[J].安徽农业科学,2012,40(13):7796-7799.
[32] 张正河.我国涉农企业科技创新问题研究[J].农产品加工(创新版),2012(03):14-18.
[33] 张正河.当前农业科技需求与供给错位的分析[J].农村.农业.农民(B版),2012(03):38-40.
[34] 周灿芳.基于城乡统筹视角的区域农业规划方法研究[J].广东农业科学,2011,38(23):205-207.

[35] 张正河.加快山区县域经济发展[N].经济日报,2011-11-07(015).
[36] 曹阳,刘洋,张艳,等.区域农业规划与农业竞争力研究概述[J].广东农业科学,2011,38(17):188-191.
[37] 张正河.快速城市化背景下的村庄演化方向研究[J].农业经济问题,2010,31(11):16-20.
[38] 张正河.县域经济发展的产业支撑:战略与策略[J].农村金融研究,2010,(11):22-27.
[39] 张义丰,贾大猛,谭杰,等.北京山区沟域经济发展的空间组织模式[J].地理学报,2009,64(10):1231-1242.
[40] 贾大猛.农产品供应链中的合作社变革与发展[J].中国农民合作社,2009(02):45-47.
[41] 王金凯,贾大猛,王凡.农产品供应链中的合作社:合意的农业组织化载体[J].农村经营管理,2009(04):21-22.
[42] 张敏.农业产业园区规划理论与实践研究[D].西北农林科技大学,2009.
[43] 洪钦.发达地区都市农业园区总体规划研究[D].苏州科技学院,2008.
[44] 句芳,张正河,贾大猛.政府对农业生产基础设施投资效应分析[J].经济与管理,2007(04):18-22.
[45] 黄仕伟,卢凤君,孙世民.农业科技园区的规划思路及规划内容——长春农业科技园区的总体规划[J].中国农业大学学报,2003(04):73-76.
[46] 张仲威.试从我国农业的实践谈农业区划与农业规划的若干问题[J].北京农业大学学报,1982(02):101-107.

中国农业大学中国县域经济研究中心近10年来主要科研项目汇总表

1	北京大兴区村改居社会保障体系规划	北京市发改委	2003—2004年
2	浙江省西部山区农业发展研究	国家发改委宏观经济研究院	2003—2004年
3	战略管理案例研究	中国农业大学	2003—2004年
4	北京郊区乡镇企业发展支持系统研究	北京市发改委	2004—2005年
5	全国农垦产业化发展规划	农业部	2004—2005年
6	食品工业免除税收与农民增收关系研究	农业部	2004—2005年
7	全国农场扶贫"十一五"规划	农业部	2004—2005年
8	农产品贸易与农民增收问题	农业部	2004—2005年
9	中国涉农企业标准化战略	国家标准化委员会	2004—2005年
10	中国农业品牌化战略	农业部	2005年
11	砀山产业发展规划	安徽省	2006—2007年
12	农产品市场流通过程中的安全标准体系	国家商务部	2007年
13	包头新农村建设中的产业聚集研究	内蒙古自治区	2007—2008年
14	农产品进超市经营指南研究	商务部流通促进中心	2007年
15	中国农村科技创新:企业创新研究	科技部国家科技支撑项目	2008—2009年

续表

16	新农村建设及产业园区研究	承德县人民政府	2008—2009 年
17	河南食品产业聚集区研究	安阳市人民政府	2008—2009 年
18	安阳市新农村建设战略	安阳市人民政府	2008—2009 年
19	国家科技特派员制度研究	科技部及 UNDP	2008—2009 年
20	中国农民科技素质提高的因素分析	科技部	2008—2009 年
21	中国乡镇企业产业集群研究	农业部	2009—2010 年
22	中国农业科技创新体系研究	科技部	2009—2010 年
23	延庆县域经济发展研究	延庆县委	2010 年
24	产业集群与小城镇建设	农业部	2010—2011 年
25	涉农企业标准化研究	中国标准化研究院	2010—2011 年
26	长吉图农产品加工业发展战略	吉林省工信厅	2010 年
27	农业行业信用评级	国家开发银行	2010 年
28	农业行业信用评级	国家开发银行	2011 年
29	国家社会科学重大项目 11&ZD009：同步推进工业化、城镇化和农业现代化战略研究	全国社科规划办	2011—2014 年
30	国家草原承包经营制度专题研究	农业部	2012 年
31	农业行业信用评级	国家开发银行	2012 年
32	高标准农业建设标准体系	国家标准研究院	2012 年
33	中国区域节能减排能力测度与政策推进	山东省软科学优秀成果二等奖	2012 年
34	协调与融合：黄淮区域工农业协调发展战略研究	省级社科优秀成果奖三等奖	2012 年
35	国家扶贫开发典型教学案例项目	国务院扶贫办	2013 年
36	国家草原承包经营制度创新研究	农业部	2013 年
37	安徽省阜阳扶贫规划	安徽阜阳	2013 年
38	国家重大公益项目农业社会服务标准研究	国家标准委 西北农林科技大学	2013—2014 年